社会科学研究方法系列丛书

# 看实例，学方法
## 从研究选题到论文写作

风笑天 ◎ 著

中国人民大学出版社
·北京·

# 解剖实例，教学生如何做研究
# （代前言）

做社会研究，需要学习研究的方法。但现实中我们经常可以看到这样一种现象：学生们常常是学了研究方法课程，仍不会做研究。这其实是一种非常正常的现象。一方面，教科书上、课堂里的研究方法往往是标准的、一般化的、理想化的，而每一个研究者所面对的、所开展的、所打算进行的具体研究课题和研究项目，基本上都是不标准的、特殊的、现实的。在标准和不标准之间、一般与特殊之间、理想与现实之间，存在许多的障碍，存在很大的距离。这些障碍和距离就是导致许多大学生和研究生看书能懂、上课能懂，一做就不会、一做就出错的主要原因。

另一方面，方法只是做研究的工具，研究本身则是研究者集思考、选择、分析、设计、操作于一体的整个过程。特别是，方法是死的，而研究是活的。研究的这种"活"其实就"活"在方法的具体选择和应用上。因为每个研究者所研究的问题是不同的，可利用的资源和自身的条件是不同的，所面临的现实困难和障碍也是不同的，所以一项具体研究可以用什么方法、不能用什么方法，适合用什么方法、不适合用什么方法，在不同情况下是不一样的。没有一成不变、包打天下的固定方法。研究者的任务就是根据自己的研究问题、手中的资源和条件，以及面临的现实困难，找到一条合适的道路，选取一种合适的方法。

作为一名社会研究方法课程的教师，在过去的30多年中，我编写了几本社会研究方法方面的著作和教材。如《透视社会的艺术——社会调查中的问卷设计》（1990、2002、2014）、《现代社会调查方法》（1996、2001、2005、2009、2014、2021）、《社会研究方法》（2001、2005、2009、2013、2018、2022）、《社会研究：设计与写作》（2014）、《社会研究：科学与艺术》（2015）等。但是，在很大程度上，编写这些研究方法方面的著作和教材只解决了方法的基本知识问题，即它们只是为学生提供了研究入门的基础。仅仅掌握这些知识，离学会做研究还有相当的距离。

虽然学生们可以看到，每年都有成百上千项社会科学研究的成果在学术刊物上发表，但对于这些研究究竟是如何从选择问题开始，一步步设计、实施，直到写成论文发表的，他们（以及其他初学者）却常常一无所知。学生们既看不到一项研究成果是如何从最初研究者头脑中的某种"想法"，或者眼前的某种"现象"，变成实际研究中的"问题"的，也看不到研究者是如何围绕问题进行研究设计、如何以及为何运用某种研究方法的，更看不到研究者的研究结果是如何最终变成学术刊物上发表的论文或者出版社出版的著作的。现有的方法教材中缺少的正是这种讲解实际研究例子的书，因而在一定程度上导致了目前高校教学中一种比较普遍的状况："方法课"的教学是一件事，学生实际"做研究"又是另外一件事。因此，教会学生"做研究"，才是更高层次的方法教学。

因此，我专门撰写本书，就是希望通过介绍和解析自己的研究实例，来教学生一些"做研究"的方法和技巧，培养学生"做研究"的能力。为了达到这种特定的目的，作者需要了解每一项社会研究从最初的想法到具体研究问题，再到实际研究方法的运用，最后到论文撰写及发表的整个过程，特别是需要了解在这一过程中研究者的各种思考和当时的想法。所以，我选择以自己做过的研究为例来进行讲解。我从自己公开发表的150余篇学术论文中，精心挑选了10篇论文，以这10篇论文的研究作为例子进行解析。

在结构上，对于本书所解剖的每一项研究，我都紧紧围绕着"问题哪里来""研究如何做""论文怎么写"这三个基本问题来进行介绍和讲解，即主要从问题的来源、研究设计与实施、论文的写作这三个大的方面对每一项研究实例进行介绍和解析，希望在这种实例讲解的过程中，让读者慢慢学会观察社会现实，学会从社会生活、个人经历以及各种文献中提出问题，学会将头脑中最初的想法一步步变成明确的研究问题、变成合适的研究方案、变成实际进行的一项成功的研究，最后将研究结果撰写成一篇能够公开发表的学术论文，即慢慢体会一项具体的社会研究是如何"从选题到发表"的。同时，为了更好地讲解研究方法的应用，我还在解析每一个实例的同时，增加了第四个方面的内容，即"研究评价与启示"，专门结合研究实例对选题、设计、实施、写作各个环节中的方法问题进行讲解，以求达到理论联系实际的效果。具体来说，本书对每一项研究的解析都分为四个部分，即"问题哪里来""研究如何做""论文怎么写"以及"研究评价与启示"。这四个部分又细分为八个具体方面：选题背景；研究问题；研究设计；研究实施；论文总体框架；论文写作解析；研究评价；研究启示。

  首先需要说明的是，将我的这些研究作为实际例子进行解剖，并不是因为这些研究特别优秀，而主要是因为这些研究都是我自己做的，是我自己熟悉的。它们可以为读者展示一项具体社会研究的真实过程，特别符合本书的写作目的。只有讲解自己做过的研究，才可以告诉读者当时研究者是怎么想的，遇到了什么困难，采用了什么方法，为什么会采用这种方法，有什么收获，有什么体会，又有什么遗憾，等等。也就是说，我可以非常详细地把自己在研究过程中的想法和行动，一五一十、原原本本地告诉读者。这种对亲身经历的介绍，特别是对作为研究者的各种认识、感受、体会等方面的介绍，可以让读者身临其境去切身感受研究的实际过程，对读者切实理解和掌握研究方法的实质，以及结合现实情况合理运用研究方法开展研究有着较大的帮助。读者可以从每一个例子中看到我在每一项研究过程中的所思所想、所作所为。这些是一般的方法教科书中所没有的，对研究生和年轻的研究者来说，却是十分需要的，因为他们也会和当年的我一样经历和面对各种情况。这也是我在多年研究方法教学中深有

体会的一个方面。正是这种体会，成为我撰写这样一本著作的动因。

其次需要说明的是，书中所选的例子，有些在时间上已经有些久远。之所以将它们选入，一方面考虑的是它们在研究问题选择、研究方法运用上具有比较好的示例性；另一方面也考虑到它们反映了我是如何从一个年轻的博士生、一个缺少研究经验的"科研小白"，逐步发展为一个相对成熟、有一定研究经历和研究经验、积累了不少研究心得体会的研究者的成长和变化历程。我的研究经历或许同样会对读者具有一些重要的借鉴意义。书中所选论文的体例，基本保持了其发表时的样子，为的是向读者展示不同时期论文不同的体例、格式。另外，书中一些例子在内容上涉及四十多年中独生子女、"单独二孩"、"全面二孩"等与人口政策相关的问题。这些例子可以给读者一个重要的启示，即我们的社会研究应该紧密结合不断变化发展的社会现实去选题、去探讨。当然，由于这些研究开展的年代的关系，书中尚没有涉及与目前我国已经开始实施的"全面三孩"人口政策相关的例子。我今后会继续关注这一现象，同时我也期待本书的读者能够在本书现有研究的启发下，尝试开展自己有关"全面三孩"及其他最新人口政策方面内容的社会研究。此外，与以往我撰写论文（包括写这段文字）时有所不同的是，本书在讲解中，没有采用"笔者"这种第三人称的叙述方式，而是直接采用"我"这种第一人称叙述。其主要原因是我觉得这种第一人称的叙述更符合本书的目标和特征，也能拉近我与读者之间的距离，更好地与读者沟通交流，以达到较好的学习效果。

最后，需要特别提醒读者注意的是，由于书中的例子都是我个人的研究，受限于我的研究兴趣、知识背景、关注的研究领域等，这些研究在研究主题、研究方法、论文形式等方面不可避免地会带有明显的倾向性。这些研究在具有突出的个性的同时，局限性也是十分明显的。因为我只是众多社会研究者中的一个。尽管在研究的经历和对研究方法的认识方面，我与其他研究者可能会有许多共同之处，但我个人的特殊性所带来的偏差和局限一定是不可避免的。比如，在研究主题上，本书较多地涉及独生子女问题，以及家庭社会学、青年社会学、人口社会学等研究领域；在研究类型上，本书中主要是定量研究的例子；在研究方式上，又主要采用调查研究的例子，以及少数内容分析的例子。书中以探讨"是什么""怎么样"的描述性研究为主，既没有涉及更广泛的研究领域，也缺少定性方法的研究实例，同时没有以验证理论、探讨"为什么"为主的解释性研究，等等。所以，本书中的例子只是多种多样的社会研究中的一种类型，并非所有的社会研究都是书中例子的样子。这是读者一定要明确的。（为了在一定程度上弥补这种缺陷，我收录了三篇对其他研究者所做研究的评论文章作为附录，供读者参考。）当然，所有的个性中一定会包含共性的东西，各种特殊性中也一定会包含一般性的东西。希望读者能从我特定的研究中得到更多共性的、一般性的收获和启示。

我希望通过精心的选择、恰当的设计、深入的解析，本书能在教学生"做研究"方面发挥独特的作用，帮助学生更好地学习和运用研究方法，帮助教师更好地教授和指导学生开展社会研究。特别是，在高校讲授社会研究方法、社会调查方法等相关课程的老师们，可以结合特定的研究方法知识，选取书中的章节，作为例子进行讲解。这种教学方式已被证明有很好的效果。因此，我也期待着本书成为目前高等院校中广泛使用的教材《社会研究方法》（风笑天著，中国人民大学出版社，2022年第六版）的合格的姊妹篇，二者在促进社会研究方法教学和应用的过程中相互补充，相得益彰。

在本书即将出版之际，我要感谢中国人民大学出版社人文分社对我的信任：积极肯定和迅速安排本书的出版工作。特别要感谢策划编辑盛杰的热心和热情，以及对我的积极支持。最后，我也要感谢澳大利亚墨尔本大学当代中国研究中心主任 MARK WANG 教授热情邀请我到该中心访问。正是在这里我完成了本书最后的写作。

今天正好是 2022 年的教师节，我愿以此书作为礼物，献给为教育事业奉献青春和力量的人民教师！

风笑天

2022 年 9 月 10 日于墨尔本大学

# 目　录

## 第1章　用事实澄清社会舆论的误解
案例：独生子女是不是"小皇帝" ............................................. **1**
第一节　问题哪里来？ ........................................................... 1
第二节　研究如何做？ ........................................................... 4
第三节　论文怎么写？ ........................................................... 11
第四节　研究评价与启示 ....................................................... 31

## 第2章　从一个侧面去研究社会变迁
案例：中国女性形象的四十年变迁 ........................................ **36**
第一节　问题哪里来？ ........................................................... 36
第二节　研究如何做？ ........................................................... 39
第三节　论文怎么写？ ........................................................... 43
第四节　研究评价与启示 ....................................................... 60

## 第3章　从经验描述走向理论解释
案例：独生子女青少年的社会化 ............................................. **67**
第一节　问题哪里来？ ........................................................... 67
第二节　研究如何做？ ........................................................... 69

第三节　论文怎么写？ ………………………………………… **75**
　　　第四节　研究评价与启示 …………………………………… **102**

## 第4章　用系统证据反驳社会的偏见
　　案例：青年独生子女的社会适应 ……………………………… **108**
　　　第一节　问题哪里来？ ……………………………………… **108**
　　　第二节　研究如何做？ ……………………………………… **112**
　　　第三节　论文怎么写？ ……………………………………… **117**
　　　第四节　研究评价与启示 …………………………………… **138**

## 第5章　探讨关键因素的作用和效果
　　案例：跨省外迁三峡移民的社会适应 ………………………… **145**
　　　第一节　问题哪里来？ ……………………………………… **145**
　　　第二节　研究如何做？ ……………………………………… **149**
　　　第三节　论文怎么写？ ……………………………………… **153**
　　　第四节　研究评价与启示 …………………………………… **168**

## 第6章　创造出两个完全相同的样本
　　案例：答案顺序对调查结果的影响 …………………………… **173**
　　　第一节　问题哪里来？ ……………………………………… **173**
　　　第二节　研究如何做？ ……………………………………… **179**
　　　第三节　论文怎么写？ ……………………………………… **183**
　　　第四节　研究评价与启示 …………………………………… **198**

## 第7章　证明大众媒介对现实的歪曲
　　案例：对独生子女形象的"妖魔化" …………………………… **201**
　　　第一节　问题哪里来？ ……………………………………… **201**
　　　第二节　研究如何做？ ……………………………………… **203**
　　　第三节　论文怎么写？ ……………………………………… **207**
　　　第四节　研究评价与启示 …………………………………… **239**

## 第8章　人生经历对人们认识的影响
　　案例：两代人对工作意义的认识 ……………………………… **243**

第一节　问题哪里来？ …………………………………… **243**
　　第二节　研究如何做？ …………………………………… **246**
　　第三节　论文怎么写？ …………………………………… **253**
　　第四节　研究评价与启示 ………………………………… **274**

## 第9章　找出社会现实中的两代父母
　　案例：城市两代父母生育意愿的变迁 …………………… **280**
　　第一节　问题哪里来？ …………………………………… **280**
　　第二节　研究如何做？ …………………………………… **283**
　　第三节　论文怎么写？ …………………………………… **286**
　　第四节　研究评价与启示 ………………………………… **313**

## 第10章　"假设"与"现实"之间的距离
　　案例："假设的"与"现实的"二孩生育意愿 ……………… **316**
　　第一节　问题哪里来？ …………………………………… **316**
　　第二节　研究如何做？ …………………………………… **319**
　　第三节　论文怎么写？ …………………………………… **325**
　　第四节　研究评价与启示 ………………………………… **347**

## 附录1　英克尔斯"现代人研究"的方法论启示 ……………… **354**

## 附录2　《江村经济》教我们如何做研究 ……………………… **377**

## 附录3　"他者"眼中的独生子女 ………………………………… **389**

# 第 1 章

# 用事实澄清社会舆论的误解

## 案例：独生子女是不是"小皇帝"

## 第一节　问题哪里来?

### 一、选题背景

这是我 20 世纪 80 年代末进行的一项研究。为了更好地让读者了解我的问题来源，先简要地介绍一下当时的一些社会背景。

1978 年 12 月，具有里程碑意义的中共十一届三中全会召开。会议提出，将全党的工作重点转移到经济建设上来。中国改革开放的大幕由此拉开。

1979 年国家提出以控制人口规模、提高人口素质为主要目标，以"提倡一对夫妇只生育一个孩子"为主要内容的新的计划生育政策。

1980 年 9 月 25 日，中共中央发表《关于控制我国人口增长问题致全体共产党员、共青团员的公开信》。在公开信中，中共中央向全国共产党员、共青团员发出倡议，号召其带头执行"一对夫妇只生育一个孩子"的计划生育政策。"独生子女"的名词开始出现在媒体中,独生子女人口也开始成批在中国社会中出现。

对于千百年来一直奉行"多子多福""养儿防老""传宗接代"等传统生育观念的中国社会来说,终生只生育一个孩子,这种生育观念和生育现实都是史无前例的。当"独生子女"政策刚刚在全国范围普遍实施的时候,广大育龄夫妇乃至整个中国社会都对"独生子女"这一新生事物给予了高度关注,与此同时,对独生子女人口也充满了担忧:这些从小就没有兄弟姐妹的独生子女,能够健康成长吗?与普通的非独生子女相比,独生子女又具有什么样的特征?

在全社会普遍关注的背景下,一些心理学、教育学研究者积极开展了对早期独生子女的研究。十分不幸的是,他们所得出的研究结论一致认为:独生子女与非独生子女在各方面都具有差别,特别是独生子女在心理品格、行为习惯上比非独生子女具有更多的负面特征,比如他们往往更加自私、胆小、任性、娇气、自我中心等等。[1]

1986年《中国作家》这本文学杂志所发表的一篇报告文学,更是将这种负面特征形象化,这就是当时轰动一时的《中国的"小皇帝"》。[2] 它极大地触动了广大独生子女家长、独生子女家庭乃至整个社会敏感的神经。这篇报告文学发表后,不仅被一些报刊转载,更是被拍成了电视剧在全国广为传播。一时间,"独生子女是小皇帝"成为社会的一种普遍认知。可以说,从20世纪80年代中期开始,只要一提到"独生子女",大家的头脑中马上就会跳出另一个名称——"小皇帝"。

那么,这种宏大的社会背景与我的研究有什么关系呢?我又是如何开展对这一问题的研究的呢?

---

[1] 高志方. 独生子女的早期教育问题. 教育研究, 1981 (6); 陶岚清. 家庭教养方式对独生子女教育影响的调查. 西北人口, 1981 (2); 杨宜模, 等. 当前独生子女性格特点的初步研究. 教育丛刊, 1981 (2); 肖福兰, 等. 关于小学独生子女教育情况的调查. 人口与经济, 1982 (1, 3); 魏家恩. 略谈独生子女的教育. 河南师大学报(社会科学版), 1982 (6); 潘朝玉, 等. 学龄前独生子女调查的初步分析. 心理学探新, 1982 (2); 杨桦. 独生子女在个性品德方面存在的问题及原因. 光明日报, 1983-02-25.

[2] 涵逸. 中国的"小皇帝". 中国作家, 1986 (3).

## 第1章 用事实澄清社会舆论的误解

　　1985年，我从当时任教的华中师范大学政教系考入北京大学社会学系，攻读社会学研究生。1987年硕士毕业时我又考取了北京大学社会学系系主任袁方教授的博士研究生。1987年底的一天，袁先生对我说："你的博士论文就研究中国的独生子女问题吧。"这或许是他作为答辩主席参加了天津南开大学社会学系1982级硕士研究生边燕杰的论文答辩回来后不久确定的，因为当时边燕杰的硕士论文做的就是独生子女家庭方面的研究，导师还给我看了当时边燕杰的论文。当然，这或许也是由于导师一直觉得独生子女问题值得深入研究：导师也让自己1982级的硕士研究生陈科文做这方面的研究。陈科文本科读的是心理学专业，他的硕士论文主要研究的是独生子女的心理和教育问题。导师给我指定了博士论文的选题后，对于具体研究独生子女什么方面的问题，以及如何开展研究等等，则完全放手让我自己去考虑。

　　所以，从选题来看，这项研究属于老师的"命题作文"。但实际上，其中同样也有我的选题过程。因为导师只是给我指定了研究的问题领域，具体的研究问题还得靠我自己去选择和确定。尽管当时的我已经是一个独生女的父亲，但对中国独生子女问题却了解很少，对于独生子女问题究竟包含哪些方面的内容，特别是从社会学角度应该如何去研究等等，可以说是一无所知。再加上我在硕士阶段读的是研究生班，没有做毕业论文，对博士论文的研究该如何做我也一无所知。因此，这项研究对我来说压力的确很大。这种压力最为集中地体现在研究问题的选择上。

　　既然一无所知，就要去了解。我的做法是，首先全面了解现有的研究，即看看前人在这方面做了些什么，以及他们是如何做的，得出了什么结论。我检索和查阅了当时国内发表的与独生子女有关的全部63篇学术文献。通过认真阅读和进行详细的文献回顾，我发现当时学术界和全社会最为关注的一个问题就是独生子女的教育。在有关独生子女的全部研究论文中，从教育学学科开展的研究就超过一半。[1] 特别是当时刚刚耸动全国的"独生子女是小皇帝"的舆论和认识，更是引起了广大教育学、心理学

---

[1] 风笑天. 我国独生子女研究的现状分析. 江海学刊，1990（1）.

研究者的普遍关注。于是，我在我的博士论文研究计划中，也将"小皇帝"的问题作为研究的主要内容之一。（计划研究的其他问题还包括独生子女的家庭、独生子女的教育、独生子女的社会化、独生子女家长的养老保障、独生子女文化等。但出于时间、经费、精力等方面的原因，我当时只研究了其中的三个方面，即独生子女的家庭、独生子女的教育以及独生子女家长的养老保障。）

## 二、研究问题

当时我的考虑是：如果计划生育政策所产生的几千万独生子女都是"小皇帝"，那对我国来说，无疑会产生十分严重的社会问题。为了避免这种情况发生，首先就要去搞清楚，这些独生子女是如何变成"小皇帝"的，即要去研究"小皇帝"的形成方式。然后告诉广大独生子女家长、独生子女家庭以及全社会，应该如何正确对待和培养独生子女，避免把他们都培养成"小皇帝"。所以，我最初确定的研究问题是：独生子女家长是如何把孩子培养成"小皇帝"的？

为了回答这一问题，就要去调查和了解独生子女家长培养教育孩子的方式，同时要与非独生子女家长进行比较。我认为，如果说独生子女都是"小皇帝"，他们不可能是天生的，只可能是后天家长和家庭培养教育的结果，即只有溺爱孩子的家长才会培养出娇生惯养的"小皇帝"，而不溺爱孩子的家长不会培养出娇生惯养的"小皇帝"。因此，我的研究问题就变成了这个：独生子女家长比非独生子女家长更加溺爱孩子吗？

## 第二节　研究如何做？

【读者朋友，如果是你，你会怎么设计这项研究呢？可以把你的研究设计先写下来，再接着阅读。】

第1章 用事实澄清社会舆论的误解

由于这是我在北京大学读博士研究生时博士论文的一部分，对研究生读者来说可能启发和借鉴意义更大一些，所以我把当时自己的研究设计和研究过程尽可能详细一点进行介绍。

**一、研究设计**

我认为，要从总体上全面了解广大独生子女家长和非独生子女家长培养教育孩子的方式并进行比较，最好的方法无疑是进行较大规模的调查研究。

我对调查研究的设计主要包括四个大的方面：一是研究对象的抽取方案；二是研究变量的操作化和测量设计；三是资料收集方式的确定；四是资料统计分析方式的选择。

一是研究对象的抽取方案。因为我要比较的是独生子女家长与非独生子女家长培养教育孩子的方式，所以，两类家长自然就是我的研究对象。如何抽取这两类研究对象呢？我当时只是一名在读博士生，只有很少一点经费（导师给的1 500元课题费），也没有人帮忙。但我又想尽可能抽取到对全国两类家长有代表性的样本。在这种情况下，我该如何做呢？

【读到这里，读者朋友也可以思考一下：如果是你，你会如何设计抽样方案？】

我当时想到，独生子女教育问题最集中地体现在广大城市地区（因为1984年以后，全国大部分农村地区实行了"一孩半"政策，即第一个孩子是女孩的，可以间隔几年后生育第二个孩子。所以，农村独生子女比例大幅下降）。因此，在各方面资源和条件有限的情况下，我主要研究城市两类儿童的家长。但全国有这么多城市，又该如何抽取呢？我先选择了地处我国中部，同时在社会、经济、人口等方面都处于全国平均水平的湖北省作为调查地区。同时，湖北是我的家乡，语言、风土人情等方面我也更为熟悉，便于开展调查。可是，湖北省有大小29个城市，我不可能一一进行调查。于是，我必须在湖北省的城市中进行抽样。

当时考虑到城市社会、经济发展程度突出地体现在城市的类型和城市规模的大小等方面，所以，我先根据当时城市划分的标准以及城市人口规模对这 29 个城市进行分类。结果是特大城市 1 个、大城市空缺、中等城市 7 个、县级小城市 21 个。根据这一情况，我先选取了属于特大城市的省会城市武汉市；接着从中等城市中选出人口规模最接近大城市标准（相差不到 1 万人）的黄石市作为大城市的替代；然后在剩下的中等城市中简单随机抽取了沙市市（现在的荆州市），在县级小城市中简单随机抽取了仙桃市；最后从湖北省 7 个地区中简单随机抽取了孝感地区，再从孝感地区的 4 个县中简单随机抽取了云梦县。这样，调查地点就由属于特大城市的武汉市、重工业的大城市黄石市、轻工业的中等城市沙市市、属于县级小城市的仙桃市以及属于城镇的云梦县城关镇 5 个市镇构成。

考虑到研究目标的需要，我决定选取小学生及其家庭作为主要的研究对象。因为我调查的时间是 1988 年，当时的小学生年龄处于 6 岁到 12 岁之间，其出生年份正好在 1976 年到 1982 年之间，即处于 1979 年国家提出"一对夫妇只生育一个孩子"政策前后各 3 年这段时期中。他们是我国城市中最早的一批独生子女与最后的一批多子女的混合体，也是进行两类家长和子女比较的最有价值的自然总体。

为此，我要在每个市镇抽取小学和学生。由于调查是在不同市镇进行，因而我只能先设计好抽样的方案，到各个市镇后再具体实施。我的抽样方案是：首先，到各个市镇的教育部门，请他们按照重点小学、一般小学、较差小学 3 种类型各推荐 1~3 所小学，我从中各随机抽取一所进行调查。这样总共抽取 15 所不同类型的小学。其次，在每个市镇所抽中的三所小学中，按不放回随机抽样的方法，分别抽取低年级（1~3 年级）和高年级（4~6 年级）各一个。比如，从甲小学抽到 3 年级和 5 年级，在乙小学就从剩下的两个低年级和两个高年级中各抽一个，如抽到 1 年级和 6 年级，然后在丙小学就抽取剩下的 2 年级和 4 年级。这样，既保证了抽取的随机性，又保证了每个市镇的样本中都包含了 1~6 年级的学生。最后，在抽中的年级中，简单随机抽取一个班级，该班的所有学生都是我的调查对象（这就是整群抽样的方法）。

二是研究变量的操作化和测量设计。通过调查问卷收集资料，就要在调查问卷中对研究关注的变量进行操作化处理和测量。我研究的主要变量是父母在培养及教育孩子的过程中所表现出的"溺爱"孩子的行为。为此，我首先对"溺爱"的概念进行了界定。所谓"溺爱"就是"过分疼爱"，或者说是"不恰当地疼爱"。然后将其操作化为 4 个不同的维度（详见后面论文中的描述），再对每一个维度设置 4~6 个具体的测量指标。最后将这些指标设计成调查问卷中的具体问题。比如，对于"不注意培养孩子的生活自理能力"这一个维度，我设计了 6 项指标，即孩子是否自己洗头、自己洗澡、自己穿衣、自己收拾书包、自己整理床铺以及自己上学。

三是资料收集方式的确定。调查中问卷的发放和回收有多种不同的方式。根据我当时的资源、条件和调查的任务（一个人，5 个不同的市镇、15 所小学、30 个班级、1 500 名左右被调查的对象，导师给予的 1 500 元课题经费），我决定采取到小学请班主任老师将问卷发给班上的学生，然后让学生带回家交给父母填写，最后学生的父母各自将填好的无记名问卷投进邮筒邮寄回的方式进行调查资料的收集。这样做既可以保证调查的质量和回收率，又比较节省人力、时间和经费。

四是资料统计分析方式的选择。根据研究的主要目标，即比较独生子女家长与非独生子女家长"溺爱"孩子的行为表现，以验证"独生子女家长比非独生子女家长更加溺爱孩子"，因此"独生子女家长都把孩子培养成了小皇帝"的假设，同时考虑到研究变量的测量层次（主要为定类层次的变量），我决定以双变量的交互分析为主要分析手段，辅之以控制第三变量的交互分析方式，以及两因素和多因素的相关分析。

## 二、研究实施

确定好研究计划和具体方案，我就开始了调查的实施。首先，在阅读相关文献和对几位小学生父母进行无结构访谈的基础上，我设计出"小学生父母调查问卷"的初稿。然后在武汉市和黄冈县（现为黄冈市）城关镇进行了两次试调查（之所以选择武汉市，是因为我当时家就在武汉，比较方便调查；而选择黄冈县进行试调查，主要是因为我一直生长在城市，对农村以及县城的生活状况不太了解，在那里试调查是为了防止所设计的调查问卷在正式调查的云梦县城关镇以及由县转成市的仙桃市不适用）。试调查的目的有两个：一是检验问卷设计的质量，了解利用问卷向家长进行调查的可行性，同时了解小学领导、教师以及学生家长对调查的态度和反应；二是进一步熟悉当时小学、小学生、学生家长的一般情况，以便后来的正式调查能够尽可能地适应这些情况。特别是还要了解进行邮寄调查的可行性。为此，我在武汉市联系了一所普通的小学，采用准备在正式调查中运用的"老师发给学生问卷加上家长邮寄回收问卷"的方法，将问卷交给班主任老师，由其发给全班学生。结果全班发放52份问卷，除3份外全部寄回，效果非常好。

根据试调查的结果，我又对问卷进行了修改，然后才打印出正式调查的问卷。同时购买了寄回问卷需要的信封和邮票，在调查开始前将打印好的回邮地址条和邮票一并贴在每一个信封上。此外，还集中购买了1 500支铅笔和1 500个练习本作为发给被调查小学生的纪念品。虽然调查对象是小学生父母，但给孩子礼品可以更好地让父母配合完成问卷调查。

当一切准备就绪，我就一个人背着问卷，提着纪念品，奔波于5个市镇的教育部门和小学。先从教育部门工作人员、小学领导、班主任老师那里了解相关情况，然后抽取相应的年级、班级。接下来和班主任老师交谈，沟通调查问卷、回邮信封、纪念品的发放工作及相关要求。还分别到30多位小学生的家庭进行家访调查。在实际调查中，有几次被小学的门卫师傅当作推销的，拦住不让进校园。当然，实地调查的抽样中也遇到了一些例外情况，比如云梦县城关镇只有3所小学，所以不用抽样，直接调查3所学校。又比如，仙桃市实验小学抽到的那个班级学生人数太多，共有108名，只好临时从中再抽取一半。

调查中的一件事更是让我印象深刻。实地调查结束后，我回到北京大学，整理寄回的问卷（我的回邮地址是北京大学社会学系）。这时我突然发现了两个奇怪的现象：一是大约只有三分之一的问卷是家长直接寄回的，而三分之二的问卷则是一捆一捆寄回的。打开一看，原来是许多认真负责的小学老师怕学生父母不填写或者不邮寄回，于是要求学生把父母填好的问卷带回学校交给老师，老师一起寄回。二是我发现有50多封信封是贴了两张邮票寄回的。明明我都是贴了一张邮票的，且一张邮票就够了

第 1 章 用事实澄清社会舆论的误解

呀！这是怎么回事？我拿着问卷和信封到邮局，工作人员将问卷和信封放到秤上一称，刚刚 20 克。她解释说，如果贴信封封口的糨糊多了一点点，就会超重，就要贴两张邮票了。原来这也是一位负责的小学老师，她让学生把父母填好的问卷交回来，自己拿到邮局去邮寄时，被邮局工作人员要求补贴一张邮票，她就自己掏腰包默默地补贴了全部 50 多封邮件的邮票。这些特殊寄回的问卷让我深受感动，正是有了这些负责的小学老师的配合，我的调查才取得了圆满的成功。我心里一直默默感谢这些不知名的小学老师。

这项调查我总共抽取到 5 个市镇、15 所小学、30 个班级的 1 342 名小学生，构成了调查的样本。发出的问卷数量是 1 342 份，最终寄回的有效的问卷为 1 293 份，有效回收率达到 96.3%。非常高的有效回收率也反映了调查的高质量。

接下来我请北京大学物理系的一位博士生同学帮我将问卷数据全部录入计算机，然后就开始进行统计分析的工作。那时数据资料的统计分析远不像现在这么方便，北京大学社会学系最好的计算机是一台 IBM 286，而我们研究生只能用另外两台运算速度更慢的"长城 0520"，使用的统计分析软件也只是 SPSS 的 DOS 版，需要在 DOS 下写分析程序的命令文件，再进行运算。当时哪怕只是运算几个最简单的变量频数分布和交互分类统计往往就要半天时间，有时还会因为编写的分析程序命令文件中错了一个符号或者一个空格，计算机运算了一下午，最后给出"程序命令有错，无法执行"的结果。所以，我的统计分析只能到北京大学计算中心去做。我先把所有想做的统计分析的程序命令文件写好，然后到北京大学计算中心的大型计算机上进行运算。计算中心只给我半天时间，而且是将所有运算一次性做完，没有第二次，既无法修改也无法补充。

本来统计分析结果一出来，我就可以开始利用这些结果来撰写论文了。但令我万万没想到的是，统计分析得出了让我十分意外的结果：在测量家长培养孩子行为表现的所有指标上，两类家长之间都几乎不存在显著差别！我当时茫然不知所措，不知道该怎么办了。因为我原来拟定的研究问题现在无法回答了！我该怎么办？于是，我在去全国妇联参加一次会议的路上，咨询了一道同行的、给我们研究生上过人口社会学课程的蔡文媚教授。她说："那你就要去研究为什么二者没有差别了呀！"

蔡老师的话提醒了我。于是我开始反思自己的研究问题。我的研究问题是哪里来的？为什么会把"独生子女是小皇帝"作为研究的出发点？这时我突然想起在进行文献回顾时看过的那篇《中国的"小皇帝"》。对于这篇影响我对独生子女认识的报告文学，当时我觉得它不是学术论文，就没有仔细阅读和分析。虽然它的标题所代表的观点已经不自觉地成为我的认识，但我自己却并没有在意。想到这里，我重新拿出这篇报告文学，认真阅读起来。

真是不读不知道，一读吓一跳！通过阅读，我不仅明白了这篇报告文学存在的问题，也进一步追根溯源弄清楚了"小皇帝"这一称呼的来龙去脉。原来，"小皇帝"一词在媒体上的传播并不是起源于这一代独生子女所生长的国度，而是来自大洋彼岸的美国。1985年3月18日，美国《新闻周刊》刊登了该刊两名记者在北京采访后所写的文章，题目正是"一大群小皇帝"[1]。他们借独生子女家长之口，第一次给这一代独生子女戴上了"小皇帝"的帽子。短短11天之后，中国的《工人日报》上就刊登了这篇文章的摘译稿。[2] 而到第二年，《中国作家》上就发表了这篇轰动社会的《中国的"小皇帝"》。随着《中国的"小皇帝"》被转载、被拍成电视剧，"独生子女是小皇帝"的观念成了当时普遍的社会认知，我也未能幸免。

此时我才明白，原来我是带着一种错误的观点，并将其作为前提，去建立我的研究假设和研究目标的。而这种错误观点的来源，则是一篇毫无科学性可言的报告文学。那么，现实中究竟存不存在几千万"小皇帝"呢？这是一个没有人通过科学研究做出过回答的问题。于是，我就将我的研究目标从探讨独生子女家长如何把孩子都培养成"小皇帝"，变成了论证"独生子女究竟是不是小皇帝"。而调查中得到的两类家长在培养孩子行为表现的所有指标上都不存在显著差别的结果，正是我回答这一

---

[1] SMOLOWE J, LIN W. A rash of "Little Emperors". Newsweek, 1985-03-18.
[2] 史明. 一大群"小皇帝". 工人日报, 1985-03-29.

第 1 章 用事实澄清社会舆论的误解

问题的有力证据!

## 第三节 论文怎么写?

【通常我写作论文的方式是先列出基本的框架,也称为论文大纲,然后再一部分一部分地进行具体写作。因为框架或大纲反映的是论文的逻辑线索和层次结构,我认为十分重要,所以在本书的"论文怎么写"这一部分,也专门列出每一篇论文的整体框架。读者在写作论文时也可以参考这种方法。】

### 一、论文总体框架

这篇论文在结构上基本上是按照定量研究论文常见的表达方式,分为"问题与背景"(导言)、"研究设计"(方法)、"结果与分析"、"总结与讨论"(结论)几个大的部分。论文总体框架如表 1-1 所示。

表 1-1 论文总体框架

| 主体结构 | 主要内容 |
| --- | --- |
| 1. 问题与背景 | 独生子女的教育问题是社会普遍关心的重大问题<br>"小皇帝"问题是独生子女教育问题的两大方面之一<br>独生子女家长在总体上比非独生子女家长更溺爱孩子吗? |
| 2. 研究设计 | 样本抽取<br>概念测量<br>资料收集与分析 |
| 3. 结果与分析 | 不注意培养孩子的生活自理能力<br>不注意培养孩子的劳动习惯<br>对孩子过分迁就<br>物质上对孩子尽量满足 |
| 4. 总结与讨论 | 两类家长在溺爱孩子的行为表现上不存在显著性差异<br>研究的局限 |

## 二、论文写作解析

这篇论文发表在《社会学研究》1993 年第 1 期上。[①] 原稿中有相关的统计表格，发表时编辑删掉了，导致读者看不到统计结果，也不方便阅读对结果的分析。此处按照原稿刊出，以利于对论文的写作要点进行分析和说明。下文 【】 中的内容为我对论文写作方法的说明性文字，其他内容均为论文原文。各章体例都是如此，后文不再一一说明。

### 偏见与现实
#### 独生子女教育问题的调查与分析
#### 风笑天

【本文的题目采用双标题形式，主标题"偏见与现实"以精练的语言提示了研究的观点和结论，即社会中存在的独生子女是"小皇帝"的看法不正确，是一种偏见，现实开展调查所得到的结果并非如此。副标题则指明本文研究的主题是独生子女教育问题。这种标题形式比起单纯用副标题来说，既醒目，又强调了研究的结论，效果更好。】

摘要：本文以湖北省 5 个市镇 1 293 名小学生家庭调查所得资料为依据，采取定量分析的方法，从 4 个大的方面运用 19 项具体的指标对独生子女家长与非独生子女家长溺爱孩子的行为表现进行了全面的测量、统计、比较和分析。结果表明：两类家长在溺爱孩子的行为表现上，不存在显著性差异。这一结果否定了独生子女家长比非独生子女家长更溺爱孩子的假设，也否定了近年来社会上所存在的那种认为独生子女都是"小皇帝"的偏见。

### 一、导言

独生子女是 20 世纪 70 年代末以来出现在我国社会中的一代特殊人

---

[①] 风笑天. 偏见与现实：独生子女教育问题的调查与分析. 社会学研究，1993 (1).

口。据统计，到1989年上半年止，全国已领证的独生子女人数达到3 400万。① 大批独生子女的出现，给中国社会的许多方面都带来了不同程度的影响。而独生子女的教育问题，则是当前涉及家庭、学校和社会，引起心理学家、教育学家和社会学家普遍关注的重大社会问题之一。

从目前的情况看，独生子女教育问题主要涉及两个大的方面的内容：一是有关独生子女家长在日常生活中溺爱孩子的问题；二是有关独生子女家长在孩子的智力发展上期望过高、拔苗助长的问题。然而，在现有文献中尚未见到系统地描述和分析这些现象的实证研究，因此，对于这两方面的状况，除了人人都可以说出的一些感觉或印象外，还没有比较客观的、有一定依据和说服力的定量描述与分析。本文的目的，正是试图以实地调查的结果，来分析和探讨其中的一个方面：独生子女家长溺爱孩子的问题。（第二个方面的内容，笔者将在另一篇论文中详细探讨。）

对独生子女家长溺爱孩子现象的最典型描述，也是眼下最为流行的说法是：独生子女是一代被家长宠坏的"小皇帝"！用一篇在中国社会产生广泛影响的报告文学中的话来说，就是："凌驾于家庭、父母及亲属之上的'小皇帝'，已遍及千家万户。不久的将来，中国将会家家户户都有一个'小皇帝'。"②

我们知道，独生子女不会生来就是"小皇帝"，他们与那些非独生子女在先天上是不存在明显差别的。因为非独生子女中的老大在其弟妹出生之前，也是独生子女，而任何一个独生子女，只要其父母再生一个弟妹，他马上就成了非独生子女。所以，如果当今我国社会中的独生子女是与非独生子女有显著不同的"小皇帝"，那么，其原因只能是他们后天生长的环境不同，尤其是他们的父母对他们的教养方式不同，即只有溺爱孩子的家长才会培养出"小皇帝"。现在的问题是：独生子女家长在总体上比非独生子女家长更溺爱孩子吗？

---

① 详见《中国人口报》1989年9月25日。又：领证指领取独生子女证。
② 涵逸. 中国的"小皇帝". 中国作家，1986（3）.

【读者可以注意一下导言部分的写法。导言部分从独生子女人口产生引入,在简述其数量庞大的同时,提出全社会关注的独生子女教育问题;再从教育问题集中到家长溺爱孩子问题,即"小皇帝"的问题。这种写法就是我在《社会研究方法》教材中所说的"漏斗式"写法,即从大的背景逐步缩小到本研究的焦点问题。最后一段指出"小皇帝"问题实质是父母教养方式问题,由此提出本文的研究问题。】

## 二、方法

【对于采用调查研究方式进行的研究来说,在论文的方法部分最应该报告的内容就是样本抽取方式、变量及其操作化方式以及问卷资料实地收集方式和统计分析方法。所以文中对这3个方面进行了十分详细的介绍。】

(一) 样本抽取

笔者在地处全国中心地带且在社会经济文化发展水平、人口规模、家庭结构等方面均处于全国中等水平的湖北省,选取了武汉市、黄石市、沙市市、仙桃市、云梦县城关镇这5个不同规模、不同类型的市镇作为调查点。按照多阶段整群随机抽样的方法,从5个市镇中抽取了15所小学(每地3所)一至六年级共30个整班(每年级5个班)的1 342名小学生,这些小学生的家庭就构成本次调查的样本。由于实际完成调查的共有1 293个家庭,故本研究的实际样本容量为1 293个个案。表1是这1 293名小学生的基本情况。

【实际上还应该更详细地说明这15所小学30个班级的具体抽取方式和过程。我在博士论文中进行了专门介绍[①],而将此文投到编辑部时却忽略了这一点。】

---

① 风笑天. 独生子女:他们的家庭、教育和未来. 北京:社会科学文献出版社,1992:253-268.

第1章 用事实澄清社会舆论的误解

表1　1 293名小学生基本情况统计表

| | | 合计 | 一年级 | 二年级 | 三年级 | 四年级 | 五年级 | 六年级 | 男生 | 女生 |
|---|---|---|---|---|---|---|---|---|---|---|
| 独生子女 | N | 736 | 167 | 196 | 143 | 78 | 88 | 64 | 367 | 369 |
| | % | 56.9 | 70.6 | 80.8 | 60.6 | 43.6 | 44.0 | 32.1 | 56.5 | 57.3 |
| 非独生子女 | N | 557 | 70 | 46 | 93 | 101 | 113 | 134 | 282 | 275 |
| | % | 43.1 | 29.4 | 19.2 | 39.4 | 56.4 | 56.0 | 67.9 | 43.5 | 42.7 |
| 合计 | N | 1 293 | 237 | 242 | 236 | 179 | 201 | 198 | 649 | 644 |

关于这一小学生样本的代表性，我们可用独生子女的比重这一指标，同现有文献中的有关结果进行比较。

章永生1989年所发表的对北京两所小学一至六年级12个班及3所中学18个班的调查结果表明，独生子女在小学生中的比重为51.9%，非独生子女比重为48.1%（按其表中小学二年级至初中一年级的结果计算，因1988年调查时这一部分学生正好处于小学一至六年级）。[①] 本研究的小学生样本中，二者比重分别为56.9%和43.1%，相差不大。

另据1987年一项对杭州市10所中小学的调查结果，小学一、二年级中独生子女占71.8%，三、四年级中占53.6%，五、六年级中占40.6%。[②] 本研究的样本中，三种比重分别为76.2%、52.1%和37.6%，相差也不大。

【在列出样本基本情况统计表后，专门进行了样本代表性的评估，即用同类的其他调查结果和本调查结果进行比较。这样做进一步增强了样本代表性的可信程度。】

（二）概念测量

要实证地探讨两部分家长在溺爱孩子方面的表现，必须首先将溺爱的概念分解成可以实际测量的具体指标。由于"溺爱"这一概念不像"性别""年龄"等概念那样含义明确单一，而是有着多种多样、形式各异的具体表现，因此，要对它进行测量，就需要从各个不同的角度，运

---

[①] 章永生. 独生子女家庭教育现状的研究. 教育研究, 1989 (6).
[②] 独生子女比例逐日增多, 家长"重智轻德"倾向严重. 浙江日报, 1987-06-08.

用多个指标来进行。然而，一项具体的研究受人力、物力、时间等多种因素的限制，所能允许或包含的变量及指标又是十分有限的。因此，我们必须做些简化工作，努力抓住"溺爱"概念的最主要特征进行测量。

本着这一指导思想，笔者在本研究中，综合现有文献对溺爱现象的描述和讨论，并结合自己在探索性研究中向小学教师调查询问所得到的认识，暂把"溺爱"这一概念的内涵界定在以下四个方面：

(1) 不注意培养孩子的生活自理能力；

(2) 不注意培养孩子的劳动习惯；

(3) 对孩子过分迁就；

(4) 物质上对孩子尽量满足。

对于上述每一个方面，笔者在问卷中都用 4～6 个具体的问题作为指标进行了测量。在总共 19 项指标中，有些是通过直接测量孩子的行为习惯来达到间接测量家长行为表现的目的的，有些则是对家长行为的直接测量，还有些是对家长心态和想法的测量。

(三) 资料收集与分析

本研究所用资料均来源于实地调查的结果。资料收集包括两个方面：一是通过自填问卷来收集定量资料，二是通过个案访谈来获得定性资料。其中，以定量资料的收集为主。

首先，笔者在阅读有关独生子女的文献的基础上，结合 1988 年 3 月在武汉市进行的小范围探索性工作，设计出调查问卷的初稿。然后，于 5 月份赴武汉市和黄冈县城关镇进行了两次试调查。一次以问卷为主，一次以访谈为主。8 月，根据试调查的结果对问卷进行了修改，设计出正式的问卷。最后，于 1988 年 9 月至 11 月亲自赴五市镇，一所小学一所小学地开展实地调查工作。问卷由所抽中班级的班主任老师发给学生，由学生带回家请家长填写（随问卷附有写好地址、贴好邮票的信封）。填写好的问卷一部分由家长直接寄回，一部分由老师统一收齐后寄回。实际发出问卷 1 342 份，收回有效问卷 1 293 份，有效回收率为 96.3%。此外，笔者还深入到一部分学生家中，对家长进行了访问调查。

第1章 用事实澄清社会舆论的误解

全部问卷资料均输入计算机,采用 SPSS/PC 统计软件进行数据处理和分析。根据本研究的目的和要求,主要采用卡方检验法($\chi^2$)对子女数目(即是否独生子女)这一自变量与用来测量溺爱概念的19个因变量之间的关系进行分析,检定自变量与因变量二者不相关的假设,显著度规定为0.05。此外,还采取控制变量的方法,对某些特定的变量之间的关系进行判定。

## 三、结果与分析

【由于本研究的目标是比较两类家长溺爱孩子的行为表现,所以统计分析就是对所有测量指标一一进行统计比较,并进行卡方检验。】

(一)两类家长在培养孩子生活自理能力方面的情况(见表2)

表2 两类家长在培养孩子生活自理能力方面的情况　　　　%

|  | 独生子女 |  | 非独生子女 |
|---|---|---|---|
| 1. 孩子是否自己洗头? |  |  |  |
| 　自己洗 | 47.7 |  | 67.8 |
| 　家长帮助洗 | 52.3 |  | 32.2 |
| 　($N$) | (726) |  | (552) |
|  | $\chi^2=49.836$ | $df=1$ | $p<0.000$ |
| 2. 孩子是否自己洗澡? |  |  |  |
| 　自己洗 | 70.6 |  | 83.5 |
| 　家长帮助洗 | 29.4 |  | 16.5 |
| 　($N$) | (729) |  | (553) |
|  | $\chi^2=27.073$ | $df=1$ | $p<0.000$ |
| 3. 孩子是否自己穿衣? |  |  |  |
| 　自己穿 | 88.9 |  | 93.1 |
| 　家长帮助穿 | 11.1 |  | 6.9 |
| 　($N$) | (728) |  | (554) |
|  | $\chi^2=6.923$ | $df=1$ | $p<0.000$ |
| 4. 孩子是否自己收拾书包? |  |  |  |
| 　自己收拾 | 95.0 |  | 97.5 |
| 　家长收拾 | 5.0 |  | 2.5 |
| 　($N$) | (733) |  | (555) |
|  | $\chi^2=5.295$ | $df=1$ | $p<0.000$ |

续表

|  | 独生子女 |  | 非独生子女 |
|---|---|---|---|
| 5. 孩子是否自己整理床铺？ |  |  |  |
| 　　自己整理 | 30.9 |  | 42.3 |
| 　　家长整理 | 69.1 |  | 57.7 |
| 　　（N） | (718) |  | (551) |
|  | $\chi^2=17.081$ | $df=1$ | $p<0.000$ |
| 6. 家长是否接送孩子上学？ |  |  |  |
| 　　每天接送 | 19.8 |  | 5.2 |
| 　　有时接送 | 35.6 |  | 19.4 |
| 　　不接送 | 44.6 |  | 75.4 |
| 　　（N） | (702) |  | (540) |
|  | $\chi^2=126.761$ | $df=1$ | $p<0.000$ |

表 2 的结果表明，在所测量的 6 项指标（洗头、洗澡、穿衣、收拾书包、整理床铺和上学依靠自己还是依靠父母）中，除了收拾书包一项两类总体间的差别很小（仅相差 2.5%）外，其他 5 项指标的统计结果都表现出了较大的差异（非独生子女低于独生子女）。并且，所有的 $\chi^2$ 检测结果都表明，这种差异是显著的。

【得到上述结果时，不成熟的研究者可能会贸然就下结论说，独生子女家长做得比非独生子女家长差。所以，下面的分析是很有必要的。】

从这一结果中，我们是否就可以认为，独生子女家长在培养孩子生活自理能力方面做得比非独生子女家长差呢？下这样的结论似乎还嫌过早，因为我们不能忽视其他因素对调查结果的影响。表 1 的结果告诉我们，样本中独生子女总体与非独生子女总体之间，存在着一些明显的差别。比如，低年级中独生子女的比例高，而高年级中非独生子女的比例高。同时，儿童的生活自理能力无疑又是一个与儿童年龄密切相关的变量。

【上面的这两句话是问题的关键。表 1 中的样本基本状况在这里发挥了作用。而年龄既与表 1 有关，也与生活自理能力有关，所以要控制年龄的影响。】

根据这一思路，我们得到下列结果（见表 3）：

表3 控制年级后两类儿童生活自理情况

%

| | 低年级 | | | 中年级 | | | 高年级 | | |
|---|---|---|---|---|---|---|---|---|---|
| | 独生子女 | 非独生子女 | | 独生子女 | 非独生子女 | | 独生子女 | 非独生子女 | |
| 1. 孩子是否自己洗头？ | | | | | | | | | |
| 自己洗 | 33.4 | 41.8 | | 50.7 | 59.4 | | 77.9 | 85.4 | |
| 家长帮助洗 | 66.6 | 58.2 | | 49.3 | 40.6 | | 22.1 | 15.6 | |
| (N) | (356) | (110) | | (219) | (192) | | (149) | (247) | |
| | $\chi^2=2.549$ | $df=1$ | $p>0.05$ | $\chi^2=3.439$ | $df=1$ | $p>0.05$ | $\chi^2=3.658$ | $df=1$ | $p>0.05$ |
| 2. 孩子是否自己洗澡？ | | | | | | | | | |
| 自己洗 | 54.2 | 59.5 | | 80.9 | 80.2 | | 96.0 | 96.8 | |
| 家长帮助洗 | 45.8 | 40.5 | | 19.1 | 19.8 | | 4.0 | 3.2 | |
| (N) | (358) | (111) | | (220) | (192) | | (149) | (247) | |
| | $\chi^2=0.756$ | $df=1$ | $p>0.05$ | $\chi^2=0.062$ | $df=1$ | $p>0.05$ | $\chi^2=0.322$ | $df=1$ | $p>0.05$ |
| 3. 孩子是否自己穿衣？ | | | | | | | | | |
| 自己穿 | 81.8 | 86.5 | | 94.5 | 94.8 | | 97.3 | 98.0 | |
| 家长帮助穿 | 19.2 | 13.5 | | 5.5 | 5.2 | | 2.7 | 2.0 | |
| (N) | (358) | (111) | | (219) | (193) | | (149) | (247) | |
| | $\chi^2=1.332$ | $df=1$ | $p>0.05$ | $\chi^2=0.024$ | $df=1$ | $p>0.05$ | $\chi^2=0.511$ | $df=1$ | $p>0.05$ |
| 4. 孩子是否自己整理床铺？ | | | | | | | | | |
| 自己整理 | 26.6 | 23.6 | | 25.2 | 37.5 | | 49.3 | 54.1 | |
| 家长整理 | 73.4 | 76.4 | | 74.8 | 62.5 | | 50.7 | 45.9 | |

续表

| | 低年级 | | | 中年级 | | | 高年级 | | |
|---|---|---|---|---|---|---|---|---|---|
| (N) | (350) | (110) | | (218) | (192) | | (148) | (246) | |
| | $\chi^2=0.251$ | $df=1$ | $p>0.05$ | $\chi^2=7.747$ | $df=1$ | $p<0.01$ | $\chi^2=0.695$ | $df=1$ | $p>0.05$ |
| 5. 家长是否接送孩子上学? | | | | | | | | | |
| 每天接送 | 31.2 | 12.6 | | 10.7 | 4.8 | | 4.3 | 2.1 | |
| 有时接送 | 35.1 | 28.8 | | 42.2 | 22.5 | | 27.1 | 12.1 | |
| 不接送 | 33.7 | 58.6 | | 47.1 | 72.7 | | 68.6 | 85.8 | |
| (N) | (353) | (111) | | (216) | (186) | | (140) | (240) | |
| | $\chi^2=30.778$ | $df=2$ | $p<0.000$ | $\chi^2=26.951$ | $df=2$ | $p<0.000$ | $\chi^2=15.56$ | $df=2$ | $p<0.001$ |

第1章　用事实澄清社会舆论的误解

表 3 的结果表明，当我们控制了年级这一变量，即在同等年龄段的儿童中进行比较时，统计结果与前面表 2 的结果相比发生了很大的变化。先看低年级中两类儿童的情况，在 5 项指标中，虽然每一分表中的百分比仍然呈现出一定的差别，但是，$\chi^2$ 检定的结果却表明：除了在接送孩子上学这一项中，两类总体继续呈现出显著的差异外，其余 4 项指标中的差异则基本都消失了。再看中年级及高年级中两类儿童的情况，所得结果几乎与低年级中的情况完全一样。

这一结果说明，表 2 中所出现的两类家长在培养孩子生活自理能力方面的诸多差异，都是虚假的，都是独生子女与非独生子女在不同年级中所占的比重不同造成的。一旦排除了不同年级中两类儿童不同的影响，即在相同年级的儿童中进行比较，两类家长在这方面的差异也就随之消失了。

【这种通过控制相关变量来排除虚假关系、确证两变量之间关系性质的方法，大大增强了结论的说服力。同时，对于唯一的例外，也要进行进一步的分析，而不能蒙混过去。】

当然，我们还必须对接送孩子上学这项仍表现出显著差异的现象，做出进一步的解释。的确，笔者在所调查的 15 所小学中，都看到了家长接送孩子上学的现象。各小学的领导、老师也都谈到了这一现象，《光明日报》等报刊上，也曾登载过反映这一现象的照片和文章。[①] 这些都说明，家长接送孩子上学的现象在各地小学中普遍存在着。

为了分析这一现象形成的原因，特别是两类家长在这方面存在明显差别的原因，有必要详细分析当前接送孩子上学的现状和特点。我们根据调查结果进行了统计。详见表 4。

表 4　两类家长接送孩子上学情况统计

|  | 独生子女家长 | | | 非独生子女家长 | | | 合计 | |
| --- | --- | --- | --- | --- | --- | --- | --- | --- |
|  | N | % | (%) | N | % | (%) | N | % |
| 每天接送 | 139 | 19.8 | (83.2) | 28 | 5.2 | (16.8) | 167 | 13.4 |

---

① 见《光明日报》1989 年 5 月 5 日。

续表

|  | 独生子女家长 | | | 非独生子女家长 | | | 合计 | |
| --- | --- | --- | --- | --- | --- | --- | --- | --- |
|  | N | % | (%) | N | % | (%) | N | % |
| 雨天接送 | 101 | 14.4 | (62.7) | 60 | 11.1 | (37.3) | 161 | 13.0 |
| 只接不送 | 149 | 21.2 | (76.8) | 45 | 8.3 | (23.2) | 194 | 15.6 |
| 与哥姐一道 | 0 | 0 | (0) | 95 | 17.6 | (100) | 95 | 7.7 |
| 不接送 | 313 | 44.6 | (50.1) | 312 | 57.8 | (49.9) | 625 | 50.3 |
| 合计（N） | 702 | | | 540 | | | 1 242 | |
| | $\chi^2 = 206.612$ | | | $df = 4$ | | | $p < 0.000$ | |

注：括号中的百分比"（%）"为横行百分比。

先看看接送孩子上学的总体情况。从表 4 合计栏里可以看出，每天接送孩子上学的家长占全部家长的 13.4%，即平均每 7 名小学生中，就有一名是由家长每天接送的。这样，一个有七八百名学生的中等规模的小学中，每天就有 100 名左右小学生由家长接送。若再加上一些有时接送的，其比重的确是十分可观的。

进一步的计算和分析发现，这种接送孩子上学的现象具有以下几个明显的特点：（1）无论年级高低，独生子女家长每天接送的都比非独生子女家长多，有时接送的也比非独生子女家长多，而不接送的比非独生子女家长少；（2）在每天接送的学生中，低年级占 74.2%，中年级占 19.2%，高年级占 6.6%，说明接送的主要是低年级学生；（3）年级越低，两类家长每天接送孩子的比例相差越大，高年级中相差 2% 左右，中年级相差 6% 左右，而低年级则相差 20% 左右。综合上述三个方面的特点，我们可以得出结论：每天接送孩子的主要是低年级独生子女的家长。

【通过对调查资料的统计，实事求是地说明接送孩子的的确是低年级独生子女的家长，从而引出对这一现象的进一步分析。】

现在的问题是，这种现象是不是主要由独生子女家长溺爱孩子造成的呢？笔者在调查中发现，家长接送孩子上学的原因是多种多样的。而独生子女家长中，接送孩子上学的最主要原因是担心孩子的安全。一位身为武汉市公共汽车公司司机的独生子女母亲告诉笔者："虽然我们家

## 第1章 用事实澄清社会舆论的误解

离学校很近，只5分钟路程，但因为要过一个三岔路口，所以我每天仍然接送孩子上学。同时，我们还从不让她单独上街买东西，来往车辆太多，很不安全。"这样一位成天开公共汽车、常年与城市交通打交道、比一般人更熟悉交通情况的母亲所反映的情况，突出地体现了广大独生子女家长的心态。

【列举这个身为公共汽车司机的独生子女母亲的特定个案，显然具有更好的说服力。】

应该承认，随着城市建设的发展、城市人口的增加，目前城市中的汽车数量越来越多。以湖北为例，1988年民用汽车拥有量是1949年的153倍，1958年的31倍，1966年的15倍，1978年的3倍。

正是汽车的增加，使得一些小学周围的交通环境变得比较复杂，六七岁的孩子的确应付不了。独生子女家长接送一段时间低年级（特别是一年级）的孩子，应该说并非不合情理。北京市有些小学还主动要求低年级学生家长每天接送孩子，以保证孩子的安全。随着孩子年龄的增长，绝大多数家长都是会让孩子自己上学的。表3的统计也显示，随着年级的增高，每天接送孩子的独生子女家长的比例急剧减少：低年级中占31.2%，中年级占10.7%，高年级则不到5%。同时，如果把与哥哥姐姐一道上学也看作家长接送的话（二者作用相似），那么，低年级非独生子女中，每天接送的比例也达到32.4%，还略高于独生子女的比例。以上分析表明，溺爱孩子不是使得独生子女家长与非独生子女家长在接送孩子上学方面表现出明显差异的主要原因。

【用汽车拥有量的增加说明城市交通复杂化，再列举有的小学主动要求家长接送孩子，以及将非独生子女与哥哥姐姐一起上学的比例相加等，都支持了上述差别不是独生子女家长溺爱孩子所造成的这一结论。】

综合上面6项指标的结果和我们的分析，不难看出：独生子女家长与非独生子女家长在培养孩子的生活自理能力方面，并不存在明显的差别。

## （二）两类家长在培养孩子劳动习惯方面的情况（见表5）

表5　两类儿童在家做家务情况统计　　　　　　　　　　　%

| | 独生子女 | | 非独生子女 |
|---|---|---|---|
| 1. 抹桌子 | | | |
| 做 | 60.1 | | 69.0 |
| 不做 | 39.9 | | 31.0 |
| (N) | (707) | | (549) |
| | $\chi^2=11.012$ | $df=1$ | $p<0.000$ |
| 2. 扫地 | | | |
| 做 | 76.6 | | 86.1 |
| 不做 | 23.4 | | 13.9 |
| (N) | (713) | | (553) |
| | $\chi^2=18.561$ | $df=1$ | $p<0.000$ |
| 3. 洗碗 | | | |
| 做 | 40.0 | | 62.0 |
| 不做 | 60.0 | | 38.0 |
| (N) | (705) | | (547) |
| | $\chi^2=60.053$ | $df=1$ | $p<0.000$ |
| 4. 上街买东西 | | | |
| 做 | 68.4 | | 70.5 |
| 不做 | 31.6 | | 29.5 |
| (N) | (715) | | (543) |
| | $\chi^2=0.705$ | $df=1$ | $p>0.05$ |
| 5. 洗手绢 | | | |
| 做 | 61.1 | | 60.0 |
| 不做 | 38.9 | | 40.0 |
| (N) | (710) | | (540) |
| | $\chi^2=0.391$ | $df=1$ | $p>0.05$ |

表5的结果显示，在5项简单的家务劳动（抹桌子、扫地、洗碗、上街买东西、洗手绢）方面，有2项两类儿童之间的差异不显著。对于其中存在显著性差异的3项结果，我们同样通过控制学生的年级这一因素来做进一步的分析。因为一般来说，做家务的能力和习惯，也是与儿童年龄有关的。控制了学生的年级后，就可以排除这一方面的影响。结果见表6。

表6 控制年级后两类儿童在家做家务情况统计 %

| | | 低年级 | | | 中年级 | | | 高年级 | | |
|---|---|---|---|---|---|---|---|---|---|---|
| | | 独生子女 | 非独生子女 | | 独生子女 | 非独生子女 | | 独生子女 | 非独生子女 | |
| 1. 抹桌子 | 做 | 54.5 | 62.4 | | 63.4 | 59.7 | | 68.7 | 79.3 | |
| | 不做 | 45.5 | 37.6 | | 36.6 | 40.3 | | 31.3 | 20.7 | |
| | (N) | (345) | (109) | | (213) | (191) | | (147) | (246) | |
| | | $\chi^2=2.462$ | $df=1$ | $p>0.05$ | $\chi^2=0.669$ | $df=1$ | $p>0.05$ | $\chi^2=5.859$ | $df=1$ | $p<0.02$ |
| 2. 扫地 | 做 | 73.1 | 79.3 | | 81.5 | 86.0 | | 78.1 | 89.0 | |
| | 不做 | 26.9 | 20.7 | | 18.5 | 14.0 | | 21.9 | 11.0 | |
| | (N) | (349) | (111) | | (216) | (193) | | (146) | (246) | |
| | | $\chi^2=1.571$ | $df=1$ | $p>0.05$ | $\chi^2=1.778$ | $df=1$ | $p>0.05$ | $\chi^2=8.532$ | $df=1$ | $p<0.001$ |
| 3. 洗碗 | 做 | 33.9 | 46.3 | | 39.6 | 55.5 | | 55.5 | 73.5 | |
| | 不做 | 66.1 | 53.7 | | 60.4 | 44.5 | | 44.5 | 26.5 | |
| | (N) | (345) | (108) | | (212) | (191) | | (146) | (245) | |
| | | $\chi^2=5.216$ | $df=1$ | $p<0.02$ | $\chi^2=10.224$ | $df=1$ | $p<0.001$ | $\chi^2=12.584$ | $df=1$ | $p<0.000$ |

表6的结果表明，除洗碗一项在各年级中继续呈现出显著性差异外，另外两项指标在大部分年级中都不存在显著性差异。这说明，独生子女与非独生子女在抹桌子、扫地两项指标上的差异，主要是由于不同年级中两部分儿童的比例不同。那么，为什么独生子女与非独生子女在洗碗一项上，仍然存在显著性差异呢？

【对存在显著性差异的一项依然需要进行专门的分析和说明。】

笔者在调查中了解到，在许多独生子女家长眼里，厨房是不宜让孩子去的地方。因为厨房里的煤气炉、火、刀等等，对孩子来说都是不安全的因素。在家长看来，培养孩子的劳动习惯，让孩子做些家务事是应该的，但孩子的安全更是要处处注意的。在家抹抹桌子、扫扫地，到附近的商店买点东西，也可以培养孩子的劳动观念和习惯。因此，一些家长很少让孩子去厨房做事，其中自然也包括洗碗。另一些家长则主要考虑的是孩子洗碗的实际效果。因为孩子洗几个碗的结果，是大人们要更频繁地给孩子换洗衣服。因此，一些平常总希望把孩子打扮得干干净净、漂漂亮亮的独生子女家长，以及一些平常工作较忙，不可能常洗衣服的家长，自然很少让孩子去厨房洗碗了。

综合上述分析，不难得出这样的结论：在培养孩子的劳动习惯方面，独生子女家长与非独生子女家长之间，也不存在显著的差别。

（三）两类家长在迁就孩子方面的情况（见表7）

表7 两类家长迁就孩子方面的情况统计　　　　　　%

| | 独生子女 | 非独生子女 |
|---|---|---|
| 1. 是否规定孩子看电视时间？ | | |
| 　不规定，想看就看 | 17.9 | 19.1 |
| 　规定 | 82.1 | 80.9 |
| 　(N) | (692) | (514) |
| | $\chi^2=0.21 \quad df=1 \quad p>0.05$ | |
| 2. 电视节目不一致时依谁？ | | |
| 　依孩子 | 73.4 | 73.0 |

续表

|  | 独生子女 | 非独生子女 |
|---|---|---|
| 依家长 | 13.0 | 15.2 |
| 其他 | 13.6 | 11.8 |
| (N) | (706) | (514) |
|  | $\chi^2=1.523$　$df=2$　$p>0.05$ | |
| **3. 外出玩,去哪儿听谁的?** | | |
| 听孩子的 | 15.3 | 15.2 |
| 听家长的 | 26.3 | 30.7 |
| 家长和孩子商量决定 | 58.4 | 54.1 |
| (N) | (691) | (486) |
|  | $\chi^2=2.695$　$df=2$　$p>0.05$ | |
| **4. 孩子看见别人的新东西吵着要买时,总是尽快同样买一件** | | |
| 是这样 | 23.3 | 28.4 |
| 不是这样 | 76.7 | 71.6 |
| (N) | (704) | (525) |
|  | $\chi^2=3.939$　$df=1$　$p<0.05$ | |

表 7 的结果表明,在 4 项指标中,有 3 项指标的统计结果是两类家长无显著性差异。唯一表现出显著性差异的是"买东西"一项。尽管两类家长在这一指标上的百分比之间只相差 5.1 个百分点,但 $\chi^2$ 检验达到了 0.05 的显著度。这种差异还具有一个奇怪的特点,那就是它与人们平常的理解和印象似乎正好相反——当孩子看见别人的新东西吵着要买时,是非独生子女家长而不是独生子女家长更多地迁就孩子的要求,总是尽快同样买一件。

这一结果正常吗?它反映了现实生活中的实际情况吗?回答是肯定的。理解这一结果的关键在于:独生子女家长与非独生子女家长面对孩子吵着要买某件物品这种情况的比例不一样。非独生子女家长通常比独生子女家长更多地处于这种情形中,更多地面临孩子的这种要求。而独生子女家长由于在日常生活中经常主动为孩子买各种物品,因此,他们的孩子——独生子女们——面临那种"别人有而自己没有"的情况远比非独生子女少。这样，独生子女提出这种要求的比例自然也就远小于非独生子女的这一比例。

【当出现与常识或研究者的预判不一致的结果时，一定要认真思考，找出出现这种看似"不正常"实际上非常正常的结果的真正原因。这正是科学研究不同于常识的地方。】

（四）两类家长在物质上满足孩子的情况（见表8）

表8　两类家长在物质上满足孩子的情况统计　　　　　　　　%

| | 独生子女家长 | 非独生子女家长 |
|---|---|---|
| 1. 给孩子零用钱的情况 | | |
| 　　不给 | 14.2 | 10.5 |
| 　　有时给 | 31.6 | 32.4 |
| 　　经常给 | 12.1 | 11.4 |
| 　　要用时给 | 42.1 | 45.7 |
| 　　(N) | (719) | (543) |
| | $\chi^2=5.919$　$df=1$ | $p>0.05$ |
| 2. 每次带孩子去商店，都给他买了东西 | | |
| 　　是这样 | 38.0 | 30.2 |
| 　　不是这样 | 62.0 | 69.8 |
| 　　(N) | (711) | (527) |
| | $\chi^2=8.402$　$df=1$ | $p<0.01$ |
| 3. 宁肯自己省一点，也要满足孩子 | | |
| 　　是这样 | 62.5 | 67.9 |
| 　　不是这样 | 37.5 | 32.1 |
| 　　(N) | (712) | (532) |
| | $\chi^2=3.686$　$df=1$ | $p>0.05$ |
| 4. 不能委屈孩子，不能让孩子看着别人玩 | | |
| 　　是这样 | 27.5 | 27.2 |

续表

|  | 独生子女家长 | 非独生子女家长 |
|---|---|---|
| 不是这样 | 72.5 | 72.8 |
| (N) | (705) | (526) |
|  | $\chi^2=1.281$  $df=1$  $p>0.05$ | |

表8的结果表明,除了去商店买东西一项存在显著差异外,其他三项指标差异都不显著。从家长平常给孩子零用钱的情况看,人们的印象似乎是,独生子女的家长会更经常地给孩子零用钱。可我们的调查结果表明,两部分家长经常给孩子零用钱的比例都是10%多一点,有时给的比例也都是30%多一点。$\chi^2$检定表明,在给孩子零用钱方面,两部分家长之间不存在明显的差别。

指标"每次带孩子去商店,都给他买了东西"与否以及"宁可自己省一点,也要满足孩子"与否主要是对家长心理状态的测量。二者的结果表明,两部分家长在给孩子买东西方面的心理状态,总体上看是基本相同的。

唯一表现出显著性差异的是家长在日常生活中给孩子买东西的情况。约有40%的独生子女家长每次带孩子去商店都给孩子买了东西,而做到这一点的非独生子女家长只有约30%。既然两部分家长在"爱子之心"上并不存在明显的差异,为什么在具体行动上却又表现出明显的差异呢?这同样是由两类家庭所拥有的不同经济条件决定的(见表9)。

表9　两类家庭月人均收入情况统计　　　　　　　　　%

| 月人均收入 | 独生子女家庭 | 非独生子女家庭 |
|---|---|---|
| 50元以下 | 12.9 | 46.6 |
| 51~75元 | 39.3 | 45.0 |
| 76元以上 | 47.8 | 8.4 |
| (N) | (690) | (517) |
|  | $\chi^2=319.782$  $df=2$  $p<0.000$ | |

从表9中我们可以十分清楚地看到,独生子女家庭与非独生子女家庭的月人均收入分布存在着巨大的差异:约有一半的非独生子女家庭月

人均收入处于50元以下,而独生子女家庭约有一半月人均收入在76元以上。这种明显的差异主要是由两类家庭的人口数目不一样造成的。正是经济条件的差异,导致两部分家长在给孩子买东西方面出现一些差异。也正是由于这种买东西方面的差异,导致独生子女家长较少地(而非独生子女家长较多地)面临孩子吵着要买某件物品的境地。

【实际上,我在博士论文中在控制两类家庭的收入后再进行比较,结果这方面也不存在显著差别了。】

上述结果和分析表明,在满足孩子的物质需要上,两部分家长的心态和行为基本上是一样的。只是由于他们各自实际的经济基础和条件不同,因而在给孩子买东西方面,两部分家长总体之间存在一定的差别。

## 四、结论

【通常,这一部分的标题应该是"结论与讨论"。但我当时头脑中并没有意识到这一点(即像许多研究生一样,还不懂得要进行讨论)。论文中仅仅写出了研究的结论。十分遗憾,论文缺少了对研究结论的相关讨论,这是一个很大的缺陷。】

以上我们分别从4个大的方面,用19项具体的指标,对家长溺爱孩子的行为表现进行了全面的测量、统计、比较和分析,并通过控制某些变量的方法,进行了更深入一步的探讨。几乎所有的结果都一致表明:两类家长在溺爱孩子的行为表现上,不存在显著的差异。实地调查和研究的结果,否定了"独生子女家长比非独生子女家长更溺爱孩子"的假设。同时,也否定了近几年来一直为人们所接受的"独生子女是小皇帝"的观念。正是依据实地调查所得到的这一结果,我们可以有理由地说明两点,这就是:一方面,独生子女家长中,溺爱孩子的只是极少的一部分,并不是所有的独生子女家长都溺爱孩子;另一方面,现实社会中溺爱孩子的,并不是只有独生子女家长,同时也有非独生子女家长。根据这两点,我们还能有理由地说明另外两点:一方面,现实社会中的千百万独生子女,并非都是"小皇帝"。中国目前没有出现,将来

# 第1章 用事实澄清社会舆论的误解

也不会出现"家家户户都有一个'小皇帝'"的严酷现实。另一方面，目前社会中所存在的"小皇帝"们，并不都是独生子女，其中也有一部分非独生子女。

最后，需要略做说明的是，由于本研究仅抽取了湖北省的5个市镇作为调查点，仅调查了城市中学龄儿童家庭的情况，因此，本文的结论也主要在这一范围内成立。至于全国范围内学龄前儿童及中学生家庭的情况，则有待于进一步的研究。此外，对于溺爱孩子行为的测量，本研究只是一种初步的探索和尝试。而在这方面更为完善的指标，也同样有待于今后进一步的研究来提供。

【每一项经验研究，或多或少都会存在这样那样的局限。所以，在论文的结尾，应该对研究的局限进行实事求是的说明。这是研究者负责任的表现。我在论文结尾主要说明了本研究两方面的局限：一是样本的局限，不一定能推论到全国、学龄前儿童以及中学生家庭；二是操作化的局限，溺爱的测量指标可能并不完善。】

## 第四节 研究评价与启示

### 一、研究评价

首先，这项研究最突出的优点，是能够紧密结合当时社会的现实，针对社会上存在的一种普遍的、实际上是错误的认识，采用调查方法，收集系统的经验证据，较好地进行了验证，达到了纠正社会偏见的目的。我们知道，社会研究的目的之一，就是告诉人们"现实状况究竟是什么"。拿这项研究来说，其目的就是要告诉人们，独生子女究竟是不是"小皇帝"。从选题上看，这项研究很好地结合了当时社会的现实需要。特别是从社会普遍关心的独生子女教育问题中选择"独生子女是不是小皇帝"的问题展开集中探讨，使得研究的选题既具有很好的现实意义和实践价值，同时焦点又十分集中，适合开展探讨。可以说比较符合"大背景中的小问题"的选题要求。

其次，这项研究选择的方法是合适的。因为对于全面反映独生子女家长与同龄非独生子女家长在培养教育孩子方面的行为表现的差异来说，大规模抽样调查的方法显然比研究范围相对有限的实地研究、个案研究效果更好。同时，我当时针对调查对象的特殊性所采用的"多阶段、整群随机"的抽样方式，以及"发送自填加邮寄回收"的资料收集方式，不仅具有很好的效果，而且有很好的可行性。这种方法在达到研究目标的同时，还大大节省了调查所需要的人力、物力和时间。

最后，这项研究的概念操作化方法也有一定的可取之处。要经验地论证或反驳现有的观点和舆论，就必须系统地收集现实中的经验证据。而在这项研究中要达到这一点，对"溺爱"概念的操作化就成为关键的环节。正如许多研究所面对的情况一样，"溺爱"也是一个相对抽象的概念。要对两类家长"溺爱"孩子的行为进行测量，就必须先将"溺爱"操作化为经验上可观测的具体指标。虽然我在这项研究中对"溺爱"概念的操作化处理可能并不完善甚至不太正确，但在当时没有前人相关研究结果和参考资料的情况下，第一次将"溺爱"变成了现实中可以经验测量的具体事物，这可以说是一个小小的贡献。

这项研究也有几点明显的不足。一是对研究的结论缺乏相关的理论探讨，只是简单地将研究结果进行了总结就结束了。这是本文最大的不足，反映出当时的我在研究的思考深度上、分析问题的广度上还十分稚嫩，非常缺乏经验和理论积累。尽管这一研究的主要目标是回答"独生子女是不是小皇帝"的问题，但在得出论证结果后，最好能对"为什么会有如此的结果"（即为什么两类家长在培养教育孩子上并没有显著差异）进行一定的理论分析和探讨，并提出相应的理论解释。这样既可以在一定程度上回答两类家长具有相似行为方式的可能原因，又可以为后续研究提供可供参考的依据。

二是这项研究在统计分析的方法上还比较简单，主要运用的是双变量的交互分析。尽管我在一些分析中采用了控制第三变量的方法，增强了研究结果的可靠程度，但总的来看，整个研究的定量分析还不够深入。如果能运用更为严格的多变量统计分析技术，就能同时控制更多的变量，研究得出的结论将会更加可靠。

三是论文写作中缺乏对相关文献的回顾。尽管当时直接研究这一问题的学术文献比较少，但还是应该尽可能对与此问题相关的学术文献进行系统的梳理和综述，以便读者能了解学术界对这一问题的研究状况以及本研究的出发点。同时，文献回顾部分的缺乏，也是本研究在结论部分缺少相关讨论和对话的一个重要原因。

## 二、研究启示

这是我30多年前所做的研究，虽然研究的深度明显不足，统计分析方法也过于简单，但我觉得对于研究生读者以及年轻的研究者来说可能是最合适的。因为当时的我也只是一名普通的博士生，一无经验，二无资源，三无人脉关系；是第一次独立进行研究，而且是一项对我来说至关重要的研究。回过头来看这项研究的整个过程，我觉得对读者可能有以下几点启示。

首先是怎样选择研究的问题。我的这项研究起源于导师的"命题作文"。但导师给出的"独生子女问题"实际上只是一个问题领域，并不是具体的研究问题。我必须从这一问题领域中选择和确定自己的具体的研究问题。但我当时的情况是，对独生子女这一问题领域的相关内容了解很少，根本不知道该选择什么样的问题进行研究。我想，现在许多研究生同学或者年轻的研究者有时也会遇到这样的情况，就是在研究开始前，往往并没有十分明确的研究问题，而只是对某个问题领域感兴趣。比如农民工问题、留守儿童问题、生育意愿问题、社会流动问题等等。实际上这些都是相当宽泛的问题领域，而不是具体的研究问题。研究者要从这种宽泛的问题领域中，选择和确定自己的研究问题。此时，大家可以借鉴我的方法，即先从了解前人对于这一领域的问题都做了哪些方面的研究开始。我当年正是通过将已有的63篇论文收集起来进行仔细阅读，了解到当时研究的基本状况，以及当时研究还没有涉及的方面，然后确定了自己的研究内容的。写到这里，我也顺便提醒研究生同学和年轻的研究者，对相关文献进行系统的文献回顾（literature review），是研究者应具备的一项基本功。这种文献回顾应该作为自己选择研究问题和进行研究设计前的一项基本工作，要训练和培养自己系统回顾前人相关研究文献的能力。

其次是做研究不能"人云亦云"。前面说过，这项研究问题的形成，经历了一个比较曲折的过程：从最初试图证明独生子女家长如何把孩子培养成"小皇帝"，到后来实际去验证两类家长在培养孩子的行为表现上不存在差别。研究过程给了我一个重要的启示，就是作为社会研究者，应该培养一种重要的品质：不轻信，不盲从，不能人云亦云。或者说，对任何观点、结论或认识，要始终保持一种质疑的态度。实际上，在开始研究这个问题时，我的出发点是研究独生子女家长是如何把独生子女培养成"小皇帝"，而并不是去验证独生子女是不是"小皇帝"。是实际研究的过程教育了我。我清楚地记得，当统计分析的结果出来后，我发现在我所测量的大部分指标上，两类家长之间基本上没有差别时，我蒙了！这是怎么回事？怎么会出现这样的结果？我该怎么办？当时真的一下子找不到北了。为什么会发蒙？为什么会感到意外？后来我发现是自己先入为主的观念导致的。这种先入为主的观念正是当时社会普遍认可的"独生子女是小皇帝"。在开始研究之前，我的头脑中就已经接受了当时的结论或者说已经有了一种认识：独生子女都是"小皇帝"。正是这种在当时已被社会普遍接受的实际上却是错误的观念和认识影响了我，导致我的研究一开始就走偏了方向。

再次是研究设计的启示。从理论上看，要验证本项研究原初设想的命题"独生子女不是小皇帝"，最好的方式是先确定好"小皇帝"的标准，然后直接观察社会中大量的（即达到统计分析要求的）独生子女的实际表现，并将他们的实际表现与"小皇帝"的标准进行对照并记录下来，再经过统计分析得出结果。如果大部分独生子女的实际表现都不符合"小皇帝"的标准，那么命题成立；如果都符合标准，那么命题不成立。然而，要进行这样的研究，对于我这样一个当时在读的、基本没有研究经费也没有其他人帮忙的博士生来说，却是不现实的。具体来说有两个方面的困难或障碍：一是要确定"小皇帝"的标准；二是要进行大量的生活现实中的

第 1 章　用事实澄清社会舆论的误解

儿童行为观察和测量。如果说，"小皇帝"的标准尚可以通过自己界定（尽管会不严格或者不标准）来解决的话，要在现实生活中对大量独生子女进行经验观察和记录，仅依靠我一个人就难以办到了。所以，理想的那条路是走不通的。要回答这一问题，必须另外找路径。这就需要既科学又现实的研究设计。尽管后来我所选择的研究命题并不是对原始命题的最直接回答，但却是既可以间接回答原始命题，同时在现实中又能够进行经验验证的命题。

最后是要正确对待"意外的"统计结果。一般来说，研究者在研究开始时，或者在统计结果得出之前，往往会对结果有一种主观的预判。这是正常的。而实际统计分析得出的结果也常常会符合研究者的预判。但是，应该注意的是，当研究所得出的统计分析结果不符合自己的预判时，这个结果或许更为重要。因为一般来说，出现这种"意外的"结果，通常有两种可能：一种可能是，自己的预判和假设没有错误，但是自己的研究设计，特别是研究的抽样、测量甚至统计分析中存在错误和问题；另一种可能则是，自己的预判和假设有错误。当出现出乎自己意料的结果时，首先应仔细检查自己的研究设计，检查自己的抽样、测量等过程。如果这些方面不存在错误和问题的话，那么就要好好思考自己的预判和假设了。就像我的这项研究一样。正是这种"意外的"两类家长在溺爱孩子的行为表现上不存在显著差异的结果，使我最终真正认识到现实的本来面貌。许多研究生同学在研究中也常常希望某些统计分析结果具有"显著差异"，以便去找出不同对象之间具有差异的原因，从而验证自己的假设。但是，对于那些与自己预料不同、不具有显著差异的结果，同样应该认真对待，仔细分析。有时可能正是这种出乎自己意料的"没有显著差异"的结果，会促使我们进一步思考，甚至发现这一现象背后的真正原因。关于这一点，不仅这项研究是一个例子，我在后面关于独生子女社会化的研究[①]中也有一些说明。读者可以从我的前后两次研究的结果和论文中看到这种变化和认识上的提高。

---

① 参见本书第 3 章案例"独生子女青少年的社会化"。

# 第 2 章

# 从一个侧面去研究社会变迁

案例：中国女性形象的四十年变迁

## 第一节 问题哪里来？

**一、选题背景**

1992年初，我从北京大学社会学系博士毕业回到华中师范大学政教系任教刚刚一年半时间。当时我还只是一个普通的讲师，手中也没有任何一项科研课题，没有一毛钱的科研经费。那一年，中国社会学学会5月底要在浙江杭州召开学术年会。年会的主题是"中国社会变迁与建设小康社会"。作为一名刚刚毕业没多久的社会学博士、一名年轻的社会学讲师，我十分渴望有机会参加这次学术会议。那时的学术会议通常是先发通知，提出会议主题向全国学界征集论文。凡是想参加会议的学者，都可以在规定时间内将自己论文的摘要发给会议组委会，通过组委会的筛选后，会议组委会就会给那些选题符合会议主题且质量较高的论文的作者发出参加会议的正式通知。而等到参会者去会议报到时，每个人都是带着一大捆打印

第 2 章　从一个侧面去研究社会变迁

好的论文（那时还没有电脑，也没有 PPT），交给会议工作人员。工作人员当天晚上就加班把每一份论文分别装进一个个资料袋中。第二天正式开会前，每位参会者都会收到一个装满参会者论文的资料袋，大家常常是一边听会，一边翻看论文，一边做记号。晚上休息时间也常常被参会者们利用起来，浏览这一大袋论文，选定第二天参会的重点场次与要听的专题和发言人。显然，这种学术交流对于年轻学者来说是一个很好的学习机会。因为，几天的会议下来，他在无形之中就可以学习和了解到几十位学者各不相同的社会研究及其结果。

对于我来说，要参加这次会议，至少要解决三个问题：一是要做一项符合年会主题的研究，并根据这一研究的结果写出一篇学术论文；二是这篇论文要能够被会议录用，使我具备参会资格；三是如果收到参会通知，还要有一笔参会的经费（包括论文打印费、参会会议费、差旅费）。这三个问题中，最根本的同时也是最难的是第一个问题，即要做一项符合年会主题的研究，并根据这一研究的结果写出一篇学术论文。

【读者朋友，如果你遇到这种情况，你会选择做一项什么样的研究呢？你会围绕会议主题选择一个什么样的研究问题？又会如何去进行这项研究呢？你觉得困难吗？】

我要做一项什么样的研究呢？当思考年会的主题时，我发现自己有很大的困难。那次年会的两大主题分别是"中国社会变迁"和"小康社会建设"。而我当时对"小康社会建设"这一主题及其相关内容完全不了解，也缺少这方面的研究基础和研究兴趣。那么，就只能在"中国社会变迁"这个主题上做文章了。实际上对于这个主题我也没有任何前期研究的经历和积累，只是具有一点从社会学概论、社会学理论中学习到的基础知识而已。因此，这种类似于"命题作文"的情形让我感到十分困难。

社会变迁是社会学中一个基本的同时也是非常重要的概念。要做一项有关社会变迁的研究，通常有一个基本的前提，这就是要收集一段相当长的历史时期中的资料，即要有社会现象在时间段上的前后比较。可当时我一无项目，二无经费，怎么才能做社会变迁方面的研究呢？我陷入了苦想中。

经过一段时间的思考，我意识到，"中国社会变迁"是一个很宏大也很宽泛的领域。而作为一个缺少资源的年轻研究者，最好选择从一个比较小的方面切入，通过研究中国社会的一个小的侧面，来达到在一定程度上反映中国社会变迁的目标。可我应该从哪个小的侧面切入呢？

一天，我在华中师范大学政教系资料室随意地浏览杂志，无意中，《中国妇女》杂志封面上一张女性的大幅照片吸引了我的注意。拿起这本杂志，我又很自然地去看了杂志中介绍这位封面人物的长篇通讯报道，报道中详细地介绍和描述了这位优秀女性的先进事迹。看着看着，脑海中突然冒出一个想法：如果说这是20世纪90年代初的中国优秀女性，那么，80年代中国的优秀女性也是这样的吗？70年代的呢？或者更早一些，60年代，甚至50年代的中国优秀女性又是什么样的呢？如果能够系统地收集和分析这些不同年代的优秀女性的生平和事迹，不是可以反映出中国社会中所推崇、所赞扬、所表彰的优秀女性的形象吗？而从这种对优秀女性形象的界定和歌颂中，不是也可以折射出不同年代的中国社会所推崇的价值观念和精神文化吗？这也是中国社会的一种变迁呀！

想到这里，我非常兴奋，当即就决定以中国社会不同时期女性形象的变迁为主题，来进行这项有关中国社会变迁的研究。（实际上，我在选定研究问题的同时，也考虑了研究的可行性问题。因为我所选定的这项研究不仅要在内容上符合年会的主题，更重要的是，从事这项研究还要考虑我当时没有任何研究经费的情况。）

## 二、研究问题

我当时希望通过这项研究来回答的问题主要是：从新中国成立后的20世纪50年代初直到80年代末的四十年中，我国优秀女性的典型形象是什么？这种优秀女性形象在不同的历史时期有什么不同的特点？四十年中我国优秀女性的形象发生了什么样的变迁？从女性形象的这种变迁中，我们又可以得到哪些有关中国社会变迁的认识？

第 2 章　从一个侧面去研究社会变迁

## 第二节　研究如何做？

【致读者：在了解我的研究设计之前，请你暂停阅读。请先认真地思考一下：如果是你，在面对上述研究问题时，你准备采用什么样的研究设计（即选择什么样的研究方式和具体方法）？请说明你为什么要采用这种研究设计。注意，你是没有任何研究经费的哟！如果能先把你的研究设计写下来就更好了。然后再接下去看看我是如何进行研究设计和实际研究的。】

### 一、研究设计

研究的问题确定后，接下来的工作就是进行研究的设计了。实际上，正如前面所说，在决定研究女性形象的变迁这个问题时，我就同时考虑了使用什么样的研究方法的问题，也考虑了用这种方法进行研究时资料收集和分析的可能性（这正是研究方法教材中关于选题标准的可行性问题①）。根据我的研究问题，我决定采用的是内容分析的方法，即通过系统收集有关中国女性形象的文献资料，对资料进行编码和统计处理，定量地分析这些资料，从中得出有关女性形象变迁的经验证据和研究结论。

【对内容分析方法不熟悉的读者，建议先阅读我的另一本著作，即《社会研究方法》② 中第九章第一节、第二节的内容。】

要研究变迁，必须有时间的跨度。这是研究设计的指导思想。所以，我决定收集四十年来的资料。而这正是内容分析方法的长处之一。内容分析方法与调查研究方法有许多相似之处。内容分析设计的主要内容也包括

---

① 风笑天.社会研究方法：数字教材版.6 版.北京：中国人民大学出版社，2022.
② 同①.

抽样、测量、统计分析三个环节，只不过在抽样的单位、测量的对象等方面与调查研究有着较大的不同。

我这项研究的研究对象，是不同时期大众传播媒介中的优秀女性。研究设计中，首先需要解决的是选取什么大众传播媒介的问题，即选择哪一种大众传播媒介中的优秀女性形象来进行研究。在20世纪90年代初，我国社会中还没有互联网，也没有智能手机，社会中最主要的大众传播媒介和文献来源是报纸、杂志、广播、电视。"各种报纸杂志以及广播电视等大众传播媒介，则一直是各种角色模式最有影响的来源之一。各个历史时期的大众传播媒介中所宣传的女性人物，可以说是反映该时期社会中女性形象的一面镜子：它既体现了该时期社会主流文化的价值观及其对女性角色形象的主观选择和推崇，同时又体现了该时期社会现实中所客观存在着的女性形象——她们代表着数以亿计的普通中国女性。因此，分析有影响的女性刊物中的女性形象，对于分析和了解这一社会中普遍认可的文化传统、价值观念、行为规范、生活方式等等，无疑具有积极的意义。这就是笔者采取内容分析方法进行研究的基本依据和指导思想。"[1] 因为当时我是从浏览《中国妇女》杂志想到做这项研究的，而《中国妇女》杂志又恰恰是反映中国当代女性生活、当代女性人物特别是当代优秀女性人物的权威性刊物，所以，我决定以《中国妇女》杂志中所报道的女性优秀人物为研究对象。

其次要解决的是抽样的问题，即如何从《中国妇女》杂志中抽取优秀女性的样本进行分析。由于我的分析单位是杂志中优秀女性人物的新闻报道，为了抽取《中国妇女》杂志中优秀女性的代表性样本，需要先对研究的总体进行界定。我界定的研究总体是：《中国妇女》杂志从创刊开始，直到当时即1992年初为止的全部期号中所报道的全部优秀女性。根据这种界定，我需要进一步设计具体的抽样方法，从这一总体中抽取一部分优秀女性的新闻报道。我开始设计的抽样方法是多阶段、系统、整群抽样：先从四十年中按系统抽样方法抽出一部分年份，再从所抽取的年份中按系统抽样方法抽出一部分期号，最后按整群抽样方法抽取所抽中的期号中的

---

[1] 风笑天. 变迁中的女性形象：《中国妇女》杂志的内容分析. 社会, 1992 (7).

## 第 2 章 从一个侧面去研究社会变迁

全部优秀女性的报道。

然而，实际抽样时我却遇到了无法按计划实施的客观困难。原因是，《中国妇女》杂志 1966 年 7 月因"文革"影响而停刊，直到 1978 年 7 月才复刊。因此，在 1950—1989 年这四十年中，该刊中断了 12 年（1966—1978 年）（实际上其他刊物也都是如此），主要缺少了 70 年代的资料。这种现实情况使我无法按照预先设计的方案进行抽样。为了尽可能反映出四十年间不同时期女性形象的特征及其变迁，我只得改为主观选定 1952—1956 年、1961—1965 年、1978—1981 年、1986—1989 年这四个时期该刊的全部年份作为分析的年份样本，以分别代表 50 年代、60 年代、70 年代末和 80 年代。然后按整群抽样方法，抽取所有这些年份中的全部期号，又同样按整群抽样方法，抽取这些期号中的全部优秀女性的报道，形成最终分析的样本。显然，这样抽到的样本，可能不是最好的分析样本，却是在不可逾越的客观困难面前相对较好的样本。

除了抽样的设计，还有研究变量的设计问题，即对每篇优秀女性的报道材料如何设置观测变量，以及如何进行测量和编码的问题。这就相当于调查研究中的概念操作化和测量。根据研究目的，我将女性形象操作化为生理形象、职业形象、政治形象、文化形象以及事迹形象。为了测量这几个方面的形象，我从各期杂志的主人公报道中设定了七个变量，用来测量女性形象的不同侧面。这七个变量分别是年龄、政治面貌、文化程度、所在行业、从事的职业、是否劳模、主要事迹。而内容分析中的编码，实际上相当于调查研究中的变量测量，即将每一篇新闻报道中的材料按照上面七个变量进行测量和编码，并将编码结果记录下来，留作后面进行统计分析。在这一步骤中，概念操作化是关键环节，既要考虑到"女性形象"的概念内涵，又要兼顾新闻报道中的内容能否提供相应的测量变量的材料。

最后要解决的是统计分析方法的确定问题。根据研究目标，我需要按照不同时期来对女性形象进行描述。从统计方法上看，就是以时间变量为轴，分别统计不同时期相关变量的分布情况。所以，统计分析主要采用时期变量与形象变量的交互分类统计，并进行显著性检验。

## 二、研究实施

通过研究设计，我抽取好了分析的样本，也设计好了测量的变量，接下来就是要具体进行资料收集和分析了。与调查研究要去接触被调查对象有所不同的是，我进行的这项内容分析研究，只需要在图书馆查找到样本年份的杂志，从中找到报道优秀女性的文章，并依据预先设计好的七项指标进行逐一编码、记录、登记即可。看起来这并不是一件困难的事，现在说起来也很简单。但只有亲自去做过的人才会知道，这件事也并非像想象的那样轻松。

一方面，图书馆中要有所有年代的《中国妇女》杂志。幸亏华中师范大学图书馆的馆藏十分丰富，藏有从《中国妇女》创刊直到我收集资料的下限年份即1992年的全部杂志，使我不用为找全不同时期的杂志奔波于各个不同的图书馆。这么全的《中国妇女》杂志，在很多学校的图书馆是没有的，特别是20世纪70年代以前的杂志，往往更是稀罕。另一方面，当我在图书馆期刊室一个角落的一排书架最下层，找到我所抽中的1952—1956年的《中国妇女》杂志时，我甚至都不敢用手将它们从书架上拿出来——它们上面已经有厚厚的一层绿色的霉斑了！显然，除了我因为这项研究要翻阅它们外，估计几十年来都没有人拿过它们。我现在还清楚地记得，我是怎样先用抹布擦掉每一本期刊上面的绿霉，然后逐一翻阅杂志中那一张张发黄的纸张，在一阵阵刺鼻的霉味中仔细读完每一篇优秀女性的通讯报道，并按照预先设计的变量一个个进行编码的。现在想来，不花钱的研究也不是那么好做呀！

根据研究设计，我总共抽取了18年中的208期《中国妇女》杂志，其中共有反映现实生活中优秀女性人物的通讯报道316篇。我一个人找到所有这些杂志，一本一本地翻阅，一篇一篇地编码，差不多也用了一个月时间。对于编码的过程，有一点需要注意：前面六个客观的变量，比如年龄、文化程度、职业等，编码十分简单，也不容易产生偏差，但第七个变量，即优秀女性的"主要事迹"，则是一个主要靠研究者主观判定的变量。我采用了一些学者打乱阅读顺序的做法，即不是按所选杂志的年份顺序进

第 2 章 从一个侧面去研究社会变迁

行阅读和编码，而是按事先随机抽取的顺序进行阅读和编码，以避免在阅读过程中因主观分析标准的变化而产生误差。

资料的统计与分析是采用 SP 软件在计算机上进行的。由于当时还没有 SPSS、SAS 等大型统计分析软件，我所用的是 1985 年在北京大学社会学系读研究生时，美国老师在教学中采用的小型统计分析软件。根据研究目标，我需要分析不同时期中国女性在所测量的七个指标上的统计结果。当时主要进行了不同时期变量与七个形象变量之间的双变量交互统计分析，并进行了卡方检验，最终得出了一系列统计分析的结果。整个研究的实施过程，即从阅读每一篇新闻报道，到逐一进行编码，再到一个个数据的录入，最后在计算机上进行统计分析，所有工作都由我一人独立完成。

## 第三节　论文怎么写？

当我对 300 多篇优秀女性的新闻报道进行编码，在计算机上进行统计分析并得出具体结果后，接下来的任务就是将其组织成一篇合格的论文了。

### 一、论文总体框架

这篇论文在结构上采用的是定量研究论文常用的方式，即主要分为"问题与背景"（引言）、"研究设计"（资料与方法）、"结果与分析"、"总结与讨论"（小结与讨论）几个大的部分。论文总体框架如表 2-1 所示。

表 2-1　论文总体框架

| 主体结构 | 主要内容 |
| --- | --- |
| 1. 问题与背景 | 女性形象的变化可以反映社会的变迁<br>四十年中的女性形象是什么样的 |
| 2. 研究设计 | 采用内容分析的指导思想<br>研究对象的选择与编码设计<br>分析样本的选择与统计方法 |

续表

| 主体结构 | 主要内容 |
| --- | --- |
| 3. 结果与分析 | 生理形象<br>职业形象<br>政治形象<br>知识形象<br>事迹形象 |
| 4. 总结与讨论 | 主要结论<br>一点讨论 |

## 二、论文写作解析

这篇论文发表在《社会》1992年第7期上。下面结合论文全文，对论文的写作要点进行分析和说明。

### 变迁中的女性形象
#### 对《中国妇女》杂志的内容分析
#### 风笑天

【论文采用了双标题形式。这种双标题形式，一方面通过主标题比较好地突出了研究的主题——社会变迁，点明了研究的对象——女性形象；另一方面通过副标题进一步对研究的方法和具体材料进行了介绍。】

摘要：本文采用内容分析的方法，以1950—1989年这四十年间《中国妇女》杂志中所报道的325位典型人物为样本，从生理形象、职业形象、政治形象、知识形象、事迹形象五个方面进行定量的描述和分析，初步展示不同历史时期我国女性典型形象的特征及其变迁：从20世纪50年代、60年代单一的劳模型模式，到70年代末的劳模型、个人成就型、勇于斗争型并存模式，又到80年代以个人成就型和女强人型为主的模式。在此基础上，本文探讨了女性形象变迁与我国社会变迁之间的某些联系。

## 第 2 章　从一个侧面去研究社会变迁

【读者可注意内容摘要的写法。内容摘要应把论文中最关键的东西用最简洁的语言表达出来。本摘要主要陈述了研究方法、研究对象、研究结果和主要结论。读者一看，就知道笔者做了什么样的研究，得到了什么结果。

作为一篇运用定量方法的研究论文，最常见的论文结构是将全文分为"问题与背景""文献回顾""研究设计""结果与分析""总结与讨论"五个部分。本文的"引言"部分实际上起到了"问题与背景"的作用。当然，如果这一部分篇幅较小，有时也可以不用小标题。另外，我写作此文时，忽略了对相关文献进行回顾这个环节，论文中缺少这一节，读者便无法了解与这一研究相关的研究状况。这是一个明显的缺陷。】

## 一、引言

女性是人类社会不可分割的一半。女性的形象一直是文学、社会学、妇女学等所关注和探讨的主题之一。作为一个特定社会现存文化中的一部分，女性形象总是既反映出这个社会中妇女的地位、这个社会的发展水平和文明程度，又反映出这个社会中占主流地位的价值观念、传统意识和社会心理。因此，对新中国成立以来女性角色形象的特点及其变迁进行系统的描述和分析，无疑可以帮助我们从社会学的角度去认识和了解四十年来发生在我国社会中的某些巨大变迁。

【论文从女性和女性形象切入，突出说明女性形象与社会文化、社会价值观念等之间的关系，通过强调描述女性形象变迁与认识社会变迁之间的紧密关联来阐明该项研究的意义。这一小段起到了交代研究背景和意义的作用。】

描述女性形象的方法很多，比如文学家们一直在用他们的笔描绘着新中国成立以来各个不同历史时期的女性形象。从李双双到陆文婷，从陶春到刘惠芳……这种对某一类型女性的典型描述，可以帮助人们从质的方面去感知和体验中国女性的角色形象。但是，若要从总体上宏观地去认识和描述现实社会生活中千千万万普通女性所共有的主流形象的特征，则还需要从量的方面进行统计与概括。这正是本项研究所要达到的目标。在本文中，笔者所要探讨和回答的主要问题包括：从50年代初直到80年代末的四十年中，我国女性的典型形象是什么？这种形象在不同的历史时期有哪些不同的特点？四十年来这种形象发生了什么样的变迁？从女性形象的特征和变迁中，我们又可以得到哪些有关中国社会变迁的认识？

【这一小段通过列举文学作品中描述女性形象的方法及其局限，来突出采用定量方法进行描述的优势，为下面采用内容分析方法做好铺垫。同时，明确指出本研究希望探讨和回答的主要问题，可以让读者清楚地了解研究的目标。】

## 二、资料与方法

【在这一部分，需要对研究所采用的具体方法进行详细介绍和说明。】

本研究采用内容分析的方法。社会学理论告诉我们，角色模式的认同是人们性别角色社会化的重要形式。①而在新中国，各种报纸杂志以及广播电视等大众传播媒介，一直是各种角色模式最有影响的来源之一。各个历史时期的大众传播媒介所宣传的女性人物，可以说是反映该时期社会中女性形象的一面镜子：它既体现了该时期社会主流文化的价值观及其对女性角色形象的主观选择和推崇，同时又体现了该时期社会现实中所客观存在着的女性形象——她们代表着数以亿计的普通中国女性。因此，分析有影响力的女性刊物中的女性形象，对于分析和了解这一社会中普遍认可的文化传统、价值观念、行为规范、生活方式等等，无疑具有积极的意义。这就是笔者采用内容分析方法进行研究的基本依据和指导思想。

【明确指出研究所采用的方法，并说明采用这种方法的依据或理由，即说明为什么可以而且应该采用内容分析方法对女性形象进行研究。】

## 第2章　从一个侧面去研究社会变迁

在目前众多的妇女刊物中，笔者选定《中国妇女》杂志作为分析的对象。这是因为，《中国妇女》杂志是新中国成立以来国内妇女界发行最早、发行面最广、权威最高、对于反映女性状况来说代表性最强的刊物。本研究的分析单位是各期杂志所发表的人物通讯中的主人公。根据研究的目的，笔者依据下列七项指标对每一位主人公进行了分类和编码。这七项指标是：

（1）年龄。（分为30岁以下、30~49岁、50岁以上三类，以代表青年、中年和老年。）

（2）政治面貌。（分为党团员、一般群众包括未提及两类。）

（3）文化程度。（分为小学及以下、初中、高中或中专、大专以上、不详五类。）

（4）行业。（分为工业、农业、商业服务业、文教科卫、机关部队、其他六类。）

（5）职业。（分为工人、农民、商业服务业人员、教师及医务人员、文艺体育人员、家属及离退人员、科技人员、企业家专业户、军队及公安人员、干部十类。）

（6）劳模状况。（分为劳模代表和非劳模代表两类。）

（7）事迹。（分为个人成就、工作业绩、服务他人、人生经历、贤妻良母、勇于斗争、女强人七类。）

【进一步说明分析的对象以及选择这一对象的理由；同时具体说明对研究对象进行测量所采用的变量及具体取值。】

时间变量原计划分为四个历史时期，即50年代（1950—1959年）、60年代（1960—1969年）、70年代（1970—1979年）和80年代（1980—1989年）。但由于该杂志1966年7月因"文革"影响而停刊，直到1978年7月才复刊，因此，在1950—1989年这四十年中，该刊中断了12年（1966—1978年），主要缺少了70年代的资料。为了尽可能反映出四十年间不同时期女性形象的特征及其变迁，笔者选定1952—1956年、1961—1965年、1978—1981年、1986—1989年这四个时期该刊的全部杂志作为分析的总体，以分别代表 50 年代、60 年代、70 年代末和 80 年代。所选时期的分布情况见图 1。

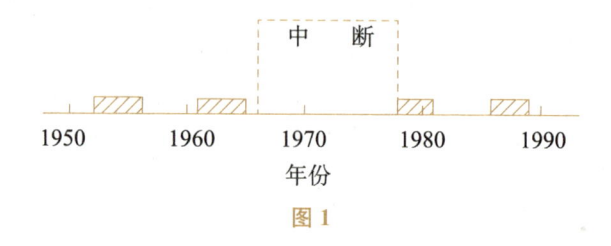

```
                    中  断
  ▨         ▨     ┆     ▨        ▨
 1950      1960   1970   1980     1990
                    年份
```
图 1

在所选定的四个时期总共 18 年中，《中国妇女》杂志发行了 208 期。（按每月一期应有 216 期，因有两期是两月合刊，1978 年只发行了 6 期，故共少了 8 期。）在这 208 期中，共有反映现实生活中女性人物的通讯 316 篇，报道人物共 325 位。这 325 位主人公就构成本项研究分析的样本。

【对研究样本的抽取过程进行具体说明，采用图 1 的形式能够很直观地向读者展示出抽样中遇到的客观障碍，以及实际的抽样结果在四个历史时期的分布状况。】

按前述七项指标对所有主人公进行分类编码。其中，前六项指标的判定，主要依据文章中的介绍，如"前年她刚满 20 岁""她想，自己是共产党员""她初中毕业后就回乡务农""去年她当选为全国劳动模范""她是上海国棉二厂的一名挡车工"等等。第七项指标的判定，则主要依据全文的内容及大小标题来进行。这是七项指标中唯一可能受评判者主观因素影响的指标。为了尽可能减少这种主观因素的影响，笔者没有按所选杂志的年份顺序进行评定，而是按事先随机抽取的顺序进行。实际阅读顺序为：1961，1987，1965，1954，1981，1989，1952，1978，1956，1964，1962，1980，1988，1955，1963，1979，1986，1953。许多社会学研究者的实践表明，这种随机确定的阅读顺序"可以有效地排除分析者在阅读过程中主观上分析标准变化所造成的误差"[②]。

资料的统计与分析是采用 SP 软件在计算机上进行的，主要对自变量（不同历史时期）与上述七项依变量进行交互分类统计和卡方检验，然后依据结果分析从生理形象、职业形象、政治形象、知识形象、事迹形象五个方面进行描述和解释。所有工作均由笔者一人独立完成。

【接着详细介绍具体的编码方法和过程，以及统计分析的方法。特别是针对容易产生主观影响的问题，对所采取的措施进行详细说明，可以进一步提高研究结果的可信度。】

## 三、结果与分析

【结果与分析部分的撰写方法是，将七个变量的测量结果综合为五个方面的形象，逐一展示每个方面统计分析的结果，并依据这种结果进行分析和说明。对于每一个具体的方面，都是先指出统计得到的结果"是什么"，然后再针对这种结果去分析"为什么"。】

### （一）生理形象

年龄是女性角色形象的生理方面。在一般情况下，当某一社会时期的人口状况无大的变化时，该社会中老、中、青各种年龄段的女性人口分布也是基本稳定的。这是女性人口的自然特征之一。但是，不同的社会时期所推崇和表现的女性形象在年龄这一生理特征的分布上是否也具有这种稳定性呢？即她们的年龄分布与该时期女性总人口的年龄分布之间是否比较一致呢？下面是本研究的结果与几次全国人口普查或抽样调查结果的对比（见表1）。

【思考一下，为什么表中要将本研究的结果与全国人口普查或抽样调查的结果进行对比？】

表1　按年龄与时期的交互分类统计　　　　　　　　　%

| | 50年代 | 60年代 | 70年代 | 80年代 |
|---|---|---|---|---|
| 青（15~29岁） | 75.0 (39.8) | 43.5 (40.3) | 21.8 (46.2) | 22.7 (44.9) |
| 中（30~49岁） | 22.5 (38.3) | 42.4 (38.4) | 38.2 (34.2) | 54.6 (35.6) |
| 老（50~69岁） | 2.5 (21.9) | 14.1 (21.3) | 40.0 (19.6) | 22.7 (19.5) |

注：表中括号内的百分比分别为1953年、1964年、1982年三次全国人口普查的结果和1987年全国1%人口变动抽样调查的结果。[3]

【如果仅仅依据内容分析的统计结果进行分析，说服力会相对小一些。因为不同年龄段女性人口的比重是不同的。只有将内容分析得到的不同年龄段优秀女性的百分比与人口普查结果中该年龄段女性的百分比进行比较，才能更好地说明内容分析统计结果中具体百分比的实际意义。】

从表1的结果中可以看出：50年代的典型女性形象非常明显地集中在青年女性身上，其比重高达75.0%，几乎超出该时期人口普查结果中青年女性人口比例的一倍。这说明，在50年代的中国社会里，代表新中国女性形象的基本上是青年女性。到了60年代，情况发生了较大的改变，青年女性的比例大幅度下降，中、老年女性的比例均明显增长。与该时期人口普查的结果相对比，可以看出二者相差不大。这说明，这一时期典型女性的年龄分布大体正常。70年代末的情况进一步变化，这主要体现为青年女性的比例进一步下降，大大低于该时期人口普查的结果（不足其二分之一），而老年女性的比例却大幅度上升，超出人口普查结果一倍多。到了80年代，情况再次发生改变，中年女性的比例第一次达到四个时期中的最高点，并超过青年与老年女性比例之和。

【先对表1的统计结果进行比较和说明，指出具体的变化；然后下一段对这种变化的原因进行分析，即说明为什么会出现这种变化。】

女性角色形象的年龄变化，在一定程度上折射出我国社会所发生的变迁。50年代是新中国成立初期，也是新旧两个社会的巨变时期。千百年来，中国女性一直处于社会的最底层，新中国的建立，使中国广大女性第一次获得解放，成为社会的主人。正是在这个时期，一大批青年女性成为新中国第一代女拖拉机手、女跳伞兵、女驾驶员、女瓦工、女调度……也正是她们代表了"妇女解放的新道路"。60年代是我国社会主义建设蓬勃发展的时期，各种年龄的就业妇女人数都大大增加，她们在各条战线上大显身手，成为社会主义生产和建设的生力军。这就是研究结果与普查结果相差不大的实际含义。70年代末的结果则是对"文革"影响的最好说明。在"文革"期间成长起来的一代青年身上，不可

第 2 章　从一个侧面去研究社会变迁

避免地留下了许多后天不足所造成的缺陷。五六十年代的一批人不得不在进入老年之时，再次成为女性形象的代表。因此形成了一方面老年女性比例反常增加，另一方面青年女性比例急剧下降的局面，长达十年之久的社会动荡在这里同样留下了深深的印记。到了 80 年代，改革开放为千百万职业女性施展才华提供了十分广阔的舞台，而正值事业黄金时代的中年女性在各个领域中的突出成就，使她们成为这一时期女性形象当之无愧的代表。

（二）职业形象

职业是女性角色形象中十分重要的社会内涵，这是由职业在社会生活中的突出地位和作用决定的。尤其是对于认识和了解女性在社会中的地位来说，女性形象的职业特征更是有着特别的意义。在本研究中，笔者从行业和职业两方面进行了测量和统计。表 2 是不同历史时期典型女性的行业分布情况。

表 2　按行业与时期的交互分类统计　　　　　　　　　　%

| | 50 年代 | 60 年代 | 70 年代 | 80 年代 |
|---|---|---|---|---|
| 工业 | 31.0 | 21.7 | 17.9 | 15.6 |
| 农业 | 37.9 | 46.7 | 23.2 | 10.0 |
| 商业服务业 | 2.2 | 6.5 | 3.6 | 7.8 |
| 文教科卫 | 12.6 | 16.3 | 41.0 | 51.1 |
| 机关部队 | 6.8 | 4.3 | 9.0 | 7.8 |
| 其他 | 9.2 | 4.3 | 5.4 | 7.8 |
| ($N$) | (87) | (92) | (56) | (90) |

表 2 的结果表明，无论哪一时期，女性典型人物的主体都集中在工业、农业和文教科卫行业，其总比例均占 80% 左右。这说明，四十年来，体现女性职业形象的主要领域是工业、农业和文教科卫行业。

然而，当对表 2 的结果进一步分析时便可以发现，在不同的历史时期，三大行业领域的比例各不相同，表现出一定的变化。50 年代、60 年代的情况相似，均以农业和工业为主（二者比例 50 年代达到 68.9%，60 年代为 68.4%）；70 年代、80 年代的情况明显改变，文教科卫行业一跃成为最突出的行业，其比重大大提高，达到甚至超过了工农业二者比例之和（70年代末为41.0∶41.1，80年代则为51.1∶25.6）。三大行业典型女性比重不同历史时期的变化情况，在下图中看得更加清楚（见图2）。

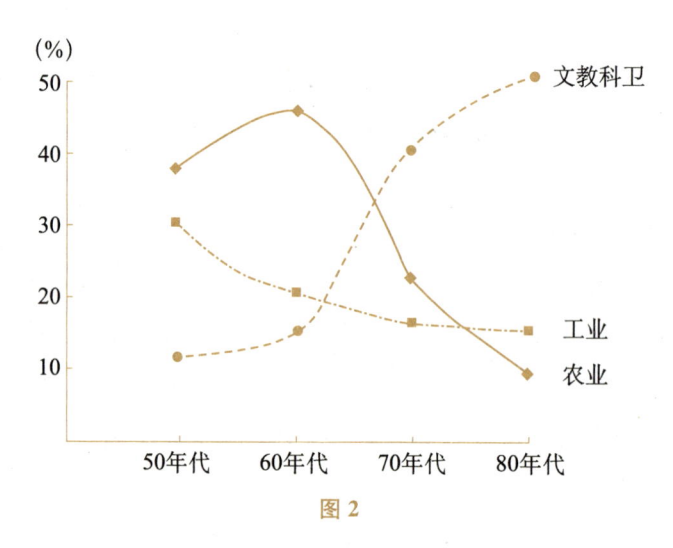

图2

图中三条曲线表明，工业领域中的女性比重从50年代到80年代依次递减，呈严格单调下降趋势，不过幅度不太大。农业领域中的女性比重从60年代开始也呈下降趋势，且幅度很大。而文教科卫行业的女性比重则随时代的发展依次递增，呈严格单调上升趋势，变化幅度也很大。

【通过将表2的统计结果转化为图2，可以让读者更为直观地看到这种变化的情况和趋势。】

下面再看看典型女性的具体职业分布情况（见表3）。

表3　按职业与时期的交互分类统计　　　　　　　　　　%

|  | 50年代 | 60年代 | 70年代 | 80年代 |
| --- | --- | --- | --- | --- |
| 工人 | 25.3 | 15.2 | 8.9 | 1.1 |
| 农民 | 21.8 | 15.2 | 7.1 | 2.2 |
| 商业服务业人员 | 2.3 | 9.8 | 7.2 | 6.7 |
| 教师及医务人员 | 12.6 | 10.8 | 14.3 | 16.7 |
| 文艺体育人员 | 1.1 | 9.8 | 12.5 | 21.1 |
| 家属及离退人员 | 10.3 | 5.4 | 7.1 | 1.1 |
| 科研人员 | 4.6 | 7.6 | 23.2 | 13.3 |

续表

|  | 50年代 | 60年代 | 70年代 | 80年代 |
|---|---|---|---|---|
| 企业家及专业户 | 0 | 0 | 0 | 12.2 |
| 军队及公安人员 | 5.7 | 2.2 | 3.6 | 0 |
| 干部 | 16.1 | 23.9 | 16.1 | 25.6 |
| (N) | (87) | (92) | (56) | (90) |

从表3的结果可以看到，50年代典型女性最集中的职业是工人、农民和干部（共占63.2%）；60年代还是农民、工人和干部（共占54.3%）；到了70年代末，情况有了较大的改变，科研人员占比十分突出，以及干部、教师及医务人员（共占53.6%）；80年代又集中到干部、文艺体育人员、教师及医务人员上（共占63.4%）。

【上面一段先指出总体的趋势，然后在下面一段分别详细分析每一个小的方面。本小节最后一段再将构成这一个方面的两张统计表的结果及其分析进行概括总结。】

此外，各个历史时期典型女性的职业分布还有一些独特的特点。比如50年代的职业分布中，家属、街道妇女、退休人员（家属及离退人员）一类占有不小的比例。这一结果反映出，尽管当时的中国女性开始成为新一代的工人、农民和其他劳动者，但是，还有相当一部分女性由于年龄、文化知识、家庭生活等原因，仍旧局限在家庭、街道、社区的范围内，担当家庭妇女的角色。这正是对新中国成立初期中国社会的真实写照。60年代除干部一类的比例比较突出外，工人、农民的比例有所下降，与之相应的则是商业服务业人员、文教卫体人员比例分布比较平均。它反映出社会主义建设时期广大女性活跃在各条战线的客观现实。70年代末，我国社会刚刚结束了动荡不安的十年"文革"，1978年党的十一届三中全会将全党工作的重点转移到经济建设上来。全国科学大会的召开，"科学技术也是生产力"等观点的提出，建设"四个现代化"的宏伟目标，一下子在全社会掀起了重科学技术、重文化教育的热潮。社会的变迁在女性的职业形象方面同样产生了明显的影响，科研人员的比例迅速上升为第一位，并成为四个时期中最高的时期。文教卫体人员（教师及医务人员、文艺体育人员）的比例也进一步增长，形成了这一时期所独有的特点。到了80年代，工人、农民已退居到女性职业形象的非常不重要的地位，而文艺体育人员的比例却大幅度增长，同时还增加了相当一部分企业家、专业户的比例，形成了以各级管理干部、文教卫体人员、科研人员、企业家及专业户为主体的管理型、知识型、专业型职业形象。

从行业与职业两方面进行统计和分析的结果之间具有很好的一致性。它们都表明，我国女性的职业形象在四十年中逐步从工农业向文教卫体行业转化，从普通工人、农民向各种专业技术人员、各种专门人才转化。这种转化在更深层的意义上反映出，我国广大职业女性的知识文化素质在不断地提高，评价女性形象的社会价值观和社会心理也更为重视文教卫体等知识性、专业性职业。

（三）政治形象

对于女性角色的政治形象，本研究主要从党团员的比例以及劳模代表的比例两方面进行。

【下列图3、图4的结果实际上也可以用统计表的形式来表示，这里采用统计图是为了更加直观地看出统计的结果。】

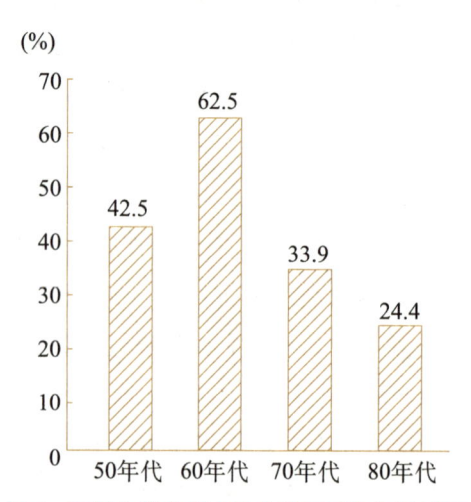

图3　不同年代典型女性中党团员比例统计图

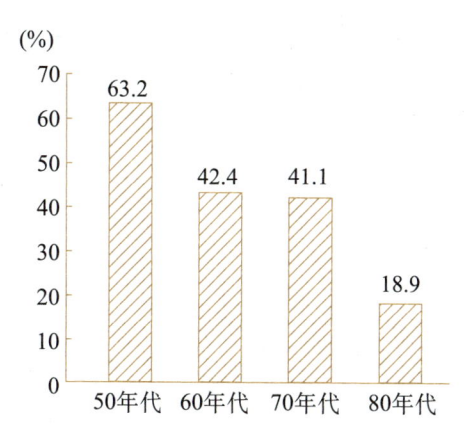

```
(%)
70 ┤ 63.2
60 ┤
50 ┤      42.4  41.1
40 ┤
30 ┤
20 ┤              18.9
10 ┤
 0 └─────────────────────
    50年代 60年代 70年代 80年代
```

**图 4　不同年代典型女性中劳模代表比例统计图**

图 3 表明，典型女性中党团员的比例以 60 年代为最高，达到 62.5%，接近三分之二。50 年代的比例虽低于 60 年代，但实际上也是相当高的。因为 50 年代是新中国成立初期，普通工农兵及其他劳动女性中的党团员人数并不很多，而其比例仍达到 42.5%，接近半数。这种结果反映出 50 年代、60 年代女性形象的政治色彩十分鲜明和突出。70 年代末以来，典型女性中的党团员比例明显下降。到 80 年代时其比例不足总数的四分之一，达到最低点。它说明，随着中国社会政治风云的变化，体现在女性形象中的政治色彩也在变化。与"文革"结束后整个社会的价值观念及社会心理对政治斗争和政治运动的冷漠、厌恶相一致的是，女性角色形象中的政治色彩也明显减弱。

从图 4 中，我们可以看到几乎完全一样的结果。劳动模范、先进代表也是体现女性政治形象的一个重要方面。50 年代，其比例最高，达到 63.2%，成为女性形象的主体；60 年代、70 年代，逐步下降到 40% 左右；到了 80 年代，其比例还不足总体的五分之一。劳模代表比例的这种阶梯式下降，同样反映出随着社会的变迁，女性形象中的政治内涵逐渐减少的客观现实。

（四）知识形象

文化程度或知识水平，是衡量人的素质的重要指标之一，也是女性角色形象中不可缺少的一项内涵。不同时期的女性形象在文化程度方面具有什么样的特点呢？下面是本项研究的结果（见表4）。

表4　按文化程度与时期的交互分类统计　　%

|  | 50年代 | 60年代 | 70年代 | 80年代 |
|---|---|---|---|---|
| 小学及以下 | 17.2 | 12.0 | 3.6 | 3.3 |
| 初中 | 1.1 | 2.2 | 5.4 | 3.3 |
| 高中或中专 | 5.7 | 10.9 | 7.1 | 17.8 |
| 大专以上 | 5.7 | 6.5 | 32.1 | 45.6 |
| 不详 | 70.1 | 68.5 | 51.8 | 30.0 |
| (N) | (87) | (92) | (56) | (90) |

从表4中"不详"一项的统计结果可知，样本中人物的文化程度尚不明确的比例很大（分别达到30%～70.1%）。这种情况显然使得该样本的统计数据失去了较多的信息。但是，根据笔者对这些通讯报道的阅读和分析，这些文化程度不详者，往往是文盲、半文盲或小学文化程度者。正是由于她们的文化程度偏低，所以，有关她们的文化程度的情况，往往会被记者或编辑有意无意地忽视和略去。在对表4的结果进行分析时，应将这一情况考虑进去。

50年代、60年代，初中及以上文化程度的比例相当低，分别只有12.5%和19.6%，而小学及以下、文化程度不详的比例却高达87.3%和80.5%。这种结果一方面反映了新中国成立初期和社会主义建设时期，我国女性文化程度普遍偏低的客观事实；另一方面它也反映出文化知识方面的内涵在这些时期的女性角色形象中，占据着不太重要的位置。然而，从70年代末开始，大专以上文化程度的比例显著增长，达到50年代、60年代比例的5～7倍。特别是80年代，大专以上文化程度者的比例接近半数，而文化程度为小学及以下和文化程度不详的比例总共只占三分之一。这一结果一方面说明，在中国现实社会中，广大女性自身的文化素质在不断提高；而另一方面则说明，中国社会也越来越重视、越来越强调女性角色形象中的文化知识内涵。研究结果既清楚地反映了广大中国女性的知识化过程，也反映了整个中国社会自身的现代化进程。

（五）事迹形象

古老的中国传统文化认为，女性没有事业，或者说，女性的事业只

第 2 章 从一个侧面去研究社会变迁

在家庭。女性角色的全部内涵就是妻子、媳妇、母亲。新中国的建立，从根本上打破了旧的传统文化所依赖的社会基础，一代代新的女性不断实践着、创造着、发展着女性的事业，谱写了许许多多动人的事迹。四十年来，我国女性在事迹形象上所走过的又是一条什么样的道路呢？下面是本研究的统计结果（见表 5）。

表 5 按事迹形象与时期的交互分类统计 %

| | | 50 年代 | 60 年代 | 70 年代 | 80 年代 |
|---|---|---|---|---|---|
| 勤奋钻研 | 个人成就 | 9.2 | 15.2 | 28.6 | 33.3 |
| 努力工作 | 生产业绩 | 73.6 | 53.3 | 37.5 | 15.6 |
| 服务他人 | 崇高品德 | 8.0 | 14.1 | 14.3 | 20.0 |
| 勇于斗争 | 人生经历 | 2.3 | 6.5 | 14.3 | 7.8 |
| 贤妻良母 | 培育子女 | 6.9 | 9.8 | 1.8 | 0 |
| 女强人式 | 工作成绩 | 0 | 1.1 | 3.6 | 23.3 |
| (N) | | (87) | (92) | (56) | (90) |

所报道人物的事迹，是女性角色形象中最具本质特征的精神内涵。表 5 的结果表明，不同的历史时期，女性角色中的事迹形象侧重于不同的方面，而同一种事迹形象在不同时期的比例也十分不同。50 年代，努力工作创造生产业绩是最突出的事迹形象。它反映出获得新生的广大中国女性，在获得社会工作后所表现出的巨大劳动热情。朴实的思想感情，忘我的工作精神，成为这一时期女性事迹形象的主旋律。60 年代的情况略有变化，努力工作创造生产业绩虽仍是主要的特征，但其占比相比 50 年代已有所下降。勤奋钻研取得个人成就、服务他人崇高品德两类事迹形象占比则有所上升。70 年代末除在努力工作创造生产业绩方面占比继续下降、在勤奋钻研取得个人成就方面占比继续上升外，勇于斗争及人生经历一类特征也比较突出。这是由于"文革"刚刚结束，许多在"文革"中受到冲击和迫害，但仍坚持真理、顽强斗争的女性受到赞赏。到了 80 年代，勤奋钻研取得个人成就上升为最主要的事迹形象，同时，女强人的事迹形象也十分突出，占比明显高于其他几个方面，也远远高于前几个时期这方面的比例。而贤妻良母的事迹形象占比则下降到最低点。在图 5 中，女性事迹形象的几个主要方面的变迁趋

势更为明显（见图5）。

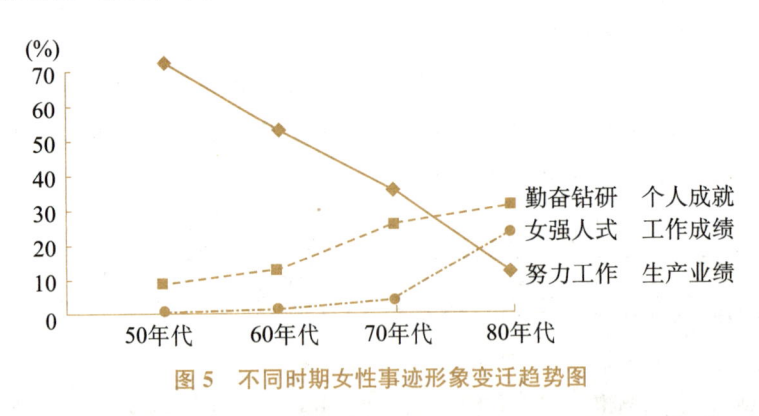

图5　不同时期女性事迹形象变迁趋势图

【这里采用图5是为了更加直观地看出不同年代女性事迹形象的几个主要方面的变化趋势。】

从图5中可以看出，随着时代的改变，努力工作创造生产业绩的事迹形象占比大幅度下降，80年代的比例还不到50年代比例的四分之一。而勤奋钻研取得个人成就以及女强人这两类事迹形象占比则直线上升，成为80年代的主体形象。这种结果反映出，在时代变迁、社会变迁的过程中，我国女性的角色形象也逐渐从生产劳动型向个人成就型、全面发展型转化。

## 四、小结与讨论

上述五个方面的结果之间表现出较高的一致性，它们具体而充分地展示了四十年来我国女性角色形象的时代特征及其变迁：50年代、60年代的女性形象多以年轻的、低文化程度的普通工人农民为代表，以党团员、劳动代表、努力工作创造生产业绩为标志；70年代末以老年女性、较高文化程度者和文教科卫人员为代表，具有努力工作、勤奋钻研、勇于斗争等多种形象特点；80年代则以高文化程度的中年文教科卫人员为代表，以个人专业成就和女强人式工作业绩为主要特征。其总的趋势是，从50年代、60年代单一的劳模型模式，到70年代末的劳模型、个人成就型、勇于斗争型并存模式，又到80年代以个人成就型和女强人型为主的模式。女性形象在不同时期所表现出的这些特点，从不同的侧面折射出我国社会各个历史时期的风貌，反映出整个社会历史的巨大变迁。

【总结讨论部分一般是先用概括的语言将研究的主要结果和研究的结论总结出来。本文上面一段就是如此。在总结了研究的结果和结论后，最好再对若干与此结果或结论相关的问题进行一定的探讨。本文在这方面做得还很不够（当时的确是时间非常紧张，难以展开。见后面小插曲中的介绍），讨论部分只写了下面一段话后就匆匆结束了，十分遗憾。实际上，应该对这种"时代的产物""历史过程""交互作用、共同影响的结果"展开一定的探讨，以更好地说明社会历史的发展是如何"不断改变着女性的角色形象，不断赋予女性形象以新的内涵"，以及"女性角色形象也在不断地体现和反映我国社会各个时期的风貌"的。那样的话，这篇论文才更加完整，论文的意义和作用才会更大一些。】

研究结果还表明，女性角色形象是时代的产物，是漫长历史过程的一种客观反映，是新中国成立四十多年来我国社会中各种新事物、新观念、新思想与传统文化、传统观念交互作用、共同影响的结果。社会历史的发展不断改变着女性的角色形象，不断赋予女性形象以新的内涵，同时，女性角色形象也在不断地体现和反映我国社会各个时期的风貌。

最后需要说明的是，由于本研究所依据的仅仅是《中国妇女》杂志上所报道的典型女性人物，并且，该刊物又曾中断了12年，因此，研究结果的代表性和概括性显然受到了一定的限制。但即便如此，这一结果仍然可以帮助我们了解四十年来我国女性角色形象及其变迁的基本轮廓；同时，对于分析和认识我国社会的巨大变迁也有着一定的参考价值。

【最后实事求是地指出研究的局限及其可能的价值。】

注释：

① 波普诺. 社会学：上. 刘云德，王戈，译. 沈阳：辽宁人民出版

社，1987：324.

②罗斯.当代社会学研究解析.林彬，时宪民，译.银川：宁夏人民出版社，1988：178.

③国家统计局人口统计司.中国人口统计年鉴：1988.北京：中国展望出版社，1988：323-325，400-402，477-479，12-18.

致谢：本研究在资料处理和统计分析过程中，得到了华中师范大学计算机中心的大力支持。特此致谢！

## 第四节　研究评价与启示

### 一、研究评价

这一研究最大的优点或者说创新，主要是通过采用内容分析的方法，巧妙地利用对已有的、长达四十年的文献资料的分析，来客观地了解和描述新中国成立后四十年中国女性形象的变迁趋势以及突出特征，并以这种女性形象的变迁来间接地反映我国社会所发生的变迁。这一研究的视角十分独特，既很好地契合了当年社会学年会的主题，又在没有研究经费和人力的困难条件下，切实地开展了一项系统的经验研究，从经验研究中得出了有一定说服力的研究结果和结论，而不是纯粹地空谈或泛泛而论。

而这项研究的不足，除了《中国妇女》杂志停刊12年所带来的客观缺陷外，主要体现在论文写作上不够深入和完善，特别是基于研究结果进行的相关讨论还明显不够，使得研究主要停留在基本描述和一般分析的层面，没有对女性形象变迁与中国社会变迁之间的关系进行更深入的探讨。特别是没有很好地说明中国社会四十年中的发展变迁是如何不断地将新的社会价值、社会文化赋予女性形象的，也没有很好地探讨不同历史时期的女性角色形象是如何折射出我国社会各个时期的精神和文化风貌的。如果论文的最后部分能够在这两方面有相对深入的探讨，研究的结果就可以给人以更多的思考和启发。

此外，论文对交互统计分析的表达也不够严谨。正确的做法是在交互分类表的下方，注明卡方检验的结果，而不能仅仅根据表格中百分比之间的差异来进行判断。所以，单从写作上及统计表格的使用上来看，这篇论文并不是一篇很完善的或者说很合格的论文。这一点是应该向读者特别说明的。

## 二、研究启示

这是我第一次采用内容分析的方法进行的一项具体研究。虽然很不成熟，特别是这篇论文并不是一篇写得很好的论文，但这项研究的整个过程，以及当时我作为一个既年轻又没有研究经验，还缺少研究经费的小讲师（用今天的话说，一个普通的"青椒""科研小白"）的实际研究经历，对研究生们和年轻的研究者还是有较好的参考价值的。

### 1. 熟练掌握多种研究方法对于研究的意义

作为研究者，我觉得这项研究对读者来说最为重要的一点启示，就是首先要对社会研究的各种方法都有较好的掌握。这就像要做一名优秀的修理工，首先要对修理机器时所要用到的各种工具都十分熟悉一样。只有当我们对各种研究方法都有了清楚的了解和认识，在我们进行研究选题、研究设计时，它们才能发挥出积极的促进作用。试想一下，如果我仅仅了解和掌握调查研究一种方法，而对内容分析的方法一无所知，那么，即使我看到了《中国妇女》杂志的封面人物，也绝不会想到用它来研究中国社会变迁。因此，我认为，就研究生和年轻的社会研究者来说，至少应该对调查研究、实验研究、内容分析、二次分析、实地研究、个案研究等几种研究方法有比较全面的了解和掌握。此外，在学习和学会各种具体的研究方法时，还要对各种研究方法的特点和适用范围有清楚的认识，即要知道每一种方法有什么优势，又有什么局限。要学会结合具体研究所面临的现实条件，灵活选择最合适的方法去开展研究，以达到研究的目标。

回想这项研究从最初的选题，到研究的设计、研究的实施、论文的写作，再到参会、发表的整个过程，虽遇到了各种不同的困难，但基本上都顺利解决了。在这一过程中，除了前述的研究设计、研究实施可以给读者一些启发外，论文写作和发表过程中以及论文发表后所发生的一些故事，特别是其中的一些小插曲，我觉得既值得纪念，也值得略做介绍。对于一些年轻的研究者来说，它们或许同样会有某种意想不到的启发意义。

2. 一份两种字体打印的论文

当我在华中师范大学图书馆完成全部样本文献的阅读和编码，然后在数学系计算机房完成数据的统计分析后，离全国社会学年会开会的时间已经很近了。正好赶上系里安排我出差，到湖南衡阳去讲一周的函授课，可我的论文还没写完。没办法，我只好带着材料和统计分析结果，一边上课，一边完成论文的写作。好在当时的函授学员都是中学教师，他们上午一般都在各自的中学上课。所以，我的函授课都安排在下午和晚上，这样每天上午都可以用来写论文。而我在函授课结束回到学校后的第三天就要出发去参会，所以可能来不及打印论文。① 一位好心的学员在上课的那几天将我已经写完的前一半论文拿回他们学校，让打字员打印了出来。我讲完课回到学校后，又赶紧在自己的学院让打字员将刚刚写完的后一半论文打印出来。令我没想到的是，当拿到已经全部装订成册的论文时我才发现，因为我们学院打字员打印的后一半论文用的字号非常小，而学员帮我打印的前一半论文的字号非常大，所以一篇论文的前后两部分出现了两种大小差别非常明显的字体，很不协调。但好歹可以用来提交论文去参会了。（当然，这里还要感谢当时的华东师范大学社科处对我的经费支持，由此我才能到杭州参加会议。）

3. 第一次享受"特殊待遇"

会议报到时，我将打印好的一捆论文交给了会议工作人员。本来，我是想在会议发言结束后，把这篇论文投给《社会学研究》杂志的。因为我感觉这篇论文的角度和方法比较新颖，又是社会学年会的发言论文，发在

---

① 那个时候没有计算机，所有论文都是用笔在稿纸上写成，交给专门的打字员打成蜡纸，然后在油印机上一张张地油印出来，最后再装订成册，非常麻烦。

《社会学研究》上影响会更大。没想到,当天晚上,《社会》杂志的一位年轻编辑(好像叫孙俊)就找到我的房间,对我说,他看到了资料袋中我的这篇论文。他觉得很有新意,想发表在他们杂志上,希望我能同意。这或许是我第一次被学术刊物的编辑当面约稿吧。尽管事先并不准备投给他们杂志,但作为一个年轻的、普通的、一点都不知名的学者,当时能够得到这种"特殊待遇",当然是十分开心,就欣然同意了。我想,这件事也可以给众多苦于难以发表学术论文的年轻学者一个重要启示:要认真地对待每次参加学术会议时自己所提交的论文,因为学术刊物的编辑们通常也会参会,他们也希望能约到满意的稿件。所以,只要我们自己的论文选题新、质量好,就一定会受到学术刊物的欢迎,说不定也会像我一样享受编辑当面约稿的"特殊待遇"。

4. 第一次"违反"学术规范

由于是编辑直接约稿,所以很快,在5月底的会议结束后不到两个月的7月份,《社会》杂志就在1992年第7期上刊登了我的论文。但令我没有想到的是,在7月份我竟然几乎同时收到了《社会》杂志和《中国妇女》杂志寄来的两本样刊。当时我非常诧异:《中国妇女》杂志为什么给我寄刊物?我并没有给他们投稿呀(我是绝不会一稿多投的)!打开杂志一看,我的这篇会议论文的大部分内容(只是去掉了统计表格的部分)也刊登在《中国妇女》杂志1992年第7期上!这是怎么回事?后来写信一了解,原来是《中国妇女》杂志的一位编辑(好像叫刘今秀)也参加了杭州5月份的社会学年会。她回信向我解释说,当时她看到我的论文后,觉得这是一项关于他们刊物的研究成果,而且内容十分有意义,就没和我打招呼直接向主编建议在他们刊物上发表了。

本以为与这项研究相关的故事到此就结束了,没想到后来又发生了几件让我更没想到的与这篇论文有关的更有意义的事情,无形之中又增加了我对这篇论文的意义和影响的认识。

5. "变性"的作者

那是收到两份杂志样刊大约半年后的一天,我又收到一封《中国妇女》杂志寄给我的信。打开一看,发现是杂志编辑转来的一封读者来信。

信的开头写道:"风笑天女士,你好!"看到这种称呼,让我感觉既好笑又好奇。读下去才知道,这是一封从加拿大多伦多大学寄来的信。写信的人是一位在加拿大多伦多大学攻读传播学博士学位的中国留学生(从天津一家新闻单位出国读书的吴玫女士)。她的博士论文选题正好与中国女性以及大众传播媒介有关。她是在进行相关文献的阅读和回顾时看到了《中国妇女》杂志上我的这篇论文的。当时,以她的专业知识,她判断这不是论文的全文(因为没有统计表格),故写信给《中国妇女》杂志,希望编辑将她的这封信转给作者,并希望得到这篇论文的全文。得知她索要我的论文,我赶紧将《社会》杂志1992年第7期上的论文全文复印好,按她信中的地址邮寄给她。两年后,吴玫女士完成学业,博士毕业回国时,还曾专程到我当时工作的华中理工大学社会学系与我见面,进行了交流。

也是在那一段时间,我还收到了一封同样来自加拿大的另一位华人学者周南教授的信件。他在加拿大以及中国香港的几所大学中从事经济管理、市场营销方面的教学和研究。他在信中不仅对我的论文给予了积极的评价,还把他自己采用类似方法所做的几项研究结果复印了一并寄给我。这让我这样一个刚刚博士毕业才两年的年轻学者备受鼓舞。

6. 老师的夸奖

这件事又过去了大概一年多的时间吧,一天,我收到了当时在中国人口情报研究中心担任副主任的顾宝昌教授寄来的一封信。他在信中对我大大地夸奖了一番。同时还随信寄来了一篇英文文章的复印件。原来,他看到了一位署名Stanly Rosen的美国学者发表的一篇英文论文。这篇英文论文中有好几处都引用了一位叫作Feng Xiao Tian的中国社会学者关于中国女性形象与中国社会变迁的研究结果。顾宝昌老师是我在北京大学读博士时的社会学系副主任,也是20世纪80年代初最早一批公派留学美国的社会学博士,与我非常熟悉,对我的研究也十分关注。[①] 当他看到这篇英文论文和我名字的汉语拼音时,就知道这位美国学者引用的是我的论文,所

---

① 他20世纪80年代中期从美国毕业回国在北京大学社会学系给研究生上课时,就曾将我的论文复印下来发给学生作为教学的资料。

以特地复印了文章并专门写信来告诉我。我非常感谢顾老师对我的积极鼓励和赞扬。当然,当时心中也有一点疑惑:引用我论文的这位老外是怎么看懂中文杂志的?

7. 真相大白

事情还没完。大约又过了大半年,我又收到了一封来自英国谢菲尔德大学政治学系的一位学者的论文索要函件。他希望我给他寄一份这篇论文的单抽本。① 这是一封英文的信函,他所索要的也是我这篇论文的英文版。我诧异了!我这篇论文并没有在英文杂志上发表,哪来的英文版单抽本?他又是从哪里看到这篇英文版的论文的呢?仔细查看他的来函,发现上面不仅有英文的论文题目,还清楚地注明了论文的出处。这篇论文来自一份叫作 Chinese Education and Society(《中国教育与社会》)的英文刊物。这究竟是怎么回事?直到两年后有了网络,我上网查到了这本杂志的联系地址,写了电子邮件一问才知道,原来这份刊物的主编正是那位引用我的论文、名叫 Stanly Rosen(中文名骆思典)的学者,他是美国南加州大学政治学系的一位教授。他在20世纪80年代后期至90年代初期的几年中,一直在北京的几所大学学习,精通中文。他主编的这份英文学术杂志每期一个主题,围绕这一主题将一些相关的中文学术论文翻译成英文在美国出版。我的这篇论文正是他当时看到后翻译成英文刊登在他主编的杂志上的。和他联系上后,他还特地给我寄了刊登有我这篇论文的这一期英文杂志。可以说,这也是我第一篇在英文学术界发表的论文。

当写完这一章书稿的时候,我再次回想起这项研究从最初的想法到后来的研究设计,再到最终的成果发表的过程,还有上面所写下的一系列故事,不禁感慨万千:这项研究可能不是一项特别深入的研究,这篇论文可能也不是一篇高水平的论文,但这项研究却是我作为一个毕业不久的博士生、作为一个年轻的相对缺少研究经验的研究者,在缺少研究经费的情况

---

① 向论文作者索要论文单抽本在国外学术界是一件很常见的事。国外的学术刊物通常在发表作者的论文后,除了寄给作者一两份当期样刊外,还会同时寄给作者十几份该论文的单抽本,以便于作者与同行进行交流。对该论文感兴趣的其他学者往往发一封论文索要函,就可以从原作者那里得到一份该论文的单抽本。

下独立完成的一项有一定创新的研究。而这篇论文也是我所发表的全部论文中传播范围最广、影响最大的论文之一。希望上述有关这篇论文的起源、研究过程、文章的写作和发表过程的叙述，以及后来发生的这些故事，都能给读者们特别是年轻的研究者们带来一些有益的启示。

# 第3章

# 从经验描述走向理论解释

案例:独生子女青少年的社会化

## 第一节 问题哪里来?

**一、选题背景**

正如第1章中所介绍的,在我围绕中国独生子女问题进行的博士论文研究计划中,本来有一部分内容是要研究独生子女的社会化问题的。我的博士论文开题报告中有五个方面的内容,即独生子女家庭、独生子女教育、独生子女社会化、独生子女父母养老、独生子女文化。然而,当时由于时间、精力、经费都不够,就只做了其中的家庭、教育、养老三部分的研究。最终博士论文的题目也就变成了"中国的独生子女:他们的家庭、教育和未来"。

当时之所以会想到研究独生子女社会化问题,主要有两点基本的原因:一是我学习了社会学的课程后,知道了人的社会化理论,即知道了人之所以成为人,是因为在成长过程中有各种社会化机构的作用和影响。可以说,是社会结构、社会环境、社会文化、社会生活把人从一个仅仅具有自然属性的生物个体，逐渐变成合格的社会成员；也知道了在这一过程中发挥作用和具有重要影响的主要机构是家庭、学校、同辈群体以及大众媒介等。二是我自己以及我们这一代人都是多子女家庭长大的孩子。当我面对独生子女这一特定的研究对象时，很容易想到、意识到他们在生活中、在成长过程中可能和我们有所不同，即他们可能具有某种特殊性。所以，当我将这一现象与所学的社会化理论知识相联系时，就觉得现在一个家庭中只有一个孩子，这些孩子的社会化环境、社会化过程、社会化结果很可能会和多子女家庭有所不同。但情况究竟如何，究竟有没有不同，或者究竟有哪些不同，我是不清楚的，学术界也没人去研究和回答。因为以前没有这么多独生子女，没有大批出现这种特定的家庭和孩子。

尽管写博士论文时因为没有时间，我放弃了对这一部分内容的研究，但当时所形成的想法始终留在头脑中。因此，我不仅在读博士期间就发表了有关人的社会化理论方面的论文[1]，还在博士毕业后专门针对独生子女的社会化问题写了一篇论文[2]。在这篇关于独生子女的社会化问题的论文中，我指出，随着我国改革开放带来的社会变迁，独生子女在社会化过程中所面临的外部环境发生了很大的变化。这种变化首先体现在家庭环境的变化上，比如家庭规模变小、家庭结构简化、家长角色增加等。其次是社会文化环境的变化，比如学校教育环境变化、社会教育环境变化以及大众媒介环境变化等。最后是社区环境的变化，主要是居住环境的变化以及由此带来的儿童社会交往的变化等。这些变化说明独生子女的社会化过程具有特殊性。[3]

这两篇论文可以说是我开展这项研究的理论准备。特别是后一篇论文，可以说已经进行了一定的思考。但文中的观点只是说独生子女的社会化有特殊性，即和以往的多子女的社会化有不同。但这种特殊性究竟表现在哪里，究竟与多子女的社会化有哪些不同，我都没有回答，也不能够回答。因为缺乏经验研究的证明，因为时间、精力、经费当时都不允许。

但幸运的是，我申请到了重点研究项目基金，并且1998年时我也早

---

[1] 风笑天. 论人的社会化之特点. 湖北社会科学，1987（3）.
[2] 风笑天，张小天. 论独生子女社会化的特定环境. 社会科学辑刊，1992（5）.
[3] 同[2].

已是社会学系的教授和研究生导师，同时在学校担任了文学院院长兼社会学系主任的职务，在国内学术界也结识了一大批相关的学者，所以，此时应该说无论是经验、经费还是人力等，都已是条件俱备。虽然当时担任职务较多、工作比较忙、时间比较紧张，但好在那时年轻力壮，精力充沛，所以，这项研究很快就开展起来。

### 二、研究问题

课题申请成功并准备做研究时，已经是1998年，距离第一批独生子女出生已经将近20年了。因此，最早的一批独生子女已走过了幼儿期、儿童期，进入了少年期和青年初期，即他们已经完成了人的基本社会化过程。正如我在论文中所说，不管社会对这一代独生子女发展状况的评价是积极的还是消极的，也不管每一位独生子女父母、每一个独生子女家庭对孩子抱有怎样的期望，中国第一代独生子女已经客观地在中国社会中长成，在人们的关注、期盼、担心和争论中长大成人。那么，这些即将完成少年期和青年初期社会化过程，即将作为新公民进入中国社会的独生子女，其社会化发展状况究竟如何？他们的社会化结果与同龄的非独生子女有没有差别？他们身上是否存在着不同于普通儿童的人格缺陷？由于无兄弟姐妹这种特定的人生经历的影响，他们是否更难以与人交往？他们的社会适应性是否真的"发育不良"？当我们从"人的社会化"的角度重新审视这一代特殊儿童的成长过程和发展状况时，我们可以怎样回答上述问题？又能够怎样回答十几年前人们提出的各种疑问、担心和预言？这些就是本项研究所确立的准备探讨的主要问题。

## 第二节　研究如何做？

### 一、研究设计

在进行自己的研究设计之前，我对与研究相关的文献进行了系统的收集和认真的阅读分析，也就是首先了解清楚，在我之前有关独生子女社会化的问题前人做过哪些研究，他们得出了什么样的研究结果和研究结论，特别是对于回答我的研究问题来说，前人的研究还存在哪些局限和不足，我的研究如何在这些方面有所改进和提高。由于独生子女问题是我从1987年以来就一直在研究的领域，所以，对于国内外研究的总的状况相对比较熟悉。在实际研究设计之前，我着重对与我的研究问题直接相关的一批文献进行了认真的回顾和分析，在找出它们所存在的局限和不足时，就想好了自己的研究应该如何来弥补这些不足。

同时，由于我已经有了两次相同内容课题申请的经历，又指导研究生进行了一次实际的研究，因此，此时我对如何开展这项研究已经有了相对较好的准备。于是，我首先针对上述研究的主要问题，思考并确定了研究的基本思路、研究方式、关键概念和研究对象；其次，我设计了对关键概念的操作化及其变量的测量指标；最后，我界定了研究的总体并设计了样本抽取方式、资料收集工具和收集方式，也确定了资料的统计分析方法。

在研究思路上，我围绕着"中国第一代独生子女青少年的社会化过程及其结果是什么"这一核心问题，首先决定了在研究中要做到这样几件事：一是要聚焦"第一代独生子女"。因为当时只有第一代独生子女刚刚成年，经历了人的基本社会化过程，最适合用于探讨和回答这一问题。二是尽可能全面地反映中国独生子女这一整体的情况，避免以偏概全，所以选取了适合描述总体状况的调查研究方式开展研究。三是要用与第一代独生子女有相同背景（即相同年龄、相同地域、相同社会生活环境）的非独生子女与独生子女进行比较，这样才能真正反映独生子女的社会化过程和结果所具有的特征。四是既要描述独生子女社会化的结果，也要描述独生子女社会化的过程特征，因而要收集反映不同年龄段独生子女社会化的资料。为此，调查对象要既包括中学生，也包括小学生。五是既要收集青少年的自我评价，也要收集父母对他们的评价。因此，既要调查中学生，也要调查他们的父母。由于小学生不具备接受问卷调查的能力，所以仅调查他们的父母。

根据上述研究思路，我在研究设计中主要解决了下列几个具体问题。

第一，我要确定研究总体和设计抽样的方案。这是调查研究方式中一

## 第 3 章 从经验描述走向理论解释

个重要的操作问题。考虑到中国独生子女人口 80% 在城市、20% 在农村的现实，我决定以城市第一代独生子女为研究的总体。而为了选取有代表性的城市中学生样本，我将抽样过程分为三个阶段：首先是抽取城市样本；其次是抽取学校样本；最后是抽取学生样本。

（1）城市样本的抽取。为了使城市样本尽可能反映全国的情况，我计划在全国范围抽取样本。调查城市的选择主要考虑了地区的分布和城市的类型两个因素。当时根据中国大陆 31 个省、自治区、直辖市分别属于地理区位上的 6 个大区的情况，我想到既要兼顾大区的分布以及每一大区中所含省（自治区、直辖市）的数目多少，同时又要考虑到每个省（自治区、直辖市）中有无可以借助的社会学研究机构的因素（因为调查需要当地社会学者帮助实施）。最终我确定选取东北区的黑龙江、西北区的甘肃，华北区的北京、天津，华东区的浙江、上海，中南区的湖北、广西，西南区的四川为调查省（自治区、直辖市）。

东北区：黑龙江、吉林、辽宁（3）；

西北区：陕西、甘肃、宁夏、青海、新疆（5）；

华北区：内蒙古、河北、山西、北京、天津（5）；

华东区：山东、安徽、江西、江苏、浙江、福建、上海（7）；

中南区：河南、湖南、湖北、广东、广西、海南（6）；

西南区：四川、重庆、云南、贵州、西藏（5）。

然后在每一选中的省（自治区、直辖市）中，再选取省会城市和该城市附近的中小城市 1 个。这样，共选取全国 3 个直辖市、6 个省会城市、6 个中小城市，总共 15 个城市作为调查城市。

（2）学校样本的选择。在每个作为调查点的城市中，依据教育部门提供的学校类型（好、中、差）的名单，按简单随机抽样的方法各抽取 1 所中学、1 所小学，即共抽取 3 所中学、3 所小学。（大城市中可先随机抽取一个城区。）这样，15 个城市共抽取到包含 3 种类型的 45 所中学、45 所小学。

（3）3 种调查样本的抽取。由于本项研究包括 3 类调查对象，即中学生、中学生父母以及小学生父母，所以，我决定采用多阶段随机抽样的方法进行抽取。具体抽样程序及调查样本的构成如下：

在抽中的3所中学里，按不放回抽样的方式，在初一至高三的6个年级中，依次从每一所中学随机抽取初中和高中各一个年级。这样每个城市所抽的6个年级正好包括从初一到高三的各个年级，且一个学校有两个年级。然后，在每个抽中的年级中，按简单随机抽样方式抽取一个班级。最后，从每个抽中的班级中按系统随机抽样的方法抽出20名学生。这样，全部中学生样本的构成情况就如下面所示：

20名学生×2班（年级）×3学校×15城市＝1 800名学生

这1 800名学生就构成中学生的调查样本。同时，他们的父母就构成中学生父母的样本。

而小学生父母的抽样方法则是，先在抽中的3所小学里，同样按不放回抽样的方式，依次从每一所小学随机抽取低年级（一至三年级）和高年级（四至六年级）各一个。这样每个城市所抽的6个年级正好包括从一年级到六年级的各个年级。然后，在每个抽中的年级中，按简单随机抽样方式抽取一个班级。最后，从每个抽中的班级中按系统随机抽样的方法抽出20名学生。这样，全部小学生样本的构成情况就如下面所示：

20名学生×2班（年级）×3学校×15城市＝1 800名学生

这1 800名学生的父母就构成小学生父母的样本。

由于中小学是十分完备和规范的社会组织，而我国城市中6～19岁的青少年基本上都是在校的中小学生，因此，调查对象的总体比较容易界定，根据上述抽样设计进行抽样，在现实中是可行的。每一阶段的调查总体、抽样方法都十分明确具体，具有较好的操作性和适合性。

第二，我要设计对研究的中心概念进行操作化的方法和测量的变量。这是设计调查问卷的基础和前提，也是调查研究中第二个关键环节。要将本研究的关键概念，即独生子女的"社会化发展状况"，或者说社会化的结果进行操作化，才能够进行测量和比较。我根据相关社会化理论文献和前人研究的结果，将社会化发展状况操作化为七个大的方面，即性格与行为特征、生活技能、社会交往、生活目标、社会规范、角色认同、自我认识。然后再进一步将每一个方面操作化为若干个具体的测量指标。

第三，我要设计调查资料的收集工具与收集方法。本课题资料收集的主要工具是《中学生调查问卷》《中学生家长调查问卷》和《小学生家长调查问卷》。三份问卷均以封闭式问题为主，我围绕研究的主要变量及其操作化指标，精心设计出清楚明确的问题，在语言上尽可能通俗易懂。三份问卷的问题数量均按普通对象在30分钟之内能完成来设计和控制。我对每份问卷均进行了试用和修改。

《中学生调查问卷》的收集方法为：集中讲解、当场填答、当场回收，以保证问卷的填答质量和回收率。《中学生家长调查问卷》的收集方法为：将该问卷连同写好回邮地址、贴好邮票的信封以及一份老师的书面通知，一起发给样本中的每一个中学生，请他们带回家，交给其家长（父亲或者母亲）填写，然后由家长直接将问卷寄回。老师在发出问卷的三天后提醒学生并统计已完成的家长。这一做法可以减轻学生家长的心理压力，避免父母与子女的某些顾虑和相互影响，保证问卷资料的客观性和真实性。《小学生家长调查问卷》的收集方法为：发给样本中的每一个小学生，请他们带回家，交给其家长（父亲或者母亲）填写，然后仍由小学生带回学校，交给老师。老师收齐后交给调查员。

根据研究的目标以及变量的测量层次，本研究的资料分析主要是对不同阶段的两类青少年在社会化各个指标上的发展状况进行交互统计比较，并对二者之间差异的显著性进行卡方检验。

## 二、研究实施

研究的具体实施大体上包括以下几个方面的工作：一是调查队伍的组织和经费的分配；二是调查工具的设计；三是调查的具体实施；四是问卷资料的回收、核查、录入以及统计分析。最后是撰写研究的论文。

由于在申请课题之前就已经联系好了全国各地的社会学者，所以，调查队伍的组织主要由当地学者来完成。他们一般也是组织自己学校的研究生或者高年级本科生作为调查员，按照我统一布置的调查方案抽取学校、学生，联系学校和老师、发放问卷、开展现场调查。我也按事先的约定，提前将调查经费分发到每个调查城市的负责人手中，用来支付为调查对象购买纪念品的费用、调查员的劳务费用以及调查的交通费用等，保证了调查工作的顺利开展。对于突发的意外情况（浙江省的负责人出国），也及时进行了一定的补救［请负责上海市的老师帮助完成了江苏省吴县市（现为苏州市吴中区、相城区）的调查］。

调查的工具，即三份调查问卷的设计全部由我自己独立完成。由于调查的主题相同，所以三份调查问卷中的大部分问题是一致的，仅仅因面对的调查对象不同而在少数方面有所差别。问卷初稿设计好以后，我分别在武汉市、仙桃市进行了试调查，找出了设计中存在的问题并进行了修改，然后才打印好并邮寄到各个调查城市。

开展实地调查收集问卷资料，是研究实施中最主要的工作任务。这项课题的实地调查于1998年10月至1999年3月在全国范围的14个城市中同时进行。[①] 被抽中的1 800名中学生及其家长以及1 800名小学生家长分别构成三个调查样本。[②] 由于天津市额外多抽了68名高中非独生子女，故中学生及其家长的样本规模均为1 868。调查实际收回的有效问卷分别为1 855、1 855和1 746份，有效回收率分别为99.3%、99.3%和97%。这在一定程度上反映出调查得到了各地中小学以及被调查学生、父母的积极支持，调查的质量也比较高。

接下来是进行资料处理和统计分析，得出调查结果，为撰写论文做准备。一方面是对1998年调查得到的问卷数据进行统一的录入、清理、建库；另一方面则是对我在1988年博士论文调查中得到的数据、1996年指导研究生在湖北省进行调查得到的数据进行选择，并对这三份有着相同内容的数据进行同样的统计分析，以进行时间上、对象上的比较。在得出统计分析结果后，我就着手开始论文的撰写。

---

① 原计划的15个城市中抽取了华东地区的浙江省杭州市，但调查前负责浙江省调查的老师临时出国读博士，无法执行调查任务，打乱了计划。只好请上海市的老师补做了江苏省吴县市的调查作为替代，而没能做江苏省的省会城市南京市的调查。这样，样本的省会城市最终变成了5个城市，全部城市样本也变成了14个城市。

② 原计划在每个被抽中的班级中抽20名学生，后来北京市、上海市两地改为每班抽30名学生，所以总规模依然是1 800。

## 第三节 论文怎么写？

### 一、论文总体框架

这篇论文发表在《中国社会科学》2000 年第 6 期上。① 论文在结构上同样是采用定量研究论文最常见的表达方式，即主要分为"问题与背景"（导言）、"文献回顾"（文献综述）、"研究设计"、"结果与分析"、"总结与讨论"（小结与讨论）几个大的部分。论文总体框架如表 3-1 所示。

表 3-1 论文总体框架

| 主体结构 | 主要内容 |
| --- | --- |
| 1. 问题与背景 | 规模庞大的独生子女人口出现在中国社会<br>独生子女的社会化问题引起社会普遍关注<br>本文所要探讨和回答的主要问题 |
| 2. 文献回顾 | 国外关于独生子女成长研究的概况及其主要结论<br>国内与独生子女社会化相关的两类研究及其结论<br>现有研究存在的局限和不足 |
| 3. 研究设计 | 研究的指导思想<br>基本变量及其测量<br>样本与资料 |
| 4. 结果与分析 | 性格与行为特征<br>生活技能<br>社会交往<br>生活目标<br>社会规范<br>角色认同<br>自我认识 |
| 5. 总结与讨论 | 研究的基本结论<br>对若干发现的讨论<br>几点说明 |

---

① 风笑天. 独生子女青少年的社会化过程及其结果. 中国社会科学, 2000 (6).

## 二、论文写作解析

### 独生子女青少年的社会化过程及其结果*
#### 风笑天

摘要：本文运用5次大规模调查所得的资料，以同龄非独生子女作为参照对象，将青少年问卷与家长问卷相互对比，从性格与行为特征、生活技能、社会交往、生活目标、社会规范、角色认同、自我认识等方面，描述和分析了中国城市第一代独生子女青少年的社会化过程及其结果。研究表明，从总体上看，城市独生子女青少年的社会化发展是正常的，他们与同龄非独生子女之间在社会化各个方面的相同点远多于相异点。文章还根据研究发现，提出了"消磨-趋同""变异关键年龄""社会交往补偿"等理论解释。

关键词：独生子女　青少年　社会化

【摘要用简明扼要的语言，介绍了研究的资料来源、研究方法、研究结论、主要发现及相应的理论解释，使读者在较少的文字中了解研究的主要信息。】

### 一、导言

被美国人口学家称为"怪蛇腹中的猪"的美国战后生育高峰一代（the Baby Boom Generation），是美国"有史以来最不平凡的一代"，"在他们人生的每一个阶段都会由于他们的出现而改变这一阶段的特征，并迫使全国对他们的需要和问题予以特别的重视"①。这一代人极大地

---

\* 本研究得到了福特基金的资助，同时得到全国8个合作单位同行的积极支持与合作。我的研究生张青松、孙龙协助我对原始数据进行了认真清理，在此一并致谢！

① 琼斯. 美国坎坷的一代：生育高潮后的美国社会. 贾蔼美，等译. 北京：社会科学文献出版社，1989：1.

第3章 从经验描述走向理论解释

影响和改变着半个世纪以来的美国社会。

【引出美国战后生育高峰一代，目的是说明他们极大地影响和改变着半个世纪以来的美国社会。】

在美国"生育高峰一代"出生三十几年后，在地球另一半的中国，则出现了与他们虽不相似但对中国社会同样具有重大影响的一代新人，这就是从1979年开始直到今天仍不断增加着的独生子女。据国家计划生育部门统计，1997年年末全国领证的独生子女人数已达到5 337万。[①] 目前，全国独生子女人数估计已超过5 800万。这也就是说，今天中国社会中的独生子女人口已和整个法国的人口相当，或者说差不多相当于两个加拿大的人口。[②]

【由远到近、由国外到国内，陈述这么大规模的独生子女人口的出现，来暗示他们对中国社会的影响同样会很大。】

当数以千万计的独生子女一下子从中国大地上涌现出来时，马上引起了学术界和全社会的普遍关注。人们关注的焦点之一是：主要由国家计划生育政策造就的这一代特殊儿童能否正常地、健康地、顺利地成长和发展？从社会学的角度看，这一焦点所涉及的正是一代独生子女的社会化过程及其结果的问题。

【马上将话题引到研究的中心问题上。】

早在独生子女政策实施之初就有人提醒，独生子女有诸多毛病；也有人担心，独生子女的素质差、独生子女是"问题儿童"；还有人预言，独生子女将成为"小皇帝"、独生子女的发展将不如非独生子女。所有这些似乎都在暗示：与独生子女的成长相伴随的将是一条不平常的社会化道路和一种不正常、不充分、不完善、不全面的社会化过程；一代独

---

① 中国计划生育年鉴编辑委员会. 中国计划生育年鉴：1998. 北京：中国统计出版社，1998：441.
② 据1995年统计资料，法国人口为5 800万，加拿大人口为2 973万。（世界知识年鉴：1996—1997. 北京：世界知识出版社，1997：531，745.）

生子女的社会化结果也将是畸形的和令人担忧的。如果情形果真如此，那么，对整整一代独生子女青少年、对数以千万计的独生子女家庭、对即将跨入21世纪的整个中国社会来说，都将是一个悲剧，都将是一种十分严重的后果。

【说明探讨和研究这个问题、弄清楚现实究竟如何很重要，这也就是暗示进行本研究所具有的意义。】

将近20年过去了，最早的一批独生子女已走过了幼儿期、儿童期，进入了少年期和青年初期。不管社会对这一代独生子女发展状况的评价是积极的还是消极的，也不管每一位独生子女父母、每一个独生子女家庭对孩子抱有怎样的期望，中国第一代独生子女已经客观地在中国社会中长成，在人们的关注、期盼、担心和争论中长成。这些即将完成少年期和青年初期社会化过程、即将作为新公民进入中国社会的独生子女，其社会化发展状况究竟如何？他们的社会化结果与同龄的非独生子女有没有差别？他们身上是否存在着不同于普通儿童的人格缺陷？由于无兄弟姐妹这种特定的人生经历的影响，他们是否更难以与人交往？他们的社会适应性是否真的"发育不良"？当我们从"人的社会化"的角度重新审视这一代特殊儿童的成长过程和发展状况时，我们可以怎样回答上述问题？又能够怎样回答十几年前人们提出的各种疑问、担心和预言？这些正是本项研究得以形成的基本背景，而用经验的、系统的研究结果给出答案，则是本项研究的主要目标。

【明确提出研究的主要问题。】

## 二、文献综述

国外有关独生子女的研究始于19世纪末。1898年至1978年的80年间，西方学者主要从以下四个方面探讨了独生子女的成长与发展问题：（1）健康。在这方面存在两种相反的看法，博汉农（Bohannon）等研究者认为，独生子女的健康状况总体上不如非独生子女。而基尔福

## 第3章 从经验描述走向理论解释

特（Guilford）等研究者则发现，独生子女的卫生习惯明显比非独生子女好。因而他们认为独生子女的健康状况并不比非独生子女差。(2) 智力。绝大多数研究在这方面的结论十分一致，认为独生子女的智力比非独生子女优异。(3) 性格特征。在这方面也有两种结论：一种认为独生子女的性格具有特异性，尤其是具有两极性；而另一种结论则否认这种特异性，认为独生子女在性格特征上与非独生子女相差无几。(4) 社会交往。一些研究发现独生子女在社会交往方面"不协调"、适应性较差，但也有研究证实独生子女在社会交往方面的表现与非独生子女不相上下。①

美国当代研究独生子女的著名学者凡尔布（Toni Falbo）教授及其同事对1925—1984年这60年间西方各国所发表的200多篇有关独生子女的经验研究进行了评论，并对其中115篇文献进行了一项定量分析(meta-analyses)。结果表明，有关独生子女的特征和发展状况，这些研究所描绘的是一幅混乱的画面：有些研究发现独生子女优于非独生子女；有些研究发现独生子女劣于非独生子女；有些研究则发现二者没有差别。②

【通过国际上研究独生子女的著名学者的文献，简略地介绍国外的研究概况。同时说明，关于本研究所关注的问题，国外研究的结论互不相同。】

对中国独生子女的研究始于1980年。到目前为止，国内学术刊物上发表的有关独生子女问题的研究报告和论文已有150余篇。其中与独生子女的社会化发展有关的经验研究约占一半。这些研究大体可分为两类：第一类主要探讨独生子女与非独生子女之间的差异，特别是心理及行为特征上的差异。在这些研究中，早期较多的结论是：独生子女的发展具有与非独生子女不同的特点，其中，独生子女的身体状况、智力水

---

① 山下俊郎. 独生子女的心理与教育. 骆为龙，等译. 上海：上海教育出版社，1982.

② FALBO T, POLIT D F. Quantitative research of the only child literature: research evidence and theory development. Psychological bulletin, 1986, 100 (2).

平优于非独生子女，而个性品质和行为习惯则不如非独生子女。① 80 年代中后期以来的多数研究则认为，独生子女与非独生子女在个性特征上无显著差异，"从各类样本的比较来看，独生子女与非独生子女大体差不多"②。第二类则集中探讨独生子女的发展状况。中国青少年研究中心 1996 年在全国 12 个大城市对 3 349 名 10～15 岁的独生子女及其家长进行调查，考察独生子女的人格发展状况，得出了独生子女人格特征具有珍惜友谊、自信乐观等五大优点和攻击性强、成就需要低等四大缺点的结论。③ 遗憾的是，该研究一方面只探讨了独生子女的人格发展问题，没有涉及独生子女社会化发展的其他方面的内容；另一方面，该研究的对象仅包含独生子女，缺乏与其进行比较的参照系。因此，我们无法判断研究所得出的各种优点和缺点究竟是仅为独生子女所具有，还是为一般儿童所共同具有。正如一位学者所评论的，该研究"由于缺乏与非独生子女群体的比较，它没有告诉我们更多"④。

上海社会科学院青少年研究所于 1996 年在上海市对 916 名 15～29 岁的青年进行了调查，内容涉及生活需要、人格特征、社会交往、家庭生活、恋爱婚姻等八个方面。研究者"发现 76% 的指标在统计学上并

---

① 高志方. 独生子女的早期教育问题. 教育研究，1981（6）；杨宜模. 当前独生子女性格特点的初步研究. 教育丛刊，1981（6）；肖福兰. 关于小学独生子女教育情况的调查. 人口与经济，1982（3）；王兆伍. 关于独生子女教育的初步研究. 沈阳教育学院学报，1983（2）；杨桦. 独生子女个性品德方面存在的问题及原因. 光明日报，1983-02-25；万传文. 五岁至七岁独生与非独生儿童某些个性特征的比较及性别差异研究. 心理学报，1984（4）；张其博. 独生子女成长状况初探. 人口与经济，1987（1）.

② 陈科文. 独生子女与非独生子女行为特点和家庭教育的比较研究. 社会调查与研究，1985（6）；刘云德. 独生子女与非独生子女比较研究调查报告. 人口学刊，1988（3）；鲍思顿，等. 中国独生子女与非独生子女的学习成绩和个性特征分析. 西北人口，1989（4）；POSTON Jr., FALBO T. Scholastic and personality characteristics of only children and children with siblings in China. International family planning perspectives，1990，116（2）；焦淑兰，等. 独生与非独生儿童认知发展的比较研究. 心理学报，1992（1）；浙江医大人口所. 关于独生子女健康、学习和生活状况的调查. 人口学刊，1992（6）；黄鹏. 独生子女与非独生子女个性特征无显著差异. 安徽大学学报，1994（3）；胡荣. 父母眼中的独生子女. 当代青年研究，1996（4）；JIAO G J, JING Q. Cognitive development of Chinese urban only children and children with siblings. Child development，1996，67（2）.

③ 中国城市独生子女人格发展课题组. 中国城市独生子女人格发展现状研究报告. 青年研究，1997（6）.

④ 杨东平. 代际冲突和独生子女的一代. 当代青年研究，1997（12）.

## 第3章 从经验描述走向理论解释

不呈现显著性意义,从而得出基本结论:进入青年期的独生子女与非独生子女之间有所差异,但不存在本质差异"[1]。尽管该研究的对象和调查样本对于回答独生子女青少年的社会化结果这一问题十分有益,但该研究却没有对独生子女社会化的状况进行系统调查和描述。另外在数据资料的分析上,研究者又不恰当地将百分比上的微小差异直接转化为研究的结论,忽略了样本中两类青年(独生与非独生)在年龄结构、职业结构等方面的重要差别,没有对可能影响统计结果的重要变量(比如年龄等)进行控制,导致支持研究结论的经验证据在逻辑推理的过程中明显分量不足。因而,它对我们回答本研究的中心问题仍然没有大的帮助。

笔者1996年曾指导研究生对湖北省5个市镇593名中学生的社会化状况进行了初步调查,结果表明,中学独生子女与非独生子女的社会化状况总体上相差不大。[2] 作为本研究的前期研究,该研究也存在着地区代表性不足(仅湖北省)、调查对象单一(仅中学生)、仅有横剖调查资料、统计分析中没有控制年龄变量等缺陷。

【接着总结了国内与独生子女社会化相关的两类研究及其结论。相对概略地介绍了第一类相关性不太强的研究,而对与本研究主题密切相关的三项研究进行了较为详细的解析,特别是指出了这几项研究的不足和局限。】

对文献的分析表明,现有研究主要在以下四个方面存在不足:一是调查对象主要集中在3~6岁的幼儿和7~12岁的儿童身上,较少以13~19岁尤其是16~19岁的青少年为研究的对象。虽然这是客观现实造成的一种缺陷(几年前16~19岁人口中独生子女还很少),但它对于我们回答本研究的中心问题却是一种关键性的缺陷。二是研究内容多为社会化的某一个方面,很少有涉及青少年社会化发展各个方面的经验调查结果。三是资料收集方法多为单一的他人(老师或家长)评价,青少

---

[1] 苏颂兴. 上海独生子女的社会适应问题. 上海社会科学院学术季刊, 1997 (2).
[2] 郝玉章, 等. 中学独生子女社会化的状况. 青年研究, 1997 (8).

年的自我评价以及不同对象的多角度评价较少。四是缺乏多个时间点上的纵贯资料的比较。正是由于这些缺陷，我们对这一代独生子女社会化发展的基本结果还是知之不多。

【最后将国内外研究特别是密切相关的研究的主要局限清楚地列出来，以说明，对于回答本研究的问题来说，现有研究无法提供令人满意的答案。言下之意，也就等于说开展本项研究十分必要，或者说本项研究具有很好的现实意义，值得做。】

## 三、研究设计

针对现有研究所存在的不足，本项研究注重以下几个方面：首先，调查对象以13～19岁的城市中学生为主①，并以6～12岁的城市小学生与之进行比较，以描述不同年龄段青少年社会化的不同特点。其次，将中学生的自我评价与其家长的评价对照分析。通过成人视角和成人世界参考框架与青少年自我认识的相互印证，来弥补现有研究仅有一种评价视角的不足。再次，研究内容尽可能包括青少年社会化的各个方面，以提供一种相对完整的经验描述。最后，充分利用1988年、1996年、1998年同一主题的纵贯调查资料进行对比分析，以更好地反映青少年社会化的过程特征。

【说明正是因为现有研究存在上述不足，所以本项研究进行了有针对性的设计。】

### （一）基本变量及其测量

社会化结果。这是指个人通过基本的社会化过程，在生活技能的掌

---

① 根据国家计划生育委员会统计，从1979年到1989年，我国独生子女总人口中，城市独生子女的比重由约占30%发展到约占70%（风笑天．独生子女：他们的家庭、教育和未来．北京：社会科学文献出版社，1992：8），估计目前城市独生子女在全部独生子女人口中所占比重超过85%。因此，本研究主要以城市独生子女为对象。若无特别说明，文中"独生子女青少年"均指城市独生子女青少年。同时，由于我国城市青少年中，13～19岁正好是初中生和高中生的年龄，故本研究以中学生为主要调查对象。

握、社会规范的学习、人格特征的形成、价值观念的内化、生活目标的确立、社会角色的认同等方面的发展程度或所达到的水平。在本研究中，将其操作化为调查对象在性格与行为特征、生活技能、社会交往、生活目标、社会规范、角色认同、自我认识等方面的发展状况。

性格与行为特征。这是青少年社会化状况的最基本体现。本研究根据现有研究的结果并结合青少年的实际情况，选取了10个基本的方面作为指标进行测量。测量方式是要求调查对象在成对的性格与行为特征中选择自己更接近的方面。

生活技能。根据人的社会化的理论，青少年时期社会化的一项重要内容是学习和掌握一定的生活技能，以适应成年后独立参与社会生活的需要。这种生活技能可以从两方面来理解：一是基本的生活自理能力，二是初步的谋生技能。其中第一方面更为基本。在本研究中，我们将分析的重点也放在这一方面。测量指标包括独自去医院看病、独自去理发等；对小学生则包括自己穿衣、自己洗澡等。

社会交往。社会交往既是个人实现社会化的一种渠道，同时也是个人社会化发展状况的一种衡量指标。本研究根据调查对象的实际情况和所处的环境，尝试用与同学的关系、好朋友的数目、是否有孤独感、对新环境的适应等来对此进行测量。

生活目标。基本社会化阶段的成果之一是个人逐渐明确未来生活的目标。对于中学生来说，这种未来的生活目标集中地体现在他们对自己所要达到的教育程度和所希望选择的职业上。本研究正是用教育期望和职业期望这两个指标来对此进行测量。

社会规范。社会规范是用以指导和调整社会中人们行为的各种文化的和制度的规定，其内容十分丰富，涉及社会生活的各个领域。本研究主要结合中学生学校生活的特点，选取遵守纪律、讲究文明礼貌等指标进行测量。

角色认同。社会成员的角色是个人基本社会化过程的最终产物。对于即将走向成年的中学生来说，成人角色具有重要的意义。在本研究中，我们主要采用间接的方式，通过询问青少年的自我感受和心理状态，对他们所具有的成人意识进行测量。

自我认识。自我认识指人们对自我特点的认识及对自我形象的评价等。在本研究中,主要用学生对自己在父母、老师、同伴等"重要他人"眼中形象的认识以及学生对自己在行为表现、智力发展、基本素质和能力等方面的主观评价来进行测量。

【这一部分详细介绍研究的核心概念及其操作化的方式。这是读者评价研究结果和研究结论的重要依据,不能简单略过。】

(二)样本与资料

本研究所用资料来自5项大规模问卷调查。这5项问卷调查的基本情况见表1。

表1 5项问卷调查的基本情况

| 调查名称 | 时间 | 地点 | 调查对象 | 样本规模 |
| --- | --- | --- | --- | --- |
| 湖北五市镇小学生家长调查 | 1988 | 武汉、黄石、沙市、仙桃、云梦 | 小学生家长 | 1 293 |
| 湖北五市镇中学生调查 | 1996 | 武汉、黄石、沙市、仙桃、云梦 | 中学生 | 593 |
| 全国十四城市小学生家长调查 | 1998 | 北京、上海、天津、武汉、成都 | 小学生家长 | 1 746 |
| 全国十四城市中学生调查 | 1998 | 南宁、兰州、哈尔滨、廊坊、武威 | 中学生 | 1 855 |
| 全国十四城市中学生家长调查 | 1998 | 吴县、安达、德阳、鄂州 | 中学生家长 | 1 855 |

1988年和1996年调查的情况,读者可参见有关文献。[①] 1998年三项全国范围的调查于该年10月至1999年3月在全国14个城市同时进行。调查点的选择主要考虑了地区的分布和城市的类型两个因素。研究者从东北区的黑龙江、西北区的甘肃、西南区的四川、华北区的河北、华东区的江苏、华中区的湖北、华南区的广西等省(自治区)中,选取了5个省会城市(代表大城市)、6个普通城市(代表中小城市),加上

---

① 风笑天. 独生子女:他们的家庭、教育和未来. 北京:社会科学文献出版社,1992:253-260;郝玉章,风笑天. 中学独生子女社会化的现状:对湖北省五市镇593名中学生的调查分析. 青年研究,1997 (8).

北京、上海、天津三个直辖市（代表超大城市）总共14个城市作为调查点。各城市调查样本抽取采用多阶段随机抽样的方法进行。首先，在每一城市中，依据学校类型（重点、普通、较差），按简单随机抽样的方法抽取中、小学各一所。其次，在抽中的学校里，按不放回抽样的方式，依次随机抽取初中和高中各一个年级，小学低年级（1～3年级）和高年级（4～6年级）各一个年级；再次，在抽中的年级里，按简单随机抽样方式抽取一个班级；最后，从抽中的班级中按系统抽样的方法抽出20名学生（北京、上海两地各为30名）。被抽中的1800名中学生及其家长以及1800名小学生家长分别构成三个调查样本。其中，中学生样本与中学生家长样本一一对应。由于天津市额外多抽了68名高中非独生子女，故中学生及其家长的样本规模均为1868。调查实际收回的有效问卷分别为1855、1855和1746份，有效回收率分别为99.3%、99.3%和97%。

资料采用自填问卷方法收集。中学生问卷以集中讲解、当场填答、当场回收的方式进行；家长问卷则采取由中小学生带回家，交给家长填写，填好后由学生带回交给老师的方式进行。资料分析以1998年中学生问卷为主，并尽可能与其他问卷进行多角度、多层次的比较。根据研究的目标，本文主要对不同阶段的两类青少年在社会化各项指标上的发展状况进行交互统计分析，并对二者之间差异的显著性进行卡方检验。

【这一部分是对研究所用的数据资料来源进行介绍。在调查方法的介绍中，最为重要的部分是抽样方法和过程，以及资料的具体收集方法和过程。读者只有详细了解了这两方面的情况，才能衡量和评价统计分析所用数据资料的质量和最终的统计分析结果的质量。】

### 四、结果与分析

【这一部分的写作要按照研究设计中对社会化结果的操作化指标，逐一地将数据分析的结果整理成合适的统计表格呈现出来，并对每一个统计表格的内容和含义进行解读和分析。】

(一)性格与行为特征(见表2、表3)

表2 不同阶段两类青少年性格与行为特征的统计与检验　　　　%

| 性格与行为特征 | 1998年中学生调查 | | | | 1998年中学生家长调查 | | | |
|---|---|---|---|---|---|---|---|---|
| | 初中 | | 高中 | | 初中 | | 高中 | |
| | 独生 | 非独生 | 独生 | 非独生 | 独生 | 非独生 | 独生 | 非独生 |
| 胆小 | 43.1 | 48.3 | 37.3 | 41.8 | 58.7 | 61.8 | 54.1 | 50.8 |
| 任性 | 38.1 | 26.6** | 41.4 | 36.7 | 32.2 | 28.2 | 37.7 | 32.3 |
| 粗心 | 59.7 | 61.1 | 54.6 | 52.4 | 60.5 | 53.3 | 56.3 | 46.8** |
| 呆板 | 19.4 | 20.4 | 18.4 | 25.6* | 19.1 | 25.9 | 22.0 | 24.6 |
| 娇气 | 20.5 | 20.6 | 14.9 | 13.1 | 23.6 | 24.3 | 25.2 | 17.8* |
| 懒惰 | 45.1 | 33.8* | 57.8 | 42.5*** | 45.4 | 31.0*** | 56.9 | 41.1*** |
| 不合群 | 22.3 | 28.2 | 29.3 | 33.1 | 22.2 | 32.2** | 27.2 | 29.2 |
| 不能干 | 35.4 | 37.3 | 36.5 | 44.6* | 36.5 | 39.0 | 42.6 | 37.8 |
| 无主见 | 17.5 | 24.6* | 19.8 | 27.0* | 18.6 | 24.7 | 20.6 | 23.2 |
| 没礼貌 | 6.4 | 13.2** | 7.1 | 9.9 | 6.5 | 10.8 | 7.7 | 7.4 |

注：* $p<0.05$；** $p<0.01$；*** $p<0.001$。下面各表与此处同。

表3 不同阶段两类儿童性格与行为特征的统计与检验　　　　%

| 性格与行为特征 | 1998年小学生家长调查 | | | | 1988年小学生家长调查 | | | |
|---|---|---|---|---|---|---|---|---|
| | 1～3年级 | | 4～6年级 | | 1～3年级 | | 4～6年级 | |
| | 独生 | 非独生 | 独生 | 非独生 | 独生 | 非独生 | 独生 | 非独生 |
| 胆小 | 69.0 | 69.2 | 65.2 | 51.4** | 65.4 | 57.4 | 58.9 | 56.6 |
| 任性 | 52.0 | 45.2 | 48.7 | 49.0 | 38.0 | 40.8 | 42.2 | 37.2 |
| 呆板 | 16.7 | 18.6 | 17.7 | 11.9 | 10.8 | 14.0 | 9.5 | 13.9 |
| 娇气 | 44.7 | 45.4 | 41.6 | 33.3 | 45.2 | 42.9 | 39.0 | 35.2 |
| 懒惰 | 43.5 | 40.4 | 52.6 | 41.0* | 24.9 | 26.3 | 36.5 | 25.9** |
| 不合群 | 8.5 | 11.7 | 12.3 | 12.8 | 12.9 | 13.1 | 14.8 | 15.1 |
| 不能干 | 49.3 | 42.4 | 50.7 | 40.6* | 28.5 | 20.7* | 35.1 | 22.5*** |
| 无主见 | 20.6 | 22.0 | 17.5 | 24.5* | 38.4 | 36.2 | 36.6 | 39.1 |
| 没礼貌 | 8.8 | 11.8 | 9.7 | 14.6 | 20.5 | 25.5 | 18.6 | 22.1 |
| 不团结友爱 | 2.3 | 6.9** | 2.8 | 1.4 | 7.6 | 12.9* | 10.2 | 8.4 |

【定量研究的结果表达与分析中，一方面要尽可能规范、简明地列出统计表格；另一方面要对统计表格中的内容进行恰当的解读。所谓恰当，包含两方面：一是解读的顺序，要从大的方面、整体方面开始，然后再到小的方面、局部方面；二是不能只是用文字将表格内容重述一遍，而是要对表格中的结果进行归纳，特别是要将表格中各种数字背后的含义揭示出来。在此基础上，还可以对得出这种结果的可能原因进行一定的说明。总的来说，表格结果的分析就是引导读者理解表格的主要内容和关键数字的含义。】

表2和表3的结果表明：(1)从总体上看，两类青少年在性格特征上相似性多于相异性。在总共80组对比结果中，差异显著的（标有*号者）为22组，占27.5%。(2)相对于青少年的自我评价来说，家长们评价结果的差异更小。(60项中有差异的为14项，占23%；而青少年20项中就有8项，占40%。)(3)家长们的评价中，独生子女往往不如非独生子女；而中学生的自我评价中，则相反，是非独生子女不如独生子女。

四项调查中最为一致的结果是："懒惰"是独生子女青少年在性格与行为特征方面明显不及非独生子女的弱点。无论是初中生、高中生，还是高年级小学生，也无论是青少年还是他们的家长，看法都相同。这一结果十分明确地向我们揭示出独生子女青少年在性格与行为特征上存在的主要问题，值得家长、学校和社会注意。

对表2结果的进一步分析表明，在学生的自我评价中，除"懒惰"一项外，仅有"任性"的比例为独生子女高于非独生子女；而在"呆板""不能干""无主见""没礼貌"等方面则都是非独生子女的比例高于独生子女的比例。对应的家长评价中，所有这些方面却都不存在明显的差异，只是在"粗心""娇气"两方面独生子女不如非独生子女，而在"合群"方面优于非独生子女。对这一结果，有两种可能的解释：一是认为青少年的自我评价比较客观，反映了现实。那么就可以得出独生子女青少年在性格与行为特征上除了更"懒惰"外，其他方面略优于非独生子女的结论。二是认为家长的评价比较客观，更符合现实。那么，我们可以说两类青少年在性格与行为特征上差异不大,而此时对青少年评价结果的解释就只能是:独生子女青少年相对比较自信。

仔细比较四个调查中"不能干"一项的结果,我们发现:10年前,小学生家长认为,只有少部分孩子不能干(20%～35%),并且,独生子女不能干的比例高于非独生子女的比例。10年后,各类家长认为孩子不能干的比例普遍提高(40%～50%),特别是小学高年级独生子女家长认为孩子不能干的比例明显高于非独生子女家长。10年后的中学生家长和初中学生认为,独生子女与非独生子女在是否能干方面没有显著差异;而高中学生则认为,独生子女比非独生子女更能干。这是一个很有意义的变化趋势。它向我们揭示出下列两点结论:(1)现在的小学生或许真的没有10年前的小学生能干,特别是小学高年级的独生子女是相对最不能干的。(如果是这样,值得探讨其原因。)当然,也可能是10年后小学生家长评价孩子是否能干的标准普遍提高所致。(2)10年前独生子女与非独生子女在能干方面所表现出的某些差异,随着孩子们的成长正在逐渐消失。这一结论为我们认识独生子女社会化的发展过程提供了一种新的思路。

(二)生活技能(见表4、表5)

表4 不同阶段两类青少年生活技能的统计与检验　　　%

| 生活技能 | 1998年中学生调查 | | | | 1998年中学生家长调查 | | | |
|---|---|---|---|---|---|---|---|---|
| | 初中 | | 高中 | | 初中 | | 高中 | |
| | 独生 | 非独生 | 独生 | 非独生 | 独生 | 非独生 | 独生 | 非独生 |
| 独自理发 | 58.9 | 63.8 | 69.5 | 76.0* | 55.0 | 61.2 | 66.9 | 73.6* |
| 下方便面 | 91.5 | 84.6** | 96.2 | 90.3*** | 85.9 | 85.5 | 89.0 | 82.4** |
| 独自看病 | 14.9 | 19.5 | 26.8 | 32.3 | 12.0 | 21.1** | 22.1 | 25.4 |
| 独自买菜 | 38.5 | 39.6 | 44.1 | 52.7* | 29.5 | 33.6 | 33.4 | 42.7** |
| 骑车上街 | 70.4 | 53.0*** | 82.5 | 80.3 | 62.2 | 53.9 | 74.0 | 73.6 |
| 独自乘车 | 63.0 | 46.3*** | 73.4 | 64.3** | 51.0 | 43.4 | 61.7 | 54.1* |
| 自去书店 | 79.5 | 83.9 | 93.5 | 90.0 | 72.5 | 90.8*** | 88.4 | 85.7 |
| 自去商场 | 77.6 | 72.5 | 84.1 | 78.3* | 62.7 | 62.5 | 72.6 | 69.7 |

第 3 章　从经验描述走向理论解释

表5　不同阶段两类儿童生活技能的统计与检验　　　　　　%

| 生活技能 | 1998年小学生家长调查 | | | | 1988年小学生家长调查 | | | |
|---|---|---|---|---|---|---|---|---|
| | 1~3年级 | | 4~6年级 | | 1~3年级 | | 4~6年级 | |
| | 独生 | 非独生 | 独生 | 非独生 | 独生 | 非独生 | 独生 | 非独生 |
| 独自理发 | 28.4 | 33.3 | 54.5 | 59.4 | — | — | — | — |
| 下方便面 | 43.3 | 66.3*** | 86.1 | 96.4*** | — | — | — | — |
| 独自看病 | 2.5 | 2.4 | 8.3 | 16.3** | — | — | — | — |
| 独自买菜 | 13.8 | 20.0 | 36.6 | 40.0 | — | — | — | — |
| 骑车上街 | 4.5 | 13.4*** | 34.3 | 33.6 | — | — | — | — |
| 独自乘车 | 9.0 | 9.6 | 50.7 | 45.7 | — | — | — | — |
| 自去邮局 | 8.1 | 12.9 | 38.5 | 44.4 | — | — | — | — |
| 自己洗头 | 48.9 | 55.8 | 77.6 | 87.6** | 37.4 | 43.1 | 70.5 | 81.8*** |
| 自己洗澡 | 52.8 | 56.3 | 79.0 | 86.3* | 61.0 | 63.5 | 92.5 | 95.1 |
| 自己穿衣 | 88.3 | 91.6 | 97.5 | 96.6 | 85.2 | 88.7 | 96.9 | 95.7 |
| 自己整床 | 38.3 | 42.4 | 51.2 | 66.0*** | 26.3 | 27.7 | 40.7 | 50.6* |
| 收拾书包 | 92.8 | 96.3 | 98.3 | 98.6 | 93.8 | 96.6 | 97.4 | 98.0 |

注："—"表示没有对应的数据（下同）。

表4的结果表明，高中生与其家长的评价结果基本一致：在"下方便面"和"骑车上街"两方面，独生子女明显更强；而在"独自理发"和"独自买菜"两方面，则是非独生子女更强。"下方便面"的能力可能与独生子女家庭多为"三口之家"、孩子经常面临独自在家的现实有关。独自"骑车上街"的能力则是独生子女家长较早培养孩子骑车且普遍有车可骑的产物。由于"独自买菜"在一定程度上是对"做家务事"的测量，而不完全是对生活技能本身的测量，因而，我们对这一结果的解释应有所保留。至于为什么高中独生子女自己去理发的比例略低于非独生子女，笔者目前尚未找出合理的解释。这有待今后进一步的研究去回答。

与高中的结果不同，初中生与其家长的评价结果之间差异较大。初中家长认为，独生子女在"独自看病"和"自去书店"这两方面明显弱于非独生子女，其他方面二者相当。但初中学生的调查结果却显示，独生子女在"下方便面""骑车上街"和"独自乘车"三方面强于非独生子女，其他方面二者相当。笔者认为，两种不同视角所看到的现象更为全面地反映了现实：独生子女家长对孩子生病特别关注，是独生子女独自去医院比例低的原因；而他们独自去书店的比例低于非独生子女，则与许多独生子女家长常常主动为孩子买书、常常带孩子去书店买书的现实有关。

  将1998年小学生家长调查与1998年中学生家长调查结果相比较，可以发现这样一些变化过程："下方便面"一项，由小学生中独生子女差，到初中生中无差别，再到高中生中独生子女强；"独自看病"一项，由低年级小学生中无差别，到高年级小学生和初中生中独生子女差，最后到高中生中二者又无差别；"骑车上街"一项，由低年级小学生中独生子女强，到高年级小学生、初中生和高中生中无差别；"独自乘车"一项，由小学生、初中生中无差别，到高中生中独生子女强。所有这些变化向我们揭示出这样的规律：低年龄中有差别的方面，随着年龄的增长逐渐变为无差别；到高年龄时仍有差别的方面，则往往是独生子女强于非独生子女。这是本研究一个十分重要的发现。

  表5下面的5项指标向我们展示出这样一种结果：低年级时，两类儿童之间不存在差别，到了高年级时，差别明显，且都是独生子女不如非独生子女。仔细比较表中的数据，我们发现，随着年龄的增长，青少年在生活技能上都得到了较大的发展，而非独生子女的发展尤为明显，提高的幅度也更大，从而造成与独生子女之间的明显差异。为什么低年级时基本上没有差别，而高年级会有差别呢？笔者1992年的一项研究结果指出：把年级分为低、中、高三组时，两类儿童表现在生活自理能力上的差异大多消失了。① 这给了我们某种启示。我们将年级恢复到合并以前的状况（即按1~6年级）进行交互分析时，洗头、洗澡和整理床铺三个指标上，都只有4年级表现出显著的差异，其他年级的差异均不显著。这一结果告诉我们，高年级中的差异主要是由4年级的明显差

---

① 风笑天.独生子女：他们的家庭、教育和未来.北京：社会科学文献出版社，1992：123-127.

异造成的。它说明，小学生在生活自理上具有这样的规律：低年级时普遍不做，故差异不显著；高年级时普遍做，差异也不显著；只是在中年级时有的做有的不做，故差异明显。它的进一步含义则是：10岁左右的独生与非独生儿童，在生活自理能力上会出现很大的差别。这是本研究中另一个值得注意的发现。

（三）社会交往（见表6）

表6  不同阶段两类青少年社会交往的统计与检验　　　　　　　　　　%

| 社会交往 | 1998年中学生调查 | | | | 1996年中学生调查 | | | |
| --- | --- | --- | --- | --- | --- | --- | --- | --- |
| | 初中 | | 高中 | | 初中 | | 高中 | |
| | 独生 | 非独生 | 独生 | 非独生 | 独生 | 非独生 | 独生 | 非独生 |
| 与同学关系好 | 78.9 | 79.7 | 73.8 | 70.7 | — | — | — | — |
| 有孤独感 | 34.4 | 40.2 | 49.7 | 52.0 | 34.0 | 46.2* | 42.2 | 52.5 |
| 很快结识新朋友 | 66.0 | 54.1* | 53.5 | 41.5*** | 65.8 | 56.6 | 64.4 | 40.6*** |
| 交往能力强 | 63.6 | 54.1* | 52.9 | 40.3*** | 32.6 | 22.6 | 48.1 | 33.5** |
| 好朋友数目（均值） | 5.08 | 4.26** | 5.07 | 4.70 | (4.39) | 4.27 | 4.27 | 4.16)# |

注：# 括号内均值为1998年中学生家长调查数据。

表6的结果表明，与20年前人们的担心和偏见相反，独生子女青少年在社会交往方面不是比同龄的非独生子女青少年差，而是比他们更好。无论是1996年调查的结果，还是1998年调查的结果，无论是样本的百分比还是统计检验的结果，独生子女在几乎所有指标的表现上都优于非独生子女。特别是统计检验的结果表明：中学阶段的独生子女在新的环境中很快结识新朋友的比例明显高于非独生子女的比例，与人交往的能力明显比非独生子女强，好朋友数目明显多于非独生子女，孤独感明显低于非独生子女。这一结果对社会中流行的"独生子女'孤僻''不合群''处处个人中心''难以与人交往'"的看法给予了否定的回答。它是本研究中第三个值得注意的发现。

（四）社会规范（见表7）

表7　不同阶段两类青少年社会规范的统计与检验　　%

| 社会规范 | | 1998年中学生调查 | | | | 1996年中学生调查 | | | |
| --- | --- | --- | --- | --- | --- | --- | --- | --- | --- |
| | | 初中 | | 高中 | | 初中 | | 高中 | |
| | | 独生 | 非独生 | 独生 | 非独生 | 独生 | 非独生 | 独生 | 非独生 |
| 表现最好的方面 | 组织纪律 | 17.1 | 15.8 | 22.9 | 27.0 | — | — | — | — |
| | 文明礼貌 | 28.8 | 23.3 | 26.8 | 27.0 | — | — | — | — |
| 最主要的不足 | 组织纪律 | 6.9 | 4.8 | 3.9 | 2.7 | — | — | — | — |
| | 文明礼貌 | 0.4 | 2.0 | 1.1 | 1.7 | — | — | — | — |
| 常发生的现象 | 说谎 | 21.0 | 12.1* | 31.0 | 26.2 | 18.3 | 17.1 | 32.6 | 28.8 |
| | 骂人 | 24.9 | 22.1 | 28.0 | 22.1 | 28.8 | 21.9 | 33.4 | 27.0 |
| | 毁坏公共财物 | 4.1 | 6.0 | 7.5 | 5.0 | 5.7 | 2.9 | 3.9 | 8.1* |

对于中学生来说，遵守组织纪律、讲究文明礼貌是最具代表性的规范要求。我们用"表现最好的方面"和"最主要的不足"一正一反两个问题来测量两类青少年的社会规范表现。每一问题都列举了6～9个不同的方面作为答案。表7的结果表明，整体来看，两类青少年在学习和遵守社会规范方面的表现相差无几。在总共20项对比统计结果中，仅有2项表现出显著差异。特别是在概括性相对较强的前两个指标上，所有结果都不存在显著差异。

（五）生活目标（见表8）

表8　不同阶段两类青少年生活目标的统计与检验　　%

| 生活目标 | 1998年中学生调查 | | | | 1998年中学生家长调查 | | | |
| --- | --- | --- | --- | --- | --- | --- | --- | --- |
| | 初中 | | 高中 | | 初中 | | 高中 | |
| | 独生 | 非独生 | 独生 | 非独生 | 独生 | 非独生 | 独生 | 非独生 |
| 自己的教育期望 | * | | | | 对子女的教育期望 * | | | |
| 大学 | 40.2 | 42.3 | 52.8 | 56.6 | 50.9 | 54.8 | 58.5 | 65.6 |

续表

| 生活目标 | 1998年中学生调查 | | | | 1998年中学生家长调查 | | | |
|---|---|---|---|---|---|---|---|---|
| | 初中 | | 高中 | | 初中 | | 高中 | |
| | 独生 | 非独生 | 独生 | 非独生 | 独生 | 非独生 | 独生 | 非独生 |
| 研究生 | 50.8 | 42.3 | 44.1 | 44.2 | 40.1 | 35.6 | 40.7 | 32.3 |
| 父母对自己的教育期望 | | | * | | | | | |
| 　大学 | 51.8 | 56.1 | 62.1 | 69.0 | — | — | — | — |
| 　研究生 | 39.8 | 30.4 | 35.5 | 28.6 | — | — | — | — |
| 自己的职业期望# | ** | | * | | 对子女的职业期望 | | | |
| 　知识类 | 53.1 | 46.0 | 48.4 | 42.0 | 54.6 | 59.9 | 54.5 | 52.8 |
| 　管理类 | 20.2 | 33.8 | 15.3 | 24.3 | 23.8 | 22.4 | 18.5 | 20.2 |
| 　经济类 | 15.3 | 10.8 | 23.9 | 23.6 | 13.1 | 11.2 | 18.9 | 17.3 |
| 父母对自己的职业期望 | | | *** | | | | | |
| 　知识类 | 53.7 | 53.8 | 51.9 | 55.8 | — | — | — | — |
| 　管理类 | 21.7 | 21.0 | 15.9 | 23.3 | — | — | — | — |
| 　经济类 | 13.6 | 14.7 | 19.6 | 14.4 | — | — | — | — |

注：#调查问卷中将职业分为14类，此处知识类包括文、教、科、卫；管理类包括干部、警察、军人；经济类包括商业、银行、工商等；产业及服务类（此类在本表中省略）包括工、交、个体、服务业及其他。

表8的结果表明，在教育期望上，初中两类青少年之间存在差异。这种差异主要体现在独生子女希望读到研究生程度的比例大于非独生子女的比例，他们认为家长对自己的教育期望也是如此。但对初中家长的调查结果却显示，二者对孩子的教育期望并不存在显著差异。高中生的情况与初中生有所不同：一方面两类青少年在自我期望上不存在显著差异；另一方面，他们认为家长对自己的期望也不存在显著差异。然而，高中独生子女家长希望孩子读到研究生程度的比例却明显比非独生子女家长的比例高。将学生与家长的期望相比，我们发现，学生中高教育期望的比例普遍多于家长中的比例。

在职业期望上，两类青少年之间的差异十分明显。其特征是：独生子女希望将来从事知识类职业的比例明显高于非独生子女的比例，而希望从事管理类职业的比例明显低于非独生子女的比例,其他方面二者相当。笔者对管理类进行了还原分析,发现独生子女在这一项比例低的原因是他们选择"军人、警察"的比例较低。(独生子女为11.5%,非独生子女为20.2%。)看来,"军人、警察"这一类带有危险色彩的职业中,独生子女的比例会相对减少。将初中生与高中生的职业期望相比较,我们发现,一个比较大的差别是高中生选择管理类职业的比例明显下降,而选择经济类职业的比例明显上升。这或许可以解释为高中生比初中生在未来职业的选择上显得更为实际,更加面对现实。

(六)角色认同(见表9)

表9 不同阶段两类青少年角色认同的统计与检验　　　　　　　%

| | 1998年中学生调查 | | | | 1996年中学生调查 | | | |
| --- | --- | --- | --- | --- | --- | --- | --- | --- |
| | 初中 | | 高中 | | 初中 | | 高中 | |
| 角色认同 | 独生 | 非独生 | 独生 | 非独生 | 独生 | 非独生 | 独生 | 非独生 |
| 自我感觉像成人 | 10.7 | 16.9 | 14.6 | 16.1 | 9.3 | 19.8* | 19.1 | 21.7 |
| 希望被看作成人 | 64.9 | 70.5 | 67.4 | 70.7 | 75.4 | 77.4 | 78.5 | 78.8 |
| 喜欢与成人交往 | 45.2 | 43.0 | 51.0 | 43.0* | 49.7 | 50.5 | 45.8 | 36.9 |

表9的结果表明,在所测量的几个指标上,两类青少年的情况基本相同。1996年调查中,虽然初中独生子女自我感觉像成人的比例明显低于非独生子女的比例,但到了高中阶段,二者之间的差异却消失了。这说明,到了青年初期(高中阶段),独生子女的成人意识迅速增强,其发展水平与同龄的非独生子女相差无几。另一个有显著差异的方面是,高中阶段的独生子女喜欢与成人交往的比例明显高于非独生子女的比例。这说明,独生子女由于受到特定的家庭环境(基本上为三口之家)和特殊的生活经历(在家庭中只与成人交往)的影响,在行为上更乐于也更习惯于与成人交往。这一结果也从另一个侧面解释了独生子女青少年社会交往能力强于非独生子女青少年的原因。

### （七）自我认识（见表10）

表 10　不同阶段两类青少年自我认识与家长评价的统计与检验　　%

| 评价方面 | 1998年中学生调查 | | | | 1998年中学生家长调查 | | | |
|---|---|---|---|---|---|---|---|---|
| | 初中 | | 高中 | | 初中 | | 高中 | |
| | 独生 | 非独生 | 独生 | 非独生 | 独生 | 非独生 | 独生 | 非独生 |
| 对学习成绩满意 | 31.9 | 32.5 | 22.7 | 20.7 | 50.5 | 52.3 | 41.2 | 43.0 |
| 对性格习惯满意 | 77.6 | 69.0 | 73.5 | 68.7 | 66.3 | 64.3 | 68.4 | 71.4 |
| 对身体健康满意 | 75.9 | 73.0 | 74.1 | 70.1 | 80.6 | 79.4 | 79.7 | 77.7 |
| 对行为规范满意 | — | — | — | — | 90.1 | 92.7 | 91.8 | 93.5 |
| 独立性强 | 67.0 | 71.1 | 65.4 | 63.0 | 59.4 | 68.2 | 60.0 | 64.7 |
| 上进心强 | 70.9 | 72.5 | 68.8 | 71.3 | 72.7 | 77.5 | 69.1 | 69.4 |
| 责任心强 | 75.9 | 74.5 | 75.8 | 84.0** | 70.1 | 69.6 | 70.1 | 80.2* |
| 自尊心强 | 92.1 | 87.2 | 90.7 | 93.3 | 89.4 | 93.4 | 89.0 | 93.9 |
| 动手能力强 | 47.2 | 61.7*** | 47.5 | 49.7 | 46.2 | 54.4 | 37.2 | 49.4** |
| 在老师眼里印象好 | 58.9 | 56.2 | 41.1 | 43.8 | — | — | — | — |
| 在父母眼里印象好 | 77.7 | 73.2 | 74.3 | 77.6 | — | — | — | — |
| 在同学眼里印象好 | 69.6 | 67.1 | 66.2 | 64.4 | — | — | — | — |

表10的结果再次表明，总体上，两类青少年的自我认识以及两类家长的评价仍然是相同远多于相异。总共42组比较中，差异显著的仅4组。表中的指标可分为三大部分12个方面。前四个方面是学校和家长最通常的评价指标。结果表明，不同阶段的两类青少年及其家长的评价完全一致。但仔细比较青少年与其家长评价的百分比，我们发现，家长对子女学习成绩满意的比例明显高于学生自己满意的比例。二者之间相差达到20%左右。这是一个重要的差别。它说明，学生对学习成绩的自我要求普遍高于家长对他们的要求。这也从一个侧面反映出当今的中学生所承受的巨大的学习压力——自己给自己的压力。中间五个方面涉及青少年发展相对专门的领域。它主要反映出独生子女青少年在责任心和动手能力上所存在的不足。这一结果与现有一些研究的结论相一致。最后三个方面可以说是青少年的"镜中之我"，它表明，不同年龄段的两类学生对自己在父母、老师、同伴等"重要他人"眼中形象的认识也十分一致。

## 五、小结与讨论

### （一）研究的基本结论

【研究结论的写法主要注意两方面：一方面是要非常简明扼要，即用最少的文字将前面结果与分析部分的内容概括出来；另一方面是先写大的、整体的结论，再写小的、部分的结论。】

从总体上看，独生子女青少年的社会化状况与同龄非独生子女基本一致，二者之间的相同之处远远多于不同之处。在同龄非独生子女这一参照系下，在本研究所涉及的经验指标范围内，可以认为：中国第一代独生子女青少年的社会化发展是正常的，他们身上并不存在与普通儿童大不相同的人格缺陷，他们并非一代"问题儿童"。

从社会化发展的具体方面看，两类青少年之间存在下列主要差别：（1）在性格与行为特征上，"懒惰"是独生子女青少年的明显不足。此外，"动手能力差""责任心差"，也是他们弱于非独生子女的方面，值得引起广大家长和社会的关注。（2）在生活自理能力上，10岁左右是两类儿童差别最大的时期。低年龄时两类儿童在这方面所存在的差别，随着年龄的增长逐渐消失；到高年龄时仍有差别的方面，则往往是独生子女强于非独生子女。（3）在社会交往方面，独生子女青少年的能力更强，发展得比同龄非独生子女更好。（4）在未来职业期望上，独生子女希望从事知识类职业的比例明显高于非独生子女的比例，而希望从事有一定危险性的职业的比例则明显低于非独生子女的比例。

本研究所得出的两类青少年在社会化发展上不存在显著差异的结论，对于人们从总体上正确认识中国第一代独生子女的成长状况具有十分重要的意义。它向我们揭示出这样一种现实：被目前一些研究描绘的众多"属于独生子女的"特征、现象和问题，实际上是20世纪80年代改革开放以来与中国社会巨大变革一起成长的新一代城市青少年的整体特征、普遍现象和共同问题。因此，在一定意义上，"目前的中国独生子女研究，实质上已经是对现代背景条件下的青少年的一般研究"①。同时，这一结论还启示我们：在看待和认识一代独生子女的成长与发展时，不能忽略和轻视与他们"共同成长的"中国社会。应该看到，在中国第一代独生子女青少年与正在向现代化转变的中国社会之间，存在着一种密不可分的联系。正是自20世纪80年代以来急剧变迁的中国社会产生、包含、影响和造就了这一代新的中国公民。至于20年来我国社会的变革是如何影响到这一代独生子女的社会化过程，这一代独生子女又是如何被客观的社会现实造就成今天这样的"21世纪的中国公民"，为什么"独生"的生活经历并没有为一代独生子女带来许多"与众不同"的后果，以及哪些因素是造成两类青少年社会化结果中仍然存在一定差异的主要原因等问题，笔者将另文进行探讨并做出回答。

【这一段主要说明研究结论或发现所具有的意义。但上面这段文字的最后一句话，即"至于20年来我国……笔者将另文进行探讨并做出回答"其实并不太合适。因为我在下文就已经对这些问题进行了一定的讨论。所以，也可以去掉这句话。】

（二）对若干发现的讨论

【这一部分是对研究发现的思考，我在讨论中尝试提出了对研究发现的几种理论解释，这种解释既要能合理说明研究所得出的结果，同时又要能在道理上、逻辑上说服读者。可以说这种解释性理论的提出，是对研究结果的进一步提升。当然，我们应该意识到的是，这种理论只是我们根据自己的研究结果提出的一种"可能的"理论、一种"尚未被经验证据证明的"理论。】

（1）"消磨－趋同"与"变异关键年龄"。本研究的一个重要发现是得出了一些反映独生子女社会化过程特征的结论，这是现有文献中最为缺乏的内容。这种特征之一是，独生子女社会化的发展及其与非独生子

---

① 穆梓. 不同背景条件下的独生子女社会化. 当代青年研究，1995（4）.

女之间的差异，随着他们年龄的不同而发生变化。研究表明，初中时期两类青少年在能干、生活自理能力、教育期望、角色认同等方面所表现出的一些明显差异，都随着他们的成长而逐渐消失。对这一结果，笔者尝试提出一种"消磨-趋同"的理论来进行解释。所谓"消磨-趋同"，指的是两类儿童在幼年时期所存在的一些明显差异，会随着他们后期接触的社会化环境的变化和他们年龄的增长而逐渐变小和消失。在基本社会化的末期，二者的发展状况趋于一致。社会化环境的变化所带来的影响可以称作"环境消磨"，而年龄的增长所带来的影响则可以称作"时间消磨"。

在儿童成长的不同阶段（比如学龄前期、学龄期、青年初期等），各种不同的社会化环境（家庭、学校、同辈群体、大众传媒等）对儿童成长的影响不同。儿童年龄越小，所面临的社会化环境越单一，父母、家庭的影响和作用越大。随着儿童年龄的增长，特别是当儿童进入中小学，他们和社会接触的范围扩大了，社会化环境增加了，加上青春期心理的变化（独立性要求、逆反心理等），他们开始和父母及成人疏远甚至对立，开始向同辈群体靠拢。此时，学校、同辈群体、大众传媒的影响变得越来越大，而父母和家庭的影响相对变小。并且，家庭对儿童来说是一种互不相同的环境，而学校、大众传媒等对所有儿童来说则是一种相同的环境。不同的家庭和父母对儿童社会化影响的"不一致性"与相同的学校、同辈群体、大众传媒对儿童社会化影响的"一致性"形成鲜明的对照。独生子女在这两种环境中受到的影响不同，他们自己的感受也明显不同。在家庭环境中，其作为"独生子女"的感受很强，而在学校、同辈群体、大众传媒等环境中，其作为独生子女的意识则明显下降。因此，如果说家庭环境的不同是造成两类儿童存在差异的主要原因，那么，这种后期生活环境中越来越多的一致性、共同性，则是逐渐消磨这种差异的重要机制。当然，在某些特殊的方面，比如安全、教育期望、吃苦性等，独生子女家庭和父母所给予的影响特别强，因而依然会导致独生子女在这些方面与同龄非独生子女有明显的不同。

特征之二是，独生子女青少年的社会化发展过程不是直线的，而是阶梯式的。本研究所得出的小学4年级时两类儿童在生活技能上具有显

第 3 章　从经验描述走向理论解释

著差异的结果就是一个例证。或许 10 岁左右正是一个人从儿童到少年的转折点，是儿童在生活技能学习和培养上最不稳定、变化最大的时期，而此时的两类家长在培养和教育孩子上的心态、方法以及评价孩子的标准等方面，差别也最大。因此，处于"独生"与"非独生"两种不同家庭环境的儿童在这方面会产生十分显著的差异。对于这一结果，我们用独生子女青少年社会化过程中的"变异关键年龄"理论来进行解释和概括。这一理论解释的含义是：在某些特定的年龄，独生子女社会化的某些方面会发生较大的变化，表现出明显的阶段性和突变性特点，他们与同龄非独生子女之间的差别也特别突出。

（2）"社会交往补偿"。本研究的另一个重要发现是：没有兄弟姐妹这种特定的人生经历，并没有对独生子女青少年的社会交往状况带来不利的影响。与同龄的非独生子女相比，独生子女青少年的社会交往能力更强、好朋友更多、合群性更好、孤独感更少。在研究所测量的各种指标上，凡是有显著差异的，都是独生子女强于非独生子女。这一结论与常识以及现有一些研究的结果明显不同。人们一般认为，独生子女由于缺少兄弟姐妹，因而与同辈群体进行交往的条件较差、机会较少，不利于其社会化的正常进行，容易形成性格孤僻、社交能力差等人格缺陷。上海市的一项研究结果也表明：独生子女青少年在社会交往方面存在较大问题。研究者根据独生子女的生活环境特征，对形成这一问题的原因做了如下的理论解释："因为'独生'而失去兄弟姐妹关系的基本模式，就使他们在生活中有可能不善于处理相应的各种人际关系。"[①]

【对于自己的研究结果与常识及前人研究结果之间的不同，需要专门进行解释和说明。】

那么，我们该怎样从理论上来解释本研究所得出的这种与常识和现有结论都不相同的结果？这两种完全相反的结果中，哪一种更接近社会现实？笔者认为，常识中对独生子女交往能力弱、合群性差的认识主要

---

① 苏颂兴. 上海独生子女的社会适应问题. 上海社会科学院学术季刊，1997（2）.

来自对幼儿和低龄儿童行为的观察与分析。在幼儿时期，独生子女在父母等成人的过度"保护"下，交往能力可能的确赶不上那些有兄弟姐妹为其提供大量"交往实践机会"的非独生子女。然而，到了青少年时期情形就大不一样了。青少年时期的重要心理特征之一是对成人世界的"逆反"和"反叛"。青少年开始将信任和依赖的对象从成人（父母和教师）转向自身和同辈群体。他们交往的对象也越来越多地指向同龄伙伴。这种同辈群体中的交往对青少年社会化的发展具有十分重要的影响。[1] 由于缺少与兄弟姐妹交往的家庭环境，独生子女"被迫"更多地与同学、与同龄伙伴往来；相反，非独生子女也有相当多的时间是与其兄弟姐妹一起在家庭环境中度过的，这种手足之间的交往在一定程度上限制了他们在家庭外与同学、朋友的交往。同时值得注意的是，青少年在家庭范围内与兄弟姐妹的交往，同他们在学校、社区、社会中与同学、同龄伙伴、社会成员的交往之间，有一个重要的差别——不同社会群体的差别。这种差别使得青少年在家庭这一具有首属关系的"我群体"中所学到的交往规则和行为规范，不同于家庭之外众多具有次属关系的"他群体"中所实际适用的交往规则和行为规范。独生子女在家庭环境中交往对象的缺乏，尤其是同辈对象的缺乏所带来的不足，在其更经常地同家庭外的对象交往的过程中得到了更大的补偿，因而他们的社会交往能力和表现相对强于同龄非独生子女。因此，我们可以用"社会交往补偿"的理论来对这一研究发现进行解释和概括。这一理论解释的含义是：客观条件的不足和欠缺使得独生子女青少年在社会交往方面反而学到了更多、得到了更大的锻炼，能力也更强。

【对于自己的研究结论与前人研究结论之间的差别，不能回避，要正面进行分析和回应，说明哪一种可能更接近现实。这才是一种科学的态度和规范的做法。】

---

[1] 风笑天，等. 论独生子女社会化的特定环境. 社会科学辑刊，1993（5）.

## 第3章 从经验描述走向理论解释

至于上海研究所得出的不同结果，笔者认为可以从两方面进行分析。首先，该研究是依据其"得出的百分比差异经卡方检验达到 0.05 的显著度"而得出结论的。根据统计学理论，当样本规模相当大时，这种差异的显著性检验就会失去意义。此时更重要的是看差异大小，或看相关程度的强弱。[①] 该研究的样本规模达到 916 人，而所得出的百分比差异只有 3% 左右，可见两类青少年在这一指标上的实际差别并不大。其次，该研究未能将两类青少年总体的年龄、身份状况（如中学生、大学生、企业员工）等重要变量进行控制，加上测量指标比较单一，因而不能排除其他因素（比如低年龄和学生中独生子女比例大，而高年龄和职工中非独生子女比例大等）干扰统计结果的可能。相比之下，本研究结果所用的测量指标较多，指标对调查对象的针对性较强，且样本的同质性较高，调查范围也相对广泛，因而所得结果更为可信。

（三）几点说明

【任何一篇经验研究的论文，都应该在论文的最后部分实事求是地陈述自己的研究局限和不足。读者朋友在往下阅读之前，也可以停下来，先思考一下：你觉得我的这项研究或者我的这篇论文，还存在哪些局限和不足？可以先把你自己的看法记下来，再看看我下面的陈述。】

本研究也还存在一些缺陷和遗憾之处。比如在调查内容上，对道德规范、自私特性等一些重要方面还涉及不够；对作为参照对象的非独生子女，也没有进一步细分为老大、中间和老么等不同类别来与独生子女进行比较；在资料来源上还缺乏深入的个案与典型材料；等等。这些都是将来进一步研究时应有所考虑和改进的。同时，笔者还想提醒读者注意以下几个与方法有关的问题：第一，对青少年社会化现状的测量，是本研究的基础。由于定量研究的操作化要求，我们只能将原本十分复杂、内涵十分丰富的概念转化为若干具体的、相对简单的测量指标。这种指标的选择以及指标数目的确定，既受到研究者学识水平的影响，也

---

① 布莱洛克．社会统计学．北京：中国社会科学出版社，1988：296-297．

受到一项具体研究所拥有的人力、物力和时间等客观条件的制约。因此，本研究的操作化只是众多可能的途径中的一种。读者在解读本研究的结果时，应留意这些结论所依据的经验基础。第二，关于调查对象的选择，或许更为客观也更为全面的方法是增加教师作为第三类评价者。因为教师对于学生与家长对于自己的孩子，其评价的角度和方式是有很大不同的。第三，自填问卷所收集的资料具有一个鲜明的特征：它们都是调查对象的自我报告，而非研究者的实地观察。尽管本研究考虑了学生与家长的不同角度，也考虑了时间变量，但这些都没有改变资料本身的性质。如果今后有采用心理学实验方法和人类学实地观察方法所得资料的进一步佐证，本研究所描绘的情形将具有更大的真实性和可靠性。

【一方面如实地指出本研究的不足，另一方面又从更高的标准衡量研究的科学性，让读者看到，由于研究的资源、条件、方法特点等因素的限制，研究还存在哪些可能的局限性。这样做不是讲客气，而是科学研究的本来要求。】

## 第四节 研究评价与启示

### 一、研究评价

应该说这是我自己做得相对较好的一项研究，也是一篇写得相对较好的经验研究论文。[①] 从研究的角度说，我觉得主要有这么几个优点：首先，研究的选题既结合了我国社会当时重要的现实（大批独生子女的出现和成长），又连接了社会学学科的相关理论概念（人的社会化）。用常见的

---

① 可以从三个方面说明是相对比较好的：一是这篇论文发表在《中国社会科学》2000 年第 6 期上；二是这篇论文后来又被《中国社会科学》英文版，即 Chinese Social Science 2002 年第 2 期全文刊发；三是该文后来被收录到应星等学者主编的《中国社会学文献》（中国社会科学出版社，2010 年）中。

话说，这项研究的选题既具有很好的现实意义，又具有较好的理论价值。其次，研究较好地弥补了现有研究所存在的各种不足，为人们正确地认识这一现象的客观现实提供了相对可靠的经验证据。最后，也是这项研究最大的优点，是针对研究得到的经验发现进行了理论的探讨，首次从经验发现中提出了有关独生子女社会化现象的几个新的理论（即消磨-趋同理论、变异关键年龄理论、社会交往补偿理论），为人们认识和理解这一类现象提供了新的视角。

而正如我在论文中所坦陈的，这项研究也还存在着一些不足。不足之处主要有三个方面：一是在调查内容上，对道德规范、自私特性等一些重要方面还涉及不够。二是在比较分析的对象上，没有对非独生子女进一步按出生顺序进行细分（即没有进一步细分为老大、中间、老幺等）。因为有发展心理学的研究指出，出生顺序对儿童的心理和行为发展具有一定的影响。三是在调查对象上，只注意到家长与学生，而没有进一步增加教师作为第三类评价者。因为相较于家长，教师的评价或许会更加客观，没有偏见。

**二、研究启示**

关于这项研究，我觉得有以下几个方面的启示可以和读者朋友分享。

1. 研究是一个逐渐深入的过程

从本项研究的背景介绍中读者可以了解到，我不是从一开始就选择和确定做这个题目的。这个题目的选择和研究的完成，实际上经历了一个从最初的想法到前期的相关研究，最后才落实到这项具体研究的过程。这种逐渐深入的过程是特别值得读者注意和借鉴的。这项研究的确定和完成，是在最初的想法和前期的相关研究的基础上才得以实现的。没有最初的想法，就不会去进一步思考和关注这方面的问题；前期的相关研究也是重要的。

2. 现有文献的回顾与自己研究的设计

研究设计的目标除了要围绕着研究的问题以外，还要注意针对现有研究的不足或局限。同一个研究目标，不同的研究者可能会设计出不同的研究方案，最终得到不同的研究结果。十分显然的是，虽然是同一个研究目标，但后续的研究应该在前人研究的基础上有所进步，有所拓展，有新的发现。而要做到这一点，一个关键环节就是要对现有文献进行认真、全面的文献回顾（literature review），特别是要仔细找出现有文献中所存在的不足和局限，然后再针对这些不足和局限进行自己的研究设计，努力用自己的研究去弥补这些不足和局限。这样自己的研究才会具有较高的价值。

在本研究中，我回顾了国内外相关的研究，发现现有研究有四个方面的不足：一是研究对象不全面。现有研究主要集中在3~6岁的幼儿和7~12岁的儿童身上，较少以13~19岁尤其是16~19岁的青少年为对象。这对于回答本研究的中心问题是一种关键性的缺陷，即无法看到青少年社会化的结果。二是研究内容不全面。现有研究所探讨的多为社会化的某一个方面，很少有涉及青少年社会化发展各个方面的经验调查结果。三是资料收集方法单一。现有研究采用的基本上都是他人（老师或家长）评价，缺少青少年的自我评价。四是研究都是横截面的，缺乏多个时间点上的纵贯资料的比较，无法看到青少年社会化的发展过程特征。而正是由于这些缺陷，我们对这一代独生子女社会化发展的基本过程和结果还是知之不多。

我的研究设计，就可以针对这四个方面的不足来进行：首先，选取中学生为对象，弥补第一个方面的不足；其次，全面测量青少年社会化的各个方面，弥补第二个方面的不足；再次，既对家长进行调查，同时又对学生进行调查，弥补第三个方面的不足；最后，利用我1988年的调查、1996年的调查，加上1998年开展的调查，构成纵贯的资料，来弥补第四个方面的不足。这样，我的研究在结果还没有出来之前就已经在设计上优于现有的研究了。

事实上，在任何一个研究领域，对于任何一个具体的研究问题，都不会只有一个研究者进行研究，都不会只有一项研究结果。对于后续的研究者来说，关键就是要找出前人研究所存在的局限或不足。这也就等于为自己找出就这一问题进行一项新的研究的理由。

## 第 3 章　从经验描述走向理论解释

### 3. 理想的设计与可行的设计的平衡

当时我的目标是从全国城市中抽取有代表性的调查样本。从理论上说，要抽取有代表性的城市样本，最好是采用随机抽样的方法。比如，先将全国 600 多个城市顺序编号，然后采用系统随机抽样或者分层随机抽样的方式，从中抽取 15 个城市。那样得到的城市样本显然具有相对较高的代表性。但是，我们还应该意识到，抽取这些调查城市并不是我们的最终目的，我们还要在抽取的城市中进行实地抽样、实地调查等一系列工作。而我自己不可能跑到全国各地去开展调查（不仅经费上无法满足，时间上也不满足）。这种客观现实的困难，要求我尽可能寻找当地的社会学研究者来帮助我完成实地抽样和实地调查等工作。正因为这一可行性条件的限制，我没有按照上述理论抽样的方式抽选调查城市样本，而是在尽可能兼顾全国城市的地域分布和规模类型的前提下，以主观判断的方式选取有社会学研究机构的城市作为调查点。不可否认的是，我最终选择的 15 个城市在代表性上一定是低于按各种随机抽样方式抽选的城市的。但是，我在随机性上的这些退让和妥协换来的是研究的可行性。在理想的研究设计和可行的研究设计之间，永远都存在着矛盾和冲突。作为研究者，我们的任务是尽可能在二者之间保持平衡，既要使研究尽可能达到科学性的理想要求，同时又要使研究能够切实顺利地进行。

### 4. 努力从研究的发现中挖掘出更多的东西

我之所以说这篇论文是我写得相对好一些的论文，一个重要的原因是，我对研究的发现进行了相对深入的思考，从经验概括中提出了某种更具一般性的理论。这些理论不仅很好地回答和解释了本研究结果中"为什么两类青少年社会化结果没有显著差异""为什么独生子女的社会交往能力反而比非独生子女更强"等问题，同时也为后续研究者进行相关的理论验证性研究提供了基础的条件。可以说，正是这些理论的提出，显著地提升了我这项经验研究的价值和意义。

我们知道，经验研究通常有两种路径：一种是从理论命题出发，推演出待检验的假设，然后收集特定的经验资料进行分析，通过验证假设来支持或否定原有的理论。这一研究过程中运用的主要是演绎推理。另一种则是从具体的、特殊的、经验的观察入手，通过对观察到的经验事实进行概括，然后抽象出或上升到理论，用以解释所观察到的经验事实。这一研究过程中运用的主要是归纳推理。比较常见的情况是，定性研究适用于也多见于从特殊的和个别的现象中概括出、抽象出一般性的概念或理论；而定量研究则较多地运用于验证理论。但实际上，还有一种情况是，以描述为主要目的或主要特征的定量研究，也会得出一般性的概括。此时，我们也应该在此基础上，从中抽象出或将结果上升到某种概念或理论。因为，定量描述得出的概括在本质上也与定性研究得出的结果相似，都有一个获得其背后原理解释的需求，即都要去回答"为什么会如此"的问题。尽管这种回答只是尝试性的、暂时的、有待证明的，但只有提出了这种概念或理论，才能使研究的意义更进一步，即可以为后续研究提供有待检验的原始理论命题和研究的起点。

事实上，后续不断有其他学者的研究从不同角度对我在本研究中提出的"消磨-趋同""社会交往补偿"等理论进行验证，并得出了支持性结果。[①] 一项研究所提出的理论得到越多不同领域、不同对象、不同性质的研究结果的支持，这种理论的正确性就越强，意义也就越大。所以，这项研究的一个重要启示，就是在我们从对经验现象的描述和概括中得出研究发现后，还要努力去思考"为什么会如此"的问题。特别是对于那些仅凭常识、经验无法回答的研究发现，更要努力去思考，去分析，去追究，努力找出可以进行解释的因果线索。

5. 提醒读者注意研究的局限并不会降低研究的价值

需要注意的是，任何一项经验研究，都不可避免地存在一定的局限。这既是由社会现象的复杂性、特殊性、关联性决定的，同时也是由研究者所处的环境、所拥有的资源、所能掌控的外部因素的有限性决定的。无论研究者自己是否意识得到，也无论研究者是否将这些局限告诉读者，这些

---

① 何浩然，等．独生子女的经济行为有别于非独生子女吗？：来自实验室和田野实验的证据．北京师范大学学报（社会科学版），2017（1）；张青根，等．独生子女与非独生子女大学生批判性思维能力的差异性分析．复旦教育论坛，2018（4）；张月云，等．独生与非独生青少年社交能力比较研究．青年研究，2017（3）．

局限始终都是客观地存在于研究中的。所以，在论文的最后，我们需要对自己研究的局限或不足进行说明，以提醒读者注意。

比如，对青少年社会化现状的测量，是本研究最为困难的一个方面。我在论文的结尾就提醒读者，由于受到研究者学识水平的影响，也受到一项具体研究所拥有的人力、物力和时间等客观条件的制约，本研究的操作化只是众多可能的途径中的一种。读者在解读本研究的结果时，应留意这些结论所依据的经验基础。又比如，对研究所依赖的调查研究方式本身的局限的说明，指出研究的资料都是来自调查对象的自我报告，而非研究者的实地观察。这实际上是这项研究最为重要的一个提醒。因为自我报告的真实性无法考证，而相对来说更为可靠的资料收集方式则是对青少年日常行为表现的现场观察。所以，我毫无保留地告诉读者，如果今后有采用心理学实验方法和人类学实地观察方法所得资料的进一步佐证，本研究所描绘的情形才具有更大的真实性和可靠性。这种尽可能从研究的方方面面、从研究所涉及的各个环节找出可能存在的漏洞，可能出现的偏误，并指出最为理想的情境的做法，不仅不会降低研究发现的价值，反而会让读者更加信任、更加准确地利用研究者的研究发现。

# 第4章

# 用系统证据反驳社会的偏见

案例：青年独生子女的社会适应

## 第一节　问题哪里来？

### 一、选题背景

通过阅读本书第1章和第3章，读者可以了解到，我从1987年开始就进入了独生子女问题的研究领域，并在1990年完成了有关独生子女研究的博士论文。在博士论文中，我专门讨论了独生子女是不是"小皇帝"的问题，得出了"独生子女并非都是小皇帝"的结论（见第1章）。博士毕业后，我又于1995年至1998年期间，对独生子女青少年的社会化问题进行了研究。通过分析独生子女青少年社会化现状，并将其与同龄非独生子女青少年进行对比，得出了"独生子女青少年的社会化发展是正常的，他们与同龄非独生子女之间在社会化各个方面的相同点远多于相异点"等一系列结论（见第3章）。这两项研究的结果帮助我逐渐形成了有关独生子女发展状况的基本认识，特别是认识到他们的发展状况与同龄非独生子

## 第4章 用系统证据反驳社会的偏见

女相比，总体上基本相同。这种对独生子女成长状况的基本认识，可以说是本项研究在选择研究问题方面的一个基本背景。

【现在请读者朋友也牢牢记住这一点，即像我当时一样具有这样的认识，这样就能更好地理解下面我的研究问题的来源。】

2000年，新千年到来。当人们都在欢呼世界进入了新的21世纪之时，中国第一代独生子女也已经在不知不觉中长大成人，成为新世纪中国社会的年轻公民。那个时候，我已经跟随着一代独生子女的成长步伐，从20世纪80年代后期他们读小学时开始，到90年代中期他们读中学，一路做了上来。到2000年时，我也曾想到，这一批出生于20世纪70年代末的独生子女们，此时已经20岁出头了，他们开始步入了人生的成年期。我应该继续研究此时的他们，即应该研究这些刚刚成年的第一代独生子女。因为我知道，随着独生子女走向成年，他们此时应该会面临许多新的问题：考大学，读大学；找工作，成为劳动者；离开父母，独立生活；找对象，结婚成家；生儿育女，为人父母……然而，无论是我自己，还是当时的学术界以及社会舆论，对他们成年后在这些方面的状况却都没有什么了解。我也没有十分明确的研究问题。

如是，我分别在2000年和2002年，在自己所在的湖北省的四个城市中，对18~26岁的在职青年进行过两次探索性的中小规模调查（每个城市约150人，总的样本规模600人左右）。初步了解到现实生活中这批刚刚成年的独生子女们在就业、婚恋等方面的一些基本状况以及与同龄非独生子女之间的差别。调查结果同样是二者在许多方面差别不大。但是，由于当时调查的城市在职青年中，独生子女的比例还比较低（大约只占三分之一），所以，样本中独生子女的规模偏小，不能很好地反映第一代独生子女的整体状况。最终，我主要是用调查资料发表了有关城市在职青年职业适应的研究论文[1]，以及青年独生子女与青年非独生子女两类对象在生

---

[1] 风笑天，王小璐．城市青年的职业适应：独生子女与非独生子女的比较研究．江苏社会科学，2003（4）．

育意愿方面有无差别的论文①。而没有专门就第一代独生子女的社会适应问题进行探讨。尽管如此，在调查数据的分析中，还是留下了一些两类青年之间在各方面表现差别不大的基本印象。这可以说是与选择研究问题相关的第二个背景。

而在2002年后的几年时间里，国内的大众媒介接二连三地刊登了一些对第一代成年独生子女不适应社会生活的现象的相关报道。它表明国内的媒体人也敏锐地注意到，曾经的"一代小皇帝"们，已经在不知不觉中长大了。当大众媒介把焦点再一次集中到中国第一代独生子女身上时，他们不仅注意到这一代特殊人口开始成年的现实，同时也更加关注这一代特殊人口成年后的种种行为表现。特别是他们注意到这一代长大的独生子女在适应现实社会生活中所出现的种种问题。大众媒介也开始评价成年的独生子女作为社会成员的种种表现。他们不断地把各方面专家对这些现象的看法以及对第一代独生子女的评价刊播在各种大众媒介上。

随着这种关注、报道、评价的不断出现，大众媒介、专家以及社会舆论逐渐形成了对第一代独生子女社会适应状况的基本认识。这种认识就是，第一代成年独生子女们表现出职业不适应、人际关系不适应、独立生活不适应、婚姻不适应、心理不成熟……总之，在青年进入社会后需要面对的各个领域中，独生子女的表现都是普遍的不适应。比如，下面是我在2005年初写作这项研究的论文时列举的当时一些大众媒介的报道和评价：

"'新失业群体'基本属于最初的几代独生子女，他们是作为'小皇帝'被养大的，适应生活环境的能力较弱。""现在的年轻人大都是独生子女，缺乏吃苦精神，踏入社会遭受挫折后，不能及时地进行自我调整，这是'NEET族'②出现的一个重要原因。"

"正在走向市场的独生一代，在找工作的时候，依旧离不开父母的呵护和帮助，不能不说是一种悲哀。有社会学家指出，中国的第一批独生子女现正大规模地步入社会，他们的就业开始引来新一轮的社会问题，这就

---

① 风笑天. 城市青年的生育意愿：现状与比较分析. 江苏社会科学，2004（4）.
② NEET 即 "Not in education, employment or training" 的缩写，意为从学校毕业后，既没有继续上学或工作，也没有接受任何职业培训的人。

## 第4章 用系统证据反驳社会的偏见

是'独生子女就业综合征'。"

"存在频繁跳槽情况的年轻人绝大多数是独生子女，人际关系成为他们跳槽的最重要原因。"独生子女在"成长过程中，由于备受宠爱，甚至溺爱，心理较脆弱，很难承受职场挫折与失败带来的压力。长期以自我为中心，使他们难以客观地认清自己在社会中的地位和作用，在与他人的交往中，往往表现得过于敏感或处理不当"。

"这一代人普遍是独生子女，衣食无忧，进入社会后，他们脸庞看似成熟，内心和行为能力却仍未'断乳'，依然离不开父母的呵护。"

"独生子女生活自理能力相对较弱，更希望得到别人的照顾，家务事目前已经成为独生子女婚姻中的重要矛盾。"

"与非独生子女相比，独生子女一般在家里都比较娇惯、任性，自制能力差，缺少关心、体谅、尊重他人的习惯，往往事事以我为中心。这些昔日的'小皇帝''小公主'长大成婚后，这种性格和习惯自然要带到婚姻关系中去，所以独生子女婚姻中的夫妻相融性差，容易发生摩擦。"

有专家甚至担心："这玩大的一代怎么应付婚育这样的大事？"[①]

毫无疑问，当时的这些认识为我们描绘出的第一代独生子女社会适应的画面是令人担忧的。如果整整一代独生子女成年后都不能很好地适应社会生活，那么无论是对独生子女个人、家庭，还是对整个中国社会，都将是一种严重的后果。这种后果也可能成为我国人口控制政策所导致的最大负面影响之一。

【读者还记得前面我让你记住的那一点认识吗？】

由于大众媒介的报道、专家的种种评价与我十几年来持续研究独生子女问题所形成的认识反差很大，因此，我当时对大众媒介和社会舆论的这些认识感到十分不解，思想上有很大的疑惑。这种疑惑可以说是导致我决定研究这一问题的第三个也是最重要的背景和最直接的原因。

---

① 分别参见：《人民日报》（海外版），2004-05-14；《人民日报》（华东版），2004-07-29；《南方周末》，2005-01-06；新华网，2004-04-07；《羊城晚报》，2004-12-06；《人才市场报》，2004-02-10；《每日新报》，2004-12-21；《都市快报》，2004-12-01；等等。

## 二、研究问题

我当时头脑中形成的主要问题是：中国第一代独生子女的社会适应状况究竟如何？社会现实中，第一代独生子女的行为表现真的是大众媒介报道中所说的那样吗？中国第一代独生子女真的都不适应社会生活吗？他们真的是一代长大的"小皇帝"吗？

# 第二节 研究如何做？

## 一、研究设计

虽然这项研究的研究问题十分明确，也相对简单，但要系统地、科学地回答这一问题，同样需要有明确的研究思路和合适的研究设计。我当时是这样思考的：

首先，为了系统探讨和回答这一问题，我必须尽可能去了解和反映第一代成年独生子女总体的状况。而要做到这一点，最好的方式就是开展全国范围的大规模调查，并且样本量至少要在 1 000 以上，以保证调查的样本中有足够的成年独生子女。而不能像 2000 年和 2002 年我自己在湖北做的两次小规模调查那样，由于成年独生子女的数量过少而导致结果的代表性不足。

其次，为了能够说明独生子女的行为特点是不是正常的，还需要有与之进行比较的参照对象。即最好能够将第一代成年独生子女的状况与同龄非独生子女的状况进行比较，以区分大众媒介所报道的现象究竟是成年独生子女这一类人的行为和现象，还是包括成年独生子女在内的这一代人的行为和现象。所以，调查对象中要有与成年独生子女同龄且具有相同社会背景的成年非独生子女。抽样设计时要采取特定的方法来达到这一目标。

最后，为了适应定量的统计分析的需要，要对"社会适应"以及"第一代独生子女"的概念进行操作化处理，特别是要将"社会适应"这一抽象的概念转化为在现实生活中可以观测到的具体行为和表现，并将其具体化为调查问卷中的问题。只有做到这一点，才能收集到能够回答研究问题的相对可靠的经验证据。

## 二、研究实施

从可行性上考虑，遇到的第一个难题就是缺少经费支持。要开展全国范围的大规模问卷调查，需要一笔数量可观的调查经费，主要包括给调查对象的纪念品费用、给调查员的劳务费用，以及相关的差旅费用等。为了解决这一问题，我在2003年初，就以"中国第一代独生子女的社会适应研究"为题设计并申报了国家社会科学基金的自选课题。尽管当时国家社科基金很少批准自选课题，但我申报的课题依然非常顺利地获得了批准。我想这与我的这一选题及时地回应了当时的社会舆论和大众媒介普遍关注的热点有很大关系。有了国家社科基金的支持，我开展大规模抽样调查就有了经费的保障。这样，研究遇到的第一个难题就解决了。

申请到课题后，我于2004年初开始设计并组织进行针对全国十二城市在职青年的调查。在这一过程中，最难操作的一个环节是调查对象的抽取。我当时确定的调查对象是"城市在职青年"。之所以没有包括农村青年，一方面是考虑到独生子女总体中，城市独生子女的比例显著高于农村独生子女的比例，而社科基金一般项目当时的经费还是很少的，好像只有8万元，所以，只能集中研究城市独生子女。另一方面，之所以选择城市在职青年，而不是概念范围更广的城市青年，主要是因为在青年的社会适应中，职业适应是一个特别重要的方面，社会舆论和大众媒介对成年独生子女的批评也有相当部分是集中在他们的职业不适应上面的。所以，少数不在职青年，特别是虽然同属于青年但还在学校上学的大学生群体，不应被包括在调查对象中。之所以排除大学生，主要是因为考虑到大学生们还没有真正走上社会，还没有直接面对社会生活的适应问题。

实际上，就算是只调查城市在职青年，要在全国范围进行随机抽样也十分困难。关于这一点，我曾在我的另一本写给研究生的研究方法教材《社会研究：设计与写作》中有专门的论述。[1] 这里仅做简单介绍。

---

[1] 风笑天. 社会研究：设计与写作. 北京：中国人民大学出版社，2014：76-79.

【读者也可以先考虑一下：如果是你来做这项调查，你会如何设计抽取全国城市在职青年的随机样本？想好了可以写下来，再接着往下读，看看你想的和我想的是不是一样。哪一种可能更好些？】

首先是要抽取有代表性的城市在职青年样本。根据研究的目标和调查对象的性质，我采取了多阶段的抽样方法，将抽样过程分为抽取城市、抽取工作单位、抽取在职青年三个阶段进行。

抽样的第一步是抽取样本城市。全国有600多个城市，虽然可以按简单随机抽样的方式从中抽取一个城市样本，但还需考虑到我国城市在地区分布、人口规模、发达程度等方面的差别。为了在尽可能少的城市样本数量的前提下获得有代表性的样本，我采取的是分层随机抽样的方式。分层的标准一个是按地区分为东部、中部、西部，另一个是按城市规模和类型分为直辖市、省会城市、大城市、中小城市。具体抽样方法是：先从东部、中部、西部的省会（首府）城市中，分别简单随机抽取一个城市（东部抽到江苏省的南京市、中部抽到吉林省的长春市、西部抽到甘肃省的兰州市）；然后在三个地区剩下的省份中，分别简单随机抽取一个省的一个大城市（分别抽到福建省的厦门市、河南省的新乡市、广西壮族自治区的桂林市）；接着从三个地区第二次剩下的省份中，分别简单随机抽取一个省的一个中小城市（分别抽到浙江省的金华市、湖北省的鄂州市、贵州省的安顺市）；最后从四个直辖市中，选取地处东部的上海市、中部的北京市、西部的重庆市。这样共抽到12个不同地区、不同规模、不同类型的城市作为调查的样本城市。

样本城市的抽取是由我自己完成的。但后面的抽样工作无法由我提前完成，只能由我制定出抽样的方式和方法，然后由各个样本城市的调查员在开始实地调查前完成。第二步是青年工作单位的抽取。单位的抽取采用系统抽样方法。我根据当时城市中主要职业的分布状况，规定了按照企业、行政机关、教育、卫生、商业、服务业、交通、建筑、邮电、金融、大众传媒、公司、公检法、市政等15种类型的单位来抽取。具体抽样方法是从各个城市的电话黄页中，按照15种职业类型，从每一职业类型的全部单位名

## 第4章 用系统证据反驳社会的偏见

单中等距抽取 3 个单位（调查第一个单位，后两个单位作为候补）。

最后是调查对象的抽取。调查对象的抽取由被调查单位协助完成。我考虑到一般很难从单位中拿到符合要求的全部青年职工的名单，所以要求调查员在联系调查时仅告知被调查单位：我们所进行的是"全国十二城市青年发展状况调查"，"需要抽取 10 名 1976 年及以后出生的青年职工，尽可能兼顾到性别平衡"。由于抽样要求中仅提出了年龄与性别的要求，而没有涉及任何与研究内容和主题相关的信息，因此，如果不存在某些系统偏差情况的话，可以把单位在不知调查意图的情况下提供调查对象的方式近似地看作随机抽样。同时，由于没有提出是否为独生子女的身份要求，因此在调查单位给出的 10 名青年职工中，既有青年独生子女，也有青年非独生子女。这就达到了抽取两类对象以便进行比较的目标。按照这种程序，最终在每个城市抽取到 150 名青年职工，全国 12 个城市共抽取 1 800 名青年职工。

完成抽样的设计后，我又开始了调查问卷的设计工作。问卷设计也是这项研究的一个关键环节。我的做法是：先对两个核心概念进行操作化处理，一个是"第一代独生子女"，另一个是"社会适应"。

我先查阅了前人的研究文献，发现学术界对哪些人是"第一代独生子女"，并无统一的定义和界定。我根据以前研究的结果，将 1976 年至 1986 年出生的这一批独生子女作为中国第一代独生子女。之所以从 1976 年开始算起，是因为 1979 年首批领证独生子女中，除了当年出生的儿童外，还包括一部分出生于 1979 年以前的儿童。而将下限定到 1986 年，是因为到 2004 年开展调查时，1986 年出生的儿童正好 18 岁，达到成年。

关于社会适应的概念，我认识到它实际上意味着一个多维的、变动的过程。由于文献中没有现成的操作化结果，于是，我就在参考自己和前人研究的基础上，将青年的社会适应首先界定为行为和心理两方面对社会生活的适应。然后，我将行为的适应操作化为青年对工作的胜任、对人际关系的协调、对独立生活的把握，以及恋爱婚姻进程的顺利开展等；将心理的适应操作化为青年对自己各方面状况的正确认知、积极评价和自我满意感。总的来说，我将青年的社会适应操作化为青年的职业适应、人际关系

（进一步操作化为领导关系、同事关系、朋友交往三个方面）适应、独立生活适应、恋爱婚姻适应和心理适应五个不同的维度，并设计了李克特形式的职业适应量表、领导关系量表、同事关系量表、朋友交往量表、独立生活适应量表、心理适应量表等来对它们进行测量。恋爱婚姻的适应性是较难操作化的一个维度，我主要从恋爱婚姻顺利进展的角度来测量青年在这方面的适应性，具体的测量指标包括未婚者有对象的比例、第一次谈恋爱的年龄、找对象是否困难、已婚者的婚龄，以及分年龄的已婚者的比例等。

抽样方案和调查问卷设计好后，我又分别联系了12所大学的老师，请他们分别负责开展12个样本城市的实地调查。为了保证调查的质量，我专门制定了调查手册，详细说明调查的目的、对象、方法、步骤和要求。当然，我也将课题经费分别拨给了他们。各城市的调查均由社会学专业的教师和经过培训的学生实施。资料收集按照我在调查手册中的规定，采取"集中填答，当场回收"的方式进行。填答问卷的时间大约为20～30分钟。不能组织集中填答的单位，则安排调查对象分别进行填答，但需要在同一个半天内完成。最终12个调查城市总共发出问卷1 860份，收回有效问卷1 786份，有效回收率为96%。

调查顺利结束后，我组织学生对问卷资料进行了统一的录入和清理，形成了十二城市在职青年社会适应调查的数据库。2004年下半年至2005年上半年，我利用在美国访学的机会，完成了对调查资料的分析和研究论文的写作工作。根据研究目标，我对资料的分析主要采用单因素方差分析和多因素方差分析的方法，目的是比较两类青年在各个量表的得分均值，并对二者之间的差异进行 $F$ 检验。为了便于比较，我将每个量表的得分都进行了标准化处理①，使分值范围都变成从0到100。所得分值越高，表示适应状态越好。对于定类变量，则以两类青年为主要变量进行交互分析，并进行 $\chi^2$ 检验。同时，对于社会适应来说，青年的年龄是一个非常

---

① 具体做法是将原量表的得分减去量表最低分值，再除以量表最高分值与最低分值之差，最后乘以100。

第4章 用系统证据反驳社会的偏见

重要的变量。而样本中两类青年的年龄分布又具有明显的差别。因此,为了控制年龄变量的影响,所有的统计分析都分年龄组来进行。这样既保证了每一年龄组中两类青年资料的可比性,同时也可以在一定程度上有助于分析青年社会适应状况发展过程的特点。经过几个月的资料分析和写作,我在 2005 年 6 月底完成了论文,并将它投给《教育研究》杂志。该刊于 2005 年第 10 期发表了这篇论文。①

## 第三节 论文怎么写？

### 一、论文总体框架

这篇论文在结构上同样采用了定量研究论文常见的表达方式,即主要分为"问题与背景""文献回顾""研究设计""结果与分析""总结与讨论"几个大的部分。论文总体框架如表 4-1 所示。

表 4-1 论文总体框架

| 主体结构 | 主要内容 |
| --- | --- |
| 1. 问题与背景 | 大众媒介和社会开始关注步入成年的独生子女<br>目前大众媒介和社会对成年独生子女的认识和看法<br>成年独生子女是否不适应社会,这是一个重要的问题 |
| 2. 文献回顾 | 西方相关研究结果及其局限<br>中国国内相关研究结果及其局限 |
| 3. 研究设计 | 基本概念与测量<br>样本与资料 |

---

① 我投稿时用的题目是《长大的"小皇帝"？中国第一代独生子女的社会适应》。这是一个以提问句作为主标题、以陈述句作为副标题的标题形式。我之所以在主标题中提出独生子女是"长大的'小皇帝'？"的问题,是想突出研究结论对这一观点的否定。但在正式发表时,编辑去掉了主标题,而直接用副标题《中国第一代城市独生子女的社会适应》作为论文标题。这样一来,题目中原有的观点就看不到了,我觉得还是有点遗憾的。参见：风笑天. 中国第一代城市独生子女的社会适应. 教育研究,2005（10）．

续表

| 主体结构 | 主要内容 |
| --- | --- |
| 4. 结果与分析 | 职业适应<br>独立生活适应<br>心理适应<br>人际关系适应<br>恋爱婚姻适应 |
| 5. 总结与讨论 | 研究结论及理论解释<br>若干问题的讨论 |

## 二、论文写作解析

在解析论文写作方法之前，有一点需要稍做说明。下面刊出的是我投稿的论文，与《教育研究》2005年第10期最终刊出的论文有少量的不同。刊物编辑主要去掉了论文的主标题，并删掉了论文第一部分（问题与背景）中我所列出的大众媒介的报道和相关评价，以及第二部分（文献回顾）中的一小部分内容。但我觉得，从帮助读者理解我的写作想法和表达方式的角度来说，还是用原来的全文比较好。

### 长大的"小皇帝"？
#### 中国第一代独生子女的社会适应*
#### 风笑天

摘要：本文依据对全国12个城市1 786名在职青年的抽样调查资料，从工作、恋爱婚姻、人际关系、独立生活、自我认知等方面，经验地考察了中国第一代独生子女的社会适应状况。研究表明：除了未婚独

---

\* 本文为国家社科基金项目"中国独生子女新生代的社会适应"的部分成果（项目编号：03BSH024）。笔者感谢国家社科基金的资助，同时感谢负责各地调查的研究者，他们是中国青年政治学院周晓春硕士、华东政法学院李俊博士、西南师大甘会斌硕士、吉林大学董运生硕士、兰州大学陈文江副教授、河南师大高中建教授、厦门大学黄ççç硕士、广西师大李文华博士、中南民院张翼硕士、浙江师大刘成斌硕士、贵州民院王晓晖硕士。笔者还要感谢接受调查的全国180多个单位的领导和1 800名青年职工。没有他们的支持与配合，这项调查是不可能圆满完成的。笔者的博士生唐美玲在组织数据录入及清理方面付出了辛勤劳动，笔者也向她表示感谢。

# 第4章 用系统证据反驳社会的偏见

生子女与非独生子女之间在独立生活方面存在一定差别外，两类青年在社会适应的各个方面都不存在明显的差别。认为独生子女不适应社会的看法没有获得证实。总的研究结论不支持独生子女社会适应不好的负面偏见。

关键词：独生子女　社会适应　城市青年

【注意摘要的写法。这篇论文的摘要用精练的语言，主要报告了下列内容：依据什么资料、从哪几个方面、考察了什么、得出了什么样的研究结果和研究结论。】

## 一、问题与背景

【论文导论部分的任务，主要是介绍研究的主要问题以及这一问题的来源或背景。实际上相当于告诉读者：我所研究的是一个什么样的问题，以及为什么这个问题值得研究。在写法上，应从大的背景出发，再很快地集中到研究的中心问题上。读者可以注意一下我是如何引出研究的中心问题的。】

有着特定出生背景的一代独生子女注定要成为中国社会长期关注的焦点之一。四分之一个世纪过去了，媒体在提醒人们：昔日的"小皇帝"，如今已经长大成人。的确，在多达8 000万人的独生子女大军中，最早的一批已经开始进入社会，成为21世纪年轻的中国公民。整个社会和大众媒介又一次把焦点集中到这一代人身上。人们开始关注他们对社会生活的适应状况，开始评价他们作为社会成员的种种表现。人们试图弄清楚，这些在我国实行控制人口生育政策时出生、曾被普遍担心有着这样那样毛病和问题的独生子女，当他们长大成人、作为劳动者进入社会后，是否能够顺利地适应社会生活？他们会不会成为一代长大的"小皇帝"？

【从陈述8 000万独生子女中的第一批人已经成年的现实导入，并很快地集中到他们的社会适应问题上，引出他们会不会是长大的"小皇帝"的疑问。】

随着关注的不断深入，人们逐渐形成了对第一代独生子女社会适应状况的基本认识："'新失业群体'基本属于最初的几代独生子女，他们是作为'小皇帝'被养大的，适应生活环境的能力较弱。""现在的年轻人大都是独生子女，缺乏吃苦精神，踏入社会遭受挫折后，不能及时地进行自我调整，这是'NEET族'出现的一个重要原因。""正在走向市场的独生一代，在找工作的时候，依旧离不开父母的呵护和帮助，不能不说是一种悲哀。有社会学家指出，中国的第一批独生子女现正大规模地步入社会，他们的就业开始引来新一轮的社会问题，这就是'独生子女就业综合征'。""存在频繁跳槽情况的年轻人绝大多数是独生子女，人际关系成为他们跳槽的最重要原因。"独生子女在"成长过程中，由于备受宠爱，甚至溺爱，心理较脆弱，很难承受职场挫折与失败带来的压力。长期以自我为中心，使他们难以客观地认清自己在社会中的地位和作用，在与他人的交往中，往往表现得过于敏感或处理不当"。"这一代人普遍是独生子女，衣食无忧，进入社会后，他们脸庞看似成熟，内心和行为能力却仍未'断乳'，依然离不开父母的呵护。""独生子女生活自理能力相对较弱，更希望得到别人的照顾，家务事目前已经成为独生子女婚姻中的重要矛盾。""与非独生子女相比，独生子女一般在家里都比较娇惯、任性，自制能力差，缺少关心、体谅、尊重他人的习惯，往往事事以自我为中心。这些昔日的'小皇帝''小公主'长大成婚后，这种性格和习惯自然要带到婚姻关系中去，所以独生子女婚姻中的夫妻相融性差，容易发生摩擦。"有专家甚至担心："这玩大的一代怎么应付婚育这样的大事？"

【接着收集和列举大众媒介中对于上述问题的各种回答，让读者对此有一个十分具体且十分生动的印象。同时这也是下文所概括的现有认识的一种具体依据。】

现有认识为我们描绘的第一代独生子女社会适应的画面是令人担忧的：职业不适应、人际关系不适应、独立生活不适应、婚姻不适应……在青年进入社会后所面对的各个领域中，独生子女给人留下的印象是普

## 第4章 用系统证据反驳社会的偏见

遍不适应。这是一个严重的问题。如果整整一代独生子女都不能很好地适应社会生活，那么无论是对独生子女个人、家庭，还是对整个中国社会，都将是一种严重的后果。这种后果也可能成为我国人口控制政策所导致的最大负面影响之一。这不禁使我们回想起二十年前有关独生子女教育问题的讨论，回想起有关独生子女是"小皇帝"的普遍担忧和大众媒介曾经发人深省的警告——如果说那时还只是担忧和警告的话，目前就可能已经是现实了。

【在概括大众媒介和舆论看法的基础上，以假设的方式提醒读者这一问题的确很严重。】

虽然普遍的看法和媒介的宣传对第一代独生子女的社会适应具有明显的负面印象，但目前尚缺少相对系统的经验证据。社会舆论和媒介宣传所具有的特定认知方式，使我们有理由推测：现在人们所注意到的，或许只是一些典型的、个别的、特殊的、局部的现象，而现有的认识也只是对这样一些不系统的案例和现象的归纳。因此，客观上存在着这样一种可能性：目前人们所看到的并不是这一现象的全部。换句话说，业已形成的有关第一代独生子女社会适应的普遍认识，有可能只是一种对独生子女的负面偏见（或负面刻板印象）。中国第一代独生子女的社会适应状况究竟如何？他们是不是真的不能适应社会？这是本文所要探讨的中心问题。

【接着指出现有认识没有依据，因而现有认识有可能是错的，可能只是一种偏见。这是写作的关键。有了这种可能，读者就自然会提出与本研究相同的"社会适应状况究竟如何""是不是真的不适应社会"的问题了。】

## 二、文献回顾

【先列举西方学者的相关研究及其结论。】

到目前为止西方仅有的几项关于成年独生子女的研究，得到的结果十分一致。Polit 等人 1980 年利用对波士顿地区 537 对白人夫妇的抽样调查数据，比较了成年独生子女与非独生子女在生育史和生育态度、教育和职业方面的成就、对生活的主观感受和幸福感、闲暇时间的社会参与及活动、子女对他们作为父母的评价等五个主要领域的状况。结果表明，"总的来说，经验数据并不支持那种认为成年独生子女比非独生女的适应能力差的观点。相反，成年独生子女在教育和职业方面的表现比非独生子女要好"，"对社会和人际适应的更为客观的测量同样不支持独生子女在成年时会孤独和不善交际的观点"①。Blake 利用 1972 年至 1978 年美国综合社会调查的数据资料，对样本中 627 名成年独生子女的情况与其他有兄弟姐妹的调查对象进行了比较。"研究结果并不支持长期存在的对独生子女的负面刻板印象"，而是表明，"独生子女比其他对象在智力上更突出、教育和职业地位更高，他们也没有明显的性格或人格缺陷"②。Groat 等人的研究也表明，在控制了家庭社会经济地位因素的影响后，成年独生子女在社会交往、家庭关系、生育情况，以及职业、收入等方面均与非独生子女无显著差别。"从初步的成人研究资料来看，未发现独生子女与其他人在社会交往方面有重要的不同点。"唯一发现的差异是在教育成就方面：独生子女取得高等学历的比例比非独生子女略高。③

【在总结西方学者结论的基础上，指出其研究结论并不适用于中国的现实。千万不能直接将西方学者的结论作为反驳现有认识的依据，要有理有据地说明不能采用西方学者研究结论的理由。】

虽然西方学者得到的一致结论是成年独生子女与非独生子女的社会适应不存在差别，但是，我们却不能将此作为反驳现有认识的依据。因为

---

① POLIT D F, NUTTALL R, NUTTALL E V. The only child grows up: a look at some characteristics of adult only children. Family relations，1980，29（1）.

② BLAKE J. The only child in America: prejudice versus performance. Population and development review，1981（7）.

③ 黄刚. 独生子女的人际关系及其社会意义. 心理发展与教育，1990（2）.

## 第4章 用系统证据反驳社会的偏见

一方面，西方研究中成年独生子女的年龄跨度很大，其研究的内容也不完全是成年初期的社会适应；另一方面，中国独生子女人口产生的社会背景及中国社会所具有的文化传统和价值取向，都与西方社会有着巨大的差别。因此，我们不能直接将西方学者的研究结果应用到中国独生子女身上。

【然后再介绍中国国内相关的研究及其结论，并分别指出这些研究及其结论为什么不能回答本研究的中心问题。】

在中国国内，相对于社会舆论和大众媒介的高度关注，学术界对成年独生子女的系统探索相当欠缺。到目前为止，涉及青年独生子女的经验研究同样只有很少几项。苏颂兴1996年对上海市近千名15～29岁的青年进行了调查，结果表明，"与非独生子女相比，青年独生子女在社会交往、职业适应、社会责任、消费生活四个方面存在不足"[1]。其研究结论与目前普遍的认识基本一致。风笑天2002年对湖北省四个城市600名在职青年进行了调查，探讨了青年独生子女的职业适应问题。研究指出："青年独生子女与非独生子女在职业适应方面不存在明显的差别。与青年职业适应状况密切相关的因素主要有青年参加工作时间的长短、青年与同事关系的好坏、青年文化程度的高低以及部分职业类型的性质，而是否独生子女则与青年职业适应的状况无关。"[2] 由于职业适应只是青年社会适应中的一个方面，同时该研究所依据的只是一个地区的样本，因此，该研究并没有全面回答第一代独生子女是否适应社会的问题。此外，陈建强等人2004年对上海市1 823位幼儿父母（其中717人为独生子女）的调查研究[3]，以及笔者依据2000年和2002年两次对湖北省四个城市600多名在职青年的调查资料对第一代独生子女生育意愿的研究[4]，内容虽然都涉及青年独生子女的社会生活，但其焦点都没有集中到独生子女的

---

[1] 苏颂兴. 上海独生子女的社会适应问题. 上海社会科学院学术季刊，1997（2）.
[2] 风笑天，王小璐. 城市青年的职业适应：独生子女与非独生子女的比较研究. 江苏社会科学，2003（4）.
[3] 陈建强，等. "独生父母现象"及其对未来中国社会的影响//尹继佐. 2004年上海社会报告书. 上海：上海社会科学院出版社，2004：293-309.
[4] 风笑天. 城市青年的生育意愿：现状与比较分析. 江苏社会科学，2004（4）.

社会适应状况上，因而对于回答本文的问题没有什么帮助。

【正是因为西方的研究结果和国内现有的研究结果都无法回答本研究的中心问题，所以本研究自然就具有了很好的创新意义和价值。】

## 三、研究设计

【如果说导论部分主要向读者说明了本项研究的重要性，文献回顾部分主要向读者说明了本项研究的创新性的话，那么，研究设计部分就要向读者说明本项研究的可行性了。】

（一）基本概念与测量

第一代独生子女。本文将1976年至1986年出生的这一批独生子女作为中国第一代独生子女。之所以从1976年开始算起，是因为1979年首批领证独生子女中，除了当年出生的儿童外，还包括一部分出生于1979年以前的儿童。而将下限定到1986年，是因为到2004年调查时，1986年出生的儿童正好18岁，达到成年。之所以将对象限定为在职青年，是因为本研究的主题是青年的社会适应，焦点主要集中在已从学校毕业、进入了社会、参加了工作的青年身上。而在校大学生和中学生还没有成为生产者、劳动者，还没有真正进入社会，还没有直接遭遇社会适应的问题，因此研究中未将他们包含在内。农村中独生子女比例很小，其数量也远远少于城市独生子女，加上研究经费和人力的限制，故本研究仅以城市青年为研究对象。

【在界定研究对象的同时，进一步说明为什么将大学生、农村独生子女排除在外。】

青年的社会适应。青年的社会适应是一个多维的、变动的过程。其内涵既包括行为的适应，也包括心理的适应。行为的适应主要涉及青年对工作的胜任、对人际关系的协调、对独立生活的把握，以及恋爱婚姻进程的顺利开展等。而心理的适应则主要涉及青年对自己各方面状况的正确认知、积极评价和自我满意感。因此，本研究将青年的社会适应操

## 第4章 用系统证据反驳社会的偏见

作化为青年的职业适应、人际关系适应、独立生活适应、恋爱婚姻适应和心理适应五个不同的维度，建立了李克特形式的职业适应量表、领导关系量表、同事关系量表、朋友交往量表、独立生活适应量表、心理适应量表等来对它们进行测量。量表的内在一致性系数 α 分别为 0.73、0.78、0.83、0.72、0.64 和 0.80。恋爱婚姻的适应性是较难操作化的一个维度。本研究主要从恋爱婚姻顺利进展的角度来测量青年在这方面的适应性。测量指标包括未婚者有对象的比例、第一次谈恋爱的年龄、找对象是否困难、已婚者的婚龄，以及分年龄的已婚者的比例等。

（二）样本与资料

本文所用资料来源于笔者2004年3—6月在全国12个城市进行的抽样调查。① 样本的设计考虑到不同地区、不同类型、不同规模的城市，以及不同职业的青年等因素。调查城市见表1：

表1 调查城市的类型与分布

|  | 东部 | 中部 | 西部 |
| --- | --- | --- | --- |
| 直辖市（人口） | 上海市 | 北京市 | 重庆市 |
| 省会城市（100万以上） | 南京市（江苏） | 长春市（吉林） | 兰州市（甘肃） |
| 大城市（50万~100万） | 厦门市（福建） | 新乡市（河南） | 桂林市（广西） |
| 中小城市（50万以下） | 金华市（浙江） | 鄂州市（湖北） | 安顺市（贵州） |

调查采用等距抽样方法选取了企业、行政机关、教育、卫生、商业、服务业、交通、建筑、邮电、金融、大众传媒、公司、公检法、市政等15类单位，调查对象的抽取在被调查单位的协助下进行。取样要求中仅提出年龄与性别的要求，没有涉及任何与研究主题相关的信息。

各地调查均由社会学专业的教师和经过培训的大学生实施。资料收集采取"集中填答，当场回收"的方式进行。发出问卷1 860份，收回

---

① 由于篇幅所限，此处的介绍较简单，详细介绍可见《中国青年研究》2005年第9期中笔者的另一篇论文。

有效问卷1 786份，有效回收率为96%。资料分析主要采用单因素与多因素方差分析的方法，比较两类青年在各量表的平均得分，并对二者之间的差异进行$F$检验。对于定类变量，则进行交互分析，并进行$\chi^2$检验。为了便于比较，笔者将每个量表的得分都进行了标准化处理，使分值范围都变成0到100。分值越高，表示适应状态越好。由于青年的年龄是一个非常重要的变量，样本中两类青年的年龄分布又具有明显的差别，因此，为了控制年龄变量的影响，所有的分析都分年龄组来进行。这样既保证了每一年龄组中两类青年资料的可比性，同时也可以在一定程度上有助于分析青年社会适应状况发展过程的特点。

【这里要注意的是，如果这篇论文是我采用这一调查数据所发表的第一篇论文，那么，对于调查的整个情况，特别是样本抽取的情况、资料收集情况等，就要进行详细的介绍。如果是后续的第二篇、第三篇、第四篇等，就可以像本文的写法一样，只进行必要的介绍，而不用进行完整的介绍。但一定要以注释的方式给出第一篇完整介绍该项调查情况的论文，以便读者从第一篇论文的介绍中了解不清楚的地方。同时，也不能只用一句话告诉读者"有关本项调查的详细情况，可参见笔者的某某论文"，而要像本文一样，对关键内容进行必要的介绍。】

## 四、结果与分析

【这一部分的任务是按照研究设计部分关于概念操作化的五个维度，逐一进行结果的报告和分析。】

（一）职业适应

职业适应是刚刚踏上社会、刚刚进入社会物质文明与精神文明生产过程中的青年所面临的首要任务，表2第二栏的结果向我们展示了两类青年在职业适应方面的状况和差异。

第4章 用系统证据反驳社会的偏见

表2 职业适应、生活适应以及心理适应的分年龄统计
与 F 检验结果（ONE-WAY ANOVA）

| 年龄 | 职业适应（均值） | | 生活适应（均值） | | 心理适应（均值） | |
| --- | --- | --- | --- | --- | --- | --- |
| | 独生 | 非独生 | 独生 | 非独生 | 独生 | 非独生 |
| 18岁 | 51.1 | 69.5*** | 53.3 | 59.4 | 66.5 | 64.8 |
| 19岁 | 68.6 | 70.2 | 48.0 | 62.0 | 58.8 | 59.4 |
| 20岁 | 70.1 | 68.8 | 49.6 | 64.4* | 61.8 | 62.5 |
| 21岁 | 62.2 | 66.1 | 57.9 | 57.1 | 61.5 | 61.8 |
| 22岁 | 69.0 | 68.3 | 55.2 | 64.5** | 64.1 | 64.2 |
| 23岁 | 69.1 | 68.2 | 56.4 | 60.7 | 65.0 | 64.6 |
| 24岁 | 69.2 | 69.9 | 57.7 | 61.9 | 65.5 | 65.5 |
| 25岁 | 71.1 | 71.5 | 58.8 | 64.2* | 66.5 | 67.2 |
| 26岁 | 72.0 | 73.5 | 58.6 | 63.0 | 64.2 | 66.3 |
| 27岁 | 73.0 | 72.5 | 58.3 | 62.3 | 65.1 | 65.3 |
| 28岁 | 77.0 | 74.9 | 66.3 | 64.5 | 69.8 | 66.6 |
| 总体 | 70.4 | 71.6* | 57.6 | 62.9*** | 65.1 | 65.6 |

注：* 为 $p<0.05$，** 为 $p<0.01$，*** 为 $p<0.001$，无星号的表示不显著（$p>0.05$）；后面各表均同。

结果表明，在职业适应方面，除18岁年龄组中两类青年之间具有非常显著的差异外，其他年龄组二者之间都不存在明显差别。两类青年总体之间存在的微弱差异可能也主要是这一年龄组的显著差异导致的。从不同年龄组的均值来看，可以发现年龄越大适应状况相对越好的趋势。考虑到不同年龄的青年工龄的长短可能会有不同，而笔者2002年的研究曾指出工龄长短是青年职业适应最为重要的影响因素，因此我们将工龄与独生子女身份一起做双因素方差分析，以便更清楚地揭示影响两类青年职业适应的内在原因。统计分析结果见表3：

【这里的关键是指出工龄的影响，引出下面进一步的统计分析。】

表3　职业适应状况的双因素方差分析结果

| Source | Type Ⅲ Sum of Squares | $df$ | Mean Square | $F$ | Sig. |
| --- | --- | --- | --- | --- | --- |
| Corrected Model | 18 719.608[a] | 31 | 603.858 | 5.415 | .000 |
| Intercept | 861 549.104 | 1 | 861 549.104 | 7 725.863 | .000 |
| 是否独生子女 | 91.570 | 1 | 91.570 | .821 | .356 |
| 工龄 | 14 759.040 | 15 | 983.936 | 8.823 | .000 |
| 工龄 * 是否独生子女 | 2 612.681 | 15 | 174.179 | 1.562 | .077 |
| Error | 186 675.991 | 1 647 | 111.515 | | |
| Total | 8 851 411.133 | 1 706 | | | |
| Corrected Total | 205 395.599 | 1 705 | | | |

a $R^2=.091$（调整后的 $R^2=.074$）

表3的结果表明，工龄与是否独生子女的交互作用对职业适应的影响不显著，因而可以只考虑两个变量的单独影响。是否独生子女对职业适应的影响不显著，而工龄对职业适应的影响非常显著。这一结果再次说明，影响青年职业适应的主要因素是工龄长短，而与青年是否独生子女无关。下列单因方差分析的结果更清楚地说明了这一点（见表4）。

表4　不同工龄的两类青年职业适应状况比较与检验结果（ONE-WAY ANOVA）

| 工龄长短 | 一年及以下 | | 两年至五年 | | 五年以上 | |
| --- | --- | --- | --- | --- | --- | --- |
| 青年类别 | 独生 | 非独生 | 独生 | 非独生 | 独生 | 非独生 |
| 职业适应（均值） | 66.3 | 66.6 | 70.9 | 71.9 | 74.9 | 73.5 |
| ($n$) | (166) | (173) | (309) | (560) | (119) | (379) |

从表4的结果中我们首先可以看出，随着工龄的增加，两类青年职业适应的状况都在逐步提高，说明工龄对青年的职业适应具有正向的影响。其次，三个工龄段中，两类青年的职业适应得分均值都很接近，$F$检验结果也都不显著，说明两类青年总体职业适应具有明显差别的原因是两类青年的工龄分布不同。当我们在方差分析中控制了工龄变量的影响时，独生子女与非独生子女在职业适应方面的差别就消失了。事实表明，在具有同样长短工龄的青年中，独生子女与非独生子女的职业适应状况没有差别。本研究结果与笔者2002年的研究结果完全一致。

【这一部分的分析中,通过层层深入,区分出两类青年总体在职业适应方面的差别主要是他们工龄长短的不同导致的。如果排除工龄因素,两类青年的职业适应状况基本相同。】

(二) 独立生活适应

表2第三栏的结果显示,两类青年在独立生活方面的表现有较大的不同。独生子女在好几个年龄组都表现出与同龄非独生子女的明显差别。总体的检验结果也表明,二者之间的差异同样非常显著。但是,仅从年龄分布上似乎看不出二者之间有规律的联系。那么,究竟是什么因素在背后起作用呢?一个可能的影响因素是青年与父母居住的状况。与父母住在一起对于青年特别是对于独生子女,可能是一种容易产生依赖性的外在条件。目前大部分城市青年的父母还不到60岁,还不到需要子女照料的年龄。而样本中两类青年与父母居住状况的差别很大:独生子女与父母住在一起的比例为62.5%,非独生子女只有37.9%。因此,青年独立生活能力的状况可能会受到与父母共同居住状况的影响。另一个可能的影响因素是青年的婚姻状况。青年独立生活的能力除了与年龄有关外,可能还与青年对自身责任的认识和实际担负的责任有关。一般来说,结婚成家,特别是有了孩子后,青年担负的社会责任增加了,其自身的责任感也会增强,这两方面的增强或许会促进青年独立生活能力的提高。而样本中独生子女已婚的只有19.6%,非独生子女则达到30.9%。为了进一步探明与父母居住的状况、婚姻状况、是否独生子女三个因素与青年独立生活适应之间的关系,笔者将三个变量同时纳入多因素方差分析中,结果见表5:

【这里的关键是指出与父母居住状况和婚姻状况这两个与青年独立生活相关的因素,引出下面进一步的统计分析。】

表5 青年独立生活适应状况的多因素方差分析结果

| Source | Type III Sum of Squares | $df$ | Mean Square | $F$ | Sig. |
| --- | --- | --- | --- | --- | --- |
| Corrected Model | 54 585.829[a] | 7 | 7 797.976 | 18.409 | .000 |
| Intercept | 4 014 634.828 | 1 | 4 014 634.828 | 9 477.448 | .000 |

续表

| Source | Type III Sum of Squares | df | Mean Square | F | Sig. |
|---|---|---|---|---|---|
| V6（婚姻状况） | 24 891.833 | 1 | 24 891.833 | 58.762 | .000 |
| V7（是否独生子女） | 577.070 | 1 | 577.070 | 1.362 | .243 |
| V9（是否与父母同住） | 6 053.828 | 1 | 6 053.828 | 14.291 | .000 |
| V6 * V7 | 2 000.410 | 1 | 2 000.410 | 4.722 | .030 |
| V6 * V9 | 1.599 | 1 | 1.599 | .004 | .951 |
| V7 * V9 | 37.040 | 1 | 37.040 | .087 | .767 |
| V6 * V7 * V9 | 69.807 | 1 | 69.807 | .165 | .685 |
| Error | 734 943.794 | 1 735 | 423.599 | | |
| Total | 7 299 288.889 | 1 743 | | | |
| Corrected Total | 789 529.623 | 1 742 | | | |

a $R^2=.069$（调整后的 $R^2=.065$）

表5的结果中，三阶交互效应不显著；二阶交互效应中，只有婚姻状况与是否独生子女的交互作用十分显著。三个主效应中，是否独生子女的影响也不显著。这些结果表明：(1) 在对其他变量及其交互作用进行控制的情况下，是否与父母同住，对青年的独立生活适应具有独立的影响，而与是否独生子女无关。与父母一起居住的青年，其独立生活适应的状况差于与父母分开居住的青年。(2) 独生子女身份对青年独立生活适应的影响受到婚姻状况的制约。在未婚青年中，独生子女身份的影响很明显，而在已婚青年中，独生子女身份则没有影响。婚姻状况的这种作用是本研究的一个重要发现。

【先总结表中的结果，接着指明这些结果所表示的含义。】

### （三）心理适应

表2第四栏的结果显示，在心理适应方面，随着年龄的增加，两类青年的得分均值都有少量的增加，这反映出心理适应有微弱地随年龄增长而逐渐增强的趋势。同时，统计检验的结果显示，在各个年龄段的两类青年中，心理适应量表的得分均值之间都不存在显著的差别。这一结果则表明，处于职业初期的青年独生子女与同龄非独生子女在心理适应

# 第 4 章 用系统证据反驳社会的偏见

方面的状况十分相似。或者说,两类青年对自己进入社会、参加工作以后各方面状况具有相同的主观认知、相同的心理体验和相似的精神状态。这一结果同时也启示我们:如果说人们的自我认知、自我评价是对其客观行为和状态的一种主观反映的话,那么,从两类青年自我认知、自我评价方面不存在差别的结果中,我们也可以间接地去推断他们在客观行为和状态方面的相似性。

### (四) 人际关系适应

青年对社会的适应中一项关键的或者说更为本质的适应,是人际关系的适应。进入社会的青年并不是作为一个孤立的个体在社会中飘荡,而是实实在在地进入一定的职业岗位、存在于一定的工作单位之中。他们所面临的一个重要任务,就是建立并适应新的人际关系。这种以工作中与领导的关系、与同事关系为主要内容的新的人际关系,与他们在学校生活中所熟悉和习惯的师生关系、同学关系有着较大的差别。现有的对独生子女的刻板印象中有一个突出标志,那就是认为他们在人际关系方面不适应。实际情况究竟如何呢?表 6 是对两类青年人际关系适应状况的统计与检验。

**表 6 人际关系适应状况分年龄统计与 $F$ 检验结果(ONE-WAY ANOVA)**

| 年龄 | 与领导关系(均值) | | 与同事关系(均值) | | 与朋友交往(均值) | |
| --- | --- | --- | --- | --- | --- | --- |
| | 独生 | 非独生 | 独生 | 非独生 | 独生 | 非独生 |
| 18 岁 | 42.1 | 52.9 | 62.4 | 66.5 | 43.8 | 58.2 |
| 19 岁 | 44.5 | 47.1 | 61.7 | 63.8 | 61.4 | 61.6 |
| 20 岁 | 47.7 | 46.4 | 66.1 | 68.7 | 62.1 | 64.3 |
| 21 岁 | 44.4 | 43.7 | 67.1 | 66.4 | 58.2 | 60.7 |
| 22 岁 | 49.2 | 45.3 | 70.8 | 68.6 | 58.6 | 62.2 |
| 23 岁 | 47.7 | 45.2 | 69.8 | 69.0 | 60.1 | 59.2 |
| 24 岁 | 47.0 | 43.1 | 68.4 | 68.0 | 61.7 | 58.6 |
| 25 岁 | 46.5 | 44.9 | 68.8 | 68.6 | 55.3 | 53.0 |
| 26 岁 | 46.8 | 47.0 | 68.1 | 69.7 | 54.1 | 56.4 |
| 27 岁 | 47.1 | 43.7 | 68.3 | 67.1 | 54.1 | 54.0 |
| 28 岁 | 51.3 | 45.1* | 74.3 | 67.6*** | 52.5 | 52.3 |
| 总体 | 47.4 | 45.2* | 68.9 | 68.0 | 57.3 | 56.2 |

首先，从总体均值来看，青年与领导之间的关系相对较差，且两类青年之间存在微小的差别。而青年与同事朋友之间的交往，特别是与同事之间的关系，则相对较好，且两类青年之间也不存在差别。其次，整个表中大部分的 $F$ 检验结果均无显著性差异。呈现显著性差异的三组比较结果，都无一例外地显示出独生子女的表现优于非独生子女。虽然我们不能依据这一结果就得出青年独生子女在人际关系方面整体上优于青年非独生子女的结论，但至少我们可以有理由地认为，两类青年在适应工作中的人际关系方面不存在大的差别。同时，我们也可以有理由地对那种认为独生子女在人际关系方面弱于非独生子女的看法提出质疑。实际情况表明，在同龄非独生子女这一参照系下，本研究的结果并不支持独生子女在人际交往方面很不适应或者明显不如非独生子女的刻板印象。

【同样是先说总体趋势，再说检验的结果，最后指出这一结果的含义。】

### （五）恋爱婚姻适应

恋爱婚姻的顺利进行是青年社会适应的重要内容，表 7 对两类青年这方面的状况进行了统计。

表 7　恋爱婚姻适应状况分年龄统计与检验结果

| 年龄 | 有对象的比例（％） | | 找对象困难的比例（％） | | 已婚者的比例（％） | | 第一次谈恋爱的年龄（均值） | | 结婚的年龄（均值） | |
| --- | --- | --- | --- | --- | --- | --- | --- | --- | --- | --- |
| | 独生 | 非独生 | 独生 | 非独生 | 独生 | 非独生 | 独生 | 非独生 | 独生 | 非独生 |
| 18 岁 | 14.3 | 28.6 | 57.1 | 21.1 | — | — | — | — | — | — |
| 19 岁 | 22.2 | 17.2 | 44.4 | 23.1 | — | — | — | — | — | — |
| 20 岁 | 12.5 | 46.2* | 31.3 | 36.8 | — | — | 15.4 | 17.6 | — | — |
| 21 岁 | 28.6 | 40.0 | 28.6 | 34.1 | — | — | 17.7 | 18.9 | — | — |
| 22 岁 | 34.2 | 38.7 | 20.8 | 32.4 | 1.4 | 1.3 | 17.5 | 18.5 | — | — |
| 23 岁 | 47.1 | 50.7 | 22.4 | 22.5 | 4.4 | 7.6 | 18.8 | 19.3 | — | — |
| 24 岁 | 52.5 | 47.4 | 32.3 | 33.3 | 9.2 | 11.6 | 20.0 | 20.0 | 23.1 | 23.2 |
| 25 岁 | 50.7 | 57.9 | 25.0 | 27.5 | 23.4 | 22.5 | 20.4 | 20.9 | 23.6 | 23.9 |
| 26 岁 | 51.6 | 51.3 | 26.7 | 32.2 | 32.6 | 35.2 | 21.4 | 20.8 | 24.7 | 23.9 |
| 27 岁 | 47.8 | 57.3 | 24.0 | 33.3 | 46.7 | 50.7 | 22.0 | 21.1 | 24.7 | 24.5 |
| 28 岁 | 33.3 | 57.7 | 25.0 | 45.2 | 66.0 | 67.2 | 24.2 | 21.6 | 25.1 | 24.7 |

注：第二、三、四栏结果进行了 $\chi^2$ 检验；第五、六栏结果进行了 $F$ 检验；"—"表示无数据或个案数少于 5，因此略去。

表 7 的结果表明，在所测量的五个指标的所有年龄组中，除了 20 岁有对象的比例有显著差别外，所有其他年龄组的统计检验结果都显示不存在非常明显的差别。尽管从有些百分比的比较来看，是有一定的差别的。比如，"有对象的比例"一栏中，大多数年龄组中独生子女都低于非独生子女；而"找对象困难的比例"一栏中，18 岁、19 岁年龄组独生子女比例明显大于非独生子女，27 岁、28 岁年龄组中，这两项比例似乎又明显地反过来。但实际上，这种样本百分比之间的差异是由这些年龄组中个案人数较少、导致变动方差相对较大引起的，其检验结果不显著，说明这些差异是一种随机的误差。表 7 的结果表明，在我们的测量指标范围内，两类青年恋爱婚姻的进程和发展状况总体相似，不存在大的差别。换句话说，在以同龄青年非独生子女为参照对象的条件下，青年独生子女的恋爱和婚姻进展是正常的，并没有表现出特别的不同之处。

【面对表格较多的统计结果，要概括出总的情况，以帮助读者了解。同时对结果中的某些例外情况要进行解释和说明。最后指出统计结果的含义。】

## 五、总结与讨论

### （一）研究结论及理论解释

总体上看，在本研究所论及的青年社会适应的五个方面中，独生子女与同龄非独生子女在人际关系适应、恋爱婚姻适应、心理适应三个方面完全没有差别。在职业适应方面，刚刚成年就参加工作的、非常年轻的独生子女，可能会表现出与同龄非独生子女的明显差别。而两类青年总体在职业适应方面的差别则主要是工龄的不同导致的。在控制了工龄的影响后，两类青年职业适应方面的差异就完全消失了。在独立生活方面，独生子女的适应状况则根据其婚姻状况的不同而有所不同。未婚独生子女的生活适应状况明显不及未婚非独生子女，而已婚独生子女的生活适应状况则与已婚非独生子女完全没有差别。综合上述情况，可以认为，青年独生子女总的社会适应状况与同龄非独生子女相差无几。青年独生子女社会适应状况不如同龄非独生子女的研究假设没有获得证实。总的研究结论不支持独生子女不适应社会的负面偏见。第一代独生子女并不都是长大的"小皇帝"。

【这一段是总结上面结果与分析部分的内容，并在此基础上得出研究的结论。】

两类青年在社会适应方面不存在差异的结论，可以用人的社会化理论以及笔者在研究独生子女青少年社会化时提出的"消磨-趋同"理论来进行解释。① 事实上，人们成年并进入社会时，就开始了他们的继续社会化进程。他们所面临的社会化任务和遇到的问题是相同的，他们需要学习并承担的社会角色是相似的，他们在继续社会化进程中所受到的宏观社会结构、社会文化，以及各种社会化因素的影响也都是相同的。正是在这种大的背景下，在相同的社会化任务、相同的社会化过程、相同的社会化因素的共同"消磨"下，两类青年在社会适应各方面的行为表现和心理状况的差异越来越少，相似点越来越多。正是同一时期出生的两类青年所具有的共同经历，使他们继续社会化的结果大体相似。当然，这种总体的相似并不排除不同个体之间所存在的各种差别。

【具体结论相当于回答了"是什么"的问题，即成年独生子女的社会适应状况是不是与同龄非独生子女不同？或者说，成年独生子女与非独生子女社会适应状况的差别是什么？而进一步的问题是：二者之间为什么会相同？或者说为什么成年独生子女与非独生子女的社会适应状况没有差别？作者针对这一研究结论给出了理论解释。】

（二）若干问题的讨论

【讨论部分的内容一般是基于该项研究的结论，引出对超出该项研究范围的相关问题所进行的探讨。】

---

① 风笑天．独生子女青少年的社会化过程及其结果．中国社会科学，2000（6）．

第 4 章　用系统证据反驳社会的偏见

本文的结论为我们认识第一代独生子女的社会适应提供了一种参考，同时也带来了一些启示：

第一，业已形成的对独生子女的负面刻板印象需要改变。留美学者黄刚曾在一篇探讨成年独生子女人际关系的论文中指出："美国社会舆论对独生子女及其家庭存有相当严重的偏见。人们凭'常识'相信独生儿童多少有'病态'或反常的情感与行为特征，大众媒介对此的宣传也有点夸大其词。"① 实际上，如果将这段话中的"美国"换成"中国"，或许也是成立的。目前，我国社会中存在这么一种现象：只要是涉及当代城市青年的话题，无论是青年的就业、工作、恋爱、婚姻，还是青年的人际关系、性格特点、自理能力，甚至犯罪、自杀……人们都经常会提到"由于现在的青年基本上都是独生子女，他们从小被惯坏，处处自我中心，自私，难以与人交往，生活自理能力和社会交往能力很弱，因而……"。可以说，目前的中国对独生子女形成的这种刻板印象，似乎比当年美国等西方国家形成的刻板印象还要负面化、刻板化。本研究的结果并不支持这种负面的刻板印象。它启示我们，应该对现有认识和媒介宣传进行反思，并改变长期以来形成的对独生子女的这种负面偏见。

【对独生子女的负面刻板印象或负面偏见并不是本研究探讨的内容，但却是与本研究相关且从本研究结论中可以联想到和可以预期的一个重要问题。】

第二，婚姻对独生子女成长具有意义。本研究的结果表明，未婚独生子女在独立生活适应方面明显弱于非独生子女，但已婚独生子女在这方面的表现却与非独生子女完全一样，即婚姻状况对青年独生子女独立生活具有显著的影响。笔者对两类青年"做家务事"以及"在家做饭"情况的统计分析结果也表明，婚姻状况同样是一个关键的变量。未婚独生子女做家务、做饭的比例都明显少于非独生子女，但已婚独生子女却与非独生子女的表现没有差别。② 这些结果启示我们：对于独生子女的

---

① 黄刚. 独生子女的人际关系及其社会意义. 心理发展与教育，1990（2）.
② 风笑天. 关于已婚独生子女独立生活能力的实证研究. 中国青年研究，2005（9）.

独立生活能力培养和适应来说，婚姻或许是一所很好的学校。未婚独生子女身上原有的某些弱点，会在婚姻这所特殊学校的学习过程中发生改变，并被逐渐克服。

【将研究中的具体结果上升到更一般性的层面进行讨论，即独立生活适应量表的结果显示未婚独生子女与已婚独生子女的情况相差很大，那么婚姻对独生子女来说意味着什么？正是受这一启发，我又专门探讨了这一问题，写成了另一篇论文，即文中注释的那篇。】

第三，关于"独生子女一代"与"改革开放一代"。在探讨独生子女现象和问题时，要将独生子女与同龄非独生子女进行比较，而不能将今天的独生子女与昨天的非独生子女进行比较。因为在前一种参考框架下，所得到的才是独生子女的特点；而在后一种参考框架下，所得到的更可能是时代的差异和特征。本研究所得到的"第一代独生子女与同龄非独生子女的社会适应状况没有差别"的结果，再一次启示我们要注意区分"独生子女一代"与"改革开放一代"。要认真地探讨我们在生活中所看到的种种现象和差别，究竟是两类人（独生子女与非独生子女）之间的差别，还是两代人（80年代生人与五六十年代生人）之间的差别。不能不加区别地把改革开放一代的整体特点，特别是弱点，都推到独生子女一代的身上，把一切帽子都戴在独生子女的头上。因为众多被认为属于独生子女的特点、现象和问题，实际上是整个改革开放条件下成长起来的一代新人的总的特点、现象和问题。

【这一点讨论更是将从这一具体结果中得到的结论上升为"一类人"与"一代人"的认识问题。本研究虽然没有专门研究和探讨过这一问题，但提出这一点却会对其他研究者有所启示。】

第四，关于刻板印象的形成。对独生子女的各种负面印象并不是人们的凭空捏造，它来自现实。但值得注意的是，这种现实往往是典型的、局部的、特殊的。各种大众媒介所关注和报道的，也常常是这种特殊的现实，可它们给人们留下的印象却是有关独生子女整体的。事实上，人们在日常生活中的观察往往是不系统的。这种观察往往会自觉不自觉地忽略和漏掉许多正常的、一般性的事例和现象，而会对某些非正常的、特殊的事例和现象留下印象。这也正是个人经验和常识常常误导人们认识的原因。当人们谈论独生子女存在的问题时，当他们列举独生子女不适应社会的例子时，他们实际上很可能忽视了更多在他们身边的、行为表现都十分正常的独生子女。之所以大部分人的行为表现会被忽视，是因为他们与人们头脑中的正常模式相同，因而人们会对他们"熟视无睹"。所以，在看待独生子女问题时，我们要跳出个人具体生活经历的局限，既要看到我们身边发生的、自己亲眼所见的活生生的事实，同时又不能被这种事实蒙蔽。个人的经历永远只是一种局部的认识，它不能取代个人经历未能覆盖、未能触及的更多、更广泛的现象整体。

【从对成年独生子女社会适应问题的讨论，进一步上升到对独生子女刻板印象的讨论上，并指出造成这一现象的可能原因，这可以给读者一种启发。实际上，第三点讨论和第四点讨论的内容，也成为我在第7章所介绍的进一步研究的基础。】

（三）本研究的局限

社会适应既是一个复杂的过程，又是一个多维的状态，一项具体研究往往难以涵盖其全部内涵。本项研究的结果也只是对这一问题的初步探讨，特别是本研究还存在下列局限性。一是由于客观条件的限制，样本单位主要是国有企事业单位，对外资企业员工、民营企业员工、个体户、自由职业者等而言代表性不足。同时，从单位抽取调查对象的环节仍不是严格意义上的随机抽样。所以，研究结果或许不能很充分地推广到整个城市在职青年总体。此外，各个城市子样本的规模还是偏小了一点。如果每个城市中的样本量能增加到300人，那么研究结果的可靠性就会更大一些。二是独立生活适应量表的内在一致性系数略微低了一点，可能会对研究结果有一定影响。三是本研究对恋爱婚姻适应的测量指标还比较欠缺，目前的测量主要集中在过程方面，对已婚青年婚后生活适应状况的测量和分析明显不足，这也是本研究尚不能很充分地解释目前许多涉及独生子女婚姻适应问题的舆论看法和媒体观点的地方。四是还存在这样一种可能，独生子女中许多人是"啃老族"，都待在家里不工作；而参加工作的都是能比较好地适应社会的。笔者将会在下一步的研究中继续对此进行探讨。

【任何一项具体的经验研究都会或多或少地存在大小不同的问题或局限。实事求是地向读者说明本研究的不足或局限，是科学研究的基本要求。】

## 第四节　研究评价与启示

### 一、研究评价

这项研究的主要优点是能够紧密联系当时社会上的焦点问题，针对大众媒介和社会舆论对成年独生子女的认识进行验证，因而这一选题的现实意义很强。同时，由于第一代独生子女刚刚成年，刚刚走入社会，因而研究他们的社会适应问题又具有很好的前沿性。用这一研究题目能够顺利申请到国家社科基金，也从一个侧面说明这一选题具有很好的现实意义。这项研究第二个比较好的方面是不仅在论文中对研究结果给出了相应的理论解释，还结合研究结果在更广泛的层面进行了较好的讨论。这种讨论既拓展了本项研究的意义和价值，同时也为后续其他相关研究带来了一定的启示。

这项研究的主要不足一方面是在调查对象的抽取上还存在局限。调查对象的抽取主要局限在国有企事业单位，而缺少在外资、合资、民营等类型企业中工作的青年，也没有包含目前越来越多从事个体经商、自由职业等的青年。同时，从单位抽取调查对象的环节仍不是严格意义上的随机抽样，从每个城市抽取的样本规模也稍微小了一点。所以，研究结果对于城市在职青年总体的代表性相应会受到影响。另一方面，对青年恋爱婚姻适应的测量指标还比较欠缺。研究中对这方面的测量主要集中在恋爱婚姻的过程方面，对青年进入婚姻后的生活适应状况的测量和分析明显不足。因而研究尚不能很充分地解释许多涉及独生子女婚姻适应问题的舆论看法和媒体观点。

### 二、研究启示

首先，这项研究在选题方面可以给我们一些有益的启示。

学习过"社会研究方法"课程的读者知道，值得研究的问题通常有三种主要的来源，即现实社会生活、个人经历、相关文献。同时，衡量选题是否合格的标准包括四条，即重要性、创新性、可行性、合适性。[①] 本项研究的选题过程，较好地向我们展示了上述来源和衡量标准在实际研究中的具体运用。

从前面对选题背景的介绍中可以看到，我当时之所以选择这一问题进行研究，首先是因为我国社会中出现了第一批刚刚成年的独生子女，他们开始走入社会，找工作、找对象、成家立业。正是这样一批特殊人口成年、进入社会的客观现实，为我选择开展这项研究提供了来源。如果没有这一社会现实的出现，我可能就不会想到去研究这一问题，也就不会有这样的一项研究。这也从另一个角度说明，我们每天面对、生活于其中的社会现实，是研究问题的最主要来源。

其次，使我注意到这个问题，并导致我后来去研究它的，是当时大众媒介的报道。如果没有大众媒介在新世纪的最初几年中对这一问题的反复报道，以及由此所形成的社会舆论，我可能也不会注意到这一问题，可能也不会意识到探讨这一问题的重要性。这也告诉我们，作为一种特殊文献的媒介新闻报道，常常会成为我们的一些研究问题的触发点。我一直认

---

① 不熟悉这方面内容的读者可以参见：风笑天. 社会研究方法：数字教材版. 6版. 北京：中国人民大学出版社，2022.

为，在发现新现象、新问题方面，大众媒介的新闻记者们往往比我们更加敏感（在学校给学生们上课时，我也经常会用开玩笑的语言来称赞媒体记者有着嗅觉灵敏的"狗鼻子"）。他们往往会比一般人更早发现一些新的现象（想想"新闻"的英文单词"news"，你应该能理解这一点）。所以，在日常生活中留意大众媒介的一些新闻报道，往往也会给我们选择研究问题带来帮助。

最后，我的个人经历在这项研究的选题中同样具有十分重要的作用。大家想一下，同样的社会现实，同样的大众媒介报道，为什么其他人没有想到要去做这样一项研究，而偏偏是我选择去做这样一项研究呢？这里的一个关键因素是，我一直在研究独生子女问题，一直在关注与这一代人的成长相关的现象。所以，当大众媒介的报道引起我的注意后，我会很自然地在头脑中将其与自己在长期研究中所形成的对独生子女的认识进行比较。一旦我的思想认识与大众媒介报道以及社会舆论的认识不一致，就激发了我想要去探索的兴趣，并导致我最终亲自去探究一番，去搞清楚现实究竟是怎样一回事，于是就有了这项研究的题目。

从上述分析中读者也可以得到启示，一个合适的研究问题的最终形成，通常是上述两种、三种因素共同作用的结果。特别地，我的研究问题主要来自当时的大众媒介报道，以及这种报道的观点与我在长期研究独生子女问题时形成的基本认识之间的明显差别。如果没有大众媒介的报道，这一问题可能就不会引起我的注意。而如果没有我通过长期对独生子女问题的关注和研究所形成的认识，也不会形成这一研究问题，更不会激起我一定要搞清楚现实究竟如何的研究兴趣。所以，关注身边的社会生活，注意浏览各种文献，充分调动自身的生活经历，就一定可以发现值得研究的问题。特别是对于一些引起自己注意的、疑惑不解的现象，不要轻易放过。多问自己"是这样吗？为什么会是这样？"，一定可以从中发现值得研究的问题。

再来看看我选择的这个研究问题是否符合社会研究方法教材中所说的几条选题标准。首先，重要性是十分明显的。正如我在论文中所说，"如果整整一代独生子女都不能很好地适应社会生活，那么无论是对独生子女

第4章 用系统证据反驳社会的偏见

个人、家庭，还是对整个中国社会，都将是一种严重的后果。这种后果也可能成为我国人口控制政策所导致的最大负面影响之一"。所以，用科学的研究去弄清楚这一点就显得十分重要了。

其次，这一选题的创新性则更是尤为突出。这是因为，第一代独生子女才刚刚成年，他们的社会适应问题才刚刚开始浮现。无论是社会还是学术界，都缺乏对他们社会适应状况的了解和认识。因此，在更为大量的独生子女人口尚未成年之前，了解和分析他们的"先头部队"的行为表现，可以为广大独生子女父母、家庭，以及学校和整个国家正确认识、正确对待、正确培养独生子女提供有益的帮助。而我申报国家社科基金自选课题的成功也在一定意义上说明这一选题有较好的创新性。

最后，选题有重要性、有创新性，并不就一定能进行研究，因为研究的选题还要具有可行性。对于我的这项研究来说，这种可行性至少包括两个大的方面：一方面是要有足够的研究对象；另一方面是我要具有做这项研究的资源和条件。

第一个方面指的是现实社会中存在着相当数量的研究对象，即成年独生子女。如果研究对象非常少，在成年人口中比例非常低，那么要做这方面的研究，特别是要做大规模的调查，就非常困难。到2004年时，我国独生子女政策已经实施20多年了，第一批独生子女（以1976—1986年出生为标准）已经处于18～28岁的成年年龄段，且根据国家计划生育委员会[①]的统计，1979年时全国就有610万领证独生子女，到1986年时领证独生子女已超过3 000万人，其中城镇独生子女人口就超过1 800万[②]。所以，2004年开展调查时，有足够的研究对象。

写到这里我想起一件与这一点有关的事情。那是在2002年，我的一位在台湾地区"中央研究院"社会学所工作同时在台湾大学兼职指导研究生的朋友给我来信，说他的一个研究生要写与独生子女问题相关的学位论文。因为他知道我一直在做这方面的研究，所以请我给她一些指导。他让

---

① 现为国家卫生健康委员会。
② 风笑天. 独生子女：他们的家庭、教育和未来. 北京：社会科学文献出版社，1992：8.

学生专程从台湾来到南京向我请教。见面交谈后我才知道，这名研究生是想做两名独生子女结婚后如何抚育他们的孩子的研究。用她的话说，"我想探讨两个从小没有兄弟姐妹、只有自己一个人成长起来的独生子女，在结婚成家、生儿育女后怎么养育自己的孩子的问题"（用我们现在的语言来说，就是"双独夫妇"如何养育自己的孩子的问题）。

【读者朋友，如果你是我，会怎样回答这位研究生同学的问题呢？】

我当时首先积极地肯定了她的这一想法，告诉她这是一个非常有意义的、无论是对独生子女夫妇还是对中国社会来说都十分重要的问题。同时，我也十分遗憾地告诉她，目前研究这个问题还不是时候，现在调查"双独夫妇"养育孩子的问题还为时尚早。因为第一批独生子女中大部分人当时可能才刚刚20出头，绝大部分都还没有结婚成家。即使有很少的独生子女结婚成家了，但夫妻双方都是独生子女的夫妻在当时少之又少。现实社会中符合她研究要求的对象不够充足，在这种情况下开展调查会比较困难。所以，她所选择的研究问题不具有可行性。

我的研究问题的可行性的第二个方面是我要具有做这项研究的资源和条件。这种资源和条件主要包括财力、人力和时间。财力即研究经费，这是首先需要解决的。实际上，我在2000年时就想到了成年独生子女的问题。当时虽然没有明确地将研究问题集中到他们的社会适应上，但也想到他们会走上社会，会面临他们在中小学时接触不到的成家立业问题，也想尝试着去研究他们的工作和生活状况。可是，当时我手上没有课题，没有充足的研究经费。所以，当时我做的两次相关调查（即2000年、2002年湖北省四城市在职青年调查）都是以在社会研究方法课程中让学生进行实践的方式来做的。由于经费很少，样本规模受到很大的限制，再加上当时成年独生子女在同龄人中的比例相对较小，样本中已婚的独生子女更少，所以难以调查了解成年独生子女婚姻关系、家庭生活等方面的详细情况。

这次我为了能够开展研究，特地申请了国家社科基金项目，很幸运地获得了批准。有了相对充足的经费，开展全国范围的较大规模的调查就变得可行了。有了经费，还要有人力。因为是在全国12个城市做调查，虽

## 第4章 用系统证据反驳社会的偏见

然我可以带着自己的学生到各地去做，但那样显然经费代价、时间代价都太大。我又采取了联系全国12所大学相关学者，请他们替我在当地（或附近）城市开展调查的方法。我将经费拨给他们，将调查方式、具体要求等也发给他们。在他们的积极支持下，课题资料收集工作在较短的时间里顺利完成了。如果得不到相关学者的支持，研究的可行性也会受到影响。

这项研究在对研究结果的讨论方面也可以给我们一些启示。

经验研究的具体结果往往是直接针对研究问题的。比如，我的这项研究的研究问题是"城市第一批成年独生子女不适应社会吗？"或者简单地说就是"第一代独生子女都是长大的'小皇帝'吗？"而我的研究结果则是："青年独生子女总的社会适应状况与同龄非独生子女相差无几。青年独生子女社会适应状况不如同龄非独生子女的研究假设没有获得证实。总的研究结论不支持独生子女不适应社会的负面偏见。第一代独生子女并不都是长大的'小皇帝'。"仅从回答研究问题来说，研究到这里可以说是结束了。但从更高的要求看，研究到这里还没有结束。因为研究的具体结论相当于只是回答了"是什么"的问题，即成年独生子女的社会适应状况"是不是"与同龄非独生子女不同，或者说，成年独生子女与非独生子女社会适应状况的差别"是什么"。而读者看到这一研究结论后，往往还会进一步提问：二者之间"为什么"会相同？"为什么"成年独生子女与非独生子女的社会适应状况没有差别？

虽然回答这种问题并不是这一项研究的目标，但我们最好能在得出研究结论的同时，尽可能地给出一些可能的解释。具体的方式有两种。一种是采用现有理论来解释。比如本项研究中，对于为什么成年独生子女与非独生子女的社会适应状况没有差别的问题，我是采用我在独生子女社会化研究中所提出的"消磨-趋同"理论来进行解释的。另一种方式是在没有合适的现有理论的时候，尝试提出一种新的理论进行解释。但此时一定要注意，这一理论解释只是"可能的"解释，因为它只是研究者依据现有的研究结果，在描述性结论的基础上，依据前人的相关理论或研究结果推断出来的，或者说"猜测的"。是否真的如此，还需要后续研究进行验证。尽管如此，这种"可能的"解释还是可以给后续研究提示某种可能的方向。这是扩大现有研究结果的意义的一种常见方式。

除了进行解释外，最好还能够基于该项研究的具体结果和结论，引申出与这些结果和结论有关，但又超出这些结果和结论、超出该项研究范围的相关问题并进行一定的探讨，以给读者更多的启发。比如，我在这项研究中，就讨论了四个既与本项研究有关但又超出本项研究的问题。无论是关于对独生子女的负面刻板印象需要改变的讨论、关于婚姻对独生子女具有的特别意义的讨论，还是在更一般的意义上关于"一类人"与"一代人"的讨论，以及对独生子女刻板印象形成原因的讨论，都在现有研究的基础上，大大地拓展了读者思考的范围和空间，给读者的启发意义可能比这项研究的具体结果和结论还要更大一些。实际上，这也是研究者在得出具体的研究结果后更需要去做且更难做好的一件事。

# 第 5 章

# 探讨关键因素的作用和效果

案例：跨省外迁三峡移民的社会适应

## 第一节　问题哪里来？

### 一、选题背景

为了说明这项研究形成的背景，有必要对长江三峡水利枢纽工程及三峡移民略做介绍。我国三峡水电站是世界上规模最大的水电站，三峡工程则是中国有史以来最大型的建设工程项目。三峡水电站1992年获得全国人民代表大会批准建设，1994年正式动工兴建，2003年6月1日开始蓄水发电，2009年全部完工，从动工到完工历时15年。由于三峡工程总共淹没城市2个、县城11个、集镇114个、乡356个、村1 711个，受淹没影响人口共计84.62万，其中农业人口36.15万人，非农业人口48.47万人，加上人口自然增长因素，按12%的增长率计算，动迁总人口达到113万。三峡工程所涉及的百万移民是迄今为止动迁规模最大、涉及面最广的水库移民，而三峡工程百万移民的搬迁和安置是三峡工程成败的关键。

我国国家领导人多次强调，三峡工程百万移民要做到"搬得出、稳得住、逐步能致富"。这是三峡工程移民工作的最终目标。然而，由于水库移民是一种非自愿性的工程移民，这一人口迁移过程不具有市场选择性，特别是由于移民从原居住地搬迁进入安置地往往是一个突变过程，这一过程必将导致移民居住的自然环境与人文环境发生深刻的变化，从而使移民的生产方式、生活方式、人际关系等发生急剧的变迁。根据世界银行的研究，迁移可能会对移民产生一系列的影响，其中包括：原有的生产体系被破坏，生产性的收入来源丧失，人们被重新安置到另一个可能使他们的生产技能不能充分发挥，而且资源竞争更加激烈的环境中；乡村原有的组织机构和社会关系网被削弱，家族群体被分散，文化特征、传统势力及潜在的互相帮助作用被减弱；等等。①

因此，围绕三峡移民问题进行研究，无疑具有十分重要的现实意义。可以说，我国三峡工程的实施以及由此所带来的三峡工程百万移民现象，构成了我这项研究最大的背景。但三峡移民的问题很多，我这项研究又是如何形成的呢？这就必须对三峡移民的基本情况有所了解。三峡工程的移民工作可以大致分为三个阶段：第一阶段是在三峡大坝开工建设初期，对坝区附近居民进行的搬迁和安置，这一阶段的移民可称为坝区移民。第二阶段是在大坝建设过程中，根据大坝未来蓄水高度175米，对整个库区受影响的线下居民进行的搬迁和安置，这一阶段的移民可称为库区移民。第三阶段是考虑到库区所在的重庆市安置容量的限制，特别是为了更好保护三峡库区生态环境，减轻库区环境容量的压力，国家开始将库区移民跨省安置到上海、江苏、浙江、福建、山东、安徽、江西、广东、湖北、湖南、四川11个省市进行安置，这一阶段的移民可称为跨省外迁移民。

对于移民问题，我首先想到的是：对于这些祖祖辈辈生活在家乡土地上的普通农民来说，成为移民，就意味着彻底离开故土，举家搬迁到新的

---

① 塞尼. 移民与发展：世界银行政策与经验研究. 水库移民经济研究中心，译. 南京：河海大学出版社，1996：18.

## 第5章 探讨关键因素的作用和效果

安置地开始新的生活。搬迁后,他们会面临什么样的困难和问题呢?他们能够从各方面适应新的社会生活吗?形象地说,那些已经完成搬迁的三峡移民在新的安置地能够顺利地"落地生根"吗?显然,要"落地生根",要做到国家说的"稳得住、逐步能致富",一个首要前提就是移民能够很好地适应安置地新的自然环境和人文环境。移民通过一定途径完成对搬迁后的自然环境、社会环境的适应,是其得以融入安置地社会生活和社区结构的重要基础,也是国家开发性移民方针得以顺利实施、广大移民得以致富奔小康的基本保证。因此,在有关三峡移民的众多问题中,我意识到,移民的社会适应问题是一个十分基础同时又十分重要的问题。于是,移民的社会适应问题就成为本研究更为具体的背景。

1995—2001年期间,三峡工程以及三峡移民搬迁安置正在进行中。我当时正好在位于湖北省武汉市的华中科技大学社会学系任教,而三峡大坝的坝址正是在湖北省的宜昌市。最先开展的三峡工程移民就是宜昌市坝区的移民。由于地缘较近的关系,我从20世纪90年代后期开始,就关注到三峡工程以及移民问题。特别是在1996年,我与社会学系的同事一起,申请到国务院三峡工程委员会移民开发局的一项重点课题,了解最早的一批坝区移民在社会适应中所面临的问题。于是,我和社会学系的其他老师分别于1997年、1999年、2000年,三次带领研究生对三峡工程第一阶段的移民即湖北省宜昌市的坝区移民进行实地调查,收集到大量的第一手资料。当时除了每年向国务院三峡工程委员会移民开发局提交课题研究报告以外,我和部分老师还指导研究生写出了一批研究论文。[1] 这些研究成果对三峡坝区移民社会适应的不同方面进行了初步描述和分析,对于帮助人们认识和了解三峡移民社会适应的状况具有一定的作用。

---

[1] 杜健梅,风笑天. 人际关系适应性:三峡农村移民的研究. 社会,2000(8);习涓,风笑天. 三峡移民对新生活环境的适应性分析. 统计与决策,2001(2);罗凌云,风笑天. 三峡农村移民经济生产的适应性. 调研世界,2001(4);汪雁,风笑天,朱玲怡. 三峡外迁移民的社区归属感研究. 上海社会科学院学术季刊,2001(2);张青松. 三峡移民的社会支持网. 社会,2000(1);刘震,雷洪. 三峡移民在社会适应性中的社会心态. 人口研究,1999(2);雷洪,孙龙. 三峡农村移民生产劳动的适应性. 人口研究,2000(6);苗艳梅,雷洪. 对三峡移民社区环境适应性状况的考察. 华中科技大学学报(社会科学版),2001(1);郑丹丹,雷洪. 三峡移民社会适应性中的主观能动性. 华中科技大学学报(社会科学版),2002(3).

但是，一方面，由于这些研究所使用的都是一个时间点上的横向资料，因此研究所得到的结论往往是对相对静止的状况的描述；另一方面，这些研究对调查资料的分析，主要依据的是单变量的描述统计和少量的双变量统计，缺少相对系统和深入的多变量分析。这使得无论是对移民社会适应现状的描述还是对影响移民社会适应的因素的分析，都显得不够全面和深入。于是，我利用三年来在宜昌市三峡坝区所做的实地调查的资料，定量地描述了三峡移民在新的安置地的社会适应状况，并运用多元统计分析方法探讨了影响移民在新环境中社会适应状况的各种因素，分析其理论含义，并提出相应的政策建议。这一研究结果最终以《"落地生根"？——三峡农村移民的社会适应》为题，发表在《社会学研究》杂志上。[1] 接着，我又将这篇论文和前期研究生发表的部分论文进行汇编，出版了一部专门研究三峡农村移民社会适应的著作。[2]

2002 年，我和一位美国教授联合申请到一项美国国立卫生研究院（NIH）的研究基金，又于 2003 年 1 月带领南京大学及华中科技大学的研究生对第二阶段的移民即重庆市的库区移民进行了实地调查，与美国教授一起将调查的结果发表在国外的英文期刊上。2003 年 9 月、2004 年 1 月和 2004 年 7 月，我又带领南京大学的研究生对第三阶段的移民即重庆市跨省外迁到江苏省和浙江省的移民进行了调查。本项研究正是对第三阶段移民的调查研究的结果之一。

在进行了前述的坝区移民研究后，我为什么会想到去做这项研究呢？这主要是因为国家的移民搬迁和安置方式有了变化。1999 年，国家决定对库区农村移民搬迁和安置的具体方式进行调整，其中的两项主要内容是：（1）农村移民的搬迁由前期的"就地后靠"为主调整为"鼓励和引导更多人外迁安置"；（2）在安置方式上将过去的"集中安置为主"调整为"相对集中到县乡，分散安置到村组"。特别是 2000 年以来，大批三峡库区的农村移民开始实行跨省搬迁和安置。据统计，到 2004 年为止，总共

---

[1] 风笑天."落地生根？"：三峡农村移民的社会适应. 社会学研究，2004（5）.
[2] 风笑天，等. 落地生根：三峡农村移民的社会适应. 武汉：华中科技大学出版社，2006.

第 5 章　探讨关键因素的作用和效果

有 16.6 万三峡库区农村移民先后离开祖辈生活的家乡，举家搬迁到千里之外的上海、江苏、浙江、福建、山东、安徽、江西、广东、湖北、湖南、四川 11 个省市。跨省外迁安置的移民占到了整个三峡工程农村移民总数的 41%。[①]

面对如此众多、搬迁距离越来越远的跨省外迁移民，我意识到他们的搬迁和安置方式的改变可能会在社会适应方面为他们带来新的问题。因为这种跨省的外迁移民，他们所面临的社会环境、社会生活、社会关系等方面的改变，不仅与那些在原居住地"就地后靠"的移民大不相同，同时也与那些仅仅在同一县内、同一市内近距离异地搬迁的移民大不相同。那么，他们将面临什么？他们的社会适应又将遭遇什么？这是导致我开展这项研究的最基本的背景。

### 二、研究问题

在我自己以及学术界现有的对坝区、库区移民社会适应研究结论的基础上，我的这项研究希望探讨的问题是：影响跨省外迁三峡移民社会适应的因素是什么？即影响他们顺利适应新的生活环境的因素主要有哪些？特别是相对集中安置和完全分散安置两种方式对移民适应有哪些不同的影响？如何对这些影响因素或者不同的影响进行理论解释？从实践上对促进跨省外迁移民的社会适应又有哪些政策建议？

## 第二节　研究如何做？

### 一、研究设计

考虑到要尽可能广泛地了解跨省外迁三峡移民总体的社会适应状况，分析与跨省外迁三峡移民社会适应相关的各种影响因素，我认为比较合适

---

① 详见新华社南昌 2004 年 8 月 28 日电（记者徐征峰）。

的研究方式是进行有一定规模的抽样调查。这也是我在前期研究坝区移民社会适应问题时所采用的方法。决定了采用调查研究的方法后,主要的研究设计就是样本抽取、概念测量、问卷资料收集,以及数据统计分析。

一是抽样的设计。首先是确定调查的地点。我此时已经调到南京大学社会学系任教。考虑到调查的方便性和可行性,我决定将江苏省内安置外迁三峡移民的四个县(市)[即射阳县、大丰市(现盐城市大丰区)、东台市、如东县]作为调查点,在这些调查点内进行抽样。具体抽样方法是,从所调查的县(市)中随机抽取部分安置移民的乡镇,然后对所抽中乡镇的全部移民户进行调查。调查对象是家中的户主或其配偶。在确定了江苏的调查点后,我又考虑到研究中要比较相对集中安置与完全分散安置这两种不同的安置方式对移民适应的影响,所以,我又确定选择经济发达程度与江苏省相当,且在地理位置上与江苏省(完全分散安置)相邻的浙江省(相对集中安置)作为比较对象。在浙江省选择了安置移民的两个县(即海盐县、嘉善县)。县内抽取移民的方式与江苏省四个县(市)完全相同。

二是对核心概念的操作化。本研究中最重要的概念是移民的社会适应。我首先将其界定为"移民对安置地生活各方面的习惯程度和满意情况";然后将其操作化为移民到安置地后在经济、生产、生活、环境、心理等方面的适应状况;再根据我原来在研究坝区移民社会适应问题时所用的测量指标,对其进行了补充和调整,在此基础上建立了由14个具体项目构成的李克特形式的社会适应量表;最后将量表中的项目设计成问卷中的具体问题。此外,根据分析的需要,我又设计了李克特形式的移民与当地居民之间交往量表、移民相互之间交往量表,分别对移民与两种对象的交往情况进行测量。

细心的读者可以看出,这里的社会适应与上一章中的社会适应在概念界定上略有不同,操作化的具体维度也有所不同。上一章中所讨论的青年独生子女的社会适应,主要是从时间的视角出发,即从个人生命历程角度、从个人社会化发展的角度来考察青年成长过程中面临新的社会生活、社会角色以及社会关系时所产生的适应问题。而本章中所讨论的三峡移民的社会适应,则主要是从空间的视角出发,考察移民在经历了生活地点的搬迁和改变后，面临两种不同的社会生活环境、生产劳动环境、社会关系环境时所产生的适应问题。

除了社会适应的概念外，我还根据以往研究的结果，对与移民社会适应密切相关的因素也进行了操作化，即分别从移民土地状况、住房状况、风俗习惯差别、语言差别、当地政府和居民对移民的态度、移民与当地居民之间交往状况、移民相互之间交往状况等方面进行测量。特别是为了测量移民与当地居民之间的交往状况、移民相互之间交往状况，我又专门设计了移民与这两种对象之间的交往量表。

三是对资料收集方法进行设计和计划。考虑到移民的文化程度以及在安置地的生产、生活、居住状况，我决定采用结构式访问的方式，组织调查员深入移民家中进行面访。特别是了解到江苏省的移民安置非常分散，入户调查的工作量十分大后，我提前组织和培训了我的研究生作为调查员，联系好各个调查地点的移民部门，在合适的时间开展实地调查。

四是根据研究的目标、所要回答的问题、研究的变量的性质，确定了资料分析的主要方式。一方面，通过明确和测量主要因变量以及可能对其具有影响的各种自变量，采用多元回归的方法来探讨影响移民社会适应的各种因素；另一方面，对于分散在问卷中用来测量移民土地状况、住房状况、风俗习惯差别、语言差别、当地政府和居民对移民的态度等的十几项具体指标，则采用因子分析的方法，将这些指标进行简化，综合成几个自变量因子，以便于代入回归方程进行计算。

**二、研究实施**

在我确定了江苏省内安置三峡移民的射阳、大丰、东台、如东四个县（市），以及浙江省安排三峡移民的海盐、嘉善两个县作为调查点后，具体的调查、抽样都需要实地完成。由于六个调查地点相距较远，调查的工作量较大，我一人是难以完成的。因此，要完成实地抽样和问卷调查，并保证调查资料的质量，需要一支经过训练的调查员队伍。同时，由于移民调查具有一定的敏感性，尽管我能开出南京大学的介绍信，但地方政府一般还是不会接待这方面调查的。因此，我还需要找到能够进入移民安置区、能联系上一户户移民的社会关系和条件。为此，我通过南京大学社会学系两位教授的关系，分别联系和安排了东台、大丰、如东的调查；又通过南京大学社会学系一位在职博士生的关系，联系和安排了射阳的调查；最后又联系了一位来自嘉善的博士生，通过他的关系，联系和安排了浙江省两县的调查。

因为江苏省的移民安置采取的是完全分散的方式（也称为"分散插花式安置"），一个村只有三户左右，而一个组通常只有一到两户，调查范围非常分散。为此，我先组织我的所有在读博士生和硕士生，分成四个小组，于2003年9月分别奔赴江苏省的四个调查地点同时开展调查。浙江省的安置则是采取相对集中的方式（一个村组10户左右），且通常是在路边或是村边交通比较方便的地方单独为他们建新房，这些移民户住在一起，不和当地居民混居。所以，浙江省两县的调查工作量相对较小。我就安排那位来自嘉善的博士生分别在2004年1月和7月，分两次对两县的移民进行了抽样调查。

由于有熟人关系的介绍，整个调查工作都比较顺利。拿我自己带领四位研究生赴射阳开展的实地抽样和调查来说吧。南大社会学系那位在职博士生给我们介绍的关系是射阳市法院的一位领导。他不仅为我们联系了市移民局的领导，安排了具体的调查时间，还给我们安排了一辆专车，每天接送我们到各个乡镇。开始他甚至还亲自陪着我到移民家里进行调查。当然，每当这个时候，我都会让研究生进行访问，我则将他支开，到外面和他聊一些别的事情，以免影响到移民回答调查员的问题。其他县（市）的情况也都差不多如此。由于有了当地移民部门的积极配合，加上调查员的认真负责，实地调查工作按计划顺利完成。

实地调查结束后，我组织学生将问卷资料进行编码、录入，并进行认真清理，最终形成了此次调查的数据库。然后我按照研究设计的资料分析方案，对数据资料进行了各种统计分析，得出了具体的研究结果。

## 第5章 探讨关键因素的作用和效果

### 第三节 论文怎么写?

我在完成了资料分析、得出了研究的结果后,便将结果撰写成一篇研究论文,在《江苏社会科学》上发表。[①] 下面我将结合论文,对论文撰写的方法及表达方式进行解析。

#### 一、论文总体框架

这篇论文在结构上同样遵循了定量研究论文规范的表达方式,即主要分为"问题与背景"、"文献回顾"(相关文献回顾)、"研究设计"(样本与资料)、"结果与分析"、"总结与讨论"(小结与讨论)几个大的部分。其中,"结果与分析"部分主要依据研究思路中探讨影响移民社会适应因素的要求,先对自变量进行因子分析,然后再对因变量进行多元回归分析,最后对回归模型的质量进行统计检验。论文总体框架如表5-1所示。

表5-1 论文总体框架

| 主体结构 | 主要内容 |
| --- | --- |
| 1. 问题与背景 | 国家调整移民搬迁和安置方式,大批移民跨省外迁<br>跨省搬迁与近距离搬迁有很大的不同<br>分散安置也与集中安置有很大不同<br>对跨省外迁移民社会适应性的研究成为重点<br>本文的研究问题 |
| 2. 文献回顾 | 三峡移民第一类文献综述<br>三峡移民第二类文献综述 |
| 3. 研究设计 | 三次调查的基本情况介绍<br>样本基本结构介绍<br>研究的因变量和自变量介绍 |

---

① 风笑天. 生活的移植:跨省外迁三峡移民的社会适应. 江苏社会科学,2006(3).

续表

| 主体结构 | 主要内容 |
| --- | --- |
| 4. 结果与分析 | 对相关自变量进行因子分析的结果<br>对因变量进行多元回归分析的结果及其分析<br>变量间多重共线性的检验结果 |
| 5. 总结与讨论 | 最重要因素是当地政府的关心以及当地居民的欢迎<br>住房状况是影响社会适应的重要因素<br>移民与当地居民的交往状况具有重要的影响 |

## 二、论文写作解析

### 生活的移植
#### 跨省外迁三峡移民的社会适应[*]
风笑天

【论文的标题以双标题形式表达。为了突出跨省外迁三峡移民的特殊性，主标题采用了简短的"生活的移植"来进行概括、比喻和说明。其中的"移植"两字，是借用农业生产上常见的农作物生长过程中的一种种植和栽培方法，来形象地比喻移民如同农作物一样，被从一块土地连根拔起，又栽种到另一块土地上。而"生活"两字，则是想表达跨省外迁移民所搬迁的、被"拔起和栽种"的不仅仅是物质的、实体的、有形的家，更是各种精神的、心理的、看不见的、无形的生活内容的搬迁和改变，涉及移民社会生活的方方面面。论文的副标题则明确指出两个关键的内容，即研究对象是跨省外迁的三峡移民，研究主题则是社会适应。主副标题的搭配既形象生动，又明确具体，达到了很好的效果。读者可以尝试学习这种标题的设计。】

摘要：本文依据对江苏、浙江两省343户跨省外迁三峡移民的问卷调查资料，采用多元统计分析方法，定量地考察了影响移民社会适应的

---

[*] 本文为南京大学"中国社会与文化研究中心"研究项目"三峡跨省外迁农村移民的社会适应"的主要成果。博士生徐连明协助组织了浙江省两县的调查，特此致谢。

主要因素。研究结果表明，安置地政府和居民对移民的接纳状况，是影响移民社会适应状况的最重要因素。同时，移民的住房状况、移民与当地居民之间的交往状况、移民相互之间的交往状况、移民对当地语言的熟悉程度、两地风俗习惯方面的差别等因素，也对移民的社会适应具有一定影响。

关键词：三峡移民　跨省外迁　社会适应

## 一、问题与背景

三峡工程百万移民是三峡工程成败的关键。1999年，为保护三峡库区生态环境，减轻库区环境容量的压力，国家决定对库区农村移民搬迁和安置的具体方式进行调整。其中的两项主要内容是：（1）农村移民的搬迁由前期的"就地后靠"为主调整为"鼓励和引导更多人外迁安置"；（2）在安置方式上将过去的"集中安置为主"调整为"相对集中到县乡，分散安置到村组"。2000年以来，大批三峡库区的农村移民开始跨省搬迁。到2004年为止，总共有16.6万三峡库区农村移民先后离开祖辈生活的家乡，举家搬迁到千里之外的上海、江苏、浙江、福建、山东、安徽、江西、广东、湖北、湖南、四川11个省市。跨省外迁安置的移民占到了整个三峡工程农村移民总数的41%。

【开门见山，直接点出三峡移民工程发展到目前阶段所出现的一个重要的宏观背景，即国家调整了移民搬迁与安置的方式，改"就地后靠"为"跨省外迁"，以及改"集中安置"为"分散安置"，并详细说明和强调跨省外迁移民的数量之多，以及搬迁距离之远，为下面说明这种跨省外迁与原来就近搬迁和集中安置所具有的不同打下基础。】

这种跨省搬迁与大坝建设初期同一地区内的近距离搬迁，有着很大的不同。首先是搬迁的距离远。无论是搬迁到几百公里以外的四川、湖北、湖南，还是到更远的江西、安徽、江苏、山东、福建、广东和上海等，对移民来说，都与在重庆市范围内的跨县搬迁是大不相同的。这是因为，人们心目中空间距离的远近，除了受到实际空间距离的影响外,还常常受到他们所隶属的行政区域的影响,对于举家搬迁的人来说就更是如此。在移民的心目中,衡量这种距离家乡远近的标准往往遵循着从组到村、从村到乡镇、从乡镇到县(市),再从县(市)到省,最后到国家的规律。形象地说,人们对家乡的心理归属和认同就如同是一组以家庭所在的组为圆心,分别以村、乡镇、县(市)、省、国家为半径,一圈一圈慢慢扩大的同心圆,他们心目中的空间距离在很大程度上就是这组同心圆的半径。

【先说明人们心目中空间距离的远近与行政区划的关系,并强调人们对家乡的心理归属感和认同感更受到这种行政区划的影响,即"跨省"的重要影响。】

其次,除了距离远以外,安置方式也发生了明显的改变,即由过去的一个村几十户移民的"集中安置"转变为一个村只有不足十户的"分散安置"。在分散安置中,又有相对集中安置和插花安置两种具体模式。相对集中安置是将大约五至十户移民家庭集中在一起建房安置,即形成一个小小的移民安置点,这几户移民互为邻里;而插花安置则是将移民户分得更散,一个村组往往只有一至三户移民户,并且常常是单家独户地分散安置在当地居民当中。

【再详细说明这种分散安置的具体形式。当然,这里如果能够对这种分散安置的形式为移民生活或心理带来的影响进行一定的分析,效果会更好一些。】

这种跨省外迁、分散安置无疑会给移民的生活带来巨大的影响。"到上海、江苏等地的跨省'远迁',与初期移民在湖北、重庆同一地区内的跨县'近迁',是两种有着重要差别的迁移模式。""跨省外迁的农村移民在社会适应方面,将会面临一些与跨县外迁移民不同的困难与问题,其适应过程将会形成一些不同于跨县近迁的特点。开展对跨省外迁移民社会适应性的研究,应该成为下一段移民研究的重点领域之一。"(风笑天,2004)

# 第5章　探讨关键因素的作用和效果

【这里着重指出跨省外迁与原来搬迁模式的不同，特别是通过引用以往研究的结论，十分自然地说明了本研究的重要意义，顺理成章地为本研究问题的提出准备了充分的依据。

另外，读者要注意的是，本书采用的注释方式是页下注。而当时我写这篇论文时采用的是学术期刊中另一种常见的注释方式，即文中夹注。夹注的方式是在引用原文处用一个括号，里面注明原文的作者和文献的发表时间。如果是著作，则除了作者和时间外，还要加上具体的页码。】

正是本着这一指导思想，笔者于2003年至2004年期间，对由重庆外迁至江苏、浙江两省的343户农村移民进行了结构式访问调查。本文试图依据调查结果，对影响跨省外迁三峡移民社会适应的主要因素进行分析，在此基础上给予一定的理论解释并提出相应的政策建议。

【最后指明本研究的问题和研究的目标。】

## 二、相关文献回顾

对三峡移民社会适应性的研究主要有两类：第一类开始于20世纪90年代后期，其特征是以早期近距离搬迁、集中安置的移民为研究对象；第二类则开始于2002年，并以2000年以来的跨省外迁移民为研究对象。

【通过系统收集和阅读相关文献，我首先将现有文献进行了归纳。这样可以让读者从总体上了解相关文献的基本情况，然后分别对每一类研究文献进行评述。】

第一类研究中，大多数文献主要描述了移民社会适应的状况。这些研究发现，在经济生产与劳动的适应方面，从事家庭副业和工商业经营的家庭均有减少，移民职业角色和收入结构单一化，接近四成的人对迁移后的生产劳动很不适应或不太适应；大部分移民对迁移后的日常活动、居住环境等已基本习惯，但对安置地的人文环境特别是治安状况不甚乐观；在人际关系的适应方面，近半数移民仍有一定程度的被歧视感，遇到困难找新邻居帮忙的只占 1.2%，而且干群关系也不够融洽（风笑天、王小璐，2004）。

【这是对第一类文献的总体介绍。它通过转述我和我的研究生发表的一篇对三峡移民研究现状和趋势的文献综述中的相关内容，来达到从总体上概述这一类研究的目的。由于文献综述是已经公开发表的，所以这种转述方式的介绍可以增加概述的效果。】

笔者曾利用 1997 年、1999 年、2000 年三次对湖北省宜昌市 400 余户三峡移民进行调查的资料，对影响移民社会适应的各种因素进行了分析。结果表明，移民所感觉到的安置地政府对他们的关心，是影响搬迁初期移民社会适应的一个重要因素。"随着搬迁时间的延长，移民社会适应的状况逐渐向好的方向发展。但与此同时，当搬迁方式的影响逐渐减弱，移民开始接受和面对搬迁的现实时，他们一方面开始熟悉和适应在安置地的日常生活，另一方面也逐渐在更多方面感受到更深层次的问题和困难。因此，影响移民社会适应的因素发生了很大的变化。比较突出的特征是：生产劳动方面的差别，开始成为影响移民家庭的经济发展和长远生活水平提高的重要因素。作为'外乡人'的移民开始对新社区中的安全产生敏感，这十分明显地体现在安置地的社会治安状况成为影响移民社会适应重要因素的事实上。不仅如此，来自同一地区的移民与当地居民在生活习俗上的'大同'，也开始被实际生活中无数具体细节方面的'小异'取代，这使得生活习俗因素对社会适应的影响再次显露出来。"（风笑天，2004）

【接着，重点介绍了我前期在此领域的一项研究。因为相对来说，这一研究更为深入一些，也更为接近本研究一些。】

一方面，这类以湖北省宜昌市跨县近迁、集中安置的移民为对象所得到的研究结果，是否同样适合于本文所探讨的跨省外迁、分散安置的移民的社会适应，尚值得考虑。另一方面，在笔者上述研究的统计分析

## 第 5 章 探讨关键因素的作用和效果

中，对移民社会适应有影响的自变量基本上都是采取将定序层次的单一指标测量结果直接代入回归方程的方式进行计算的，这种做法实际上是不够严谨的。因此，原有的研究结果中很可能还存在着可质疑之处。

【然后，指出第一类研究，包括我前期的研究中存在的、可能会对回答本研究问题产生影响的关键性局限。】

以跨省外迁移民为对象的第二类研究目前只有很少的几项。其中，孙阳、苏红等人分别对搬迁到上海市崇明县（现为崇明区）的移民进行了研究。前者主要描述了移民的心态以及对安置地生活各方面的满意度。"移民满意度由大到小依次为住房、交通、水电使用、土地条件、子女入学、务工机会。""移民的困难主要有经济压力大、生产不适应、语言不通、生活不适应。"（孙阳、张祥明，2002）后者从移民与安置地社会整合的角度，描述了移民在社会适应过程中所出现的经济上的困窘、心理上的不适，以及对过渡期后的顾虑等现象，指出社会整合是移民社会适应的必经历程（苏红，2002）。程瑜则从文化人类学的角度，对搬迁到广东省博罗、三水两县（市）的移民的适应性进行了研究，作者用典型的事例描述了移民在语言、环境、日常生活、生产方式等方面的不适应状况。作者认为，隐藏在种种经济矛盾背后的不适应，实际上是移民在社会和文化上的不适应。作者对如何克服移民群体社会关系的"孤岛效应"也提出了自己的建议（程瑜，2003）。许佳君、施国庆则从宏观层面对三峡移民外迁沿海发达地区安置后的社会整合问题进行了探讨，在对移民安置目标的认同差异、安置地区选择、安置模式选择、生产安置方式、群体社会差异与社会整合等进行分析的基础上，提出了相应的对策建议（许佳君、施国庆，2001；2002）。马德峰则从土地、住房、社区整合、移民代表制度、帮扶制度等方面对搬迁至江苏省大丰市的移民的社区适应性进行了探讨，并对影响移民社区适应性的客观因素进行了分析。研究认为，"土地成为移民社区适应的重要的影响因素"，同时，购买旧房的方式也对移民适应带来了一定的影响（马德峰，2002）。

【由于第二类研究只有很少几项，所以都分别进行了简要介绍。】

通过对上述两类文献进行分析，笔者认为，原有的对跨县近迁、集中安置的移民的研究中，描述适应状况的多，探讨影响移民适应因素的少。而现有的跨省外迁移民研究则存在以下几个方面的不足：一是研究对象的搬迁时间普遍较短。这些研究基本上都是在移民刚刚搬迁几个月到一年的时间内进行的，对于认识移民适应状况及其影响因素来说，其研究结论显然受到迁移时间的限制而局限在移民搬迁初期的范围内。二是在资料收集方法上，这些研究较多地采取通过听取汇报、个别访问以及少量观察来获得间接的、感性的、典型的资料，然后依据主观分析得出结论的做法，缺少一定规模的、较系统的定量资料的收集和分析研究。这对于从整体上把握和认识影响移民社会适应的因素十分不利。三是目前尚没有一项样本规模超过150户的系统调查研究结果，仅有的两项问卷调查由于移民安置过于分散，实地调查的困难很大，因此样本规模普遍较小，分别只有149户和35户（孙阳、张祥明，2002；马德峰，2002）。同时，调查的内容也相对简单，测量指标很少，分析时基本上都是采用简单的百分比统计来描述。所以，对于跨省外迁移民社会适应状况的影响因素问题，目前还缺乏较为系统的经验分析和认识。

【接着明确指出第二类研究各自所存在的局限或不足，最终得出结论：对于跨省外迁移民社会适应状况的影响因素问题，目前还缺乏较为系统的经验分析和认识。这样，开展本项研究显然就具有明确的意义和价值了。】

## 三、样本与资料

【由于本项研究采取的是调查研究的方式，资料分析是对调查数据进行的统计分析，因此，这一部分主要对样本抽取过程、样本结构，以及因变量、自变量进行介绍和说明。】

本文所用资料来自笔者组织的同一主题的三次调查。调查时间分别为2003年9月、2004年1月和2004年7月。调查采用整群抽样的方式进行。具体做法是，从所调查的县（市）中，随机抽取部分安置移民的

第 5 章　探讨关键因素的作用和效果

乡镇，然后对所抽中乡镇的全部移民户进行调查。最终共抽取 6 个县（市）16 个乡镇的 343 户移民构成样本。每户抽取户主或其配偶进行结构式访问。调查样本的基本情况见表 1。

【这里的介绍还存在一定的不足，更完善的方式是详细地介绍资料收集的方法和过程，即说明我是如何组织社会学专业的研究生作为调查员在当地政府部门的协助下入户进行面访的。这样更利于读者评判研究的质量，读者对研究的信任程度也会更高。】

表 1　调查样本构成情况（$N=343$）

| 调查样本 | | 百分比 |
|---|---|---|
| 安置地点 | 江苏省射阳县 | 25.4 |
| | 江苏省大丰市 | 12.8 |
| | 江苏省东台市 | 13.4 |
| | 江苏省如东县 | 14.6 |
| | 浙江省海盐县 | 14.3 |
| | 浙江省嘉善县 | 19.5 |
| 被访者性别 | 男 | 71.4 |
| | 女 | 28.6 |
| 被访者年龄 | 30 岁及以下 | 19.6 |
| | 31～50 岁 | 66.3 |
| | 51 岁及以上 | 14.1 |

【样本构成情况十分重要，它可以帮助读者判断和分析调查抽样的基本情况、偏差情况和代表性。】

本研究的因变量是移民的社会适应，研究中将其界定为移民对安置地生活各方面的习惯程度和满意情况。在对原有同类研究所用指标进行补充和调整的基础上，本研究建立了由 14 个具体项目构成的李克特形式的社会适应量表，量表内容涉及移民到安置地后在经济、生产、生活、环境、心理等方面的适应状况，量表的取值范围为 14～67，分值越小表示适应状况越好。该量表的内在一致性系数 $\alpha$ 为 0.87。

本研究的自变量由两个部分组成。一方面，笔者根据以往研究的结果，选取了涉及移民土地状况、住房状况、风俗习惯差别、语言差别、当地政府和居民对移民的态度等11项具体指标，采用因子分析的方法，将这些指标综合成几个自变量因子（详见后面表3的结果）。另一方面，研究中还建立了移民与当地居民之间交往量表（该量表由九个李克特形式的项目组成，量表的内在一致性系数α为0.71）、移民相互之间交往量表（该量表由五个李克特形式的项目组成，量表的内在一致性系数α为0.68），分别对移民与两种对象的交往情况进行测量。同时将搬迁时间、被访者的性别、年龄等作为控制变量代入回归方程进行分析。

【详细说明因变量和自变量的内涵、测量指标和测量方式，对其中的量表还分别给出了信度系数。这些都是表述的基本规范，这样做可以帮助读者衡量测量的质量。】

## 四、结果与分析

【本研究主要的分析方式是多元回归分析，为了更好地进行多元回归分析，需要先进行因子分析，最后还要对回归模型进行检验。结果部分的写作就是按这一思路来进行的。每一张具体的统计分析结果表后面，要对表中的结果进行解读。】

为了定量地分析影响移民社会适应的各种因素，我们先根据以往研究的结果，选取了涉及移民土地状况、住房状况、风俗习惯差别、语言差别，以及当地政府和居民对移民的态度等11项具体指标，采用主成分法对这些指标进行因子分析，并采用方差极大化原则对因子负荷进行正交变换，以便对指标进行综合，从中提取出概括多个具体指标的新因子。因子分析的结果见表2：

表2　因子分析结果

|  | 因子1 | 因子2 | 因子3 | 因子4 | 因子5 | 共同度 |
|---|---|---|---|---|---|---|
| 你觉得当地政府对移民是否关心 | .711 | .111 | .085 | .244 | -.070 | .589 |

续表

| | 因子1 | 因子2 | 因子3 | 因子4 | 因子5 | 共同度 |
|---|---|---|---|---|---|---|
| 你觉得移民政策对你家是否落实 | .704 | .061 | .209 | .051 | .112 | .559 |
| 你觉得当地居民对移民是否热情 | .700 | .133 | -.012 | -.108 | -.090 | .528 |
| 住房条件比搬迁前的更好还是更差 | .065 | .887 | .094 | .040 | -.044 | .803 |
| 对现在住房状况的满意状况 | .194 | .858 | -.078 | .045 | -.079 | .787 |
| 土地质量与当地居民的比较状况 | -.022 | .090 | .823 | .101 | -.011 | .696 |
| 土地质量与搬迁前的比较状况 | .273 | -.082 | .743 | .014 | .001 | .634 |
| 现在是否能够说当地话 | -.089 | .165 | .182 | .857 | .021 | .804 |
| 现在是否能够听懂当地话 | .449 | -.125 | -.083 | .668 | -.123 | .686 |
| 风俗习惯与原居住地有无差别 | .114 | -.077 | -.142 | .009 | .804 | .686 |
| 饮食方面与原居住地有无差别 | -.176 | .036 | .131 | .064 | .759 | .627 |
| 新因子命名 | 接纳因子 | 住房因子 | 土地因子 | 语言因子 | 习俗因子 | |
| 特征值 | 2.436 | 1.492 | 1.246 | 1.188 | 1.037 | |
| 方差贡献率 | 22.144 | 13.563 | 11.329 | 10.804 | 9.428 | |
| 累计方差贡献率 | 22.144 | 35.706 | 47.036 | 57.839 | 67.267 | |

注：Extraction method: principal component analysis. Rotation method: varimax with kaiser normalization.

表2的结果表明，11个测量项目被概括为五个因子。因子的累计方差贡献率最高达到67.267，所有项目的共同度都在0.5~0.8之间，五个因子的特征值也都在1.0以上，同时KMO检验值为0.63。这些都表明数据基本达到因子分析的要求。根据每一因子所包含的指标的内容，我们分别给新因子取名为接纳因子、住房因子、土地因子、语言因

子和习俗因子。

我们将这五个因子的得分作为自变量，与两个人际交往变量一起放进多元回归方程，同时加入被访者性别、年龄、搬迁时间作为控制变量进行统计分析，最终得到下列结果（见表3）。

表3　外迁移民社会适应状况的回归分析结果

| 模型 | 非标准化回归系数 $B$ | 标准差 | 标准回归系数 Beta | 检验值 $t$ | 显著度 | 容忍度 | 方差膨胀因子 |
|---|---|---|---|---|---|---|---|
| (Constant) | 30.546 | 2.724 |  | 11.212 | .000 |  |  |
| 接纳因子 | 3.731 | .416 | .466 | 8.972 | .000 | .752 | 1.330 |
| 住房因子 | 1.720 | .400 | .211 | 4.301 | .000 | .847 | 1.180 |
| 移民与当地居民交往 | .349 | .090 | .208 | 3.897 | .000 | .711 | 1.407 |
| 习俗因子 | -1.646 | .391 | -.203 | -4.212 | .000 | .877 | 1.141 |
| 移民之间交往 | .322 | .132 | .118 | 2.443 | .015 | .874 | 1.144 |
| 语言因子 | .976 | .375 | .122 | 2.580 | .011 | .909 | 1.100 |
| 土地因子 | .533 | .379 | .065 | 1.407 | .161 | .941 | 1.062 |
| 性别（男=1） | -1.566 | .828 | -.088 | -1.891 | .060 | .938 | 1.066 |
| 年龄 | .037 | .039 | .047 | .962 | .337 | .856 | 1.168 |
| 搬迁时间 | -.058 | .043 | -.072 | -1.345 | .180 | .716 | 1.397 |
| $R=0.740$ | $R^2=0.547$ |  | 调整后的 $R^2=0.527$ |  |  |  |  |
| $F=26.955$ | Sig.$=.000$ |  |  |  |  |  |  |

由表3的结果可知，在所有被放进方程的变量中，与移民社会适应相关的变量有六个，即当地政府和居民对移民的接纳状况、移民的住房状况、移民与当地居民之间交往状况、两地习俗差别状况、移民对安置地语言熟悉状况、移民之间交往状况。这六个方面的因素与因变量移民社会适应之间的复相关系数为0.740，它们一共解释了移民社会适应状况中53%左右的变化，说明回归模型的解释力达到了较好的水平。整个回归模型的方差检验值$F$为26.955，显著水平为0.000。

由表3中的$B$值和Beta值可知，安置地政府和居民对移民的接纳状况对移民社会适应的影响最大。特别是从标准回归系数Beta中可以看到，接纳因子每增加一个标准单位，移民社会适应的状况就会提高

## 第 5 章 探讨关键因素的作用和效果

0.466 个标准单位，即安置地对移民的接纳程度越高，移民的社会适应状况越好。而移民的住房状况、移民与当地居民之间交往状况、安置地与原居住地之间习俗的差别，也是比较重要的影响因素，它们每增加一个标准单位，移民社会适应状况也会分别提高 0.211、0.208 和 0.203 个标准单位，即移民的住房状况越好，移民与当地居民之间交往越多，两地之间习俗方面差别越小，移民的社会适应状况就越好。此外，移民之间的交往、移民对当地语言的熟悉状况也对其适应状况具有一定的影响。而放进方程的其他变量，比如土地状况、搬迁时间、性别、年龄等，则都与社会适应状况不相关。

表 3 中对变量之间多重共线性的检查结果显示，六个变量与其他变量之间的容忍度均为 0.70 以上，即六个变量能够提供的信息都占本身方差的 70% 以上，大大高于 0.1 的要求；同时，六者的方差膨胀因子也都只有 1 倍左右。这些结果都表明，该回归模型不存在严重的多重共线性问题。下列回归标准化残差图则显示，多元回归模型的标准化残差在 0 值部分凸起，两侧分布比较对称，基本上呈正态分布，服从均值为 0、方差相同的线性回归模型的假定（见图 1）。

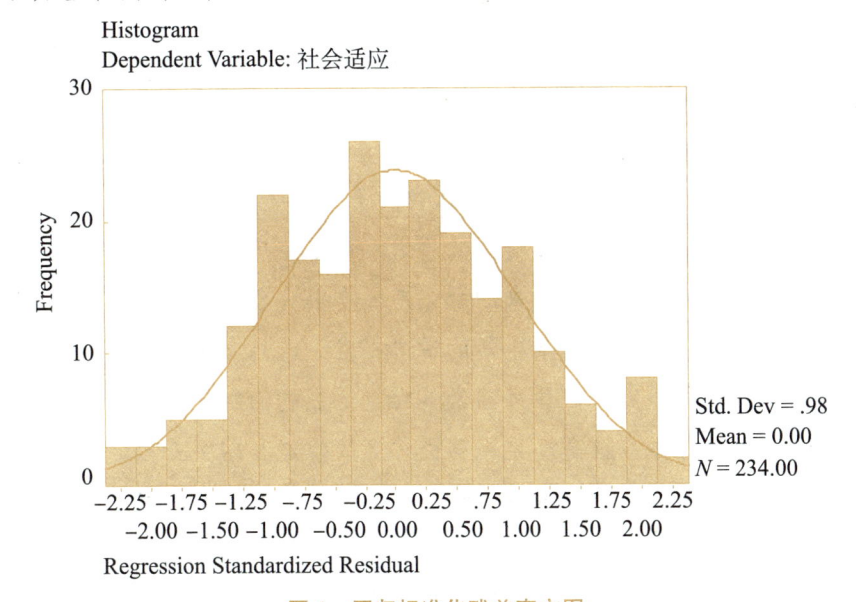

**Histogram**
Dependent Variable: 社会适应

Std. Dev = .98
Mean = 0.00
$N = 234.00$

图 1　回归标准化残差直方图

## 五、小结与讨论

【较好的"总结与讨论"写作方式是先简要总结出本研究的主要结果和结论，可能情况下也可以用1、2、3、4等数字分别列出，以便读者再次回顾本研究的结果，然后在此基础上引申出若干相关问题，展开更为宽泛、更为深入的讨论。本文在这方面做得不够好，主要表现在对研究结果的相关讨论不够，仅仅只是对研究结果进行了总结。】

移民搬迁和安置，如同对个人和家庭的整个生活进行"移植"，它需要十分合适的"土壤"和"气候"条件。本研究结果表明："移民所感觉到的安置地政府对他们的关心"以及安置地居民对他们的欢迎，是影响跨省外迁移民社会适应的最重要因素。并且，相对于跨县近迁、集中安置的移民来说，这种当地接纳因素对跨省外迁移民的影响更为显著，在各种影响因素中也更加突出。"这一结果对安置地各级移民工作部门有针对性地做好移民初期的安置工作，减少移民的适应困难，缩短其不适应的过程，有着重要的参考作用。"（风笑天，2004）事实上，安置地政府和居民只有设身处地从移民的角度出发来思考移民的需求和困难，才能真正做到为移民考虑，才能更好地从各个方面为移民的社会适应创造合适的"土壤"和"气候"条件。

住房是家庭生活最基本的条件之一。而对举家搬迁的广大移民来说，当他们在陌生的新家乡安家落户、开始新生活时，他们对这种新家、新生活的最初的、最直接的体验之一就是住房。家虽然还是原来的那个家，但房却再也不是原来的那个房。在很大程度上，新的住房代表了他们的新家。而移民对新生活的适应也在一定意义上来自他们对新的住房的感受。本研究中，住房因素具有重要影响的结果启示我们，各地在移民安置过程中应该高度重视移民住房的修建和购买安排，尽可能按照移民的经济条件为他们准备合适的住房，让他们从新的家中开始新的生活。

本研究中一个十分重要的发现是，移民与当地居民之间的交往状况对他们的社会适应具有重要的影响。这一点是以往研究未曾注意到的，它也是跨省外迁移民的这种分散安置方式所带来的一个重要变化。原来的移民安置形式中，多为几十户移民成建制地被集中安置，即在安置地建立新的移民村。在那种情况下，在小的社区范围内，无论是语言、习俗，还是生活方式，都是相同的、故有的、移民熟悉的，移民相互之间的交往也相对频繁，与当地居民之间的交往则相对较少。移民的社会适应也成为小社区范围内具有相同文化背景的条件下的适应。而现在这种分散安置打破了原有安置方式的这些条件，移民们更多的是单家独户地置身于当地居民、当地社区环境中，面临新的生活环境，新的语言、习俗，新的文化背景。正是在这种条件下，与当地居民之间的交往就成了移民适应当地社会生活的一种重要途径。无论是自觉的还是被迫的，与当地居民交往越多，移民的社会适应就会越好。由此我们可以提出一种假设：与通常认为的移民集中安置有利于其适应当地社会生活的看法相反，似乎越是分散安置，越有利于移民的社会适应。当然，验证这种假设将是今后研究的一项任务。

【唯一值得肯定的是最后这一段中，我根据研究的发现，引申出了新的假设。这可以启发其他研究者的后续研究。】

## 参考文献

程瑜．广东三峡移民适应性的人类学研究．中南民族大学学报（人文社会科学版），2003（3）．

风笑天．"落地生根？"：三峡农村移民的社会适应．社会学研究，2004（5）．

风笑天，王小璐．我国三峡移民研究的现状与趋势．社会科学研究，2004（1）．

马德峰．影响三峡外迁农村移民社区适应性的客观因素：来自江苏省大丰市首批三峡移民的调查．管理世界，2002（10）．

苏红．隔阂、磨合与融合：崇明县三峡移民的社会整合研究．社会，2002（5）．

孙阳，张祥明．三峡库区外迁移民特点与问题研究：以上海市崇明县移民安置为例．水利经济，2002（3）．

许佳君，施国庆．三峡外迁移民与沿海安置区的经济整合．现代经济探讨，2001（11）．

许佳君，施国庆．三峡外迁移民与沿海安置区的社会整合．江海学刊，2002（6）．

## 第四节　研究评价与启示

### 一、研究评价

本项研究的一个优点是紧密结合国家在三峡移民工作方面的新的变化，在以往研究的基础上，十分及时地对跨省外迁移民社会适应性进行研究。研究选题的现实意义很强。研究的结果对促进跨省外迁移民在安置地的社会适应具有很好的参考价值。另一个优点是在研究发现移民与当地居民之间的交往状况影响到移民社会适应好坏时，能够大胆提出与以往认识不一致的假设。实际上，正是这一假设的提出，指引我后来又进行了与此相关的另一项研究，并且研究的结果也确实证实了本文所提出的假设。从而提高了人们对移民安置方式及其效果的认识。

本项研究在论文撰写和表达上有两个方面的明显不足。在这里指出和详细说明这两点，可以帮助一些没有研究和写作经验的读者在自己的研究中避免犯这种错误。这也是我将这一研究选入本书的原因之一。

论文写作方面的一个明显不足是，在论文的"结果与分析"部分中，应该先对移民社会适应的现状进行一定的呈现，即用描述性统计的结果对问卷中所测量的移民的土地状况、住房状况、两地风俗习惯差别、语言差别、安置地政府和居民对移民的态度等状况进行一定的概括呈现，以便于读者对跨省外迁移民社会适应的基本状况及其面临的生活环境有所了解，也可以为后面讨论影响因素奠定基础。

论文写作另一个明显不足就是论文的"总结与讨论"部分既没有很好地展现研究的主要结论，也没有对研究结果的意义进行深入讨论。这一方面是由于我没有将研究结论与相关讨论分开表述，而是放在一起表述，因而导致研究所得到的主要结论不够简明突出。另一方面，与研究结论相关的讨论也没有被拓展开来，说明我当时思考得还不够充分。由于讨论的内容既少又不够深入，研究结论的启发意义受到了明显的影响。相对较好的做法是，先用简明扼要的语言列出本研究主要的研究结论，然后在认真思考的基础上，提出几个与这些结论相关但又超出结论本身的问题展开一定的讨论，以开阔读者的视野，为后续的研究提供新的启示。

### 二、研究启示

1. 研究的连续性

社会现象是在不断发展变化的，我们的研究、我们的关注点也要紧紧跟随这种发展和变化，不断探讨和回答各种新的现象所提出的新的问题。任何一项研究，通常只能主要关注和解决一个相对具体的问题。但研究的结果往往又会提出新的、与研究相关但又尚未得到探讨的问题。因此，我们又可以进行下一项研究，对这一新的问题展开探讨，从而不断深化和丰富对社会现象的认识。

拿我所进行的这项三峡移民社会适应性的研究来说吧。我最初对移民社会适应问题所做的研究是20世纪90年代指导研究生所做的坝区移民研究。当时的研究使用的都是一个时间点上的横向资料，统计分析主要是描述性的，少数对相关因素的分析也只是采用双变量分析的方法。总的来看，研究的结果相对比较简单。后来我综合前后三年的调查数据，纵向地描述和分析了三峡移民社会适应状况的变化，并对影响移民社会适应的因素进行了相对系统和深入的多变量统计分析，使得无论是对移民社会适应现状的描述还是对影响移民社会适应的因素的分析，都在原来的基础上有了明显的提高。但是，随着外迁移民安置的启动，现有的研究结论可能又会面临不适用于新的情况的境地。比如，我之前的研究结果表明，总体上，相对于后靠移民，外迁移民的社会适应更为困难，特别是在经济适应和心理适应上。那么，对于搬迁到数千公里外的跨省移民来说，这种适应过程又有哪些新的特点？移民的适应过程是否会更加困难？近距离搬迁移民社会适应较好的日常生活领域，或许会成为跨省外迁移民社会适应中的一大障碍。比如说，最简单和最直接的语言上的差异，会给移民带来深深的冲击，更不用说习俗、生产方式、生活方式、价值观念等方面的差别所带来的影响和冲击了。

而且，跨省外迁不仅搬迁的距离远，更重要的是安置方式也发生了明显改变，即由过去的一个村几十户的"集中安置"变为一个村只有不足十户的"分散安置"。这就会出现移民社会支持网络的重建问题。中国农村社会中，人们的社会支持网络主要依赖于建立在血缘、姻缘和地缘关系基础上的家人、亲戚和邻里。然而，随着移民跨省外迁和分散安置，这种社会支持网络赖以存在的基础被抽掉了，移民不仅远走他乡，而且是相对孤立地置身于新的社区中。因此，跨省外迁移民的社会支持网络的重建将是一项对移民社会适应具有巨大影响的重要内容。

总之，到上海市、江苏省等地的跨省"远迁"，与初期移民在湖北省、重庆市同一地区内的跨县"近迁"，是两种有着重要差别的迁移模式。因此，当时我就预计，跨省外迁的农村移民在社会适应方面将会面临一些与跨县外迁移民不同的困难与问题，其适应过程将会形成一些不同的特点。所以，我在该论文结尾提出："开展对跨省外迁移民社会适应性的研究，应该成为下一段移民研究的重点领域之一。"本项研究可以说正是针对上一研究所提出的问题来开展和进行的。

在本项研究中，我又有了一个新的发现，即移民与当地居民之间的交往状况对他们的社会适应具有重要的影响。这一点是以往研究中所未曾注意到的，也是跨省外迁移民的这种分散安置方式所带来的一个重要变化。它打破了原有的集中安置方式中移民与当地居民之间交往较少的状况，使得移民必须面临与当地居民交往，新的生活环境，新的语言、习俗，新的文化背景。正是在这种条件下，与当地居民之间的交往就成了移民适应当地社会生活的一种重要途径。研究发现，无论是自觉的还是被迫的，与当地居民交往越多，移民的社会适应就会越好。由此研究提出了一个新的假

## 第 5 章　探讨关键因素的作用和效果

设：与通常认为的移民集中安置有利于其适应当地社会生活的看法相反，似乎越是分散安置，越有利于移民的社会适应。因此我又在论文结尾提出，验证这种假设将是今后研究的一项任务。

在本项研究结束后，我又根据研究的发现和所提出的假设，进行了一项新的研究，去验证移民的人际交往以及安置方式的分散程度对移民社会适应的影响，即用调查资料去分析相对集中安置与完全分散安置这两种不同的安置方式，以及由此所形成的移民在安置地的两种不同的人际交往状况对跨省外迁移民社会适应的影响。研究发现，从总体上看，移民在安置地的人际交往状况对移民的社会适应的影响十分显著。无论是移民之间的交往还是移民与当地居民之间的交往，都会大大增强移民融入当地社会的程度。我将这一新的研究结果写成论文，发表在《社会》杂志上，进一步补充了人们对跨省外迁移民社会适应影响因素的认识。

这一事例不仅启示我们，研究之间可以具有连续性。同时它也启示我们，围绕着同一个研究主题，可以从多个不同侧面、结合多种不同内容开展研究，就像从一根大树的主要枝干上不断伸展出新的枝条一样。

2. 社会研究中得到基层调查点的支持十分重要

争取当地相关部门的支持和配合，是我们开展社会调查，特别是像移民问题这样比较敏感的调查能够成功的重要一环。我在对湖北省宜昌市三峡坝区移民进行调查、对重庆市三峡库区移民进行调查、对跨省外迁到江苏省的三峡移民进行调查的过程中，所遇到的这方面的经历可以从正反两个方面来说明这一点。

在湖北省宜昌市进行调查时，我拿到的是国务院三峡移民局的介绍信，用这封介绍信又从湖北省移民局得到新的介绍信。有了中央一级和省一级的对口主管部门的介绍信，我带领学生到宜昌市移民局进行联系就很顺利了。所以，当时的坝区移民调查是由宜昌市移民局直接给其下属安置移民的乡镇领导打电话交代，然后，由当地乡镇领导给我们安排具体的调查日程的。

2003 年我带领研究生到重庆市库区开展调查时情况就有所不同了。那时我是与美国教授合作开展课题，因为课题不是来自相关政府部门，所以不可能得到上面那样的介绍信。而我仅有的南京大学的介绍信分量又非常轻，仅能说明我的身份。所以，如果只有这样一张介绍信的话，当地任何一个级别的领导都可以直接拒绝我们去开展调查。为了能够开展调查，我通过一个博士生在重庆市政府部门工作的亲戚联系上重庆市移民局的分管领导。与这位领导见面交谈后我获得了他的支持，于是这位领导给我们要去调查的云阳县移民局打电话说明情况，我们的调查才能进行。到了云阳县移民局，又请他们在我拿着的南京大学的介绍信上写上"请某某乡镇接待"的字样，并盖上县移民局的公章，同时工作人员还专门给下面几个乡镇打了电话，我们的调查才能正式开始。但即便如此，我们在下面乡镇的实地调查中还是会遇到一些麻烦。比如，当我去某某乡政府办公室沟通移民调查时，当时的乡党委书记看了一眼我的介绍信，冷冰冰地说："你们这是南京大学的介绍信，我们不接待。"我说这不是写着请某某乡接待吗？而且云阳县移民局给你们乡政府也打过电话的呀。可是，他用一句"那你让县移民局开正式的介绍信来"就把我们打发了。我不得不返回县城，专门找移民局的同志开介绍信。

而本项研究中，我通过关系得到了几个调查县基层部门的支持，使得调查进展得很顺利，这是好的一方面。但是作为研究者，一定要注意基层政府部门工作人员的积极支持可能出现的副作用。因为我们去调查时，只有当地乡镇干部和村干部知道移民安置的地点、每一户移民的具体位置等，通常是他们带领我们一同前往的。到了移民家中时，我们一定要注意尽量避免他们在场时对移民进行正式访问。因为有当地政府工作人员在场，移民的心里会存在一定的压力、戒备和防范，不利于客观表达真实情况。可以让调查员先与移民聊一些家长里短的事情，然后等当地干部离开后，再正式进入调查。

# 第6章

# 创造出两个完全相同的样本

案例：答案顺序对调查结果的影响

## 第一节 问题哪里来？

### 一、选题背景

社会调查方法是我们在实际社会研究的过程中最常运用的一种方法。在目前高等院校的社会学、社会工作、公共管理、政治学、教育学等专业中，社会调查方法也是重要的专业课程之一。同时，在各类大学的人文通识教育课程中，社会调查方法同样也是开设最普遍且往往最受欢迎的课程之一。读者从本书的实例中也会看到，我在研究中也最常使用这种方法。

实际上，我从1982年初本科毕业留在学校团委工作时开始，就接触并开展了社会调查。我最早进行的两项调查是在1982年和1984年，一次是对我所工作的大学的大学生进行调查，另一次是对工厂的青年工人进行调查。两次调查的结果也都写成了论文并发表在《青年研究》杂志上。①而且，从1982年第一次开展社会调查到2004年进行本项研究之时，我所做过的大大小小的社会调查差不多已有20项了。同时，我1990年从北大博士毕业后，就一直在大学中讲授社会调查方法相关课程。因此，对于社会调查的过程、操作方法等，应该说我都已经十分熟悉了。

正如我在当时已经出版的两本社会研究方法教材②中所介绍的，社会调查方法的核心内容和关键步骤主要包括样本抽取、问卷设计和统计分析。特别是对于问卷设计，我更是从一开始就注意到它在社会调查中的重要性。我1985年9月考入北京大学社会学系读研究生后，有关问卷设计方面的内容就成为我的一个重点研究领域。在1986年至1989年短短三四年的时间内，我就在学术刊物上独立发表了七篇有关问卷设计的论文。③ 而且，我所出版的第一本著作，正是关于社会研究中调查问卷设计方法的（即1990年天津人民出版社出版的《透视社会的艺术——社会调查中的问卷设计》）。

所以，应该说我对问卷设计是十分熟悉的。但是，本项研究所探讨的问题却一直没有引起我的注意，每次设计调查问卷时，都只顾考虑问卷中的问题和答案类型，至于答案的顺序，也是先想到什么就写在前面，后想到什么就放在后面。

【做过调查、设计过问卷的读者朋友，你们是不是也和我一样呢？】

2003年，我申请到一项国家社会科学基金项目（即第4章中所提到的"中国第一代独生子女的社会适应研究"）。在开展这项课题研究时，同样是采取大规模抽样调查的方法来收集资料。因此，设计调查问卷自然是

---

① 风笑天. 低年龄大学生的恋爱问题. 青年研究，1982（10）；风笑天. 武汉市青年工人婚恋情况调查. 青年研究，1985（2）.

② 风笑天. 现代社会调查方法. 武汉：华中科技大学出版社，1996；风笑天. 社会研究方法. 北京：中国人民大学出版社，2001. 这两本教材分别于2021年和2022年出了第六版.

③ 风笑天. 要为回答者着想：社会调查问卷设计中一个值得注意的问题. 学术评论，1986（6）；风笑天. 问卷调查中阻碍合作因素浅析. 社会科学评论，1986（8）；风笑天. 问卷设计中常见错误浅析. 社会，1986（4）；风笑天. 有关问卷设计的几个问题. 统计与决策，1987（Z1）；风笑天. 论问卷调查的特点和适用范围. 华中师范大学学报（人文社会科学版），1989（6）；风笑天. 优良问卷的标准. 社会，1989（7）；风笑天. 问卷设计在调查中的地位和作用. 学术评论，1989（4）.

其中一项主要的工作。按照以前的做法，我会在设计好抽样方案、资料收集方案后，就很熟练地、很迅速地设计好调查问卷，然后组织调查队伍实地开展调查。

可是，或许是我已经做过很多次调查，给学生讲过多次社会调查方法课程，对调查方法的理解、认识、思考相对多一些的缘故，抑或是这次设计问卷的时间相对充分、思考相对广泛的缘故，所以在这一次设计调查问卷时，除了围绕课题研究的主题、相关变量来设计相应的问题，我还想到了许多与问卷设计本身相关的调查方法问题。

我想到的第一个问题是如何在问卷中设计测量被调查者收入。因为我的问卷中需要询问被调查者的收入（实际上绝大多数以个人为分析单位的社会调查都会询问被调查者的收入）。所以在设计时，我突然问自己：我该如何设计测量人们收入的具体问题呢？

【读者朋友，你知道该如何设计吗？】

其实，我当时并不是不知道该如何设计。我知道在实际社会调查中，比较常见的收入测量方式有以下两种：第一种可以称为自报法（或自填法、填空法），即由被调查者根据自己的实际收入情况在问卷中询问收入问题后面的横线上直接填写收入的具体数字，或者向调查员报告具体的收入数字，由调查员进行填写；第二种可以称为区间法（或区间选择法），即研究者事先准备好一组划分不同收入的区间或范围，被调查者根据自己的实际情况选择代表其收入的那个区间作为回答。具体来说，即是：

第一种方式：
请问你每月的收入（包括各种奖金、补贴）有多少元？_____元
第二种方式：
请问你每月的收入（包括各种奖金、补贴）在下列哪个范围内？
(1) 2 000 元及以下　　(2) 2 001～3 000 元
(3) 3 001～4 000 元　　(4) 4 001～5 000 元
(5) 5 001～6 000 元　　(6) 6 001～7 000 元
(7) 7 001～8 000 元　　(8) 8 001～9 000 元

(9) 9 001～10 000 元　　(10) 10 001～11 000 元
(11) 11 001～12 000 元　　(12) 12 001 元及以上

只是当时我在设计时，突然对我所知道的这两种设计方式产生了一个疑问：这两种方式哪一种更好呢？

【读者朋友，你觉得哪一种更好呢？你认为我是应该采用自填法，直接询问他们每个月的收入是多少，然后让他们自己填答具体数字呢，还是采用区间法，先为他们准备好若干收入的答案，让他们直接来选择回答呢？具体地说，我是应该按照上面第一种方式设计呢，还是应该按照第二种方式设计？读者朋友，如果是你，你会采取哪一种方式设计呢?】

有的读者可能会说，那看看其他社会研究者采用哪种方法吧。现实中，不同的研究者往往采用不同的方法，有的习惯采用填空法，有的则偏爱区间法。就是在同样采用区间法的研究者中，各人所设置的区间范围、区间数量、区间大小等又不一样。值得注意的是，众多研究者虽然在社会调查中一直采用各种具体的收入测量方法，但是对于下列问题却很少有人去认真思考和进行探讨：不同的测量方法在实际运用中各自具有什么样的特点，特别是具有哪些缺点和不足？对于同一组对象，当我们采用不同的收入测量方法时，所得到的结果是否会有显著的不同？在实际应用中，不同的测量方法（或者不同的设置）会出现什么样的问题？如果不注意这些问题将会给调查结果带来什么样的偏差？要克服这些偏差，在实际应用时又应该注意什么？我也没想过这些问题，也不能回答这些问题。

【读者朋友，你思考过上面的问题吗？你能回答上面的问题吗?】

我想到的第二个问题，是与问卷中的答案设计有关的一个问题，即我们在问卷中询问被调查者对某种事物或现象的态度或者某种事物的程度等问题时，我们所准备的答案中是否要设立中间答案，设立或者不设立中间答案会对调查结果有什么影响。举例来说，当我们在问卷中提出"你赞成放开二胎生育吗？"这一问题时，我们会怎么设计问题的答案呢？

【读者朋友，你会怎么设计呢?】

## 第6章  创造出两个完全相同的样本

可能有的读者朋友会列出"（1）非常赞成；（2）比较赞成；（3）无所谓；（4）不太赞成；（5）很不赞成"这样的五个答案，另一些读者可能会列出"（1）非常赞成；（2）比较赞成；（3）不太赞成；（4）很不赞成"这样的四个答案。实际上，在各种社会调查中，这两种不同的答案设计方式的确都有研究者在使用。然而，对于"这两种不同的答案形式所能得到的调查结果之间是否存在差别"，以及"如果存在差别，那么这种差别具有什么样的特征""这种差别的范围有多大""这种差别对调查的结论会产生什么样的影响""在实际调查设计和结果分析中研究者又应该如何应用不同的答案形式"等一系列问题，学术界则还缺乏探讨。我同样也没有想过这些问题，同样不能回答这些问题。

【读者朋友，你想到过这个问题吗？你觉得这两种不同的答案设计方式会为研究结果带来影响吗？会带来什么样的影响呢？】

我在这次问卷设计中遇到并思考的第三个问题，是调查问卷设计中答案的排列顺序问题，这也正是本章的研究所探讨的问题。由于我们所设计的问卷中绝大部分问题都是封闭式问题，特别是选择形式的问题，即在提出问题的同时，就为回答者准备好各种答案，让被调查者从中选择一个（或多个）适合自己情况的答案作为回答。以往我在设计问卷时，基本上是先想到什么答案就先写什么答案，后想到什么答案就把这个答案写在后面。比如，我们做一个以大学生为对象的调查时，在问卷中设计了这样一个问题："你平时上网最经常做的事情是什么？"我们在准备答案时，可能先想到的是"微信聊天"，于是就将其列为第一个答案；接着又想到"浏览新闻"，于是就将其列为第二个答案；然后又想到"玩游戏"，于是就将其列为第三个答案。如此下去，等到我们把所能想到的若干个答案一个一个地列上去，答案设计就完成了。此时，问题和答案的排列就会如同下面的样子：

你平时上网最经常做的事情是什么？

（1）微信聊天　　　　　（2）浏览新闻　　　　　（3）玩游戏

（4）了解科技信息　　　（5）浏览娱乐体育节目

（6）查找职业信息　　　（7）收发邮件

(8) 获得生活常识　　　(9) 其他

【读者朋友，你如果也曾设计过调查问卷，是不是也是这样安排选择题的答案顺序的？如果答案的这种顺序发生改变的话，你觉得调查结果会不会有所不同呢？】

　　以前我一直都是这么设计问题的答案的，直到这一次在设计我的社科基金项目的调查问卷时，由于有些问题的答案数量相对比较多，我才突然开始意识到答案的顺序及其影响问题。当时我想到，如果我们把问题的顺序换一下，比如，将上述第4、第5、第6个答案列为第1、第2、第3，而将上述原来的第1、第2、第3个答案改成第4、第5、第6，分别用两种答案排列方式进行调查时，所得到的结果会一样吗？我自己觉得可能会不一样。因为人们的阅读习惯是先上后下、先左后右，先出现在被调查者眼中的答案有可能会有更大一些的机会被选中，而排在后面的答案被选中的机会更小。特别是当答案数目较多时，有的被调查者甚至都不会看完所有答案。但实际情况是不是如我所想的那样呢？不同的答案排列顺序是否会影响到调查结果呢？这正是本章的研究形成的背景。

　　当我有了上述三个方面的疑问，我就赶紧去查找相关的社会研究方法著作，同时也上网去查找这方面的相关论文。结果发现，对于这三个问题，都没有直接的研究进行探讨和回答。对于第一个问题，国外学者将主要的注意力集中在调查中的无回答现象对收入测量质量的影响上；国内学者则只探讨了如何利用概率统计方法来估计或避免敏感性问题，特别是收入调查中所存在的偏差。对于第二个问题，无论是在社会研究方法教材中，还是在研究者的实际运用中，都是既有采用中间答案的，也有不采用中间答案的。而对于第三个问题，社会研究方法教材以及论文中则完全没有相关的讨论和说明。

　　这一情况说明，现有的方法教材和文献中没有这方面的现成答案。一方面我作为一名社会研究者，经常要使用调查方法，经常会遇到设计问卷的问题，因此，有一种强烈的动机要去弄清楚这些问题；另一方面，我作为一名在大学教社会研究方法课程的老师，更有责任去弄清楚这些问题。

第 6 章　创造出两个完全相同的样本

这可以说是我开展本项研究（以及进行另外两项研究）的直接动因和具体背景。于是，我就利用这次课题研究的机会，实证性地对这三个问题进行了探讨，分别形成了三项具体研究，最后写成了三篇论文，都发表在学术刊物上。本章中，我仅以其中的一项研究为例进行介绍和解析。另外两项研究的介绍以及研究结果，读者可以参见我的另两篇论文。[①] 在那里，你们可以看到有关这两个问题的研究思路和详细的研究结果。

### 二、研究问题

本章的研究问题是：在自填式问卷调查中，对于同样的调查问题，如果答案排列的顺序不同，会不会对被调查者的回答结果产生影响？如果答案排列的顺序对被调查者的回答有影响，那么是什么样的影响？这种影响有没有什么规律？如果有规律，这种规律又是什么？在调查和问卷设计的实践中，我们可以采取什么样的办法来降低这种影响？

## 第二节　研究如何做？

### 一、研究设计

首先，从理论上说，要探讨本研究的中心问题，逻辑似乎并不复杂。因为对于同样的调查问题，要了解答案排列的顺序不同时被调查者的回答结果会不会也不一样，只需要分别用两种不同的答案排列顺序对同一组人进行调查，然后比较两次调查的结果就可以了。但从现实的角度出发，从可行性上考虑，我要对同一组人进行两次完全相同内容的调查似乎比较困难。这是因为，一方面进行两次调查需要花费双倍的人力、物力和时间，我难以承担；另一方面，如何向被调查者进行解释，以及被调查者能否接

---

① 风笑天．社会调查中不同收入测量方法的特点及其应用．社会科学研究，2006（3）；风笑天．社会调查中的"中间答案"：设置与否的差别研究．广西民族大学学报（哲学社会科学版），2013（1）.

受和顺利配合第二次调查也是一个很大的问题。

那么，能不能找一种途径，即只需做一次调查，但又能达到对同一组对象使用两种方式进行测量呢？

【读者朋友，请你思考一下，看看你能不能帮我想出一种两全其美的办法呢？】

我想，如果我能够在一次调查中，将调查的样本分成两个完全相同的子样本（注意，我说的是"完全相同"），然后在其中一个子样本中采用第一种答案排列顺序，在另一个子样本中采用第二种答案排列顺序，这样的话，我就可以只做一次调查，而在同一类对象身上得到两种不同的调查结果。但这里的关键环节是如何将一个样本分成两个"完全相同"的子样本。换句话说，进行这种比较的前提条件之一，就是要保证用于比较的两组对象是相同的，即两组对象本身在各种特征上不存在先天不一致的情况。这是我们的第一个任务。

为了获得两个完全相同的子样本，我在调查设计中采用了随机分发问卷的方法。我的具体设计是：先将调查问卷设计成两个不同的版本（即问卷中的问题完全一样，但有些问题的答案顺序不同），每一种版本的问卷印制的数量相同（各占二分之一）。然后，在实地调查中随机发放两种问卷。这样的做法就相当于在实验设计中使用随机指派的方法——一部分人被随机指派到第一组中，而另一部分人被随机指派到第二组中。实地调查时，第一组中的被调查者收到的是第一种问卷，而第二组中的被调查者收到的是第二种问卷。根据随机抽样的原理，只要样本的规模比较大，并且两种问卷严格按照随机方式进行发放，那么由两种不同类型问卷所构成的子样本就应该是几乎完全相同的（仅仅只有随机抽样所造成的很小的误差）。

前面背景部分介绍过与本研究相关的另外两项研究。这三项研究都采用了本文所介绍的研究设计思路，特别是其中关于收入测量方式的研究更是需要四组完全相同的子样本。这里，我先介绍四组子样本的相关情况，两组子样本的情况实际上是通过将四组中的第一组和第二组合并为一组、第三组和第四组合并为另一组构成的。

## 第6章 创造出两个完全相同的样本

对实际调查数据进行样本分析的结果完全证实了我们的推测。在收回的 1 786 份有效问卷中,四种版本的问卷数量分别为 448、445、447、446 份,分布非常均匀(两种版本问卷数量均为 893 份,更为均匀)。而下面表 6-1 所显示的对样本中四组对象在性别、年龄、文化程度、婚姻状况、是否独生子女等个人基本背景特征上的百分比分布的统计和差异显著性检验的结果也再次证明了这一点(本研究和另一项研究所用的两组对象的个人背景特征分布和差异检验结果同样如此,具体可参见本章后面论文解析部分的表 1。此处为节省篇幅,避免重复,故未列出)。

表 6-1 四组对象的个人背景分布及检验    %

| | 甲组 | 乙组 | 丙组 | 丁组 | 显著性检验 |
|---|---|---|---|---|---|
| 性别 | | | | | |
| 　男 | 45.5 | 50.1 | 47.2 | 44.6 | $p=.370$ |
| 　女 | 54.5 | 49.9 | 52.8 | 55.4 | |
| 年龄 | | | | | |
| 　18～21 岁 | 12.0 | 10.9 | 11.1 | 11.3 | |
| 　22～25 岁 | 46.3 | 47.8 | 42.5 | 45.1 | $p=.763$ |
| 　26～28 岁 | 41.8 | 41.3 | 46.4 | 43.5 | |
| 　(均值) | (24.6) | (24.7) | (24.8) | (24.7) | ($p=.688$) |
| 文化程度 | | | | | |
| 　初中 | 6.0 | 7.2 | 8.3 | 6.3 | |
| 　高中 | 29.5 | 26.2 | 27.7 | 28.2 | $p=.878$ |
| 　大专 | 28.2 | 31.7 | 28.2 | 30.5 | |
| 　本科及以上 | 36.2 | 34.8 | 35.8 | 35.0 | |
| 婚姻状况 | | | | | |
| 　未婚 | 74.1 | 74.6 | 74.3 | 69.1 | $p=.191$ |
| 　已婚 | 25.9 | 25.4 | 25.7 | 30.9 | |
| 是否独生子女 | | | | | |
| 　是 | 34.2 | 33.0 | 36.2 | 35.0 | $p=.781$ |
| 　否 | 65.8 | 67.0 | 63.8 | 65.0 | |
| 样本规模($n$) | (448) | (445) | (447) | (446) | |

表 6-1 的结果表明,正是由于随机方法的运用,使我们有效地控制了各种变量的影响(虽然我们自己也不知道究竟控制了多少种特征或变量,

但我们却能肯定地知道，我们实际上控制了一切变量）。我们采用随机方法所得到的四组对象在各种个人背景特征上几乎完全一样（对城乡背景、职业等特征的交互分析以及对其他问题的交互分析也得到同样结果，只是由于篇幅原因，此处未列出），卡方检验（以及 $F$ 检验）的结果表明四组对象之间不存在明显差异。这即是说，我们可以在一定程度上把这四组对象看作完全相同的四个复制品。同样，本研究和另一项研究所用的两组对象的各种个人背景特征也几乎完全一样，统计检验结果也表明两组之间不存在明显差异。因此，我们可以将这四组（或两组）对象看作完全相同的四个（或两个）复制品。正是根据这一结果，我们可以得出下列直接推论：样本中的四组（或两组）对象总体上具有相同的特征，对于完全相同的问题和答案，他们具有完全一样的反应分布，具有相同的回答倾向。四个（或两个）组之间都不存在显著差别，这是本研究展开分析的最重要基础之一。

根据本研究的目标，以及研究中主要变量的测量层次，我决定采用交互分类的方法对两种答案排列顺序所得出的各种结果进行比较，并对二者之间的差异进行卡方检验，从而在此基础上展开分析。

**二、研究实施**

本章所依据的 2004 年全国十二城市在职青年调查的相关情况，在第 4 章中已有专门介绍，这里仅对本章研究所涉及的两种不同问卷的编制、打印、发放、统计等实施环节进行介绍。

首先是两套问卷的设计。我在根据国家社科基金课题的主题设计完问卷中的各种问题后，从中选择了五种类型总共 36 个问题作为测试的例子。这五种类型的问题包括：事实问题，比如"你和你爱人是如何认识的？"；行为问题，比如"你在家里做哪些家务？"；认知问题，比如"你认为成人的标志是什么？"；程度问题，比如"你对目前的工作是否熟悉？"；评价问题，比如"你对个人能力特点的自我评价是什么？"。对于每一类问题，我先随机地安排好所有答案的顺序，并将此问卷作为第一套问卷。然后，分别将问卷中排列在后面的答案与排列在前面的答案进行互换，或将顺序性质的答案按反方向排列，由此构成第二套问卷。最后，在两套问卷封面不显眼的地方，分别标记上 1 和 2。

两套问卷设计好以后，我将问卷打印出来，让学生将两类问卷一一交叉重新排列起来（即先放一份问卷 1，然后放一份问卷 2，再放一份问卷 1，然后再放一份问卷 2，如此继续，直到全部交叉叠放完），然后将交叉叠放好的问卷分别邮寄给负责 12 个城市实地调查的当地大学老师。但是，我并没有告诉他们这里面有两份答案排列顺序不同的问卷。在发给他们的调查指南中，也丝毫没有提到问卷有两种不同的类型。注意，这是非常重要的一点！

【读者朋友，你知道这一点为什么十分重要吗？】

我之所以这样做，是因为希望问卷的发放过程中不存在任何人为因素的干扰、改变和影响，最大限度地保证两类问卷的发放完全处于一种随机的状态中。只有问卷发放过程完全随机，才能保证所得到的两个子样本几乎完全相同。

实际调查中，各地的调查员都很好地执行了我在调查指南中规定的抽样方法、问卷发放方法、问卷回收方法，并将回收的问卷按时寄回南京大学。我又组织学生对问卷进行了审核、编码和录入。

需要特别注意的是，此时录入的回答结果是两套不同问卷的结果。所以，此时形成的数据库不能直接使用，否则就会出现错误的结果。因为此时虽然填答不同问卷的被调查者可能同样选择了某个数字的答案，但是，这个数字实际上代表着两个不同的答案。即填答第一套问卷的被调查者选择的某个数字所代表的答案与填答第二套问卷的被调查者选择这个数字所代表的答案实际上是不一样的。因此，在进行数据分析前，还需要将这两套问卷的数据统一调整成一套数据，即按其中一套问卷的排列方式将另一套问卷中的答案数字调整回来。

## 第三节　论文怎么写？

### 一、论文总体框架

本文的写作基本上还是依据定量研究的一般结构，分为"问题与背景"

（研究背景与问题）、"研究设计"、"结果与分析"（结果分析）、"总结与讨论"（小结与讨论）几个部分。论文总体框架如表 6-2 所示。

表 6-2 论文总体框架

| 主体结构 | 主要内容 |
| --- | --- |
| 1. 问题与背景 | 问卷设计各个方面都可能对被调查者的回答造成影响<br>研究者往往会忽视答案顺序的排列问题<br>本研究关注的中心问题：答案顺序对结果的影响 |
| 2. 研究设计 | 建构两组完全相同的对象，是我们的第一个任务<br>随机化的操作方法以及所得两组对象的特征比较 |
| 3. 结果与分析 | 36 个问题答案排列顺序差异的总体比较<br>事实问题答案排列顺序的影响<br>行为问题答案排列顺序的影响<br>认知问题答案排列顺序的影响<br>程度问题答案排列顺序的影响<br>评价问题答案排列顺序的影响 |
| 4. 总结与讨论 | 研究的主要结论<br>社会研究实践中解决这一问题的建议 |

## 二、论文写作解析

**社会调查中答案顺序对调查结果的影响**
来自一项大规模调查的经验证据
风笑天

【标题的写法同样采用双标题形式。主标题表明研究的主题内容，副标题辅助说明这是一项经验研究的结果。】

### 一、研究背景与问题

【论文从社会调查方法的基本介绍开始，然后集中到自填式问卷调查的特点上，并特别说明问卷设计中的许多方面都会对调查结果产生影响，从而为后面提出答案顺序的影响问题做好铺垫。】

# 第6章 创造出两个完全相同的样本

　　社会调查是以问卷作为收集资料的基本工具，研究人们的行为、态度和特征的一种最常见的社会研究方法。根据使用问卷方式的不同，问卷调查一般分为自填式问卷调查和结构式访问调查。前者是将问卷发送或者邮寄到被调查者手中，被调查者自行填答完成后由调查员将问卷收回或请被调查者邮寄回；后者则是由调查员依据问卷当面或通过电话向被调查者提问，然后根据被调查者的回答来填写。[①] 问卷使用方式的不同，导致问卷设计的要求和难度也不一样。对于自填式问卷调查来说，由于它完全依赖问卷自身的书面语言（而不是调查员的口头语言）进行引导、与被调查者发生互动和实现沟通，因而，问卷设计中的各个方面，比如提问的语言、问题的形式、答案的排列等，都有可能对被调查者的回答造成影响。[②]

【接着介绍问卷设计的两项主要工作，并指出研究者对答案顺序问题的忽视现象。】

　　一般情况下，研究者主要以封闭式问题，特别是选择式的封闭式问题来构成调查问卷。因此，问卷中的绝大部分问题都会涉及答案的设计。这种设计主要包括两方面工作：一是答案的内容确定，它需要保证所列出的答案既在内容上与问题相呼应，同时还要达到穷尽性和互斥性的要求；二是答案顺序的排列，即如何安排多个不同答案的先后顺序。从目前情况看，大多数研究者会充分注意到答案设计的前一个方面，而往往会忽视后一个方面。这一现象反映出一种较普遍的认识：似乎只要将所有答案都列出来，被调查者就会以同样的注意力来阅读这些答案，或者说，所有答案对被调查者的刺激和影响是一样的。

【再从人们的阅读方式入手，引入其与答案顺序之间的关系，并进而提出本研究的中心问题：答案排列的顺序不同对回答是否会有影响？】

---

① 风笑天. 社会学研究方法. 2版. 北京：中国人民大学出版社，2005：175-184.
② 风笑天. 社会调查中的问卷设计. 2版. 天津：天津人民出版社，2002：146-161.

然而，人们阅读文本的方式和习惯却是有一定规律的。比如说，人们都是从左到右、从上到下依次进行阅读的，而不是随意、随机和杂乱进行的。那么，在"人们有规律的阅读方式"与调查问卷中"答案设计的不同顺序"这二者之间，有无内在的、有规律的联系呢？换句话说，在自填式问卷调查中，对于同样的调查问题，如果答案排列的顺序不同，会不会对被调查者的回答产生影响？这就是本文所关注的中心问题。具体地说，笔者希望探讨的是：如果答案排列的顺序对被调查者的回答有影响，那么是什么样的影响？这种影响有没有规律？如果有规律，这种规律又是什么？在调查实践中，我们可以采取什么样的办法来降低这种影响？

【说明对这一问题目前尚没有相关研究，以此说明本研究所具有的意义。】

对于上述这些与自填式问卷调查密切相关的问题，目前国内尚没有进行专门的研究，也没有明确的结论。即使是各种社会研究方法、社会调查方法的教科书中，也基本上没有对这方面问题的介绍和讨论。本文的目标正是希望利用大规模调查①的数据资料，对上述问题进行经验的探讨，以弥补目前学术界在这方面存在的不足。

## 二、研究设计

【先从思路和逻辑上厘清回答本研究问题的前提，从而确立"建构两组完全相同的对象"这一主要任务，然后介绍自己所采用的具体方法。】

要对不同答案排列顺序的回答结果进行比较的前提条件之一，就是要有至少两组完全相同的对象。将不同答案排列顺序的问卷分别用于这两组对象，就可以比较两组结果之间的差别。因此，建构两组完全相同

---

① 本研究所用数据来自笔者2004年在全国12个城市对1 786名在职青年进行的一项调查。该调查采用多段随机抽样的方法，在每个样本城市选取相同的15种职业，分别从每种职业中抽取150名年龄在18～28岁之间的青年职工。该调查共发出问卷1 860份，收回有效问卷1 786份，有效回收率为96%。总的样本设计和抽取方式介绍详见：风笑天．关于已婚独生子女独立生活能力的实证研究．中国青年研究，2005（9）．

# 第6章 创造出两个完全相同的样本

的对象就是我们的第一个任务。

为了获得两组基本相同的对象，笔者在调查设计中采用了随机分发问卷的方法，即事先将调查问卷设计成两个不同的版本（实际上笔者共设计了四个不同的版本，本研究所用到的数据只包含两个不同的版本，即甲组版本和乙组版本，它们分别由问卷中的版本1和版本2、版本3和版本4两两构成）。这两种版本问卷中的问题完全一样，但部分问题的答案顺序有所不同。每一种版本问卷印制的数量相同（各占1/2）。在将问卷邮寄到各个调查城市之前，每个城市的160份问卷都是按四种版本一份一份地交叉排列的，并且，各地调查员并不知道该问卷有不同的版本。所以，问卷的发放完全处于一种随机状态。

【然后用实际调查的结果来说明所采用的方法是有效的，即这两组的确是统计意义上"完全相同"的对象。】

由于我们采取了随机方法来分组，因此，虽然我们事先并不能清楚地知道这两个组的对象在各种特征上的具体分布状况，但可以推测这种分布应该是基本相同的。对实际调查数据进行样本分析的结果完全证实了我们的推测。在收回的1 786份有效问卷中，两种版本问卷的数量均为893份（四种版本的问卷数量分别为448、445、447、446份，分布非常均匀），而下面对样本中两组对象在性别、年龄、文化程度、婚姻状况、是否独生子女等个人基本背景特征上的百分比分布统计和差异显著性检验的结果也再次证明了这一点（见表1）。

表1  两组对象个人背景特征的百分比分布及差异的显著性检验    %

| | | 甲组 | 乙组 | 差异显著性检验 |
|---|---|---|---|---|
| 性别 | | | | |
| | 男 | 47.8 | 45.9 | $p=.418$ |
| | 女 | 52.2 | 54.1 | |
| 年龄 | | | | |
| | 18～21岁 | 11.4 | 11.2 | |
| | 22～25岁 | 47.1 | 43.8 | $p=.326$ |
| | 26～28岁 | 41.5 | 45.0 | |
| | （均值） | (24.6) | (24.8) | ($p=.285$) |

续表

|  |  | 甲组 | 乙组 | 差异显著性检验 |
|---|---|---|---|---|
| 文化程度 |  |  |  |  |
|  | 初中 | 6.6 | 7.3 |  |
|  | 高中 | 27.9 | 28.0 | $p=.948$ |
|  | 大专 | 29.9 | 29.3 |  |
|  | 本科及以上 | 35.5 | 35.4 |  |
| 婚姻状况 |  |  |  |  |
|  | 未婚 | 74.4 | 71.7 | $p=.201$ |
|  | 已婚 | 25.6 | 28.3 |  |
| 是否独生子女 |  |  |  |  |
|  | 是 | 33.6 | 35.6 | $p=.371$ |
|  | 否 | 66.4 | 64.4 |  |
| 样本规模[a] | ($n$) | (893) | (893) |  |

a 此处为甲乙两组总的样本规模，但每一交互分类中两组有效样本数与此略有不同。

表1的结果表明，我们采用随机方法所得到的两组对象在各种个人背景特征上几乎完全一样（对城乡背景、职业等特征的交互分析以及对其他个人背景问题的交互分析也得到了同样的结果，只是由于篇幅原因，此处未全部列出）。卡方检验（以及 $F$ 检验）的结果表明，两组对象之间不存在明显差异。这即是说，我们可以在一定程度上把两组对象看作完全相同的两个复制品。

【因为两组对象是"完全相同"的，所以可以对两组结果进行对比。】

正是根据这一结果，我们可以得出下列直接推论：样本中的两组对象总体上具有相同的心理特征，对于完全相同的问题，两组对象具有完全一样的心理反应分布，即具有共同的回答倾向，他们回答问题的诚实程度和比例也是相同的，两组之间不存在显著差别。这是本文展开分析的最重要基础之一。

## 三、结果分析

【结果表达的一般原则是先总体后部分。因此，先介绍两组对象回答结果的总体比较，以及统计差异性检验结果，以便让读者了解整体的情况。】

# 第6章 创造出两个完全相同的样本

为了探索答案不同顺序对回答结果的影响，笔者在问卷中对36个问题进行了两种答案顺序的不同排列，形成了甲乙两组不同的调查结果。通过对甲乙两组问卷结果进行对比分析，我们发现，总的来看，对于问卷中的不同问题，不同答案顺序的影响不一样。在有些类型的问题上，不同答案排列顺序对调查结果没有影响；而在另一些类型的问题上，不同答案排列顺序对调查结果却具有十分明显的影响。下面是这种比较分析的差异检验结果汇总（见表2）。

表2 调查问题及其两种答案顺序调查结果的比较与差异检验汇总表

| 调查问题及分类 | 有无差异 | 调查问题及分类 | 有无差异 |
|---|---|---|---|
| **事实问题** | | **程度问题** | |
| 1. 你和第一个男（女）朋友如何相识 | 无 | 18. 你和父亲关系怎么样 | 有 |
| 2. 你和爱人如何相识 | 无 | 19. 你和母亲关系怎么样 | 有 |
| 3. 谁对你找第一份工作帮助最大 | 无 | 20. 父亲是否理解你 | 有 |
| 4. 工作以来遇到的最大困难在哪方面 | 无 | 21. 母亲是否理解你 | 有 |
| 5. 你第一份工作的获得方式 | 有 | 22. 你是否理解父亲 | 有 |
| **行为问题** | | 23. 你是否理解母亲 | 有 |
| 6. 你上网经常做什么 | 无 | 24. 你能否胜任目前的工作 | 有 |
| 7. 遇到困难主要找谁帮忙 | 无 | 25. 你对目前工作是否熟悉 | 有 |
| 8. 在家里做哪些家务 | 无 | 26. 是否已经适应了目前的工作 | 有 |
| **认知问题** | | 27. 你觉得自己工作能力如何 | 有 |
| 9. 你认为找一份好工作主要靠什么 | 有 | 28. 你对目前的工作是否满意 | 有 |
| 10. 你认为成人的标志是什么 | 有 | 29. 你是否安心目前的工作 | 有 |
| 11. 与父亲谈得最多的方面是什么 | 有 | 30. 你觉得自己在领导眼中印象如何 | 有 |
| 12. 与母亲谈得最多的方面是什么 | 有 | 31. 你觉得自己在同事眼中印象如何 | 无 |
| 13. 与好朋友谈得最多的内容是什么 | 有 | 32. 你觉得自己的言行是否像成人 | 有 |
| 14. 参加工作以来最大收获是在哪方面 | 有 | 33. 你觉得自己是否具备成人素质 | 有 |
| 15. 你工作中的压力来自哪方面 | 有 | **评价问题** | |
| 16. 你觉得好朋友最重要的帮助是什么 | 有 | 34. 个人能力特点自我评价量表 | 有 |
| 17. 参加成人教育学习的动机是什么 | 有 | 35. 个人工作生活状况自我评价量表 | 有 |
| | | 36. 个人心理特征自我评价量表 | 有 |

表 2 的结果表明，从总体上看，在具有两种不同顺序答案排列的 36 个问题中，有 28 个问题（占 78%）的两组回答结果之间存在显著差异，只有 8 个问题（占 22%）的两组回答结果之间不存在显著差异。这一结果提示我们，在调查问卷中不同答案顺序对调查结果的影响是普遍存在的，值得引起研究者的重视和注意。

【一方面总结总体有差异和没差异的状况，另一方面说明对于不同类型的问题，答案顺序不同所带来的影响也不同，从而为后面分开讨论奠定基础。】

通过认真分析上述 36 个问题的类型与两种答案顺序的回答之间的差异检验结果，笔者发现了下列规律：(1) 对于客观性的事实问题、行为问题，不同答案排列顺序的影响不大；(2) 对于主观性的认知问题、程度问题、评价问题，不同答案排列顺序的影响明显。下面我们逐一列举实例进行说明（尽管笔者在问卷中设置了多达 36 个题目用来进行这种比较，但考虑到文章的篇幅，每一方面只能举出一个题目的结果作为例子来说明。实际调查结果中其他题目的情况与所举例子的情况基本一致）。

（一）事实问题

【先界定什么是事实问题，接着进行举例，并将例子完全表达出来，以便让读者对问题与答案的类型有一个清楚的了解，同时说明两组答案的顺序是如何安排的。】

问卷中的事实问题，指的是那些以了解被调查者在某方面的具体事实为内容的问题。比如，"你和第一个男（女）朋友是如何相识的""在你找到第一份工作的整个过程中，谁对你的帮助最大""参加工作以来你遇到的最大困难在哪方面"等。下面以"在你找到第一份工作的整个过程中，谁对你的帮助最大"为例来说明。问卷中的问题和答案是：

在你找到第一份工作的整个过程中，谁对你的帮助最大？
(1) 父母　　　　(2) 家里亲戚　　(3) 父母的熟人朋友
(4) 老师和学校　(5) 兄弟姐妹　　(6) 兄弟姐妹的熟人朋友

(7) 邻居　　　(8) 自己的同学朋友
(9) 没人帮助，自己应聘

其中，甲组（样本分组中用1.00表示）答案的排列如上，乙组（样本分组中的2.00）的答案排列则是将甲组第4、第5、第6位置上的答案分别与第1、第2、第3位置上的答案进行对调。表3是两组回答的汇总统计及其差异显著性检验的结果。

【然后展示统计分析的实际结果，注意要包括频率分布和差异性检验的结果。】

表3　对于"在你找到第一份工作的整个过程中，谁对你的帮助最大"的问题两组结果的交互分析及检验　　　　　　　　　　　　　　　　　%

| | | 样本分组 | | Total |
|---|---|---|---|---|
| | | 1.00 | 2.00 | |
| 在你找到第一份工作的整个过程中，谁对你的帮助最大 | 父母 | 29.9 | 26.0 | 28.0 |
| | 家里亲戚 | 12.8 | 14.7 | 13.8 |
| | 父母的熟人朋友 | 6.7 | 6.3 | 6.5 |
| | 老师和学校 | 12.2 | 13.6 | 12.9 |
| | 兄弟姐妹 | 2.7 | 3.9 | 3.3 |
| | 兄弟姐妹的熟人朋友 | 1.2 | 1.0 | 1.1 |
| | 邻居 | .3 | .3 | .3 |
| | 自己的同学朋友 | 5.6 | 6.7 | 6.2 |
| | 没人帮助，自己应聘 | 28.5 | 27.3 | 27.9 |
| | Total | 100.0 | 100.0 | 100.0 |

Chi-Square Tests

| | Value | $df$ | Asymp. Sig. (2-sided) |
|---|---|---|---|
| Pearson Chi-Square | 7.789[a] | 8 | .454 |
| N of Valid Cases | 1 774 | | |

a 2 cells (11.1%) have expected count less than 5. The minimum expected count is 2.99.

【然后对表格中的统计结果进行解读，同样是先指出整体的结果，并对这一结果进行说明，然后再对其中出现差异的个别答案进行分析。】

表3对两组调查数据的分析表明，尽管进行了位置对调，但两组对象回答的结果之间并不存在显著差别。换句话说，对于这样一类事实问题，不同答案排列顺序对调查结果没有什么影响（实际上，个人背景问题同样也是这种事实问题，因而前面表1的结果同样说明了这一结论）。

在表2所列的5个事实问题中有一个出现了显著差异，即对于"你第一份工作的获得方式"，两种不同的答案顺序得到的结果之间有显著差异。之所以会出现差异，笔者分析，这可能与被调查者在实际获得第一份工作的过程中同时有几种方式共同起作用有关。比如，许多人的工作很可能是通过"自己应聘"与"家人帮助"相结合而得到的，另一些人则可能是由"家人帮助"与"朋友帮助"共同起作用而得到的。而被调查者在判定和选择几种同时起作用的因素之一时（问卷中要求只选择一个答案），主观认知和判断在其中起了十分重要的作用。因而这种事实问题在一定程度上演变成了主观认知和判断型问题。有关答案顺序对这种主观认知和判断型问题的影响，笔者将在下面进行探讨。

【以下几个方面的问题结果与分析都和上面完全一样地进行。】

（二）行为问题

问卷中的行为问题，指的是那些以了解被调查者"做了什么"以及"怎么做的"等为主要内容的问题。比如，"你平时上网最经常做什么""你在家里通常做哪些家务""你遇到困难主要找谁帮忙"等。在本文中，我们以"你平时上网最经常做什么"为例来说明。问卷中的问题和答案是：

你平时上网最经常做什么？（选两项）
(1) 聊天　　(2) 浏览时事新闻　　(3) 了解教育、科技知识
(4) 玩游戏　(5) 浏览娱乐体育节目(6) 查找职业、财经信息
(7) 收发邮件(8) 获得生活常识　　(9) 其他

其中，甲组答案的排列如上，乙组的答案排列则同样是将答案第4、

第 5、第 6 的位置分别与答案第 1、第 2、第 3 的位置进行对调。表 4 是两组回答的汇总统计及其差异显著性检验的结果。

表 4 对于"你平时上网最经常做什么"的问题两组结果的比较分析与差异检验　　%

| 上网的活动类别 | 甲组 | 乙组 | 差异检验 |
| --- | --- | --- | --- |
| 聊天 | 24.6 | 22.2 | |
| 浏览时事新闻 | 35.9 | 32.0 | |
| 了解教育、科技知识 | 18.6 | 18.8 | |
| 玩游戏 | 18.6 | 20.8 | |
| 浏览娱乐体育节目 | 18.0 | 20.0 | |
| 查找职业、财经信息 | 12.8 | 11.0 | |
| 收发邮件 | 20.4 | 20.5 | |
| 获得生活常识 | 10.6 | 14.6 | * |
| 其他 | 3.8 | 3.6 | |

注：* 表示 $p<.05$；其他未注明者，表示 $p>.05$。

表 4 的结果同样表明，尽管我们将答案的排列顺序进行了变换，但两组对象回答的结果除了在一个方面略有差异（相差 4%）以外，其他方面都不存在显著差异。这也即是说，对于这样一类客观行为问题，不同答案排列顺序对调查结果也基本上没有什么影响。

（三）认知问题

问卷中的认知问题，指的是那些以了解被调查者对某方面事物的主观看法和认识为内容的问题。比如，"你认为找一个好的工作主要依靠什么""你觉得工作中的压力主要来自哪个方面""你认为成人的主要标志是什么"等。这里，我们以"你认为找一个好的工作主要依靠什么"为例来分析。问卷中的问题和答案是：

你认为找一个好的工作主要依靠什么？

（1）个人能力强、素质好　　　（2）有文凭、学历高

（3）懂外语、会计算机　　　　（4）有一定的工作经验

（5）有熟人、关系、路子　　　（6）靠机遇、运气

（7）所学的专业热门　　　　　（8）其他（请指明）____

其中，甲组答案的排列如上，乙组的答案排列同样是将答案第4、第5、第6的位置分别与答案第1、第2、第3的位置进行对调。表5是两组回答的统计比较及其差异显著性检验的结果：

表5 对于"你认为找一个好的工作主要依靠什么"的问题两组结果的交互分析及检验 ％

|  |  | 样本分组 | | Total |
|---|---|---|---|---|
|  |  | 1.00 | 2.00 |  |
| 你认为找一个好的工作主要依靠什么 | 个人能力强、素质好 | 59.4 | 46.3 | 52.8 |
|  | 有文凭、学历高 | 15.1 | 10.0 | 12.6 |
|  | 懂外语、会计算机 | 1.6 | 2.0 | 1.8 |
|  | 有一定的工作经验 | 6.0 | 12.0 | 9.0 |
|  | 有熟人、关系、路子 | 8.8 | 14.8 | 11.8 |
|  | 靠机遇、运气 | 5.6 | 11.3 | 8.5 |
|  | 所学的专业热门 | 2.7 | 3.0 | 2.9 |
|  | 其他 | .7 | .6 | .6 |
|  | Total | 100.0 | 100.0 | 100.0 |

Chi-Square Tests

|  | Value | $df$ | Asymp. Sig. (2-sided) |
|---|---|---|---|
| Pearson Chi-Square | 72.289[a] | 7 | .000 |
| $N$ of Valid Cases | 1 773 | | |

a 0 cells (.0%) have expected count less than 5. The minimum expected count is 5.49.

从表5的结果中，我们可以清楚地看到，与前述两种情况明显不同的是，两组回答之间差异十分显著：在甲组回答中，排在第1、第2、第3位置的答案的比例基本上都明显高于乙组的比例（此时乙组的这些答案分别排在了第4、第5、第6的位置上）；而甲组排在第4、第5、第6位置的答案的比例则全部低于乙组的比例（此时乙组的这些答案分别排在了第1、第2、第3的位置）。这说明，当我们把排在第4、第5、第6位置的答案与排在第1、第2、第3位置的答案进行对调后，被调查者的选择结果也发生了明显改变。换句话说，不同答案顺序对于认知问题的调查来说，具有非常明显的影响。

（四）程度问题

问卷中的程度问题，指的是那些以了解被调查者对某一现象或某种

## 第6章 创造出两个完全相同的样本

客观状况所具有的主观看法或态度的不同程度为内容的问题。比如，"你对自己目前从事的工作是否满意""你对自己人际关系方面的状况是否满意""你的父亲是否理解你"等。由于人们的主观看法或态度往往具有程度上的差异，所以调查中这类问题的答案通常采用的是李克特形式的五级评价，如"非常满意、比较满意、一般、不太满意、很不满意"，或者"非常理解、比较理解、一般、不太理解、很不理解"等。我们希望探讨的是，当答案顺序从"非常理解"到"很不理解"的排列改变为从"很不理解"到"非常理解"的排列，或者从"非常满意"到"很不满意"的排列改变为从"很不满意"到"非常满意"的相反顺序时，两组回答结果有无显著变化。下面以"你的父亲是否理解你"这一问题的统计结果为例来说明（见表6）。

表6 对于"你的父亲是否理解你"的问题两组结果的交互分析及检验　%

| | | 样本分组 | | Total |
|---|---|---|---|---|
| | | 1.00 | 2.00 | |
| 你的父亲是否理解你 | 非常理解 | 26.0 | 13.0 | 19.5 |
| | 比较理解 | 43.6 | 41.0 | 42.3 |
| | 一般 | 21.1 | 26.4 | 23.8 |
| | 不太理解 | 7.0 | 14.7 | 10.8 |
| | 很不理解 | 2.3 | 4.9 | 3.6 |
| | Total | 100.0 | 100.0 | 100.0 |

Chi-Square Tests

| | Value | df | Asymp. Sig. (2-sided) |
|---|---|---|---|
| Pearson Chi-Square | 76.767[a] | 4 | .000 |
| N of Valid Cases | 1 770 | | |

a 0 cells (.0%) have expected count less than 5. The minimum expected count is 31.50.

从表6结果中可以看出，当答案从"非常理解"到"很不理解"排列（即正向陈述）时，其所得结果中的正向比例（即答案1和答案2）高于乙组；反之，当答案是从"很不理解"到"非常理解"排列（即反向陈述）时，乙组所得结果中的中间答案以及负向答案的比例（即答案3、答案4和答案5）高于甲组。卡方检验结果表明，这种差异是显著的。

这一结果说明，当表示程度的答案的方向改变时，调查所得结果也存在明显不同。当然，笔者对前面表2中全部程度问题的考察结果显示，这种差异的范围相对来说还是不太大的。究其原因，笔者分析可能与程度答案的数目只有五个有一定关系。

## 四、小结与讨论

本文利用大规模调查的数据资料进行经验比较分析，结果表明，在"人们有规律的阅读方式"与问卷中"答案设计的不同顺序"二者之间，存在着某种内在的、有规律的联系。换句话说，在自填式问卷调查中，对于同样的调查问题，如果答案排列的顺序不同，就有可能对被调查者的回答产生影响。从本研究所分析的各类问题来看，这种影响是一种比较普遍存在的现象，值得研究者重视和注意。答案排列的顺序对被调查者的回答产生影响的基本规律是：对于客观性的事实问题、行为问题，答案的不同顺序对调查结果不具有明显影响；但对于主观性的认知问题、程度问题，以及评价问题，不同答案顺序所得结果之间有着明显的不同，特别是第一个答案的影响更为突出（即更容易被选中）。

【上面先总结本研究得出的研究结果，然后针对研究结果在下面提出解决的办法。】

这一研究结果对社会研究中广泛运用的、以封闭式问题为主要形式的问卷调查提出了一定的挑战。同时，它也对研究者的问卷设计工作以及对使用问卷收集的资料的质量提出了更高要求。每一位问卷设计者，每一个运用社会调查方法收集资料、从事社会研究的人，都不能无视这一问题的存在。

现在的问题是：在实际调查中，我们可以采取什么样的办法来降低这种影响呢？笔者认为，为了消除不同答案顺序对调查结果的上述影响，研究者在设计调查问卷时，最好能为一套调查问卷的问题及答案设计出多个不同的版本。在每一种版本中，所提出的问题、所给出的答案，以及问题的前后顺序等完全一样，只是问卷中一部分问题的答案排

## 第6章 创造出两个完全相同的样本

列顺序有所不同。这部分问题就是以询问被调查者对社会现象的认知、判断、评价、态度等为内容的主观性问题，包括各种量表。具体来说，对于这样一类问题的答案排列，笔者建议可采取下列两种方式进行操作。

一是采用随机方法。比如，某个问题共有六个答案。我们先按任意顺序对答案进行排列，并将答案分别标记为1、2、3、4、5、6；然后，在六张相同的小纸条上分别写上1、2、3、4、5、6这六个不同的号码；再将六张小纸条折叠后放进一个纸盒中，设计者随机从中依次取出这六个号码，假设所取出号码的先后顺序是3、2、5、1、6、4，那么，版本一中这一问题的答案排列顺序也就是3、2、5、1、6、4；最后，研究者再将小纸条放回盒子中，重新抽取一遍，并根据所抽取的另一种号码顺序来再次安排答案的前后顺序，作为第二个答案排列的版本。这样就可以根据需要形成多种不同版本的答案排列顺序。

二是采用轮换的排列方式。虽然上述方式很好，但具体操作时不免有些麻烦。作为一种替代的方式，问卷设计者可以采用轮换的排列方式来进行。具体做法是：先以随机方式列出第一种答案排列的版本；然后，直接将答案排列的顺序进行轮换。比如，假设某个问题共有8个答案，设计者随机将它们分作四行排列，即第一行为答案1和答案2，第二行为答案3和答案4，第三行为答案5和答案6，第四行为答案7和答案8，以这种排列作为版本一；然后，将第一行的答案放到最后一行（即放到第四行），而将第二行、第三行和第四行的答案依次提前，作为第一行、第二行和第三行，并以这种排列作为版本二。同样做法可形成版本三和版本四。

对于程度问题的答案，比如"非常熟悉、比较熟悉、一般、不太熟悉、很不熟悉"等，由于它们具有方向性，因而五个答案不能按上面的方法来随意地调整相互之间的位置。为了消除这种形式的问题的答案顺序所产生的影响，设计者可采取将一个版本的答案按正向排列，而另一个版本的答案按反向排列的方法进行设计。两种排列顺序的影响可以相互抵消，从而达到最终消除单一排列顺序对回答的影响的效果。

【尽管论文提出了一些改进的操作建议，但是还应该对这样操作可能带来的后果及其补救措施进行一定的说明，即要提醒读者，在实际运用论文中所提出的改进办法时一定要非常注意。比如，将答案随机排列后，调查时确实可以消除顺序的影响，这是好的方面。但是，对数据进行建库和分析时，则要特别小心，即要通过软件分析的命令将不同问卷中这些问题的答案顺序统一起来，然后再进行统计分析的工作。不然的话，会使统计分析得出十分错误的结果。】

## 第四节 研究评价与启示

### 一、研究评价

本研究的一个优点是选题来自实际社会研究的实践过程中的具体方法问题，这一问题的探讨既可以对社会研究方法知识体系的完善提供新的认识，同时，对社会研究人员在实际研究中恰当运用相关方法，消除答案顺序所造成的影响也具有很好的指导意义。

研究的另一个突出优点是巧妙地制造了两个相同样本的研究设计，正是通过这一设计以及相关的实施技巧，很好地解决了"只进行一次调查，就达到对同一组人进行两次相同内容的调查"的难题，为实现本研究的目标奠定了科学的基础。

研究的一个不足是所发表的论文中缺少相关文献回顾的内容。虽然我在实际研究中曾经查阅过社会研究方法相关著作以及论文，没有发现直接对这一问题进行探讨的文献；但是一方面与此问题间接相关的文献还是有的，应该进行一定的介绍和说明，另一方面对于读者来说，他们并不了解这方面的现状。所以，应该在论文中补充这一部分，对相关情况进行说明。

研究的另一个不足是论文中漏掉了对一类问题的结果与分析，即评价问题。属于此类型的三个问题都显示不同答案顺序之间存在差异，可是在论文中并没有出现对这一类问题的讨论。这是不应该的。

## 二、研究启示

1. 从研究实践中提出问题

这项研究可以说是来源于我在调查实践中所遇到的实际问题。其实，在每一位研究者探索和研究社会现象的过程中，在我们选择和使用各种具体研究方法的过程中，在我们实际实施研究方案的过程中，我们一定会遇到许多类似的问题。因此，这一项研究（以及前面所提到的有关收入测量方式的研究、有关中间答案是否设立的研究）给我们的一个重要启示是：我们要多观察，多思考，多提问。一旦不能得出明确的答案，就要去刨根问底。当然，一个研究者要能够从自己研究和探索的实践中提出有意义、有价值的问题，一方面需要他对各种社会研究方法和技术有较好的掌握和理解，另一方面还要有较多的社会研究的实践经历。同时，还要学会随时关注和思考在实际研究过程中所面临的各种现象，特别是所遇到的各种困难。慢慢学会从研究的实践中，从看起来司空见惯、理所当然的现象中提出疑问，并形成值得探讨和研究的问题。

2. 研究设计的逻辑、策略和技巧

在社会研究中，研究问题的提出，只是为我们的研究确定了要达到的目标。如何才能通过我们的研究去达到这一目标，关键就在于研究的设计。本项研究的设计有两点可以给读者一些启发，值得大家注意和学习：其一是厘清并明确回答研究问题的思路和逻辑；其二是合理选择实现研究思路和逻辑的具体策略和路径。

厘清并明确回答研究问题的逻辑所要解决的是论证的思路问题。本研究问题的论证逻辑与实验研究的逻辑十分相似，即先选择两组完全相同的对象（类似于实验组和对照组），分别采取两种不同的答案顺序进行调查（类似于一组给予实验刺激，另一组不给予实验刺激），然后比较和分析不同答案顺序所得到的结果（类似于比较实验组与对照组的结果）。按照这种逻辑，我首先就需要在这项研究中去创造出两组完全相同的对象。只有有了两组完全相同的对象，我才能对他们分别使用两种不同的答案排列方式，然后对两组的调查结果进行比较，得出能够回答本研究问题的答案。当然，我还要设计出两种不同的答案排列顺序，分别用于一套问卷的两个版本。

研究的思路和逻辑确定后，接下来的任务就是要想办法去实现这种思路。这里的关键是如何创造出两个完全相同的样本。一旦我不能从实际操作中完成这一任务，这项研究的思路就只能是一种理想。围绕这一任务，我通过反复思考，终于想出在同一套问卷中设计出两种不同答案顺序的方法（实际上，为了研究前述的收入测量问题，我在同一个主题、同一套问题的问卷上总共设计了四种不同的版本），很好地解决了通过一次调查就达到进行两次（四次）测量的难题，且保证了两组（四组）对象"完全相同"。真正做到这一点的关键，就是保证问卷发放的完全随机（这相当于将一个原始样本完全随机地分为两个部分，由于随机性，这两个部分将是基本相同的）。因此，我又为达到问卷发放的完全随机设计了一系列操作方式：一是事先将打印好的两份（四份）不同版本的问卷一一交叉叠放，以避免某一类问卷会集中地发放到某一类特定对象手中，从而形成调查结果的系统性偏差；二是不告知各地负责调查的老师存在不同版本问卷的情况，以避免实地调查中出现任何一种形式的人为因素的干扰或影响。正是因为有了这两方面的保证，最终得到的两组（四组）对象在各种社会背景特征方面几乎完全相同。

# 第7章

# 证明大众媒介对现实的歪曲

## 案例：对独生子女形象的"妖魔化"

### 第一节 问题哪里来？

**一、选题背景**

这项研究的问题形成，实际上经历了一个相对较长的过程。最初在我1990年完成的博士论文中，就涉及这方面的结果（也即本书第1章关于独生子女是不是"小皇帝"的研究）。① 只不过那时自己没有经验，也没有后来相对较多的研究积累。所以，当时仅仅完成了对社会上存在的一种偏误的验证和反驳工作。或者说，当时仅仅得到了"现实中的独生子女并非都是小皇帝"的结论，而没有意识到大众媒介对"独生子女是小皇帝"这一错误结论的形成和传播所具有的作用和影响。

新世纪以来，随着第一代独生子女逐渐成年，大众媒介上开始发表有

---

① 风笑天.独生子女：他们的家庭、教育和未来.北京：社会科学文献出版社，1992.

关成年独生子女不适应社会的报道。针对当时的媒介报道和舆论，我又申请了一项国家社科基金课题进行了有针对性的研究（即本书第 4 章关于青年独生子女是否不适应社会的研究），得出了第一代独生子女并非不适应社会的结论。但由于当时的研究同样只是针对大众媒介的某些具体议论，单纯地去回答"第一代独生子女是不是不适应社会"的问题，所以依旧没有从"妖魔化"的角度来考虑大众媒介的作用和影响。

2005 年，我关于"青年独生子女并非不适应社会"的论文在《教育研究》上发表后，令我没想到的是，2006 年到 2007 年间还是不断地接到媒体记者关于长大的独生子女不适应社会方面的采访邀请，也不断地看到大众媒介对独生子女及其相关现象的各种负面报道和社会上的各种负面舆论。这些报道和舆论涉及对独生子女评价的多个方面，而各种评价的总的基调依旧是，"长大成人的独生子女不适应社会"，"独生子女是大有问题的一代"。

一方面是大众媒介越来越强烈的感性冲击，另一方面是自己多年的研究结果〔从我 1988—1990 年进行的关于独生子女不是"小皇帝"的研究结果（即本书第 1 章的研究）、1998—2000 年进行的有关中学独生子女社会化的研究结果（即本书第 3 章的研究）① 到 2004—2005 年进行的第一代独生子女独立生活能力的研究结果② 以及当时刚刚发表的青年独生子女社会适应的研究结果（即本书第 4 章的研究）③ 等等〕所得出的结论又与之有很大差别。正是在这种媒介舆论冲击和自己的研究结果之间差别的刺激下，我联想到自己就各种社会问题特别是独生子女问题多次接受媒体记者采访的亲身经历，以及我对媒介新闻生产方式和生产过程所具有的了解，头脑中开始产生疑问。我突然觉得，会不会是大众媒介方面存在问题，即会不会是大众媒介存在着对独生子女的偏见？

当我头脑中这种疑问越来越多时，再去看大众媒介的各种报道和新闻舆论，再去认真思考大众媒介的生产方式和生产过程，我越来越感到情况

---

① 风笑天. 独生子女青少年的社会化过程及其结果. 中国社会科学，2000（6）.
② 风笑天. 关于已婚独生子女独立生活能力的实证研究. 中国青年研究，2005（9）.
③ 风笑天. 中国第一代城市独生子女的社会适应. 教育研究，2005（10）.

第7章 证明大众媒介对现实的歪曲

有可能如自己所猜想和判断的那样，即独生子女的形象有可能被大众媒介扭曲了或者说被大众媒介"妖魔化"了。而这种"妖魔化"的结果，必将造成整个社会对独生子女一代的误解，形成某种负面的刻板印象。这将是一个后果很严重的问题。

### 二、研究问题

当我意识到这一点时，内心就有一种强烈的冲动，感到有必要通过自己的研究去弄清楚，特别是感到自己有责任去用科学方法给出正确的回答。尽管当时我自己也不能确定客观的现实究竟是什么，也不知道自己去研究可能得到的答案会是什么。可以说在 2007 年，我形成了本研究的基本问题：在当前的中国社会中是不是存在着大众媒介对独生子女的某种偏见？更直接地说，大众媒介是不是存在着对独生子女的某种"妖魔化"倾向？

## 第二节　研究如何做？

【致读者：在介绍我的研究设计之前，请你暂停阅读。请先认真地思考一下：如果是你，在面对这一研究问题时准备采用什么样的研究设计，并说明为什么采取这种研究设计。如果先将你的思考结果写下来，那就更好了。然后再接下去看看我是如何进行研究设计的。】

### 一、研究设计

根据上述研究问题，我开始设计开展研究的方式和具体方法。而在设计具体的方式方法之前，我先考虑了这项研究的研究思路：要回答大众媒介是否存在着对独生子女的"妖魔化"这一问题，就必须回答这样三个密切相关的问题。

首先，现实社会中大众媒介对独生子女的评价是什么？特别是现实中大众媒介对独生子女的评价是不是主要为负面评价？

其次，现实社会中独生子女的实际表现又如何？特别是，如果大众媒介中的确存在着对独生子女的负面评价，那么现实社会中独生子女的实际表现是否如大众媒介所描述的那样？

最后，如果大众媒介的评价与独生子女的现实表现之间的确存在明显差异，即大众媒介的确存在"妖魔化"独生子女的倾向，那么大众媒介又是如何形成对独生子女的这种误解的？或者说，大众媒介是如何将独生子女"妖魔化"的？

本研究的设计正是依据这种思路，紧紧围绕着上述三个问题进行考虑和选择研究方法的：

研究设计的第一步，是要回答第一个问题。根据这一目标，需要系统、客观、全面地收集和了解大众媒介对独生子女的评价。如何才能做到这一点呢？我决定采用内容分析法[①]，对大众媒介中有关独生子女的新闻报道进行系统的、定量的分析，从总体上描述大众媒介的新闻报道对独生子女所持有的评价倾向，以说明大众媒介所建构的独生子女形象是什么。

研究设计的第二步，是要回答第二个问题，即要针对大众媒介的普遍认识和看法，有针对性地收集现实社会中独生子女行为表现的资料，以便与大众媒介的评价进行对比。为了实现这一目标，我选择了采用大规模抽样调查的方法来收集资料，并进行统计分析。同时还注意收集现有统计数据资料辅助分析，力图用所得的经验结果与媒介的认识和看法进行比较，以检验媒介的认识评价与社会现实之间是否存在差距。

研究设计的第三步，是要回答第三个问题，即要在定量分析的基础上，选取具有典型意义的新闻报道作为例子进行解剖，对大众媒介报道独生子女的方式、材料和推断的逻辑进行定性分析，以考察媒介新闻得出某种评价倾向的特定机制，揭示媒介新闻报道方式与独生子女形象的建构之

---

[①] 对内容分析法不熟悉的读者，可以先阅读风笑天著《社会研究方法》（第六版）第九章"利用文献的定量研究"中内容分析一节的内容。

间的关系。

## 二、研究实施

在明确了研究思路、论证的逻辑过程和主要步骤后，我就开始对每一个步骤中的研究方式进行具体的设计和实施。

（1）针对第一个步骤所进行的内容分析的设计和实施。

为了客观地展现大众媒介"妖魔化"独生子女的证据，必须系统地收集大众媒介的相关内容。这里有几个具体问题要解决：

其一，如何界定大众媒介。显然，一般来说，大众媒介至少包括报纸、杂志、广播、电视以及网络等具体形式。而要在一项研究中去系统收集所有这些方面的资料显然又超出了我的能力、时间范围。所以，必须从可行性方面做出某种选择。实际设计中，我主要从媒介传播中网络具有的现实影响力，同时也从资料收集的可行性考虑，将本研究的对象大众媒介主要限定在网络媒介上。

其二，如何从网络媒介中抽取有代表性的样本，即对媒介新闻的抽样。考虑到研究的可行性以及媒介资料的全面性和可得性，我将本次分析的媒介新闻限定为新浪网上的新闻（预先的探索性搜索结果表明，在百度、谷歌等搜索系统中所得到的结果与在新浪中所得到的结果基本相似）。具体操作步骤如下：在新浪网"爱问"搜索系统中选择"新闻搜索"，关键词为"独生子女"，限定搜索时间为"1998年7月10日到2008年5月12日"（由于该系统每段时间只保留容量为88页每页20条的信息条目，所以我们分别于2007年3月28日和2008年5月12日两次进行了搜索），查询关键词位置为"在新闻标题中"，并默认全部新浪网新闻源作为搜索源。搜索结果显示"找到9 180篇新闻"，但是实际上搜索到且能看到的新闻共计只有3 520篇（每次88页，每页20篇，共1 760篇，两次共3 520篇）。通过查看发现，新浪网显示的9 180篇是包含大量重复新闻在内的。

在搜索到的3 520篇新闻中，既包含了大量与我的研究主题无关的新闻，同时也包含了标题稍有改变而内容完全相同的新闻，即重复的新闻。为此，我让我的两个研究生首先对这3 520篇新闻逐条进行审核和筛选。

根据研究目标，只选择其中对独生子女（群体、家庭）进行描述、报道、议论、评价的新闻作为我们的分析样本，而将下列各种情况的新闻剔除在外：一是报道独生子女政策的新闻，如"贵州出台规定：办理独生子女证，不能超过一个月""个体户怎么领取独生子女费"等；二是关于独生子女人口统计的新闻，如"中国已累计出生 9 000 万独生子女"等；三是重复的新闻，如"独生子女步入消费年龄，第三个消费高峰来临""独生子女更爱享受 中国迎来第三个消费高峰"等，我们只取其中一条，而将其他新闻作为重复新闻计数；四是少数无法打开的新闻。经过这样的剔除后，实际共得到符合要求的新闻 586 条，这 586 条新闻就成为本次内容分析的最终样本。

其三，如何对新闻报道进行编码。对于新闻报道的内容分析，我自己首先尝试，在对网络新闻的形式、内容等有了基本的了解和经验后，制定了具体的编码指标、内容和方法。我共设立了 7 个内容分析的变量及其取值，然后指导我的两个研究生掌握编码方法，进行新闻报道的编码工作。考虑到两个人编码有可能形成的编码误差（即对同一篇论文两人编码的结果不同），事先进行了对同一批新闻报道编码结果的比对，然后对不一致的地方进行讨论，统一认识。全部编码结束后，又从编码的结果中抽取一部分进行交换检查。

（2）针对第二个步骤所进行的调查研究设计以及现存统计资料和二手资料的收集和分析。

为了检验大众媒介所报道的独生子女形象是否符合现实中独生子女的行为表现，我针对大众媒介的宣传内容开展了调查研究。调查研究对象是城市在职青年，包括独生子女与同龄的非独生子女（将同龄非独生子女作为一种自然的参照对象）。然后设计抽样方法、变量测量等等。此处为节省篇幅，对于具体抽样方法设计读者可详见我的相关论文。[①] 变量测量则明确针对大众媒介的宣传内容，比如独生子女的性格特征、独生子女的独立生活能力、独生子女对子女的抚育方式等等。

---

① 风笑天. 独生子女父母的空巢期：何时开始？会有多长？. 社会科学，2009（1）.

第 7 章　证明大众媒介对现实的歪曲

由于大众媒介所宣传的独生子女高离婚率问题很难在调查研究中涉及（一般调查对象的样本中离婚者所占比例太小），我又充分利用了现有统计资料和二手资料来进行分析论证。比如，我找来了 2007 年全国人口变动情况抽样调查统计资料和 1995 年全国 1‰ 人口抽样调查数据资料，并收集到一批有关离婚问题的经验调查结果。正是充分利用了这些统计资料和二手资料，较好地论证了独生子女离婚比例的问题。

（3）针对第三个步骤所进行的典型媒介报道的收集与分析。

为了揭示大众媒介是如何"妖魔化"独生子女的，需要对典型的例子进行定性分析。那么，如何从 586 篇新闻报道中选择进行定性分析的例子，就是研究者应该思考的主要问题。我的做法是：对 586 篇新闻报道按转载量进行统计，从转载排名最高的前 20 篇新闻报道中根据评价内容选择 2 篇作为例子进行定性分析。统计结果表明，在转载最多的这 20 篇报道中，从标题到内容直接呈现负面评价的 12 篇，间接呈现负面评价的 3 篇，呈现中性评价的 5 篇，呈现正面评价的 1 篇也没有。将这 15 篇具有负面评价的新闻标题以及内容综合起来看，它们所表述的独生子女的负面形象主要集中在以下几方面：一是婚姻不稳定，离婚比例高；二是不能吃苦，就业不受欢迎；三是不做家务不做饭，总是到父母家蹭饭；四是不会养育子女，对孩子只生不养；五是性格上缺陷多。由于新闻报道并不是学术论文，因而，我们分析的重点不是放在对其观点的讨论上，而是放在其得出各种观点和评价时所采用的方式和所使用的推断逻辑上。换句话说，我们主要集中说明新闻报道对独生子女的负面评价为什么不能成立，以揭示这些新闻报道对独生子女"妖魔化"的方式和机制。受论文篇幅限制，仅列举上述 20 篇新闻报道中的 2 篇为例进行分析。

## 第三节　论文怎么写？

在我完成了资料的收集和分析、得出了研究的结果后，先是在 2008

年的全国社会学学术会议上发表了这篇论文的初稿,后来又经过反复修改,最终写成投稿的论文。整个写作时间长达近两年。下面我结合这篇发表在《社会学研究》杂志上的论文[①],对论文撰写的方法及表达方式进行解析。

## 一、论文总体框架

这篇论文在结构上同样遵循了定量研究论文规范的表达方式,即主要分为"问题与背景""文献回顾""研究设计""结果与分析""总结与讨论"等几个大的部分。写作之前头脑中已经对每一部分的主要内容有了明确认识,实际写作中也基本上是按照这种结构来安排内容的。"结果与分析"部分主要依据的是研究思路中的三个方面内容,分为"媒介建构的独生子女形象是什么""媒介建构的形象与现实之间的差距""大众媒介建构独生子女负面形象的方式和逻辑",层层递进地展开论述。论文总体框架如表 7-1 所示。

表 7-1 论文总体框架

| 主体结构 | 主要内容 |
| --- | --- |
| 1. 问题与背景 | 大众媒介与社会认知的关系<br>独生子女现象及媒介的评价问题 |
| 2. 文献回顾 | 国外相关文献综述<br>国内相关文献综述 |
| 3. 研究设计 | 研究的思路<br>内容分析设计<br>调查研究设计 |
| 4. 结果与分析 | 媒介建构的形象是什么<br>媒介形象与现实形象的差距<br>媒介建构的方式和逻辑 |
| 5. 总结与讨论 | 主要结论<br>几点讨论 |

---

① 风笑天. 独生子女:媒介负面形象的建构与实证. 社会学研究,2010(3).

## 第7章　证明大众媒介对现实的歪曲

## 二、论文写作解析

### 独生子女
#### 媒介负面形象的建构与实证*
风笑天

【我投稿时用的论文标题是"独生子女的'妖魔化':媒介证据与调查结果"。我用这样的标题,主要是想突出大众媒介的确在"妖魔化"独生子女这一核心结论。但匿名审稿人认为"妖魔化"一词带有一些政治色彩,建议改为相对中性的标题。根据这一意见,我最后改为此题目。读者可以思考一下:我的原标题与正式发表时所用的标题各自有什么样的特点?你自己更喜欢哪个标题?标题右上角的星号和页下注释给出了本课题基金的来源说明、研究致谢人员说明,以及文责自负说明等内容,这是学术论文进行这类说明的一般形式。】

摘要:论文采用内容分析的方法,对大众媒介新闻报道中的独生子女形象进行了系统解读。结果表明,大众媒介新闻报道中的独生子女主要是一种负面形象。通过将相关调查统计结果与媒介建构的形象进行比较,发现当前大众媒介所建构的独生子女形象与独生子女在社会中的客观表现之间存在着明显的差距。论文进一步对媒介新闻的形成方式、叙事逻辑和所用材料进行了分析,揭示出大众媒介对独生子女的形象建构存在着明显的"妖魔化"倾向。

关键词:独生子女　大众媒介　新闻报道　刻板印象

【读者可注意摘要和关键词的写法。摘要应把论文中最关键的东西用最简洁的语言表示出来。本摘要主要陈述了研究对象、研究方法、研

---

\* 本文为教育部2006年度哲学社会科学研究重大课题攻关项目"中国独生子女问题研究"的主要成果之一,项目批准号为06JZD0027。我感谢参与项目调查的众多老师和同学,感谢我的研究生孙含钰、王晓焘协助我进行网络文献的查找、编码和录入工作。我也感谢匿名审稿人的修改意见。当然,文中的错漏之处完全由作者自负。

究结果和主要结论。关键词则主要用来提示这篇论文的重要主题，不能简单照搬论文标题中的概念。比如，这篇论文的关键词就不能写"建构""实证"等。】

### 一、问题与背景

大众传播媒介是现代社会生活中不可缺少的一部分，也是现代社会的主要标志之一。随着大众传播媒介的快速发展，它们对社会生活的渗透力、影响力越来越强，对人们认识和观念形成的影响也越来越大。"媒介通过描述说明而提出的对现实的解释有潜移默化其受众的作用。人们可以从所读到、看到和听到的内容发展出对物质现实和社会现实的主观及共认的意义构想"（德弗勒等，1990：42）。而随着人们对从大众媒介中获取信息的依赖性增加，大众媒介所建构的各种"社会现实"，即"媒介现实"，往往会在不知不觉中迅速演变成受众头脑中的社会现实。"'媒介现实'成了人们认识世界的主要来源"，人们"对事物的感知、判断及采取的行动，大都以他们看到、听到的媒介现实为依据"（张国良，2001：63）。

【论文开头部分的写法是从最广泛的媒介与社会的关系谈起，引用专家的结论指明媒介对社会特别是对人们认识的影响，为论文的焦点问题做好铺垫。】

独生子女（only child）作为一种客观的社会现实，自一百多年前在西方各国开始大批出现以来，对其的认知和评价就一直是学术界和社会关注的重要问题。西方研究独生子女问题的学者普遍意识到，在社会的舆论、传统以及民间的看法中，存在着一种对独生子女及其家庭的负面刻板印象。"在西方社会，人们普遍奉行的信条之一就是，与有兄弟姐妹的孩子相比，独生子女具有某种'不良后果'。"（Claudy，1984）"'众所周知'，独生子女受宠爱、孤独以及不适应环境。来自联合国多方面的调查显示这种偏见根深蒂固。"（莱本，1994）"社会调查显示，社

第 7 章　证明大众媒介对现实的歪曲

会对自愿无孩的个人以及独生子女的父母的评价最为负面。"（Polit, 1978）更为严重的是，"许多人已为民间有关独生子女及其父母的否定性陈旧偏见所引导"（Cooper, 1984）。而"由于公众舆论如此消极地看待独生子女，因此大多数人生育第二个孩子的原因，就是为了不使他们的第一个孩子成为独生子女"（Falbo, 1984）。

【接着概述国际上自从独生子女出现以来所存在的负面刻板印象，这为论文关于"妖魔化"的观点和论述提供了一种大的背景。】

我国独生子女则是改革开放以来才出现在社会中的一代特殊人口。30 年来，他们的发展状况和成长过程也一直为学术界、大众媒介以及整个社会所关注。这种关注的中心同样是对独生子女的认识和评价问题。中国独生子女究竟是怎样的一代人？他们的成长和发展状况究竟如何？对于这些问题，学术界和大众媒介都在给出他们的回答。从学术界看，在独生子女人口产生初期，较多的研究结论延续了西方"问题儿童"的观点，认为独生子女是具有这样或那样性格缺陷和行为问题的孩子。但 20 世纪 90 年代以后的许多研究结果却并不支持这种负面的评价。越来越多的研究结果表明，独生子女与同龄非独生子女之间在个性特征、人际交往、社会适应等众多方面并不存在显著的差别（风笑天，2002，2005）。而大众媒介对独生子女的评价则不像学术界那样明确系统。尽管在某些特定时期，人们从大众媒介对某些特定现象的集中报道中，可以明显感受到其对第一代独生子女或贬或褒的看法和评价，但从总体上看，大众媒介对独生子女的各种认识和评价基本上处于一种偶发的、零散的、不系统的、无规律的状态。目前还没有客观的证据来反映大众媒介对独生子女认识和评价的总体状况。

【引入中国独生子女的评价问题，这是本文所要探讨的中心问题。指出虽然学术界已有一些相对明确的研究结论，但大众媒介对独生子女的总体评价状况却还不清楚，为本研究的提出做好铺垫。】

留美学者黄刚曾在一篇探讨成年独生子女人际关系的论文中指出：

"美国社会舆论对独生子女及其家庭存有相当严重的偏见。人们凭'常识'相信独生儿童多少有'病态'或反常的情感与行为特征,大众媒介对此的宣传也有点夸大其词。"(黄刚,1990)在当前的中国社会中,以大众媒介为代表的社会舆论会不会同样存在着西方社会那种对独生子女的偏见?大众媒介会不会"对此的宣传也有点夸大其词"?如果真是那样,那么由大众媒介所建构的第一代独生子女的形象,将会在很大程度上形成并增加社会认知中对独生子女的"否定性陈旧偏见"。现在的问题是:大众媒介所建构的独生子女形象是什么?这种形象是否反映了客观现实?大众媒介对独生子女的形象建构中是否存在着"严重的偏见"?探讨和回答这些问题正是本文的目标。

【由国外学者研究引出本研究的中心问题,同时明确提出本研究的目标。】

## 二、文献回顾

针对社会舆论以及大众媒介中存在的对独生子女的偏见和负面刻板印象,国外学者一直在进行努力探索(Cooper,1984)。许多研究结果印证了独生子女并不比同龄非独生子女差的结论,研究的发现也不支持长期存在的对独生子女的负面刻板印象(Polit,1978;Blake,1981;Falbo,1984)。我注意到,这些研究有一个共同的特征,就是研究者往往以某种社会舆论(比如民意测验的结果、"公众的看法"、"民间的偏见"、"传统的偏见"等)作为前提,然后通过开展各种经验研究去质疑它、挑战它。目前还没有研究者去关注大众媒介对独生子女的偏见或者负面刻板印象,也没有人去系统收集和分析存在于大众媒介之中的对独生子女及其家庭的各种偏见的经验证据。

【概述国外学者的研究结论,指出其存在的缺陷——没有关注大众媒介对独生子女的偏见,也没有系统收集和分析存在于大众媒介之中的对独生子女及其家庭的各种偏见的经验证据。】

## 第7章 证明大众媒介对现实的歪曲

国内的独生子女研究虽然也一直关注独生子女一代的成长和发展过程（风笑天，2002），但对于社会舆论及大众媒介对独生子女的认识和评价的关注也同样不够。在现有的文献中，仅有三篇涉及社会舆论或者大众媒介对独生子女的认识和评价。其中两篇来自同一项研究课题。该研究者从心理学角度，采取形容词自由联想法和社区调查，筛选出与独生子女群体相关的15个高频形容词。其中5个具有正向积极意义（自信、漂亮时尚、物质条件好、聪明、有个性），10个具有负向消极意义（自私、社交性差、骄傲、孤独、依赖、浪费、任性、娇惯、爱发脾气、自我中心）。在此基础上，研究者编制了态度量表，并在上海市对拥有9～18岁子女的父母进行了随机抽样调查。研究者让调查对象用上述量表对独生子女群体的符合程度进行评价。调查结果表明，在1 088份父母问卷中，分值最高的5个与独生子女群体相关的形容词分别是"依赖""任性""娇惯""自我中心"和"爱发脾气"，均为消极意义。研究得出结论："在与独生子女有直接接触的城市居民中，独生子女群体的社会印象以负面刻板印象为主。"（包蕾萍，2008a，2011）

该研究还探讨了这种负面印象的形成机制问题。研究者"着重分析了父母生育观对独生子女刻板印象的影响，逐步回归的结果显示，父母生育观、子女性别是影响独生子女刻板印象的最为重要的两大因素：越反对独生子女的父母刻板印象越强；对独子的刻板印象强于独女"（包蕾萍，2008a）。然而，一方面，父母的生育观念与对独生子女的负面印象之间存在相关，并不能就肯定是"父母的生育观念"影响了"父母对独生子女的负面印象"。倒是"父母对独生子女的负面印象"有可能影响到"父母的生育观念"。另一方面，该研究结果也没有解释父母对独生子女的这种负面印象来自哪里。因此，研究者最后指出，"这方面的实证资料目前还相当有限，急待进一步深入研究"（包蕾萍，2008a）。

另一篇相关研究是风笑天2005年针对大众媒介中的观点，对第一代城市独生子女社会适应问题所进行的探讨。该研究通过对全国12个城市1 786名在职青年调查结果的定量分析，得出了在职青年独生子女与同龄非独生子女在社会适应方面不存在显著差别的结论，即得到了与当时的媒介宣传和社会舆论不一致的结果。研究者也提出了"应该对现有认识和媒介宣传进行反思，并改变长期以来形成的对独生子女的这种偏见"（风笑天，2005）的看法。但是，该研究有关大众媒介的观点和看法仅仅来自研究者个人对媒体上一些典型报道的主观印象，并没有去系统收集和分析大众媒介中的经验证据。因此，该研究同样没有反映出大众媒介对独生子女的总体评价和看法，也没有揭示这种偏见的可能来源。

【概述国内两项相关研究，指出一方面"实证资料目前还相当有限，急待进一步深入研究"，另一方面"仅仅来自研究者个人对媒体上一些典型报道的主观印象，并没有去系统收集和分析大众媒介中的经验证据"。也即是说，现有研究结果都无法回答本研究问题。】

## 三、研究设计

### （一）研究思路

根据研究目标，我首先采用内容分析的方法，对大众媒介中有关独生子女的新闻报道进行系统的、定量的分析，从总体上描述大众媒介的新闻报道对独生子女所持有的评价倾向，以说明大众媒介所建构的独生子女形象是什么。其次，针对大众媒介的普遍认识和看法，有针对性地收集现有统计数据以及开展实地调查，并用所得的结果与媒介的认识和看法进行比较，以说明媒介的认识评价与社会现实之间是否存在差距。最后，在定量分析的基础上，选取具有典型意义的新闻报道，对其报道独生子女的方式、材料和推断的逻辑做定性分析。以考察媒介新闻得出某种评价倾向的特定机制，揭示媒介新闻报道方式与独生子女形象的建构之间的关系。

【这一部分以简洁的语言告诉读者打算按什么思路来达到目标，并具体指出每一种方法所要达到的目的。这样做可以让头脑中并不十分清楚该怎么去做的读者有一个基本的思路和框架，相当于给读者一个简略的研究路线图。】

# 第 7 章　证明大众媒介对现实的歪曲

## （二）媒介新闻的内容分析设计

首先，媒介新闻的抽样。大众媒介包括报纸、杂志、广播、电视以及网络等。考虑到研究的可行性以及媒介资料的全面性和可得性，本次分析的媒介新闻样本取自新浪网的新闻搜索系统（预先的探索性搜索结果表明，在百度、谷歌等搜索系统中所得到的结果与在新浪中所得到的结果基本相似）。具体操作步骤如下：在新浪网"爱问"搜索系统中选择"新闻搜索"，关键词为"独生子女"，限定搜索时间为"1998 年 7 月 10 日到 2008 年 5 月 12 日"（由于该系统每段时间只保留容量为 88 页每页 20 条的信息条目，所以我们分别于 2007 年 3 月 28 日和 2008 年 5 月 12 日两次进行了搜索），查询关键词位置为"在新闻标题中"，并默认全部新浪网新闻源作为我们的搜索源。搜索结果显示"找到 9 180 篇新闻"，但是实际上搜索到且能看到的新闻共计只有 3 520 篇（每次 88 页，每页 20 篇，共 1 760 篇，两次共 3 520 篇）。我们估计新浪网显示的 9 180 篇是包含大量重复新闻在内的，如"'85 后'独生子女遭就业歧视 不能吃苦成代名词"一则条目新浪网显示就有"41 条相同新闻"。

在搜索到的 3 520 篇新闻中，既包含了大量与我们研究主题无关的新闻，同时也包含了标题稍有改变而内容完全相同的新闻，即重复的新闻。为此，我们首先对这 3 520 篇新闻逐条进行审核和筛选。根据研究目标，我们只选择其中对独生子女（群体、家庭）进行描述、报道、议论、评价的新闻作为我们的分析样本，而将下列各种情况的新闻剔除在外：(1) 报道独生子女政策的新闻，如"贵州出台规定：办理独生子女证，不能超过一个月""个体户怎么领取独生子女费"等；(2) 关于独生子女人口统计的新闻，如"中国已累计出生 9 000 万独生子女"等；(3) 重复的新闻，如"独生子女步入消费年龄，第三个消费高峰来临""独生子女更爱享受 中国迎来第三个消费高峰"等，我们只取其中一条，而将其他新闻作为重复新闻计数；(4) 少数无法打开的新闻。经过这样的剔除后，我们实际共得到符合要求的新闻 586 条，这 586 条新闻就成为本次内容分析的最终样本。

其次，媒介新闻的编码。根据研究目标，我共设立了 7 个内容分析的变量，并依据这 7 个变量及取值对 586 条新闻的形式和内容进行编码。

这 7 个变量及其取值分别是：

变量一，新闻的标题所体现的对独生子女的评价。取值分为正面、负面和中性。判断的依据主要是关键概念及其标题整体含义，比如"自立""孝顺"等为正面，"不能吃苦""不做家务""离婚多"等为负面，"生育意愿提高"等为中性。

变量二，新闻的来源。取值分为网络和报纸。来源中也出现了极少数杂志，分析时作为缺省处理。

变量三，新闻来源媒体的性质。取值分为主流和一般。主流媒体指中央媒体、各省市党委机关报（即××日报）以及相应的网站，比如新华社、《人民日报》《光明日报》、新华网、人民网、光明网等；其他则为一般媒体。

变量四，新闻来源媒体的级别。取值分为国家级和地方级。

变量五，新闻内容所反映的对独生子女的评价。通过阅读新闻报道的内容，根据其对独生子女的评价，取值分为正面、负面和中性。

变量六，新闻出现的次数。新浪网如果显示有 10 条相同新闻的话，我们直接计为 10；如果我们自己阅读到相同新闻的话，则在原数据上加上重复新闻数。

变量七，新闻报道中采用的分析方式或手段。取值分为泛泛而谈、运用个案、运用非正规调查资料和运用正规调查资料四类。如果报道中既运用了个案又运用了调查资料，我们就根据调查资料是否正规把它归入运用正规或非正规调查资料。

具体的文献搜索、阅读和编码工作由我的两名研究生共同完成。为了保证两人在阅读同一条新闻后给出的编码具有一致性，我采取了三种方法：一是先让他们对若干条新闻分别进行编码，然后进行比较，找出差别并进行相应调整；二是编码时两人在一起进行，遇到拿不准的条目及时商量确定；三是各自编码全部结束后，分别从对方编码的结果中抽取一部分进行交换检查。

【这一部分详细介绍了内容分析法的设计和操作过程。注意我是如何陈述和处理在内容分析过程中所出现的各种现实问题的。原稿中本来还有两项相关调查研究的方法设计和介绍的内容，但后来由于论文篇幅过大（有3万多字），根据编辑的意见在压缩论文篇幅时将其删去，仅在论文后面以注释的方式稍作介绍。给读者的建议是，如果不是篇幅问题，那么也应该将调查研究的设计和具体实施过程在此一并详细介绍。】

## 四、媒介建构的独生子女形象是什么

（一）新闻报道对独生子女的总体评价

我们从新闻标题以及新闻内容两方面所反映的媒介对独生子女的评价进行了统计，结果见表1。

表1　新闻标题和新闻内容所体现的媒介评价

| 媒介评价 | 新闻标题 | | 新闻内容 | |
| --- | --- | --- | --- | --- |
| | 频数 | 百分比 | 频数 | 百分比 |
| 正面 | 72 | 12.3 | 89 | 15.2 |
| 中性 | 152 | 25.9 | 86 | 14.7 |
| 负面 | 362 | 61.8 | 411 | 70.1 |
| 合计 | 586 | 100.0 | 586 | 100.0 |

表1的结果表明，无论是在新闻标题中，还是在新闻内容中，对独生子女的负面评价都占了绝大部分，其比例约为60%～70%。换句话说，在大众媒介的新闻中，独生子女更多的是以一种负面的形象出现在人们面前。有研究者根据对中国重要报纸全文数据库的检索，发现从2000年到2004年2月共有97篇有关独生子女的报道，除相关政策法规宣传和内容重复的篇目外，余下53篇。按新闻所表现的态度的偏向性进行分类，结果为正面的7篇，中性的11篇，负面的35篇（包蕾萍，2008b）。其统计的正面、中性和负面三种类型报道的百分比分别为13.2%、20.8%和66%，与本研究三种类型的比例分布十分相近。上述两种统计结果都表明，大众媒介新闻报道中的独生子女，2/3左右是负面的形象。

【展示本研究的统计结果与其他研究者的结果，就是为了得到上一段最后一句客观的结论。】

### （二）媒介新闻中独生子女负面形象的主要方面

为了归纳媒介新闻中独生子女负面形象的主要方面，我选取了这586篇新闻报道中转载次数最多的20篇新闻进行分析。由于这20篇新闻总共转载次数达到701次，占了全部586篇新闻总的转载次数2 048次的1/3以上，因此，既可以将它们看作全部新闻内容的一个样本，同时也可以将它们看成是全部新闻中传播最广泛、对受众影响最大的一部分新闻。表2是这20篇新闻的题目、转载次数及对独生子女的评价。

表2　样本中转载最多的前20篇新闻的题目、转载次数及其对独生子女的评价

| 序号 | 新闻标题 | 转载次数 | 评价 |
| --- | --- | --- | --- |
| 1 | "80后"独生子女离婚多 | 75 | 负面 |
| 2 | 南京节后出现离婚高潮　离婚者中独生子女比例高 | 64 | 负面 |
| 3 | 养老压力大　"80后"独生子女夫妇生育意愿提高 | 58 | 中性 |
| 4 | 独生子女家庭结构是支撑中国房价上涨的重要因素 | 53 | 负面 |
| 5 | 为蹭饭　独生子女结婚愿与父母做邻居 | 52 | 负面 |
| 6 | 全国有近1亿独生子女　低收入者结婚难度加大 | 49 | 负面 |
| 7 | "85后"独生子女遭就业歧视　不能吃苦成代名词 | 41 | 负面 |
| 8 | 于丹忧心独生子女素质教育　吁小学增加公益教育 | 28 | 负面 |
| 9 | 90%小学生诉父母侵隐私　独生子女有攻击性需要 | 28 | 负面 |
| 10 | 中国9成独生子女不做家务　一起动手有多难 | 27 | 负面 |
| 11 | 高额成本吓退双独生子女夫妇生二胎念头 | 26 | 中性 |
| 12 | 城市独生子女靠边站 | 25 | 负面 |
| 13 | 河南部分企业招聘卡"出身"　不要城市独生子女 | 24 | 负面 |
| 14 | 春节：独生子女婚姻"年检"？ | 24 | 中性 |
| 15 | 孩子像宠物没学会感恩　新一代独生子女"草莓化" | 23 | 负面 |
| 16 | 六成独生子女夫妻不要二胎 | 21 | 中性 |
| 17 | 企业拒聘"城市独生子女"　就业歧视折射教育缺失 | 21 | 负面 |
| 18 | 中国第一代独生子女迎来婚恋高峰 | 21 | 中性 |
| 19 | 双独生子女父母"只生不养"？ | 21 | 负面 |
| 20 | 独生子女当父母　会生不会养？ | 20 | 负面 |
| | 合计次数 | 701 | |

## 第7章 证明大众媒介对现实的歪曲

对上表最右边的评价进行统计表明,转载最多的这20篇报道中,从标题到内容直接呈现负面评价的12篇,间接呈现负面评价的3篇,呈现中性评价的5篇,呈现正面评价的1篇也没有。这一结果再次证明了媒介新闻中对独生子女以负面评价为主的事实。而将这15篇具有负面评价的新闻标题以及内容综合起来看,它们所表述的独生子女的负面形象主要集中在以下几方面:(1)婚姻不稳定,离婚比例高;(2)不能吃苦,就业不受欢迎;(3)不做家务不做饭,总是到父母家蹭饭;(4)不会养育子女,对孩子只生不养;(5)性格上缺陷多。

【这一结果相当于从量和质两方面来给出客观证据,就是为了证明大众媒介的确存在着对独生子女的负面评价。而最后综合这种负面评价的五个主要方面,则是为下面与调查结果进行比较打下基础。】

### 五、媒介建构的形象与现实之间的差距

社会现实中独生子女的情况究竟如何呢?下面我利用相关统计数据和具体调查结果对上述独生子女负面形象中的四个方面进行对比分析。

【由于上节中的第(2)点"不能吃苦,就业不受欢迎"暂时找不到经验证据来进行比较,故我在实际研究中略去了这一点。读者可以思考一下:你有没有什么好的思路和想法,可以设计出一种研究方式来验证这一点?如果有,那你的研究就可以看作在本研究基础上的进一步研究,是对本研究结论的完善和验证。】

#### (一)独生子女的离婚比例高吗?

由于现有的各种离婚调查和统计中,都没有加入离婚者"是否独生子女"这一变量,因此,目前尚没有能直接回答这一问题的调查结果。我下面尝试利用相关调查和统计数据从逻辑上来对此进行一定程度的推断和证明。

【一开始就实事求是地说明,没有能直接回答这一问题的调查结果。作为一种替换,尝试进行间接的论证。】

目前进入婚姻的第一代独生子女（即出生在 1976—1985 年之间的独生子女）只是同龄人口中的一部分。因此，如果说在成年人口中，独生子女的离婚比例明显高于其他人口（包括同龄非独生子女人口）的离婚比例，那么，应该有下列两种逻辑结果：一是第一代独生子女所在年龄段人口的离婚比例应高于（至少不低于）同一时期其他年龄段人口总体的离婚比例；二是第一代独生子女所在年龄段人口的离婚比例还应该高于（至少不低于）独生子女人口出现以前相同年龄段人口的离婚比例。

【即需要从纵横两个方面来分析论证。】

实际情况究竟如何呢？2007 年全国人口变动情况抽样调查给出了下列统计结果：2007 年城市样本中，22～31 岁（即 1976—1985 年出生者，也即第一代独生子女所在年龄段）的人口为 46 635 人，其中离婚者为 319 人，占该年龄段人口的 0.68%；而样本中 32 岁以上总人口为 197 433 人，其中离婚者为 4 363 人，占城市 32 岁以上人口的 2.21%（国家统计局人口和就业统计司，2008）。这一结果表明，从总体上看，第一代独生子女所在年龄段人口的离婚比例远低于当时其他人口的离婚比例（不到后者水平的 1/3）。即使是按每年平均来计算，该年龄段人口的离婚比例也与 32 岁以上人口的比例相当。换句话说，相比于城市其他年龄段人口的离婚比例，城市第一代独生子女所在的年龄段人口的离婚比例并不高。如果该年龄段人口中独生子女与非独生子女离婚的比例相差不太大的话，那么显然是得不出独生子女离婚比例高的结论的。因此，媒体关于"独生子女离婚比例高"的第一个逻辑结果没有被证实。

虽然从横截面数据的比较来看，得不出独生子女离婚比例高的结论，但是，如果在独生子女一代出生之前，这个年龄段的人离婚的比例更低，而现在这个年龄段的人离婚比例相对上升，那么，还有可能得出独生子女离婚比例高的结论。因为正是由于独生子女的离婚比例提高，才使得目前这一年龄段的离婚比例高于以前同一年龄段的离婚比例。

我们以 2007 年数据作为目前的情况，同时找来了比 2007 年早 12 年的统计，即 1995 年全国 1%人口抽样调查数据。由于时间提前了 12 年，

## 第 7 章　证明大众媒介对现实的歪曲

因此，2007年时22~31岁的青年（第一代独生子女所在的年龄段），1995年时就只有10~19岁。这也就是说，在当时超过20岁的已婚人口中，基本上不可能出现已婚独生子女的情况。或者说，那个时候22~31岁人口的离婚统计中，完全不存在独生子女因素的影响。那时该年龄段人口的离婚比例又是多少呢？

1995年全国1‰人口抽样调查数据的城市样本中，22~31岁人口为516 996人，其中离婚者为4 169人，占该年龄段人口的0.81%；而样本中32岁以上总人口为1 242 469人，其中离婚者为16 311人，占城市32岁以上人口的1.31%（国家统计局人口和就业统计司，1996）。这一结果表明，1995年，当独生子女人口没有进入婚育年龄时，22~31岁人口的离婚比例与32岁以上人口的离婚比例虽然有一定差别，但相差不大（0.81%与1.31%）。2007年，当独生子女人口进入婚育年龄后，32岁以上人口中的离婚比例提高了将近一倍（从1995年的1.31%，提高到2007年的2.21%）。如果仅依据这一点，就认为这正是独生子女离婚比例提高的后果和体现，那就错了。因为与独生子女人口进入婚育年龄之前相比，2007年22~31岁人口中离婚者的比例不但没有上升，相反还有所下降（从1995年的0.81%下降到2007年的0.68%）。这也即是说，目前人口总体中离婚比例的上升，并不是第一代独生子女所在的22~31岁人口的离婚比例提高所致，而是其他年龄段人口的离婚比例提高所致。

现有文献中各地调查的结果也同样给我们提供了与上述全国调查结果十分一致的证据：

上海市宝山区妇联对上海宝山区2000年和2004年各500份共计1 000份离婚案件进行了统计分析，结果发现，离婚者的年龄在20~29岁的占33.8%（上海市宝山区妇联，2008）。根据年代计算，这一部分离婚者是在1971—1984年之间出生的，即他们中的大部分人已经进入独生子女出生的年代。金美子等对吉林省延吉市2001—2003年的4 776份离婚案件进行了统计分析，发现离婚者中年龄为20~29岁的占30.5%（金美子等，2006）。根据年代计算，这一部分离婚者是在1972—1983年出生的，他们中的大部分人同样进入了独生子女出生的年代。而上海市民政局最近的一项统计数字①则显示出更为直接的证据:"2008年在市民政部门办理离婚登记的有36 811对。从年龄结构看:30岁以下办理离婚登记的有17 412人,30至40岁之间办理离婚登记的有22 135人,40至50岁有20 729人,50至60岁之间11 405人"②(周其俊,2009)。根据该统计数据计算③,30岁以下离婚者的比例为23.7%,而30~40岁、40~50岁离婚者的比例则分别为30.1%和28.2%,均高于30岁以下离婚者的比例。30岁以下这部分人的出生年代全部是1978年以后,即他们全部进入了独生子女出生的年代。也即是说,2008年时上海独生子女人口所在年龄段(即30岁以下)的离婚比例低于30~40岁、40~50岁两个年龄段的离婚比例。

那么,在独生子女人口进入婚姻阶段以前,相同年龄段人口的离婚比例又是如何呢?吴丽敏等对山东威海、荣成、曲阜、海阳四个城市1994—1996年的4 709份离婚案件的统计分析表明,"离婚当事人在35岁以下者占80%"(吴丽敏等,1998)。如果以1995年为时间点计算,这80%的离婚者(20~35岁)的出生时间处于1960—1975年之间,即他们都没有进入独生子女出生的年代。张布对江苏南通市青年离婚情况的调查表明,"该市1982年离婚数为113对,226人。其中35岁以下的青年140名,占离婚总人数的61.9%"(张布,2001)。倪金仲等对北京市宣武区法院1983年至1984年7月所审理的1 075件离婚案件进行了调查研究,结果表明,离婚者中,20~35岁的占65.4%(倪金仲等,1986)。李伟民对邯郸市邯山区青年离婚案件的抽样调查结果也表明,"1984年,发生离婚纠纷案件174起,其中35岁以下的129对,258人。青年离婚案件占全区离婚案件的74%"(李伟民,1985)。上述这些20世纪80年代的调查中,青年离婚者的出生时间都在1960年以前,都没有进入独生子女出生的年代。

---

① 前述统计中使用的是调查当年"婚姻状况"为离婚的人口数,而不是调查当年"发生"离婚的人口数。此处上海的数据则是2008年"发生"离婚的人口数。
② 原文数据如此,由于计算时略掉了60岁以上人口,故与总数之间有一定差距。
③ 该计算以离婚总人数为分母,由离婚总对数36 811乘以2得到。

## 第7章　证明大众媒介对现实的歪曲

这七项离婚调查统计的结果告诉我们的共同事实是：在已婚独生子女人口出现以前，离婚者中年龄在20~35岁的人的比例很高（占到了60%~80%）；而当已婚独生子女人口出现以后，离婚者中20~29岁（即包含独生子女人口的部分）的比例却大大下降了（只占到了30%左右）。尽管不同调查的年龄统计口径不完全一致，但即使将目前独生子女所在年龄段的离婚人口按调查统计数据推算到35岁，其比例也只在45%左右，还是要明显低于独生子女出生以前的离婚比例。

【用各地的抽样调查结果与全国的统计数据资料相互印证，增强了说服力。】

从上述全国统计数据以及各地调查结果的纵向比较中，都无法推导出独生子女离婚比例提高的结果。因此，媒体关于"独生子女离婚比例高"的第二个逻辑结果也没有被证实。

无论是横向的比较还是纵向的比较，也无论是全国调查结果还是各地调查结果，都得出一个事实：第一代独生子女所在年龄段人口的离婚比例相对来说并不高。因此，如果能够证明第一代独生子女的离婚比例与同龄非独生子女离婚比例相差不大的话，就可以得出独生子女离婚比例并不高的结论。正好最近吴瑞君等人利用上海市2005年1‰人口抽样调查的数据，对第一代独生子女的婚姻稳定性状况进行了分析。该研究结果表明，"2005年20~30岁上海户籍的已婚独生子女人口中，离婚与再婚人口占全部已婚人口的比重，男性为1.68%，女性为2.04%，均略低于非独男性与非独女性。说明迄今为止，第一代独生子女与同时代的非独生子女之间的婚姻稳定性并未表现出明显的差异性"（吴瑞君等，2009）。在独生子女和同龄非独生子女的离婚与再婚比例相当的前提下，该研究所得的结论，为上述逻辑推断提供了明确的支持。因此，媒介新闻对独生子女离婚比例高的负面宣传、将他们描绘成婚姻不稳定的负面形象是不符合客观现实的。当然，要将上海的结果推广到全国范围，还需要利用全国的数据进行统计分析。同时，如果有分年龄和独生子女身份的年度离婚统计数据，对这一问题的证明将更为直接，也更为有力。

【前面只是证明了"独生子女所在年龄段的离婚比例不比其他年龄段高",但更关键的问题是"独生子女离婚比例是否比同龄非独生子女高"。在利用他人研究结果对此进行论证的同时,指出依然存在的不足:他人的结论来自上海一个城市,能否反映全国的情况还是一个问题。这是一种科学的态度。】

### (二)独生子女的性格是否更差?

许多媒介新闻在评价独生子女性格特征方面的问题时,常犯的一个错误是不自觉地将他们与以往的非独生子女进行比较。这样比较的结果实际上并不是独生子女所具有的特异性,而是不同时代、不同历史时期中的青年之间的差别。正确的比较方式应该是横向比较,即将独生子女与同龄的非独生子女进行比较。这样比较所得到的结果才是独生子女所具有的特异性。根据这一思路,我利用 2007 年全国十二城市在职青年调查的结果①,对独生子女与非独生子女的一部分性格特征进行比较分析。与一般调查中让调查对象直接评价独生子女的做法有所不同的是,本次调查中采用了让调查对象对自我特征进行评价的方法,即在不涉及有关独生子女话题的前提下,测量独生子女与同龄非独生子女对自身性格特征的主观评价,具体结果见表 3。

表 3  下列各项特征中,哪些符合你的情况?                   %

| 性格特征 | 独生子女自评 | 非独生子女自评 | 差异显著性检验 |
| --- | --- | --- | --- |
| 懒惰 | 49.6 | 37.6 | $p<.01$ |
| 娇气 | 22.8 | 20.4 | $p>.05$ |
| 任性 | 48.4 | 44.3 | $p>.05$ |
| 孤僻 | 21.3 | 17.4 | $p>.05$ |
| 自我中心 | 32.2 | 35.1 | $p>.05$ |
| 交往能力弱 | 29.1 | 36.3 | $p>.05$ |

---

① 该项调查的对象是 1976 年及以后出生的城市在职青年。样本采用按比例分层的抽样方法进行抽取。样本规模为 2 357 人,其中,从小生长在城市的在职青年为 1 245 人,构成了本文分析的样本。有关该项研究具体方法的详细介绍可见:风笑天.独生子女父母的空巢期:何时开始?会有多长?.社会科学,2009(1).

续表

| 性格特征 | 独生子女自评 | 非独生子女自评 | 差异显著性检验 |
|---|---|---|---|
| 难与人合作 | 9.8 | 10.8 | $p>.05$ |
| 自私 | 19.8 | 24.8 | $p>.05$ |
| 自理能力弱 | 28.7 | 23.6 | $p>.05$ |
| 责任心差 | 10.7 | 12.8 | $p>.05$ |

表3最后一列的统计显著性检验结果表明，在总共10项特征中，独生子女的自我评价与同龄非独生子女的自我评价只在懒惰这一项特征上存在显著差别（二者相差12个百分点），而在其他9项特征上都不存在显著差别。我10年前对中学生所做的同一主题的调查研究也得到完全类似的结果（风笑天，2000）。

如果调查对象的自我评价与其实际表现基本相符，那么，表3的结果说明了两点：第一，以同龄非独生子女作为参照标准，城市在职青年独生子女的性格特征并不显得格外不同。[①] 如果同龄非独生子女是正常的人群，那么，独生子女总体上也是正常的人群。因此，媒介对他们的性格特征的负面宣传、将他们描绘成普遍有性格缺陷的负面形象很可能是不符合客观现实的。第二，上表中的百分比表明，具有负面性格特征的青年（包括独生子女与非独生子女）都只是总体中的一小部分。因此，它一方面说明，在社会现实中我们总可以看到一些存在这样或那样性格缺点的独生子女（以及非独生子女）；但另一方面也说明，如果用这一小部分独生子女身上的负面特征来代表独生子女的整体特征，那将是不正确的和不合适的。

【对调查结果进行仔细解读，很好地揭示出调查结果具有的各种内涵。】

（三）独生子女结婚后是否总是到父母家"蹭饭"？

我利用2008年对五大城市已婚青年夫妇的调查资料来对此进行分析

---

① 当然，性格的自评结果并不等于性格的心理学测量结果。如果将来有直接的心理学测量结果的支持，本研究的结论将会更有说服力。

和验证。① 我们知道，到父母家"蹭饭"有两个前提：一是青年夫妇与父母不住在一起；二是青年夫妇和父母住在同一城市。根据这两个条件在样本中进行筛选，共得到410对符合条件的已婚青年夫妇。调查中对他们在上一周去父母家吃饭的餐数进行了统计。我们将一周中去父母家吃饭次数在4餐及以上作为"总是"或"经常"的标准。为了考察独生子女变量的影响，我们将青年夫妇分成"双方均为独生子女""一方为独生子女"，以及"双方均为非独生子女"三组（即双独、单独和双非）进行比较。同时，考虑到青年夫妇目前是否有孩子可能会对他们去父母家吃饭的行为有影响，所以在统计分析中对这一变量进行了控制。表4就是三类夫妇到父母家吃饭频率的交互统计及其卡方检验结果。

表4 上一周7天中，你们去父母家吃的有几餐？                     %

| 有无孩子 | 到父母家吃饭餐数 | 双独 | 单独 | 双非 | 合计 |
|---|---|---|---|---|---|
| | | | 夫妇身份 | | |
| 无孩子 | 0～3餐 | 79.3 | 81.9 | 82.1 | 80.8 |
| | 4餐及以上 | 20.7 | 18.1 | 17.9 | 19.2 |
| | (n) | (82) | (83) | (28) | (193) |
| | Chi-Square=.225 | | $df=2$ | $p=.894$ | |
| 有孩子 | 0～3餐 | 76.1 | 81.7 | 83.6 | 81.1 |
| | 4餐及以上 | 23.9 | 18.3 | 16.4 | 18.9 |
| | (n) | (46) | (104) | (67) | (217) |
| | Chi-Square=1.051 | | $df=2$ | $p=.591$ | |

表4的结果表明，尽管双独夫妇经常去父母家吃饭（每周4餐及以上）的比例略多于单独夫妇和双非夫妇，但统计检验表明，这种百分比的差异并没有达到统计检验的显著性。它说明，总体中三类青年夫妇在

---

① 该项调查的对象是"夫妻双方至少一方是在1975年及以后出生"的城市青年夫妇。调查地点为北京、上海、南京、武汉、成都五大中心城市。样本的抽取采用多段分层抽样的方法。样本规模为1 600个个案。调查实际成功完成有效问卷1 216份。有关该研究具体方法的详细介绍可见：风笑天. 城市独生子女与父母的居住关系. 学海，2009（5）.

第 7 章　证明大众媒介对现实的歪曲

是否经常去父母家吃饭的分布上，并不存在明显的差别。因此，媒介新闻报道中有关独生子女婚后经常到父母家"蹭饭"的判断和评价也是没有事实根据的。

【充分考虑到与"蹭饭"有关的两个前提、"多"与"少"的区分，以及有无孩子等相关因素的影响。】

（四）独生子女对孩子是否"只生不养"？

我同样利用 2008 年五大城市已婚青年夫妇的调查数据来对此进行验证。我们对样本中 657 对有 0~6 岁子女的青年夫妇"目前孩子主要由谁照料"的情况进行了统计。考虑到孩子年龄不同时，需要父母照料的情况有较大差别，因而分析中根据孩子的年龄将调查对象分为有 0~3 岁、3~6 岁孩子的两组来进行控制。同时，依旧将已婚夫妇分为双独、单独和双非三类来进行比较。具体结果见表 5 和表 6。

表 5　有 0~3 岁孩子的青年夫妇孩子主要由谁带？　　　　　　　　%

| | 夫妇身份 | | | |
|---|---|---|---|---|
| | 双独 | 单独 | 双非 | 合计 |
| 我们自己带 | 31.6 | 40.3 | 56.1 | 41.5 |
| 双方父母带 | 46.9 | 41.3 | 39.0 | 42.3 |
| 保姆带 | 21.4 | 18.4 | 4.9 | 16.2 |
| ($n$) | (98) | (196) | (82) | (376) |
| | Chi-Square=16.027 | $df=4$ | $p=.003$ | |

表 6　有 3~6 岁孩子的青年夫妇孩子主要由谁带？　　　　　　　　%

| | 夫妇身份 | | | |
|---|---|---|---|---|
| | 双独 | 单独 | 双非 | 合计 |
| 我们自己带 | 48.0 | 47.5 | 70.7 | 55.2 |
| 双方父母带 | 40.0 | 42.4 | 29.3 | 37.7 |
| 保姆带 | 12.0 | 10.1 | .0 | 7.1 |
| ($n$) | (50) | (139) | (92) | (281) |
| | Chi-Square=18.482 | $df=4$ | $p=.001$ | |

表5的结果表明,当孩子处于0～3岁之间时,三类夫妇中主要照料孩子者的分布有显著不同。双独夫妇自己带孩子的比例最低,单独夫妇其次,双非夫妇自己带孩子的比例最高。但是,需要指出的是,这一结果并不意味着双独夫妇和单独夫妇将孩子交给双方父母带的比例明显比双非夫妇就高(三者的比例差不多)。实际上,双独夫妇和单独夫妇自己带孩子的比例较低,主要是因为他们请保姆带孩子的比例明显比双非夫妇更高。

表6的结果表明,当孩子处于3～6岁之间(即上幼儿园阶段)时,三类夫妇中主要照料孩子者的分布依然显著不同。双独夫妇和单独夫妇自己带的比例有所提高,交给保姆带的比例相应降低,而交给父母带的比例则依旧维持在40%左右。但与此不同的是,双非夫妇交给父母带的比例进一步降低,自己带孩子的比例明显上升。这形成了双独与单独之间没有差别,但这二者与双非之间差别明显的状况。我分析,造成双非夫妇这一变化的一个可能的原因是他们的父母往往会面临其他子辈同样的带孙辈的需要。因而,当这个孩子度过了0～3岁最困难的抚育阶段后,更多的双非夫妇客观上只能依靠他们自己了。

综合表5和表6的结果,可以看出,当孩子处于较小的年龄时,双独夫妇和单独夫妇自己带孩子的比例的确比双非夫妇低。但是,一方面,这种较低的比例有可能是他们的父母更积极、更主动地(甚至是双方父母争着)要带他们的孙辈所造成的,而不一定是年轻夫妇自己不想带或不会带造成的;另一方面,他们自己带孩子的比例较低是以请保姆带孩子的比例较高作为补充的(若加上请保姆带孩子的比例,则三类夫妇自己带孩子的比例相当)。而总体上,三类夫妇将孩子交给父母照料的比例实际相差并不大。这种结果说明,独生子女并非像媒介新闻所报道的那样,自己不养孩子,完全将孩子交给父母养。他们请保姆带孩子,实际上孩子还是在他们身边。这和将孩子完全交给父母带是不同的。此外,双非夫妇自己带孩子的比例相对较高的原因,究竟是他们"既生孩子又养孩子"的主观表现,还是他们相对缺少父母支持的客观结果,也还值得进一步探讨。

第 7 章　证明大众媒介对现实的歪曲

【同样充分考虑到与照料孩子相关的孩子年龄等因素，同时仔细解读调查的结果，揭示出各种比例背后的可能现实。】

综合上述四个方面的结果，可以看出，大众媒介关于独生子女的离婚比例高、性格不好、常去父母家"蹭饭"、对孩子只生不养等方面的评价和描述，与独生子女在社会中的实际表现之间存在明显差异。实地调查和统计分析的结果并不支持大众媒介的新闻报道对独生子女在这些方面表现所给出的负面评价。

【上述的层层分析就是为了得到这一小段中的结论，并且是由"实地调查和统计分析的结果"得出的客观结论，而不是作者仅凭主观分析得到的结论。】

## 六、大众媒介建构独生子女负面形象的方式和逻辑

（一）新闻报道内容的定性分析

需要说明的是，由于新闻报道并不是学术论文，因而，我们分析的重点不是放在对其观点的讨论上，而是放在其得出各种观点和评价时所采用的方式和所使用的推断逻辑上。换句话说，我们主要集中说明新闻报道对独生子女的负面评价为什么不能成立，以揭示这些新闻报道对独生子女"妖魔化"的方式和机制。受篇幅限制，仅列举上述 20 篇新闻报道中的两篇为例进行分析。

新闻报道 1："80 后"独生子女离婚多[①]

这篇被媒介转引频数最高（75 次）的新闻报道的标题，非常直截了当地告诉人们：独生子女的婚姻状况十分不妙。我分析，这样的标题或许正是这篇新闻报道获得高转载率的一个重要原因。下面是这篇新闻报道的主要内容：

---

① "80 后"独生子女离婚多．（2006-12-11）[2023-02-22]．http：//news.sina.com.cn/o/2006-12-11/103310736706s.shtml．

目前，婚姻濒临破裂而走进婚姻咨询室的人群中，有一半是20多岁的年轻人。而来自广州一家律师事务所的数字显示，"80后"委托离婚或咨询离婚的案例也明显在增多。全国妇联婚姻指导师项目督导员胡慎之教授分析，"80后"独生子女成为离婚高发人群，跟父母从小过分溺爱，凡事帮孩子拿主意，养成孩子缺少忍让性、宽容度有直接关系。

据全国妇联婚姻指导师项目督导员胡慎之介绍，仅今年以来，他就接待了20多名"80后"夫妻的婚姻咨询。而在去年以前，因为夫妻不和闹离婚来求助的约有90%以上是30多岁至40多岁的青壮年人，现在，20多岁的年轻人已占了半数之多，他们绝大部分都是1980年后出生的独生子女。另外，这些年轻人当中，绝大部分是"闪婚"一族，普遍是认识两三个月就"闪电式"结婚。

首先应该指出，"80后"并不等同于"独生子女"，不能将这两个概念混为一谈。确凿的证据来自国家统计局2005年全国1‰人口抽样调查的结果（见表7）。

表7  "80后"人口与同龄独生子女人口的统计与比较

|  | 1980—1989年出生人口数 | 1980—1989年出生独生子女人口数 | 1980—1989年出生人口中独生子女的比例 |
| --- | --- | --- | --- |
| 全国 | 2 344 962 | 455 652 | 19.4% |
| 城市 | 742 596 | 269 618 | 36.3% |
| 镇 | 391 252 | 68 419 | 17.5% |
| 乡村 | 1 211 113 | 117 616 | 9.7% |

注：表中数据系根据2005年全国1‰人口抽样调查结果中表6-1、表6-1a、表6-1b、表6-1c和表8-7、表8-7a、表8-7b、表8-7c整理得到，详见国家统计局网站http://www.stats.gov.cn/tjsj/ndsj/renkou/2005/html。

十分明显的是，从全国来看，独生子女仅仅占"80后"人口（即1980—1989年出生者）的1/5。不仅90%以上的农村"80后"不是独生子女，即使在城市"80后"人口中，独生子女所占的比例也只有36.3%，即1/3多一点，说明独生子女也只是城市"80后"人口中的一小部分。因此，在对独生子女进行评价时，要将他们从"80后"中分离出来；不能将属于整个"80后"一代的特征和问题都归结到独生子女身上。

【思考一下我为什么首先要指出这一问题并进行论证。同时，注意这一段分析中证据的来源，以加深对现存统计数据分析方式和作用的理解。】

明白了这一点，再来看该新闻报道就知道其错误所在了。该新闻报道得出独生子女离婚率高的评价时，所依据的只是有关"80后"的两条事实。但接着引用专家分析时，评价的对象却变成了"'80后'独生子女"。这样做既不科学，也不公平。到底是"80后"离婚多，还是独生子女离婚多？这是一个必须区分清楚的问题。因为，即使"80后"成为离婚高发人群，也并不意味着独生子女就是离婚高发人群。而且，"走进婚姻咨询室的人"，实际上也并不是"离婚的人"。这里的关键是：**该新闻报道是在没有事实依据证明独生子女是离婚高发人群的前提下，就来分析和总结他们成为离婚高发人群的原因的**。即它是以一种并非事实的情况作为前提，从而形成了对独生子女形象的"妖魔化"。

另外，如果说这些离婚的青年夫妇中，"绝大部分是'闪婚'一族"，那么，就更不能证明"80后"或者独生子女离婚多。因为这些人实际上是"80后"或者独生子女中十分特殊的一部分（即是"闪婚"一族），所以他们恰恰代表不了更多的"80后"或独生子女（即"非闪婚"一族）。这种新闻报道中存在的**错误推理逻辑是：当接触到的都是有问题的孩子时，就推导出所有的孩子都是有问题的**。实际上，从媒介新闻所列举的这些特殊的对象中，是得不到有关一般的、普通的，同时也是正常的对象的结论的。而媒体的新闻报道中采用这样的标题，非常容易在受众心目中形成"独生子女容易离婚"的负面印象。这是媒体"妖魔化"独生子女的一个典型例子。

【注意论文中是如何指出其错误所在，特别是逻辑上的错误的，见文中黑体字部分。这种对错误本质的揭示往往会让结论更有说服力。】

新闻2：双独生子女父母"只生不养"?①

该新闻首先援引《北京晨报》一份针对"双独生子女婚姻"的问卷调查结果，说明"调查对象中，超过70%的'双独生子女'年轻父母'只生不养'，将孩子的养育抛给双方父母。由年轻妈妈照顾小孩的家庭仅占15.8%"。接着，对于上面的调查结果，记者借专家之口做出了下列看似权威但实质上有很大偏见和错误的分析和提示：

专家分析指出，二十出头的独生子女夫妇，本身还是大孩子，也缺少带弟弟妹妹的经历，再加上忙于事业，在养育子女方面往往手足无措。"大部分独生子女在生活中仍然不可避免地出现未'断奶'现象，婚前对父母经济依赖，婚后是养育小孩的依赖。这很容易培养出新一代的'皇帝孙'。"

本来，在报道调查结果的基础上做适当分析和提示是正常的，但问题往往就出在记者带有偏见的分析和提示上。这也是媒介新闻报道"妖魔化"独生子女的一种常见模式。比如，上面一段话中是什么方面的专家做的分析暂且不论，别人的调查明明清楚地写着"调查对象平均年龄29岁"，可报道中却要突出"二十出头的独生子女夫妇"，以说明他们还是"大孩子"，因此不会带孩子。这种主题先行、观点先行、根据观点来找适合材料的做法，是其不当之一；而想当然地把独生子女"缺少带弟弟妹妹的经历"作为他们不会带孩子的原因，是其不当之二。其内在的推理逻辑实际是：

缺少带弟弟妹妹的经历就不会带孩子（大前提）；

独生子女缺少带弟弟妹妹的经历（小前提）；

所以独生子女不会带孩子（结论）。

这里的关键是，缺少带弟弟妹妹的经历就不会带孩子吗？我们还可以问：天下的父母都是靠带弟弟妹妹的经历来带孩子的吗？实际上，由于新闻报道中所暗含的大前提是错误的，所以，其逻辑推断的结果自然

---

① 双独生子女父母"只生不养"? . (2007-10-12) [2023-02-22] . http：//news. sina. com. cn/c/2007-10-12/155812716863s. shtml.

就不成立。至于新闻中进一步借用专家之言，把独生子女描绘成"婚前对父母经济依赖，婚后是养育小孩的依赖"的无用的一代、不能自立的一代的做法，则更是其"妖魔化"独生子女的一种具体表现。因为即使退一步说，双独夫妇在现实生活中的确没有带孩子，也不能说他们就是"只生不养"，因为这种情况也很可能是由于双独夫妇双方的父母（即孩子的祖父母、外祖父母们）抢着带孙子（外孙）造成的。

【注意文中是如何对媒介报道中用来支持其观点的各种证据一一进行分析和反驳的，特别是揭示其逻辑错误和推断错误。】

（二）新闻报道建构独生子女负面形象的方式和逻辑

上述两个例子虽然不能代表所有媒介新闻的情况，但它们至少能告诉我们，一些被广泛传播的媒介新闻报道是怎样制造、形成和夸大独生子女的负面形象的。概括起来看，这些新闻报道之所以会形成对独生子女的"妖魔化"倾向，主要有以下三点原因：

第一，所采用的事实太特殊。虽然新闻报道中所采用的事实或许都是真实的，但是由于"新闻采集常常只限于能使事件突出的事实"（德弗勒等，1989：440），因而其所采用的事实常常是极端的和片面的。用社会研究方法的术语来说，新闻报道在采用事实方面的错误是"选择性观察"。他们较多地采用典型的、个别的、特殊的事实，而不是一般性的、全体的、普通的事实。特别是偏向于采用那些与他们头脑中事先形成的，或者他们希望看到的形象相符合的事实，而忽略掉许许多多与他们的期望不相符合的例子以及与他们的想法相冲突的信息。显然，对于反映整体的客观现实来说，这样的事实往往不可靠。

第二，所采用的分析方式不科学。对于常识、传统、经验和权威的依赖，是大众媒介的新闻报道中对独生子女现象进行分析、得出结论和评价的最主要方式。但恰恰是在这几种既普遍存在同时又相对易得的知识来源中，夹杂着大量的偏见和负面刻板印象，容易形成对现象的错误认识。更为严重的是，"旧观念一旦形成，就会自我强化。对得上号的人就被用作证明，对不上号的就当例外被抛弃"（莱本，1994）。

第三,所采用的推理逻辑不正确。此类新闻中最常见的推理逻辑是一种以点代面、在不具备任何必要的前提的情况下,直接由特殊推及一般、由个别推及全体的错误逻辑。这是其误导受众、"妖魔化"独生子女形象的关键所在。实际上,在此类新闻所报道的特定事实与他们所得出的普遍性结论之间,往往并不能建立起合乎逻辑的联系。

【注意论文是如何进一步从实质上总结和揭示大众媒介"妖魔化"独生子女的基本方式和错误逻辑的。】

## 七、总结与讨论

### (一) 研究的主要结论

本研究通过对媒介新闻报道进行系统的内容分析,表明媒介报道以独生子女的负面形象为主,反映出国内大众媒介对独生子女的总体认识和评价是负面的。而通过将实地调查结果与媒介新闻中所报道的独生子女负面形象进行比较,发现当前大众媒介所建构的独生子女形象与独生子女在社会中的实际表现之间,存在着明显的差距。现有的调查统计数据所涉及的四个方面的具体结果,都不支持大众媒介所建构的独生子女负面形象。通过对典型的媒介新闻报道所采用的方式、材料和逻辑的进一步解析,发现媒介新闻常常是以错误的方式和逻辑得出对独生子女的认识、观点、评价和结论的。研究结果揭示出一些大众媒介的新闻报道在对独生子女的形象建构中的确存在着某种"妖魔化"倾向。

【研究结论的撰写标准是简洁明确、直截了当,是对前面结果与分析部分的总结。其目的是让读者在脑海中对研究的主要结论加深印象。】

### (二) 若干问题的讨论

首先,关于独生子女负面刻板印象的来源问题。英国学者莱本在其研究中指出:"独生子女问题呈现出一种似是而非的论点。一方面,流行的偏见将独生子女看成是孤独的和被宠坏了的。另一方面,调查勾勒出一个独生子女的完整形象：聪明、合群、环境适应性强。许多调查者都注意到了世俗的偏见与调查证据的分歧，这就产生了一些问题：偏见来自何方？"而其回答是："许多历史性的解释争论未决，其中包括19至20世纪鼓励提高出生率的政策及宣传、少量的带诽谤性的调查报告，以及文学中对独生子女持反对态度的描述。"（莱本，1994）

目前我国社会中的情况与莱本所描述的情形十分相似：一方面是社会中大量存在着对独生子女的偏见，另一方面越来越多的研究得出独生子女与非独生子女并无大的差别的结论。那么，我国社会中对独生子女的这种偏见又是由什么因素造成的？国家的计划生育政策和宣传显然不会有意去贬低独生子女的形象，少数不科学的调查结果连同"中国的小皇帝"那样的文学作品所持有的对独生子女的负面评价的确会对人们的认识产生一定影响。但影响更为重大的，则很可能是本研究结果所揭示出的大众媒介对独生子女的"妖魔化"倾向。这正是本研究结论的最大意义和价值所在。正是在大众媒介的帮助下，社会才形成了对独生子女的负面刻板印象。也正因为如此，莱本指出："由调查报告勾画的独生子女正面形象应当家喻户晓"（莱本，1994）。这或许也是今后我国学术界在独生子女研究领域中同样面临的一项任务。

【由负面刻板印象的来源问题，引申出今后国内学术界也应该借助大众媒介，将真实的独生子女形象告知社会大众，以增加人们对这一社会现象的正确认知。】

其次，关于社会科学研究成果的转化问题。这是与上述第一点讨论密切相关的问题。自然科学的成果要转化为生产力，社会科学的成果则要转化为大众对社会现象的正确认知，转化为政府决策的重要依据。社会科学研究的使命是对人类社会各种现象和规律进行探索，其学术成果应该增加人们对所生存的社会的了解和认识。尽管社会科学知识的生产主要是在学术界范围内进行的，但是，由于这种知识与人们社会生活之间的紧密关系，也由于大众传播媒介天生的信息传播使命，因此，除了正规的学校教育、正规的著作出版等途径以外，大众传播媒介也是社会科学成果转化为人们头脑中对社会现象正确认识的一个重要途径，也是将社会科学成果向社会大众普及的一个重要途径。不管社会科学研究者愿意不愿意，也不管他们是否意识得到，这种知识总是会在普通的社会生活领域中传播，并且常常处于一种不系统、不全面、不科学的传播状态中。正是针对这样一种现实，我认为，学术界的社会研究不仅需要针对大众媒介和社会舆论的各种误解进行质疑和展开探讨，同时也需要更加积极主动地用研究成果去影响大众媒介。

【这是在上一点讨论的基础上更进一步，提出各种社会科学都应该积极主动地用自己的研究成果去影响社会大众。】

再次，关于媒介新闻的生产及大众媒介的社会责任问题。大众媒介在现代社会中所具有的重要功能，使我们有理由特别关注和研究媒介新闻的生产方式及其社会后果，特别关注大众媒介所承载的社会责任。大众媒介的组织形式以及媒介新闻的生产方式决定了媒介新闻的生产与从事该工作的大量的具体个人有关。从新闻主题的选取、新闻素材的收集直到对客观事实的取舍，甚至新闻标题的确定，都与这些个人的新闻理念、价值取向、认知方式、知识素养、专业技能有关。这些个人既包括一线的记者、编辑，也包括相关部门的领导和机构负责人。这些个人应该充分意识到大众媒介的宣传报道与各种观念的传播、各种社会舆论的形成之间的密切关系。大众媒介不能只以吸引受众的眼球为目标，同时也要对应该如何建构社会现实，如何正确影响人们对社会现象的认知有清醒的、正确的和充分的认识。

【既然研究表明了大众媒介有"妖魔化"独生子女的倾向，那么在其他领域中会不会同样存在类似的问题呢？正是从这一考虑出发，研究者进一步对大众媒介的生产者提出了履行社会责任的要求。】

最后，关于对包含第一代独生子女在内的"80后"一代的认识问题。与长时期、大范围的负面刻板印象相比，2008年以来大众媒介对"80后"一代的正面评价显得异常突出。大众媒介之所以会在汶川地震和

## 第7章 证明大众媒介对现实的歪曲

北京奥运会两个事件发生后对这一代人的表现感到惊奇，一个重要的原因，就是它们以往对这一代人的认知和评价并不符合实际。一代人不会一夜长大。两个重大的社会事件只是给这一代人提供了某种特定的展现自我形象的舞台。实际上，"80后"还是原来的"80后"，独生子女也还是原来的独生子女。大众媒介在惊叹"80后"或者独生子女原来是如此"有责任的一代""觉醒的一代""成熟的一代""敢于承担的一代"，或者称其为"鸟巢一代"时，的确应该认真反思它们所固有的那种并非正确的认识和评价，应该意识到是这种原有的认识和评价存在问题，也应该进一步反思由大众媒介所建构的独生子女形象本身是否客观，以及为什么不客观的问题。只有当我们抹去了遮盖在这一代人面孔上的浮尘，我们才能真正看清他们的本来面目。只有当我们去掉挡在眼前的有色镜片，我们所看到的才是他们真实的本色。

【这是从另一个侧面，用大众媒介自己的例子来揭示问题并不在于它们所反映的客体发生了变化，而在于它们的反映本身存在偏误。

上述这几点讨论，是在回答完本研究的主要问题后，在得出的研究结果和研究结论的基础上进一步拓展开来，提出的几个既与本研究问题相关但又不局限于本研究问题的新的观点和看法。当然，如果在论文的最后能对本研究的可能局限进行一定的说明，就会更加完善。】

### 参考文献

包蕾萍. 中国独生子女刻板印象、影响因素及教养方式的相关研究. 上海："家庭：全球化背景下的资源与责任"国际会议论文，2008a.

包蕾萍. 独生子女公众观的变迁：一种刻板印象的社会心理溯源. 当代青年研究，2008b（6）.

包蕾萍. 中国独生子女刻板印象的实证研究. 当代青年研究，2011（9）.

德弗勒，鲍尔-洛基奇. 大众传播学诸论. 杜立平，译. 北京：新华出版社，1990.

德弗勒，丹尼斯．大众传播通论．颜建军，王怡红，张跃宏，等译．北京：华夏出版社，1989．

风笑天．独生子女：他们的家庭、教育和未来．北京：社会科学文献出版社，1992．

风笑天．独生子女青少年的社会化过程及其结果．中国社会科学，2000（6）．

风笑天．中国第一代城市独生子女的社会适应．教育研究，2005（10）．

风笑天．中国独生子女研究：回顾与前瞻．江海学刊，2002（5）．

国家统计局人口和就业统计司．中国人口和就业统计年鉴：2008．北京：中国统计出版社，2008．

国家统计局人口与就业统计司．中国人口统计年鉴：1996．北京：中国统计出版社，1996．

黄刚．独生子女的人际关系及其社会意义．心理发展与教育，1990（2）．

金美子，李光哲，池明花．延吉市4 776起离婚案社会学调查报告．中国神经精神疾病杂志，2006（1）．

莱本．英国的独生子女：成见与调查结果．姚安，译．当代青年研究，1994（3）．

李伟民．关于青年离婚案件的抽样调查．河北法学，1985（5）．

倪金仲，任国钧．对当前城区离婚状况的调查．政法论坛，1986（3）．

上海市宝山区妇联．家庭危机的防治和介入：上海市宝山区离婚状况调查与思考．中国妇运，2008（10）．

吴丽敏，程延平．当前离婚案件上升的特点、原因及对策．山东审判，1998（5）．

吴瑞君，汪小勤．我国独生子女群体的婚姻稳定性分析．学海，2009（5）．

张布．南通市青年离婚情况的调查．人民司法，2001（1）．

张国良. 新闻媒介与社会. 上海：上海人民出版社，2001.

周其俊. 中老年人离婚逐年增多. 文汇报，2009-07-23.

BLAKE J. The only child in America：prejudice versus performance. Population and development review，1981，7（1）.

CLAUDY J G. The only child as a young adult：results from project talent//FALBO T. The single-child family. New York：Guilford Press，1984.

COOPER C R，GROTEVANT H D，MOORE M S，et al. Predicting adolescent role taking and identity exploration from family communication patterns：a comparison of one-and two-child families//FALBO T. The single-child family. New York：Guilford Press，1984.

FALBO T. The single-child family. New York：Guilford Press，1984.

POLIT D F. Stereotypes relating to family-size status. Journal of marriage and family，1978，40（1）.

POLIT D F，NUTTALL R L，NUTTALL E V. The only child grows up：a look at some characteristics of adult only children. Family relations，1980，29（1）.

## 第四节　研究评价与启示

### 一、研究评价

这项研究的优点或者说创新主要体现在两个方面：一是研究问题的提出，鲜明地针对了社会现实中大众媒介的宣传及其影响。特别是用"妖魔化"的概念，较好地揭示了现实生活中大众媒介对独生子女的负面评价，对帮助社会舆论纠正这种对独生子女整体的认识偏见发挥了较好的作用。

这项研究从问题的来源看，实际上是我前述几项相关研究的继续和深化。但本研究的中心问题则是在前述几项相关研究的基础上提出的一个全新的问题，并且相对于前几项研究问题来说，站的角度更高了一些。

二是能够根据研究的目标，选择和采用合适的研究方法，在正确逻辑的引导下，较好地论证了研究的中心问题。因为，作为一个研究者，自己在思想上意识到大众媒介对独生子女可能存在"妖魔化"倾向，这虽然是一件很重要的事情，但如何通过精心的研究设计，用经验研究的结果来证实自己的想法，则是另一件更为重要同时也更为困难的事情。我觉得这项研究在这方面有值得研究生和年轻研究者学习的地方。

当然，这一研究作为一项"问题导向"的研究，虽然较好地回答了研究的中心问题，但是在有关大众媒介如何形成以及为何会形成对独生子女的"妖魔化"倾向等问题方面，我的理论探讨和深入分析还显得不够，也可以说相对缺少了对这方面问题的进一步思考，对后续研究来说的启发意义就会受到影响。这或许是这项研究最主要的不足。

此外，对于某些结论的论证，研究也还存在一定的局限，比如对独生子女离婚比例高不高的论证。由于现有的各种离婚调查和统计中都没有加入离婚者"是否独生子女"这一变量，因此研究者无法找到能直接回答这一问题的经验调查结果。论文中只得利用相关调查和统计数据从逻辑上来进行有限的推断和证明。虽然研究者利用统计数据证明了"独生子女所在年龄段的离婚比例不比其他年龄段高"，但更为关键的问题却是，这一年龄段中"独生子女离婚比例是否比同龄非独生子女高"。研究仅利用了现有的上海研究的结果对此进行了论证。但由于其结论来自上海这样一个比较特殊的城市，该结论是否能反映全国状况也还是一个问题。所以，在这方面，论文的论证还存在着较大的不确定性。

## 二、研究启示

我觉得这项研究的启示也主要是在两个方面：

1. 研究的积累与研究问题的形成

这一研究在研究问题的形成方面可以给我们一些有益的启示。从本章

第 7 章 证明大众媒介对现实的歪曲

有关问题来源的介绍中,读者可以详细了解到这一问题的形成过程。我选择这一问题开展研究既不是一时兴起,也不是偶然想到,而是经历了一个漫长的积累过程。这其中既有我个人特定经历的因素(一直从事独生子女问题的研究,长期关注与独生子女相关的现象),也有文献因素(各种大众媒介的报道和相关信息)。而触发我思考大众媒介"妖魔化"独生子女倾向的主要因素,则是自己长期研究的结果与媒介报道之间所形成的强烈反差。要弄清现实状况究竟如何(即回答现实究竟是什么),是形成这项研究的最重要的动力。这也在一定程度上说明,一个好的研究问题可能不会在很短一段时间内就被意识到,可能需要经历一段较长的时间去认识和思考。如果没有二十多年前所做的"小皇帝"研究、"独生子女社会化"研究,没有几年前的"青年独生子女社会适应"研究,就不会形成这一研究问题。

二十多年的研究积累不但加深了我对独生子女及其相关现象的认识,而且为我提供了对大众媒介提出不同观点的最初敏感。当然,除了我在研究经历上的积累以外,社会现实的刺激和冲击也是重要的触发因素。如果没有大众媒介不断地报道以及大众媒介多次对我的采访、提问,我也不会意识到这一问题的性质。总之,这一研究课题的形成过程启示我们,选择一个有意义的、有新意的、可行的、合适的研究问题,常常是多种因素共同作用的结果。当我们有了足够的生活积累,再遇到偶然的"火花",就会"点燃"一项值得研究的课题,开启一段有意义的研究过程。

2. 研究的思路与方法的选择

研究思路是研究设计的框架,它决定着研究设计的逻辑性和合理性,也指引着研究者对具体研究方法的选择。从这项研究中,我们可以看到研究思路的这种重要作用。当研究问题确定后,研究所要达到的目标也就随之而定。在研究设计阶段,研究者的任务就是根据研究所要回答的问题,去选择合适的、有效的研究方法,即所有研究设计都要围绕着回答研究问题、围绕着达到研究目标来进行。在这项研究中,我既采用了调查研究、内容分析、现存统计数据分析等多种定量研究的方法,又采用了对文本资料的定性分析(事实上这项研究也是我所从事的研究中使用方法最多、设计上最为复杂的一个）。我之所以会选择和运用这些方法，并不是说采用的方法越多越好，也不是为了方法而方法，而是因为采用这些方法符合研究思路，可以达到研究目标，用这些方法收集的资料和证据能够回答研究问题。

对于研究生同学和年轻的研究者来说，要做到这一点，就要求我们不仅能全面地了解和掌握各种社会研究方法的基本知识，不仅知道每一种方法具体怎么操作，更重要的是要知道各种不同的方法各自具有什么样的特点、具有什么样的长处和短处、分别适合探讨什么类型的问题、分别能够完成什么样的研究任务等等。只有清楚地认识到上述问题，才能在面对特定的研究问题时，恰当地选择合适的研究方法，达到最好的研究效果。

# 第8章

# 人生经历对人们认识的影响

案例：两代人对工作意义的认识

## 第一节 问题哪里来？

### 一、选题背景

与本书其他章中研究问题的选择和确定有些不同的是，本研究选题的过程和来源看起来"纯属偶然"。

大约是在2006年上半年的一天，我打出租车外出办事。当时打到的是一辆个体出租车。上车后我和年轻的司机有一句没一句地闲聊起来。闲聊中得知，他原来在一家国有企业单位工作，因单位效益不太好，同时单位领导对员工的管理方式又比较死板，他不愿受约束，就辞了职，出来干个体出租这一行。闲聊中，他十分满意现在的工作状况，用他的话说："上下班时间自由，自己当自己的老板。活儿好就多跑点，如果哪天有事就少跑点。没人约束你，而且经济效益也比在原来的单位好。"他还说，只要人多辛苦一点，就可以多挣一点。和他在车上聊着，我心里却在想：

在原来的国有企业单位多好呀，是铁饭碗，许多方面不仅有依靠，更重要的是还有某种归属感。自己干个体，什么事都得自己面对，什么困难都得自己扛，风险多大呀！再说，也没有个单位，没有归属感呀！可看着他自信开朗的面容，听着他发自内心的话语，我心里不禁感叹：现在年轻人对工作的认识、他们对工作的看法以及行为，真的是和我们这一代人大不相同了！短短十几分钟的闲聊，无形中却对我造成了极大的冲击。

  从那天办完事后，一连好几天我都在回想那位出租车司机的话语，都在思考自己的工作经历、自己对工作的看法和认识，以及这一代年轻人对工作的态度和行为。与此同时，我又联想到我国社会自改革开放以来所发生的巨大变迁，特别是人们的思想观念所发生的变迁。由此，我便隐隐约约觉得，年青一代在对待工作的意义、性质、认识等等方面，可能会与上一代人有明显的不同。但是究竟有没有不同以及会有哪些不同等等，我依然是迷茫的，心中没有明确的答案。

  当时，我每年都会给南京大学社会学系的本科生讲授"青年社会学"课程。在这门课程中，我不仅会告诉学生，"成家立业"是青年社会化的主要任务，还会给学生讲解工作和职业对于青年所具有的重要意义。的确，现代人日常生活中相当一部分时间是在工作中度过的，而工作实际上也成为现代社会中与人们生命历程的大部分阶段相伴随的一项重要生活内容。探讨人们对工作意义的认识，特别是探讨不同世代的人们在看待工作意义上的异同，对于在急剧变迁的中国社会中理解人们，特别是理解青年的职业选择、工作态度、劳动行为等等，无疑是一件十分有价值、十分有意义的事情。而近几十年来，我国社会的改革开放所带来的经济体制变革和社会结构转型又是前所未有的。特别是20世纪90年代初期邓小平同志南方谈话后，更加速了我国由计划经济向市场经济的转轨。社会中"下海"经商的热潮随之而起。而这一现象又会对整个社会中人们的价值观念带来巨大的冲击。人们对于工作的认识和看法同样会受到深深的影响。想到这些，我更具有了一种冲动，即想弄清楚当前我国社会中年轻人与像我这样的上一代人之间在看待工作这方面有没有不同以及有什么样的不同。

  虽然有了想弄清楚这些问题的冲动，可是，我自进入社会学研究领域

## 第8章 人生经历对人们认识的影响

以来，从来没有涉足过与工作、职业相关的社会学研究领域，可以说在这方面的基础和认识几乎为零。怎么办呢？我想到的第一件事就是去查找相关的文献，补一补这一领域的基本知识，同时也看看其他研究者在这方面做过什么样的研究，以及他们是如何进行研究的，得到了什么样的结果，我可以从他们的研究中借鉴些什么。

通过文献查阅，一方面，我了解到西方学者在工作意义方面的一些重要研究成果，特别是相关的理论和具体的测量方法。另一方面，我也了解到国内学界在这方面的基本状况，知道了国内学界虽然对与工作意义相关的一些方面如工作满意度、工作动机、职业价值观等有较多的研究，但直接关注工作的意义或者关注工作价值取向、工作价值观的研究却相对少见，特别是通过收集经验资料进行实证研究的不足十项。并且，这些研究对于回答我所关心的问题来说，还存在各种不足。比如，现有研究大多是针对某一特定行业的人员如教师、医务人员、企业职工等进行的研究，而没有同时针对多种不同职业对象开展的研究。另外，现有研究较多的是将工作价值观（或工作价值取向）作为研究的自变量来探讨它对工作满意度、组织的公民行为、任务绩效、职业倦怠、离职倾向等方面的影响。而很少有研究将工作价值观作为研究的因变量，即很少有研究去探讨对工作价值观有影响的各种因素。还有更重要的一点就是，现有研究都只是对某一类对象进行的截面研究，没有一项是针对不同世代对象进行的有关工作意义的纵向对比研究。因而从现有研究结果中，我们无法了解不同世代的人们对工作意义所具有的不同认识及其影响因素，无法理解不同世代的人们对工作意义的认识所发生的变迁，特别是无法理解我国社会的经济体制转型对这种变迁的影响。这些就是现有研究与我的研究目标的最大差别。这些差别也构成了我的这项研究相对于以往研究来说所具有的特定意义。

经过了一段时间对相关文献的系统查阅、学习和分析后，我不仅进一步认识到这项研究所具有的理论意义和现实意义，而且了解到目前国内这方面研究所存在的局限，同时还学习到了西方学者具体的研究方法。于是，我对开展这项研究更加有信心了。

## 二、研究问题

我在本项研究中所要探讨的研究问题是：那些经历了前后两种经济体制及其变革过程的老一代人与那些从一参加工作就面对市场经济体制的年青一代，在看待工作的意义或者说在其所具有的工作价值取向以及对工作的具体感受方面，是否存在不同？两代人对工作意义的理解有哪些共同的认识？又发生了哪些变迁？有哪些因素与两代人对工作的意义或工作的价值取向有关？从两代人对工作意义的认识及其变迁中，我们又能得到哪些新的启示？

## 第二节 研究如何做？

### 一、研究设计

【读者朋友，根据上述我的研究问题，你思考一下：采用什么研究方式比较合适？具体的研究思路又应该是什么？】

因为我的研究目标是要从总体上回答两代人对工作意义的认识及其变迁，所以不宜采用个案研究、实地研究等定性研究的方式，而比较合适的研究方式是采用调查研究来进行。

我的研究思路是，通过随机抽样，选取有代表性的两代人样本。然后设计好测量工作意义的相关变量和问卷中的具体问题，对这两个样本进行问卷调查，收集定量的资料。接着进行统计分析和两代人的比较，并通过推论得出总体结论。

然而，要进行针对两代人的大规模调查，一个基本的前提就是需要有足够的调查经费。如果没有经费，这一研究设计就只能是"纸上谈兵"。所以，半年多时间过去了，我一直没有开展对这一问题的研究。直到2006年下半年，教育部重大攻关项目申请指南中列出了一个课题"中国

## 第8章 人生经历对人们认识的影响

独生子女问题研究",这正是我长期以来的研究领域,我已经积累了不少研究成果,于是就进行了申报。当年年底,我申报的课题正式获得了批准,得到了一笔可观的研究经费。

虽然这项课题是研究独生子女问题的,但课题既准备在2007年对全国十二城市在职青年进行调查(调查对象是1976—1990年出生的城市在职青年,调查时他们的年龄处于17~31岁之间),同时还准备在2008年对全国五大城市准老年人进行调查(调查对象是1948—1960年出生的城市已婚准老年人,调查时他们的年龄处于48~60岁之间)。这两项调查的对象在年龄上正好相隔30岁左右,符合两代人的要求,可以构成本研究所需要的两代人总体。所以,我可以借助这两项调查来完成这项研究。

根据这一思路,我需要进行以下三个方面的研究设计:一是进行两代人样本的抽取设计;二是对研究的核心概念"工作的意义"进行操作化处理,确定主要的测量指标,并将其设计成调查问卷;三是对如何组织和实施大规模实地调查进行设计。只有这三个方面都设计好,研究才能顺利进行。下面介绍一下我在这三个方面的设计。

研究设计的第一项任务是两代人样本的抽取设计。具体的设计思路也有两种:一种是针对包含两代人在内的全年龄段(比如20~60岁)的对象进行抽取,然后从中抽出分属两代人的子样本(比如20~30岁的子样本与50~60岁的子样本)进行比较;另一种则是针对年龄分属两代人的两个总体(比如20~30岁的总体以及50~60岁的总体)分别进行样本抽取,然后对两个样本的结果进行比较。

【读者朋友,你觉得哪一种抽样思路更好呢?为什么?】

我认为,如果采取第一种思路进行抽取就会出现这样一种情况,即对于同等大小的样本规模来说,样本中在年龄上符合两代人的对象数量会相对有限。比如说,假定我的样本总规模为1 000人,由于总体中的对象年龄是从20岁到60岁,按平均分布,每个年龄段大约250人。所以,20~30岁的年青一代以及50~60岁的年长一代在样本中的规模可能都只有250人左右。即虽然我们抽取了1 000人,但实际用到的对象却只有500

人。而如果采用第二种思路,即分别针对20～30岁的年青一代的总体以及50～60岁的年长一代的总体进行抽样,那么,抽样的总规模同样是1 000人,但年青一代以及年长一代的样本规模就可以分别都为500人。显然,这样的两代人样本,比起分别只有250人的两代人样本来说,对于两个总体的代表性就会好得多(即在其他条件相同的前提下,样本规模越大,对总体的代表性就越好)。

【再思考一下,如果要将上述研究思路付诸行动,则会遇到哪些现实困难?你会如何解决这些困难?】

虽然要获得有代表性的两代人样本这一思路是明确的,研究方法中随机抽样的道理也是清楚的,但当我们面对现实,要将上述研究思路付诸行动的时候,就会发现其中的困难和障碍了。这种困难主要表现在如何确定两代人的总体,特别是确定可以开展实际抽样的总体上。读者可能会认为,按年龄来确定不就行了吗?即将城市中20～30岁的人界定为年青一代,而将50～60岁的人界定为年长一代。我们的确可以这么界定,现实中也的确存在着这样两个总体。但他们是如何存在于我们调查的城市中的呢?特别是我们如何在社会中对这两个总体进行随机抽样呢?想想研究方法教科书上所介绍的几种最基本的抽样方法,要运用这些方法有什么条件呢?首先,要进行简单随机抽样,就需要抽样框,进行系统随机抽样同样也需要抽样框。由于我们在现实社会中无法得到两个总体的这种抽样框,所以,这两种抽样方法无法运用。其次,若要进行整群随机抽样,则需要总体中有明显的、可以辨识的子群结构。可是现实社会中这两个总体并没有明显的子群结构。因此,这种方法也不能直接运用。看来只能采取分层抽样和多阶段抽样的方法了。

我对年青一代的抽样设计是采用多阶段、按比例分层的抽样方法进行抽取。具体将抽样分为三个阶段:

第一阶段抽取城市样本。为了尽可能增加样本代表性,城市抽样设计中考虑到两种标准。一是从空间以及发达程度上分为东部、中部、西部三类不同的地区。二是从城市性质和规模上分为直辖市、省会(首府)城市、大城市、中小城市四类。由于直辖市较少，直接选取上海、北京、重庆；然后按简单随机方式分别从东部、中部和西部（西藏、新疆除外）地区中各抽三个省（自治区）（比如，东部抽到的是江苏、福建、浙江）；接着从三个省（自治区）的省会（首府）城市中简单随机抽取一个城市（即从南京、福州、杭州三个省会城市中抽一个，抽到南京）；再从剩下两省（自治区）的所有大城市中简单随机抽取一个城市（即从福建和浙江的大城市中抽一个，抽到厦门）；最后从剩下的［即省会（首府）城市、大城市均没抽到的］那个省（自治区）的中小城市中简单随机抽取一个城市（即从浙江的中小城市中抽到金华）。最终抽取的 12 个城市如表 8-1 所示。

表 8-1 调查城市的类型

|  | 直辖市 | 省会城市<br>（人口 100 万以上） | 大城市<br>（人口 50 万～100 万） | 中小城市<br>（人口 50 万以下） |
| --- | --- | --- | --- | --- |
| 东部 | 上海市 | 南京市（江苏） | 厦门市（福建） | 金华市（浙江） |
| 中部 | 北京市 | 长春市（吉林） | 新乡市（河南） | 鄂州市（湖北） |
| 西部 | 重庆市 | 兰州市（甘肃） | 桂林市（广西） | 安顺市（贵州） |

第二阶段是抽取调查的单位。因为调查对象是城市在职青年，为了让样本有更好的代表性，需要根据不同类型职业中青年所占的比例来决定抽取不同职业青年的数量。我根据《中国劳动统计年鉴 2005》中城镇就业人员分年龄的行业构成统计[1]，计算出各行业 20～29 岁人员的所占比例（未计算农林牧渔业等不适用的五类行业），得到表 8-2 中的结果 1；然后根据这十四类行业人员的合计百分比（87.7%）重新计算出每一类人员的实际百分比（即将 87.7% 作为 100% 来计算），得到表 8-2 中的结果 2；再对结果 2 中的数字乘以 2（因为每个城市计划抽取的青年样本规模为 200），得到表 8-2 中的结果 3；最后对少数几个人数过少的行业做了微调，得到表 8-2 中的结果 4。各城市实际抽样时所需不同行业的人数就是表 8-2 中的结果 4。

---

[1] 国家统计局人口和就业统计司，劳动和社会保障部规划财务司. 中国劳动统计年鉴 2005. 北京：中国统计出版社，2005：86-88.

表 8-2　按行业的分层及其各行业所占比例

| 比例行业 | 结果1（87.7%） | 结果2（100%） | 结果3（200%） | 结果4（200人） |
|---|---|---|---|---|
| 1. 制造业 | 18.6 | 21.2 | 42 | 42 |
| 2. 电力、燃气及水的生产 | 2.2 | 2.5 | 5 | 6 |
| 3. 建筑业 | 3.9 | 4.4 | 9 | 9 |
| 4. 交通运输、仓储和邮政业 | 7.0 | 8.0 | 16 | 16 |
| 5. 信息传输、计算机服务和软件业 | 4.2 | 4.8 | 10 | 10 |
| 6. 批发和零售业 | 12.4 | 14.1 | 28 | 25 |
| 7. 住宿和餐饮业 | 6.7 | 7.6 | 15 | 15 |
| 8. 金融业 | 1.8 | 2.0 | 4 | 6 |
| 9. 租赁和商务服务业 | 4.0 | 4.6 | 9 | 9 |
| 10. 居民服务和其他服务业 | 11.4 | 13.0 | 26 | 22 |
| 11. 教育 | 5.2 | 5.9 | 12 | 12 |
| 12. 卫生、社会保障和社会福利业 | 3.5 | 4.0 | 8 | 10 |
| 13. 文化、体育和娱乐业 | 1.6 | 1.8 | 4 | 6 |
| 14. 公共管理和社会组织 | 5.1 | 5.8 | 12 | 12 |

决定了每一类行业需要抽取的人数后，还要解决抽取调查单位的问题。我采取的是从抽中城市的电话黄页中，按照这十四种职业类型，从每一职业类型的全部单位名单中等距抽取3~9个单位（虽然实际调查可能只会用到1~3个单位，但考虑到有些单位规模较小，可能没有足够的符合要求的青年职工，以及其他一些不适合调查的特殊情况，故抽三倍的单位，将后面的单位作为候补）。实际调查时，如果所抽的第一个单位可以提供足够的调查对象，就只在第一个单位调查；如果不够，则再到第二个单位调查；如果还不够，再到第三个单位调查。

最后一个阶段是从单位中抽取在职青年。我设计的具体方法是：如果能得到单位青年职工的名单，且符合要求的青年职工人数比较多，则采取间隔抽样的方法进行抽取，如果符合要求的青年职工人数较少，则采取整群抽样的方法抽取；如果无法得到单位职工名单，则由被调查单位按调查的要求协助进行对象的抽取（此环节由于客观条件限制，没有做到严格的

## 第 8 章 人生经历对人们认识的影响

随机抽样，仅当被调查单位的抽取不存在系统偏差的前提下，可近似地看作随机抽取）。

我对准老年人的抽样设计也是采用多阶段随机抽样的方式：第一步抽取城市所采取的是非随机的立意抽样方法。这是因为我的重大课题研究需要样本中有足够的第一代独生子女父母。因此，我在全国范围选择了独生子女比例相对较高的五个特大城市，即北京、上海、南京、武汉、成都作为调查点。同时，考虑到 48～60 岁的准老年人中有些实际上已经退休，不方便按青年那样采用职业类型的方式进行抽样，因此只能主要依据居住的社区来抽取调查对象。我的具体设计是：首先在每个城市的全部城区中按简单随机抽样的方法抽取两个城区；接着在每个抽到的城区中按简单随机的方式抽取一个街道；然后在抽到的街道中按简单随机的方式抽取两个社区；之后在每个抽到的社区中（在社区干部的帮助下）按简单随机的方式抽取 60 个符合年龄要求的已婚准老年家庭（48～60 岁）；最后在所抽到的每个样本家庭中，轮流选取丈夫或者妻子进行调查。

研究设计的第二项任务是对研究的核心概念"工作的意义"进行操作化处理，即要将工作意义操作化为具体的测量指标，并最终变成调查问卷中的问题。我一方面借鉴了西方经典研究中的测量方式和具体指标，另一方面又根据中国的具体国情进行了一定的修订。同时还在制定主要测量指标的基础上，补充了辅助的测量指标，并在两代人的调查问卷中都设计了完全一致的测量问题。这样既保证了核心概念的操作化处理，又保证了两个调查所得结果的可比性。

研究设计的第三项任务是对如何组织和实施大规模实地调查进行设计。这项研究的设计中，还有一个重要的问题，就是如何获得开展大规模调查所需要的资金和人力？要进行两代人总体比较这样的调查，一个明显的困难是需要大量的调查经费。如果没有足够的资金和人力，我就无法开展这一研究。好在当时我正好申请到教育部重大攻关项目的一个课题"中国独生子女问题研究"，该课题有比较充足的研究经费。虽然这一课题的研究主题是有关独生子女的，但是由于课题研究的对象既包含第一代独生子女以及同龄的非独生子女，也包含他们的父母，而他们恰好也是两代

人，所以我就可以在进行这项课题研究的同时，将本项研究的内容放进去，即让本项研究的主题和内容搭上我研究独生子女重大课题的"便车"。在两项调查中加进本项研究所探讨的主题的内容。

最后是研究的资料分析方法设计。根据研究目标，并结合参与分析的各种变量的测量层次，研究中主要采用双变量的交互统计分析以及方差分析，并进行统计显著性检验，以更好地展示两代人在各种测量指标上是否存在差别。

## 二、研究实施

正如上面所介绍的，我 2006 年申请到的教育部重大攻关项目准备在 2007 年对全国十二城市在职青年进行调查，同时还准备在 2008 年对全国五大城市准老年人进行调查。这里我就对这两项调查的实施过程进行介绍。

课题获得批准后调查经费问题解决了，但调查的实施还需要大量的人力来完成。无论是在全国十二城市开展在职青年的调查，还是在全国五大城市开展准老年人调查，我都需要组织专门的调查队伍，制定专门的调查方案。为此，我动员了我在大学中教书的学生以及我所认识的大学同行，请他们组织和带领他们的学生在我所抽取的全国 12 个调查城市以及全国 5 个大城市，按照我制定的调查方案在当地开展调查。

在职青年调查的资料收集采取的是自填问卷的方式，即由调查员联系调查单位后，将问卷发到调查对象手中，尽可能按"集中填答，当场完成，当场检查，当场回收"的方式完成。调查中，在不能集中调查的单位，可以分批进行或个别进行，但都尽量在同一天内完成。该调查共发出问卷 2 460 份，收回问卷 2 412 份，剔除因填答不全、有逻辑错误等原因造成的无效问卷 55 份，最后获得有效问卷 2 357 份，有效回收率为 95.8%。

城市已婚准老年人调查采取的是派调查员入户进行结构式访问的方式，同样是由各地高校中社会学专业的教师和受过培训的学生完成。实际调查中我们告知调查员，尽可能采用丈夫和妻子轮换调查的方法，即若前

第 8 章 人生经历对人们认识的影响

一个调查的是丈夫的话，下一个就尽可能调查妻子，以保证调查样本中男女比例大体相当。该调查在 5 个城市共抽取了 1 200 户家庭，实际完成调查访问 1 015 份，剔除 48 岁之前的 2 个个案，60 岁之后的 3 个个案，未填年龄的 1 个个案，以及无子女的 4 个个案，实际分析中用到样本规模为 1 005 个，有效回收率为 82.9%。

这两项调查的问卷资料收回后，我组织学生对问卷资料进行了编码、录入和清理，然后形成了两个数据库。由于当时主要忙于课题中有关独生子女问题的研究，这一项研究在时间上有所推迟。直到独生子女课题内容基本完成后，我才根据本项研究的目标对数据进行了统计分析和结果比较，得出了两代人对工作意义认识的异同，并对与这种异同相关的因素进行了探讨。最后，我将研究的结果写成论文，发表在了《社会科学研究》2011 年第 3 期上。

## 第三节 论文怎么写？

### 一、论文总体框架

作为一篇以定量分析为特征的经验研究论文，撰写的基本框架依旧是分为"问题与背景""文献回顾""研究设计""结果与分析""总结与讨论"五大部分。其中，"结果与分析"部分的三个方面是依据论文导论部分中研究的主要问题来写的。论文总体框架如表 8-3 所示。

表 8-3 论文总体框架

| 主体结构 | 主要内容 |
| --- | --- |
| 1. 问题与背景 | 工作在现代人生活中的地位<br>工作意义研究的重要性及其概念辨析<br>中国的社会转型对工作意义认识的影响<br>研究的主要问题 |

续表

| 主体结构 | 主要内容 |
| --- | --- |
| 2. 文献回顾 | 国内学界关于工作意义的主要研究<br>现有研究存在的主要不足 |
| 3. 研究设计 | 研究的数据来源即样本介绍<br>研究的主要变量及其测量 |
| 4. 结果与分析 | 两代人对工作意义的理解<br>工作价值取向的相关因素及其两代人的比较<br>两代人的工作价值取向与工作主观感受 |
| 5. 总结与讨论 | 研究的主要结论<br>对研究结论的几点讨论 |

## 二、论文写作解析

### 工作的意义
#### 两代人的认同与变迁*
风笑天

【论文的标题采用了双标题的形式。这样的标题形式既简明，又可以通过主标题凸显出研究的中心问题，再通过副标题表明本项研究关注的是两代人之间的异同，比起一般的陈述式标题更能突出研究主题。】

摘要：本文依据对市场经济转型前后参加工作的两代人的抽样调查资料，描述和比较了两代人对工作意义的理解及其与工作感受之间的关系，并对影响人们工作价值取向的相关因素进行了探讨。研究结果表明，青年人对工作意义的理解有着十分明显的理想色彩，而他们的父母一辈则只看重工作作为谋生手段的现实意义。职业类型、文化程度与父辈的工作价值取向有关，而与青年的工作价值取向无关。工龄长短与青年的工作价值取向有关，而与父辈的工作价值取向无关。两代人的

* 本文为教育部2006年哲学社会科学重大课题攻关项目"中国独生子女问题研究"的成果之一，项目批准号为06JZD0027。

## 第8章　人生经历对人们认识的影响

工作价值取向都与对工作的积极感受有关，其特征是：具有理想取向的对象对工作的积极感受程度最高，而具有谋生取向的对象对工作的积极感受程度最低。且父辈对工作的积极感受程度高于青年。两代人工作价值取向的变迁折射出社会经济体制转型的重要影响。

关键词：工作的意义　工作价值取向　认同　变迁

【基于调查数据的经验研究论文，在摘要中最好简要介绍研究对象、方法以及研究的主要问题，然后陈述研究结果和结论。】

### 一、问题与背景

【导论部分首先从现代社会中人们的生活与工作之间的关系引入，并借用学者的话语指出工作在人们社会生活中的重要作用，暗示了对工作进行研究所具有的意义。接着将关注点进一步缩小到研究的主题，即工作的意义上。同样引用国内外学者的话语，说明这种研究在目前中国社会具有现实意义。】

现代人生活中的大部分时间是在工作中度过的。工作实际上也成为现代社会中与人们生命历程的大部分阶段相伴随的一项重要生活内容。有学者指出，工作作为一种"有偿就业的劳动"，具有交换、社会接触、地位分层、个人价值和自尊等一系列重要功能（Dluglos & Weirmair, 1981）。同时，工作在人们参与社会生活的过程中还具有某种不可替代的作用。"就许多个人而言，工作为他们的生活提供了一个重要的参照系。正如弗洛伊德（1930）所说，工作是把一个人与现实世界最紧密联系起来的纽带"（哈丁等，1996）。

工作的意义（work meanings）一直是社会学家与心理学家关注的问题之一。工作的意义包含众多方面的内容。在最一般的意义上，工作的意义主要指的是人们对工作的看法和认识。它涉及工作意味着什么、工作在生活中有什么样的重要性等问题。其重要性在于，"对于这些问题的回答会影响到人们的工作态度、行为表现，以及其他一些个人的和组织的后果"（Wrzesniewski, 1999, p.1）。Wrzesniewski 等西方学者的研究还表明，"个体对工作或生活的满意度更多地取决于对工作的认识，而不是工作的收入或工作中个体的成就"（赵敏等，2010）。因此，关注人们对工作意义的认识与理解，在当今的中国社会，依然具有十分重要的现实意义。

【接着指出，与工作的意义相关的概念实际上有两种，在介绍了两种概念的不同含义和区别后，明确告诉读者自己的看法。这也即意味着本研究中将采用后一种概念。】

目前学术界的研究中，与工作的意义最密切相关的概念主要有两个：一个是工作价值观（work values），另一个是工作价值取向（work orientations）。前者通常是将人们对工作的看法作为人们总的价值观中的一个部分即工作价值观来对待的（哈丁等，1996；蔡禾等，1997）。在这种研究中，工作的意义就是工作价值观。并且，"工作价值观影响着个体在工作中的行为以及工作群体和组织的行为，进而影响组织目标的实现"（霍娜等，2009）。而后者则是将工作的意义进一步细化为不同的维度，即不同的工作价值取向，来进行分析的。换句话说，工作价值取向"是一种从工作目标的角度研究和诠释工作意义的方法"（Wrzesniewski, 1999；赵敏等，2010）。尽管二者在很多研究中都作为与工作的意义相同的概念来使用，但在笔者看来，后一种概念或许与工作的意义更为接近。此外，还有其他一些相近的概念，比如工作动机（work motivation）、职业价值观（career values）等等，虽然也与工作的意义有一定联系，但在含义上并不相同。

【在对工作的意义进行了一般性的介绍后，将目光进一步集中到中国社会的现实，强调改革开放带来的社会转型不可避免地会影响到人们对工作的认识和看法，为提出本研究关心的问题做好了直接的铺垫。】

我国社会的改革开放所带来的经济体制和社会结构转型是前所未有的。特别是 20 世纪 90 年代初期以来我国由计划经济向市场经济的转轨，

## 第 8 章 人生经历对人们认识的影响

对整个社会中人们的价值观念带来了巨大的冲击。处于这种巨大变革过程中的人们对于工作的认识和看法也同样会受到深深的影响。正如有学者指出的："'80后'人员开始逐步步入工作领域，'90后'人员也开始大学生活。生活经历的完全不同造成了几代人之间工作价值观的差异。时下针对'80后''90后'人员的工作价值观的研究并不多见也不够系统。并且国内关于工作价值观代际差异的研究基本都以大学生为对象，直接对从业人员的研究并不多见。所以对于几代人，特别是对不同世代职业人员间工作价值观差异的描述性研究也非常具有理论和实践价值"（霍娜等，2009）。

【最后直接地、明确地陈述本研究将探讨的问题。这样做可以让读者心中有数，并为他们进一步阅读下文提供方向。】

正是在这种背景下，本文希望探讨下列问题：那些经历了前后两种经济体制变革的一代人与那些从一参加工作就面对市场经济体制的年青一代，在看待工作的意义或者说在其所具有的工作价值取向以及对工作的具体感受方面，是否有所不同？两代人对工作意义的理解有哪些共同的东西？又有哪些变迁？有哪些因素与他们对工作的意义或工作的价值取向有关？从两代人对工作意义的认识及其变迁中，我们又能得到哪些新的启示？

### 二、文献回顾

国内学界虽然对与工作意义相关的一些方面如工作满意度、工作动机、职业价值观等有较多的研究，但直接关注工作的意义或者关注工作价值取向、工作价值观的研究却相对少见。笔者通过 CNKI 检索发现，目前通过收集经验资料来对此进行探讨的研究主要有以下几篇。

【注意这里强调的是"通过收集经验资料来对此进行探讨的研究"，即通过实证研究进行探讨的研究，而那种一般性的、纯理论的探讨并不在此范围内。】

蔡禾等 1996 年曾对广州电缆厂等四家企业的 476 名职工进行过一项调查，通过企业职工"对不同性质工作的选择"来分析其工作价值观状况。研究者从工作的风险、节奏、压力和挑战性程度四个方面设计了四个问题，每个问题列出两种相反取向的答案，要求调查对象从中选择其一，四个答案得分相加就构成其工作价值观得分。在此基础上，研究者从个人和制度两个层面，分析了影响企业职工工作价值观的各种因素。研究结果表明，职工的受教育程度、年龄、户籍身份、性别以及企业制度等因素，均与职工的工作价值观有关（蔡禾等，1997）。该项研究实际上是将工作价值观分为市场取向和传统取向两类，探讨与传统取向的工作价值观相反的、带有明显竞争性的市场取向的工作价值观的形成与影响因素。由于其将工作价值观的内涵集中在了相对具体的一个方面，因而对工作价值观内涵的其他方面特别是相对抽象的方面，则没有涉及。

　　赵敏等于 2009 年对山西省大同市 237 位中学教师进行了调查。研究者在系统回顾西方工作价值取向研究的基础上，从谋生取向、职业取向、事业取向三方面，分析了中学教师工作价值取向的分布情况、教师工作价值取向与工作满意度的关系，以及影响教师工作价值取向的各种因素。研究结果表明，教师工作价值取向中，三种取向的比例大约为 1∶1∶2。不同工作价值取向与工作满意度之间有密切关系，事业取向的教师工作满意度最高，谋生取向的教师则对工作各方面都不满意（赵敏等，2010）。胡坚等则对浙江 8 所地方高校 356 名教师进行调查，探讨了工作价值观与教师任务绩效之间的关系，得出了工作价值观对教师任务绩效有显著影响的结论（胡坚等，2004）。

　　李秋洁等通过将工作价值观分为情感型、工具型、认知型三种维度，对哈尔滨市 772 名护士进行调查，得出价值观各个维度的得分排序依次为情感型、工具型、认知型。研究提示"管理者加强对护士情感和人际关系的重视，运用公平理论，尊重护士，进而提高她们的工作积极性和满意度"（李秋洁等，2008a）。同时，他们在另一篇论文中还探讨了工作价值观与护士离职倾向之间的关系。研究结果表明，"工具型价

## 第8章 人生经历对人们认识的影响

值观与离职倾向呈正相关"（李秋洁等，2008b）。利用同一调查，杨玉美等探讨了护士工作价值观与工作满意度之间的关系，得出二者之间呈正相关的结论（杨玉美等，2008）。王志琳则通过对8家医院219位医护人员进行调查，探讨了工作价值观与工作满意度之间的关系，得出"整体工作满意度与工作价值观的三个维度均呈正相关"的结论（王志琳，2010）。

此外，秦启文等对9个省市的18家企业中的525名员工进行调查，结果发现，"整体工作价值观与整体组织公民行为存在着显著性相关；工作价值观的能力发展维度对组织公民行为的公司认同、个人主动性、保护公司资源因素有显著正向影响；工作价值观的地位因素对组织公民行为的公司认同、同事间的利他行为、个人主动性因素有显著正向影响"（秦启文等，2007）。陈东健等对苏州10家外资企业232名职工进行调查也发现，"员工的工作价值观会显著影响其离职倾向"（陈东健等，2009）。

综合来看，上述这些研究尚存在下列几方面的不足：一是仅仅针对某一特定行业人员的工作价值观进行单独的研究，比如对教师、医务人员、企业职工等。目前尚未见到同时针对多种不同职业对象的工作价值观研究。二是大部分研究主要探讨了工作价值观（或工作价值取向）与工作满意度、组织公民行为、任务绩效、职业倦怠、离职倾向等之间的关系，特别是工作价值观对这些方面的影响，而很少有研究去探讨对工作价值观有影响的各种因素。三是大多数研究的样本规模相对较小，调查地点也相对单一，因而导致研究结论的推广受到较大程度的影响。四是现有研究没有提供不同世代的对象对工作意义认识的对比结果，因而无法了解不同世代的人们对工作意义所具有的不同认识及其影响因素。这是现有研究与本研究目标的一个最大差别。而本研究用包括各种不同职业的对象的经验调查数据来描述和比较两代人的工作价值取向，对于理解社会经济体制转型对社会中人们思想观念的影响，理解不同世代的人们对工作意义的认识及其变迁，无疑有着十分重要的意义。

【文献回顾的这种写法实际上主要回答了这样几个问题：对于这一问题前人做了哪些研究？采用的是什么方法？针对的是什么对象？得到了什么样的结果？还存在哪些方面的不足？其中，最为关键的是还存在哪些方面的不足。一定要客观、中肯、实事求是、有根有据地找出现有研究对于回答自己的研究问题来说的局限或不足。在写法上，如果相关研究较少，可以一项研究一项研究地列出来。如果相关研究较多，就可以像本文这样，综合归纳起来一并指出。】

## 三、研究设计

【对于采取调查研究方法的研究来说，研究设计部分最主要的内容是介绍调查的样本抽取方法、资料收集方法以及核心变量的测量方法等。】

### （一）样本与数据

针对现有研究的上述不足，特别是为了反映两代人对工作意义的认识，笔者进行了两次不同对象的大规模抽样调查。本文所用数据就来自这两项调查。2007年下半年，笔者以1976年及以后出生的城市在职青年为调查对象（年龄在17～31岁），在全国12个不同地区、不同规模、不同性质的城市中抽取了2 357名各种职业的在职青年开展调查；调查采取多段分层的方式抽取样本，通过自填问卷的方式收集数据资料。有关调查城市、抽样过程，以及样本特征的详细介绍可见笔者的相关论文（风笑天，2009a）。

与此同时，在2008年上半年，笔者又对北京、上海、南京、武汉、成都5个中心城市1 005位年龄为48～60岁的准老年人开展调查。调查同样采取多段随机的方式抽取样本，通过结构式访谈的方式收集数据资料。有关该项调查的抽样方法、资料收集过程以及样本特征的详细介绍，可参见笔者的相关论文（风笑天，2009b）。这里仅将两个调查样本中对象的年龄和工龄分布情况汇总列出，详见下列表1：

## 第8章 人生经历对人们认识的影响

【正常情况下应该对两项调查的相关情况分别进行详细介绍。由于我这项研究中所用两项调查的相关情况已经在我先前发表的其他论文中详细介绍过，所以这里可以只说明调查的地点、对象、样本规模等基本特征，而详细的细节则可以略去。但一定要给出详细介绍这两项研究的相关文献，即读者如果想进一步了解相关情况，或者对你的论文中有些结果持有怀疑，则可以根据你提供的文献找到对调查的具体介绍。】

表1 两个样本的调查对象的年龄与工龄分布情况描述统计

|         | N（人数） | 最低年龄 | 最高年龄 | 平均年龄 | 标准差 |
|---|---|---|---|---|---|
| 在职青年调查 | 2 351 | 17 岁 | 31 岁 | 24.98 岁 | 3.366 岁 |
| 准老年人调查 | 1 005 | 48 岁 | 60 岁 | 53.57 岁 | 3.048 岁 |
|         | N（人数） | 最短工龄 | 最长工龄 | 平均工龄 | 标准差 |
| 在职青年调查 | 2 316 | 0 年 | 13 年 | 4.15 年 | 3.307 年 |
| 准老年人调查 | 964 | 21 年 | 43 年 | 33.49 年 | 4.442 年 |

表1的结果显示，两个样本中调查对象的平均年龄相差29岁左右，形成了较好的两代人样本。同时，由于两项调查的时间非常接近（分别在2007年下半年和2008年上半年，相隔只有半年时间），因而基本上可以看作同一时期的调查结果。从参加工作的时间上看，青年样本平均工龄为4年多一点，而准老年人样本平均工龄为33年半，同样是相差29年左右。将两代人各自的平均年龄与平均工龄相减，得到他们参加工作时的平均年龄均在20~21岁之间。更为重要的是，青年样本参加工作的时间都是在90年代初期以后，而准老年人样本参加工作的时间则基本上都在60年代至80年代之间。两个样本的这种特征为探讨和回答本研究的问题提供了很好的基础（在后文中，为简便起见，分别称为青年样本和父辈样本）。

【这里专门列出两个调查样本的年龄与工龄统计结果，主要有两个原因：一是人们参加工作的时间长短与人们对工作意义的认识可能有关；二是要比较两代人，因此要看看两个样本中的对象是否符合两代人的要求。】

## （二）基本变量测量

1985年，美国社会学家Bellah等学者在《心灵的习性》一书中首次提出，人们对于工作的看法可以分为三种不同的取向，即谋生的取向、职业的取向、事业的取向；因而他们探讨工作的意义时就采用了这三个维度的工作价值取向（Wrzesniewski，1999）。用他们的话说，这三种工作价值取向揭示了人们与工作之间的关系（Wrzesniewski et al.，1997）。Wrzesniewski在自己关于工作价值取向的研究中，也同样采用了这一划分方法。他在调查问卷中以四点的李克特量表形式，列出了十条陈述，询问调查对象对于工作的感受和行为与陈述相符合的情况，以此来实现对人们工作价值取向的经验测量（Wrzesniewski，1999）。

【详细介绍这一领域中前人的研究框架及其对工作意义的维度划分，让读者了解这一领域的研究起源以及基本框架，也为后面自己的操作化处理奠定基础。】

在本研究中，笔者一方面借鉴西方学者的方法，另一方面也尽量结合我国社会的实际情况，从以下三个维度来界定工作的意义（或工作价值取向），即谋生取向、理想取向、需要取向。在调查问卷中，笔者参考Wrzesniewski的工作价值取向量表中的陈述，对每一种取向都用两条陈述来表示。谋生取向的两条陈述是：（1）工作主要是为了挣钱；（2）工作是一个人谋生的手段。理想取向的两条陈述是：（1）工作是实现自己理想的方式；（2）工作是一个人自我价值的体现。需要取向的两条陈述是：（1）工作是人生的一种需要；（2）工作是社会的需要。考虑到上述有关工作意义的某些表述相对比较抽象，笔者又采用一些更直接、更具体的陈述，建立了李克特形式的工作感受量表，作为分析和验证的辅助工具。工作感受量表由7条陈述构成，主要从快乐、兴奋、热爱、成就感、自尊感等方面测量工作给人们带来的正面的、积极的感受（答案分为四种，从很有同感、比较有同感到不太有同感、没有同感，分别赋分1、2、3、4。量表得分范围在7～28分之间，调查对象的得分越小，表示该对象对工作的积极感受程度越高）。量表的内在一致性系数 Alpha 在青年调查与父辈调查中分别为 0.784 4 和 0.805 0，都达到了较好的水平。

【详细介绍自己的概念操作化方式以及具体的测量量表建构，让读者了解自己在研究中是如何对工作的意义进行测量的。这种介绍非常必要，因为读者只有知道了你的具体操作化及其测量指标，才能更好地评价和判断你后面的统计分析结果。介绍方式应该既简明又清楚。】

## 四、结果与分析

### （一）两代人对工作意义的理解

为便于比较，我们在问卷中向两代人提出了完全相同的问题，同时也提供了完全相同的答案。下列表 2 是两代人调查结果的对比：

表 2　两代人对工作意义的回答对比　　　　　　　　　　　　%

| 你觉得工作对你最重要的意义是什么？ | 青年样本 | 父辈样本 | 工作价值取向 | 青年样本 | 父辈样本 |
| --- | --- | --- | --- | --- | --- |
| 工作主要是为了挣钱 | 12.4 | 27.5 | 谋生取向 | 37.6 | 73.8 |
| 工作是一个人谋生的手段 | 25.2 | 46.3 | | | |
| 工作是实现自己理想的方式 | 15.9 | 2.6 | 理想取向 | 40.2 | 9.6 |
| 工作是一个人自我价值的体现 | 24.3 | 7.0 | | | |
| 工作是人生的一种需要 | 17.7 | 11.1 | 需要取向 | 22.2 | 16.7 |
| 工作是社会的需要 | 4.5 | 5.6 | | | |
| (N) | (2 336) | (975) | | (2 336) | (975) |

表 2 的结果表明，在有关工作意义的三个维度上，年轻人与他们的上一代之间存在着十分明显的差异。年轻人在谋生取向、理想取向、需要取向上的比例分别约为 40%、40%、20%；而他们的父母一辈在这三种取向上的比例则分别为 75%、10%、15% 左右。二者之间差别最明显的是谋生取向和理想取向。青年人对工作的理想取向最为重视，其比例大大超出他们上一代人的比例，反映出青年人对工作意义的理解抱有十分明显的理想色彩。他们在强调工作作为谋生手段的同时，同样看重

工作所具有的在实现个人理想和自我价值上的工具意义；而他们的父母一辈则明显只看重工作所具有的作为谋生手段的现实意义。

【表格给出的统计结果是向读者展示证据。但是证据不会自己说话，需要研究者向读者揭示表格数据背后的含义。表达的方法通常是先表述总的结果，即两代人之间存在明显差异；然后详细说明差异的内容；最后揭示这种差异的含义。至于为什么会有这样的差异，既可以在这里进行分析，也可以放到最后的讨论部分进行分析。我在这里采取的是放到最后的讨论部分进行分析。】

### （二）工作价值取向的相关因素及其两代人的比较分析

两代人之间在上述工作价值取向上的明显差异是由哪些因素造成的？或者说，哪些因素与两代人的工作价值取向相关？为了探讨这一问题，笔者选取了与人们工作关系最为密切的几个变量来进行分析。这几个变量是职业类型、工龄长短以及受教育程度。

首先，看看人们所从事的职业类型与其所具有的工作价值取向之间的关系。两次调查的结果分别见下列表3、表4：

表3 青年样本中职业类型与工作价值取向之间的交互统计与检验　　%

| 工作价值取向 | 职业类型 | | | | | | 总计 |
|---|---|---|---|---|---|---|---|
| | 工业企业 | 商业 | 服务业 | 政府部门 | 文教科卫 | 其他 | |
| 谋生取向 | 36.8 | 36.7 | 40.0 | 35.7 | 36.2 | 39.6 | 37.5 |
| 理想取向 | 40.7 | 42.9 | 41.0 | 36.4 | 39.2 | 37.1 | 40.2 |
| 需要取向 | 22.5 | 20.4 | 19.0 | 27.9 | 24.6 | 23.2 | 22.2 |
| （N） | (782) | (406) | (405) | (280) | (334) | (129) | (2 336) |
| 统计检验 | | Chi-Square=8.740　$df$=10　Sig.=.557 | | | | | |

表4 父辈样本中职业类型与工作价值取向之间的交互统计与检验　　%

| 工作价值取向 | 职业类型 | | | | | | 总计 |
|---|---|---|---|---|---|---|---|
| | 工业企业 | 商业 | 服务业 | 政府部门 | 文教科卫 | 其他 | |
| 谋生取向 | 76.2 | 73.3 | 81.9 | 53.6 | 53.3 | 72.5 | 73.8 |
| 理想取向 | 8.3 | 10.0 | 6.0 | 15.6 | 22.2 | 12.1 | 9.7 |

续表

| 工作价值取向 | 职业类型 | | | | | | 总计 |
|---|---|---|---|---|---|---|---|
| | 工业企业 | 商业 | 服务业 | 政府部门 | 文教科卫 | 其他 | |
| 需要取向 | 15.5 | 16.7 | 12.0 | 28.1 | 24.4 | 15.4 | 16.5 |
| (N) | (606) | (60) | (83) | (64) | (45) | (91) | (949) |
| 统计检验 | | Chi-Square=27.453 | | $df=10$ | Sig. =.002 | | |

表3的结果表明，青年样本中，不同职业类型的对象在工作价值取向上的分布几乎完全一样。卡方检验结果表明，总体中不同职业类型的对象相互之间在工作价值取向上也不存在明显的差异。而表4的结果表明，父辈样本中，在文教科卫行业及政府部门工作的人员（或概括为白领工作者）的工作价值取向比较一致；在工业企业、商业、服务业工作的人员（或概括为蓝领工作者）的工作价值取向也比较一致。卡方检验结果则表明，父辈总体中，不同职业类型的对象相互之间同样存在着明显的差异。这种差异突出地表现在政府部门和文教科卫行业（白领）的对象具有理想取向和需要取向工作价值观的比例显著地高于其他行业（蓝领）的对象。而相应地，他们具有谋生取向的比例则明显低于其他行业的对象。这一结果反映出父辈所从事的职业的不同，在一定程度上影响到他们对于工作意义的认识。而对于青年来说，所从事职业的不同，却没有对他们关于工作意义的认识产生影响。

【上面分析中最关键的是总结出最后的结论，即两代人的职业类型与对工作意义的认识之间的关系不同。同样，至于为什么会出现这种不同，我也是放到最后的讨论部分一起进行分析的。】

再看看工龄的长短与工作价值取向之间的关系，详见下列表5、表6：

表5　青年样本中工龄长短与工作价值取向之间的交互统计与检验　　%

| 工作价值取向 | 工龄长短 | | | 总计 |
|---|---|---|---|---|
| | 0~3年 | 4~7年 | 8年及以上 | |
| 谋生取向 | 32.8 | 40.0 | 41.7 | 37.6 |
| 理想取向 | 44.7 | 39.3 | 34.4 | 40.2 |

续表

| 工作价值取向 | 工龄长短 | | | 总计 |
|---|---|---|---|---|
| | 0~3年 | 4~7年 | 8年及以上 | |
| 需要取向 | 22.5 | 20.7 | 23.9 | 22.2 |
| (N) | (926) | (778) | (607) | (2 311) |
| 统计检验 | Chi-Square=20.919　$df=4$　Sig.=.000 | | | |

表6　父辈样本中工龄长短与工作价值取向之间的交互统计与检验　　%

| 工作价值取向 | 工龄长短 | | | 总计 |
|---|---|---|---|---|
| | 21~31年 | 32~36年 | 37~43年 | |
| 谋生取向 | 74.3 | 72.1 | 73.4 | 73.3 |
| 理想取向 | 8.5 | 9.3 | 11.3 | 9.6 |
| 需要取向 | 17.2 | 18.6 | 15.4 | 17.1 |
| (N) | (331) | (323) | (293) | (947) |
| 统计检验 | Chi-Square=2.364　$df=4$　Sig.=.669 | | | |

与上述表3、表4的结果相反，表5的结果表明，工龄长短不同的青年，对于工作意义的认识互不相同。其特征是，谋生取向的比例会随着参加工作时间的延长而慢慢增加，而理想取向的比例则会随着工作时间的延长而慢慢降低。统计检验表明，这种变化的比例虽不是很大，但差异依然是十分明显的。表6的结果则表明，父辈样本中，不论是工作二十几年的对象还是工作三十几年、四十几年的对象，他们在工作价值取向上的分布几乎完全一样。统计检验也表明，总体中同样不存在明显的差别。

两表的结果向我们揭示出，对于刚参加工作不久的青年来说，工龄的长短会明显影响到他们对工作意义的认识。哪怕工龄只有一两年的差别，他们对工作意义的认识也会有所不同。而对于至少都有二十年以上工龄的父辈来说，工龄的长短对他们对工作意义认识的影响已经不复存在。或者说，他们对工作意义的认识已经十分稳定。

【同样是先总结表中数据的特征，然后揭示这种特征的含义。】

## 第8章 人生经历对人们认识的影响

最后看看人们的受教育程度与其工作价值取向之间的关系，见下列表7、表8：

表7 青年样本中受教育程度与工作价值取向之间的交互统计与检验 %

| 工作价值取向 | 受教育程度 | | | | 总计 |
|---|---|---|---|---|---|
| | 初中 | 高中 | 大专 | 本科及以上 | |
| 谋生取向 | 39.2 | 37.7 | 37.3 | 36.9 | 37.4 |
| 理想取向 | 35.9 | 42.8 | 40.7 | 39.5 | 40.4 |
| 需要取向 | 24.9 | 19.6 | 21.9 | 23.6 | 22.2 |
| (N) | (181) | (608) | (616) | (914) | (2 319) |
| 统计检验 | Chi-Square=5.522 $df=6$ Sig.=.479 | | | | |

表8 父辈样本中受教育程度与工作价值取向之间的交互统计与检验 %

| 工作价值取向 | 受教育程度 | | | | 总计 |
|---|---|---|---|---|---|
| | 小学 | 初中 | 高中 | 大专及以上 | |
| 谋生取向 | 80.8 | 77.2 | 72.9 | 56.3 | 73.7 |
| 理想取向 | 8.2 | 7.4 | 8.3 | 26.4 | 9.5 |
| 需要取向 | 11.0 | 15.5 | 18.8 | 17.2 | 16.7 |
| (N) | (73) | (394) | (420) | (87) | (974) |
| 统计检验 | Chi-Square=36.412 $df=6$ Sig.=.000 | | | | |

与前面表3和表4的结果相同，表7的结果表明，不同受教育程度的青年在不同工作价值取向的分布上呈现出完全相似的情形。他们相互之间不存在显著的差异。而表8的结果则表明，在父辈样本中，不同受教育程度的对象在工作价值取向上的分布则有所不同。其主要特征是，谋生取向的比例随着受教育程度的提高而下降，需要取向的比例则随着受教育程度的提高而提高。同时，大专及以上文化程度者具有理想取向的比例明显高于其他几种文化程度者。统计检验表明，这种差别在父辈总体中也同样存在。上述结果揭示出，对于青年来说，受教育程度上的差异不会影响到他们的工作价值取向，而在父辈中，受教育程度上的差异却会对他们的工作价值取向产生影响。

【同样是先总结出表格数据的特征，然后揭示这种特征的含义，即

> 两代人的受教育程度与对工作意义的认识之间的关系不同。对于为什么会不同，也是放到讨论部分一起进行分析的。】

### （三）工作价值取向与工作主观感受

工作的意义或者工作价值取向作为一种相对抽象的认识，应该对人们日常的工作感受产生影响。而对工作所具有的积极感受则是人们热爱工作、做好工作的一种主观反映。那么，具有哪种工作价值取向的对象最可能具有积极的工作感受？笔者对不同工作价值取向与工作积极感受之间的关系进行了方差分析，结果见下列表9、表10：

表9 青年样本不同工作价值取向与工作积极感受的方差分析

| 工作价值取向 | N | Mean | Std. Deviation | Sig. |
|---|---|---|---|---|
| 谋生取向 | 868 | 13.48 | 3.98 | .000 |
| 理想取向 | 925 | 11.99 | 3.38 | |
| 需要取向 | 512 | 12.34 | 3.44 | |
| 总计 | 2 305 | 12.63 | 3.69 | Eta=.182 |

表10 父辈样本不同工作价值取向与工作积极感受的方差分析

| 工作价值取向 | N | Mean | Std. Deviation | Sig. |
|---|---|---|---|---|
| 谋生取向 | 639 | 11.99 | 3.85 | .000 |
| 理想取向 | 90 | 9.79 | 3.06 | |
| 需要取向 | 145 | 11.14 | 3.54 | |
| 总计 | 874 | 11.62 | 3.78 | Eta=.184 |

表9与表10的结果首先表明，两代人的不同工作价值取向与工作积极感受之间关系的总的趋势十分一致：具有理想取向的对象对工作的积极感受程度相对最高，而具有谋生取向的对象对工作的积极感受程度相对最低。统计检验结果表明，这种差异具有显著性。同时，两表中这两个变量之间的相关系数 Eta 均在 0.18 左右，表明工作价值取向与对工作的积极感受之间存在一定程度的相关。其次，两表的结果还表明，从两代人的比较来看，父辈整体的工作积极感受程度高于青年整体。在每一种工作价值取向上，父辈的积极感受程度也都高于青年（其最低者

的得分与青年中最高者的得分相同)。

## 五、总结与讨论

本文依据对市场经济转型前后参加工作的两代人的抽样调查资料,描述和比较了两代人对工作意义的理解及其与工作感受之间的关系,并对影响人们工作价值取向的相关因素进行了探讨。研究结果表明:

(1) 青年人对工作意义的理解抱有十分明显的理想色彩。他们在强调工作作为谋生手段的同时,同样看重工作所具有的在实现个人理想和自我价值上的工具意义;而他们的父母一辈则明显只看重工作所具有的作为谋生手段的现实意义。

(2) 从与工作最密切相关的几个因素来分析,父辈所从事的职业的不同,在一定程度上影响到他们对于工作意义的认识。对于青年来说,其所从事职业的不同,却没有对他们关于工作意义的认识产生影响。受教育程度的差异同样会对父辈的工作价值取向产生影响,却不会影响到青年的工作价值取向。工龄的长短会明显影响到青年一代对工作意义的认识。哪怕工龄只有一两年的差别,他们对工作意义的认识也会有所不同。而对于有着二十年以上工龄的父辈来说,他们对工作意义的认识已经十分稳定,工龄的长短不会影响到他们对工作意义的认识。

(3) 两代人的工作价值取向与他们对工作的积极感受之间存在一定程度的相关性。其特征是,具有理想取向的对象对工作的积极感受程度最高,而具有谋生取向的对象对工作的积极感受程度最低。从两代人的比较来看,父辈整体的工作积极感受程度高于青年整体。

【先用简明的语言总结出研究所得到的几个结果。这些结果也即是前面每一部分数据分析最后的总结。其作用是向读者表明,我们的研究得到了什么。然后在下面的讨论部分,则主要是基于本研究所得到的上述结果进行更宽泛的讨论。】

本研究的结果在以下几个方面给我们提供了一些新的启示。

首先，从两代人调查结果中，可以看出社会宏观结构的变革对两代人工作价值取向的巨大影响。父辈当中看重谋生取向的比例占了绝大多数，而年青一代看重谋生取向和理想取向的比例相当。两代人之间在对工作意义的理解上所发生的明显变迁揭示出两代人的不同经历与他们所具有的工作价值取向之间的关系。哈丁等人指出，"在经济和物质保障经过一段时间的高速发展之后，人们会发现，老年人和年轻人在何种价值观优先的问题上，已经存在着实质性的差别。而老年人与年轻人在性格形成时期的不同经历，是造成这种差别的决定性因素"（哈丁等，1996）。我国目前或许正处于这种高速发展的过程之中。因此，对于经历过从计划经济体制相对稳定的"铁饭碗"到市场经济体制相对不稳定的"瓷饭碗"转变的父辈一代来说，这种性格形成时期的特定经历的影响与他们后期所面对的社会现实之间的差别或许更为显著。这使得他们变得更看重工作所具有的"有偿劳动"的本质意义。同时，他们在看待工作的意义时也体现出更为珍惜工作的心态。而年青一代之所以在工作价值取向上发生了如此大的变化，虽然可能有年轻人特定的生理、心理因素的影响，但社会经济体制的转型和市场经济体制所倡导的竞争、高效以及与此相伴随的风险、压力等等特征则可能是影响其工作价值取向的更为重要的因素。因为，在这两代人的经历中，改革开放所带来的巨大的社会转型，无疑是一种最为典型、对其影响最大的社会经历，它无疑也是造成这种差别的最根本原因。

其次，关于与工作相关的几种因素对两代人工作价值取向不同影响的可能解释。为什么父辈所从事的职业的不同、自身受教育程度的不同，都会导致他们对工作意义的理解不同？而在年青一代中，不同的职业、不同的受教育程度却不会对他们的工作价值取向产生影响？笔者分析，这可能是由于父辈成长的社会制度环境决定了人们接受正规学校教育的程度对其所从事的职业类型，以及与此相关的阶层划分、价值取向等都具有十分突出、十分关键的作用。因此，受教育程度不同的对象一方面在职业分布上有所不同，另一方面在对工作价值的认识上也会有所差异。而年青一代中，虽然相互之间在受教育程度上依然存在一定差别，

## 第8章 人生经历对人们认识的影响

但一方面这种差别比起他们的父辈来已经明显减小（特别是高等教育的扩招带来大专及以上文化程度者的比例明显增加），另一方面在他们成长的过程中社会的改革开放已将整个社会的价值观念和分层标准大大改变，呈现出更为多元化的特征。再加上改革开放以来，社会中的大众传播媒介在很多时候、在很多方面对年青一代价值观念的影响力超过了正式的学校教育，从而使得年青一代的受教育程度差别以及与其相关的职业类型差别对其工作价值取向的影响作用相对变小。

另外，为什么年青一代中工龄长短不同的对象在工作价值取向上差异明显，而父辈一代中工龄长短不同的对象在工作价值取向上却不存在差别？笔者分析，这可能主要与两个样本中对象整体的工龄长短范围有较大关系。青年样本中工龄基本上在10年之内，换句话说，他们基本上都处在工作和职业生涯的最初阶段。此时人们对工作的感受最为敏感，对工作的认识最不稳定。因此，哪怕工龄只是短短的几年，甚至一两年的差别，他们的认识也会有较大不同。现实社会中与青年择业、青年就业、青年创业、青年待业相关的一些现象，比如青年择业观念变化、频繁跳槽、热衷个体经营、考公务员等等，或许都在一定程度上与青年对工作意义的理解、与青年的工作价值取向有关。青年需要在经历这些受到社会关注甚至社会批评的现象中，通过体验和思考"工作除了谋生，还可以为我们提供什么"，或者"从工作中，我们除了可以获得物质报酬，还可以获得什么"等问题，来不断加深和提高对工作意义的认识。或许他们只有更清楚地认识这一问题，才能更适当地解决怎样对待工作的问题。与年青一代不同的是，父辈一代几十年的工龄意味着他们早已度过了职业生涯的最初阶段，工作早已变成他们生活内容中的一个固定部分，成为一种生活方式和习惯，因而他们对工作的认识早已变得比较现实，也十分稳定。

【这两段内容主要是对研究的结果提出初步的理论解释，即对于本研究前面所得到的差别"是什么"的问题，提供"为什么"会如此的初步回答。需要注意的是，由于我们在这里所提出的种种解释都只是基于我们研究所得到的具体结果或者说是针对我们得到的经验研究结果提出的，并不是经过验证的解释，所以，在表述上我们不能做出肯定回答。比较合适的表述方式，是采用"可能""或许"这样的措辞。】

　　再者，关于工作与职业社会学研究中的工作者与工作的关系问题。美国学者 Ida Harper Simpson 曾经总结了美国社会学界20世纪30年代至80年代末的50年中，关于工作和职业的社会学研究状况。他指出，这一研究领域形成了三个大的发展阶段。"在早期阶段中，研究强调工作场所和社区中的社会关系对工作和工人的影响；中间阶段的焦点则是关注工人的主观状况；后一阶段中则是有关工作和工人的经济概念定义了研究的问题。""研究的焦点逐渐从工作和工人转变到经济因素方面，并且工人的概念也从社会行动者转变为按照宏观社会结构力量的要求行动的被动客体。"（Simpson，1989）他对这一现象发表批评指出，当时美国工业社会学领域的这种转变，实质上是将研究的焦点从工作和工人身上移开，并且将有关工人的社会观点转变为经济观点。他对美国社会学界的这种批评也给我国目前的工业社会学研究，特别是有关工作、劳动者的研究带来一定的启示。我国社会从计划经济向市场经济转变的过程中，企业制度变革所带来的劳动者工作方式、分配方式的变迁是明显的，影响是巨大的。然而，在相关的经济社会学研究、企业社会学研究以及劳动社会学研究中，研究者不能只关注与此相关的经济因素的影响和作用，而应该在关注这种因素和制度变迁的同时，注意到其对劳动者的观念，特别是对劳动者关于工作意义和价值的看法的影响。

　　最后，对工作意义的研究还应涉及劳动者与工作单位（组织或企业）之间关系的问题。这是因为，一方面，人们在进入工作岗位后，往往会受到来自工作单位的特定文化的影响。这种影响中的一个十分重要的方面，就是单位或组织向其成员所提倡、灌输和推销的工作价值取向。因此，在今后的工作意义研究中，还应该加进单位文化（企业文化）的变量，充分考虑单位文化对其成员工作价值取向的影响。另一方面，劳动者与工作单位之间在生产、生活、经营、管理等过程中所形成的密切关系,不可避免地会使劳动者对工作单位产生一定程度的依赖感、认同感和归属感。然而,宏观社会经济体制的转型对劳动者与工作单位之间关系的巨大冲击和改变,将会给劳动者的心理和精神带来什么影响?他们对单位的依赖感、认同感和归属感又会发生什么变化?这些同样是值得进一步深入探讨的问题。

【这两段内容主要是提出一些与本研究主题、内容或结果相关但在本研究中尚未进行探讨的问题,以供同一领域中其他研究者在今后研究中进行探讨。】

## 参考文献

蔡禾,莫家豪.企业职工工作价值观浅析.中山大学学报论丛,1997(6).

陈东健,陈敏华.工作价值观、组织支持感对外企核心员工离职倾向的影响:以苏州地区为例.经济管理,2009(11).

风笑天.第一代独生子女父母的家庭结构:全国五大城市的调查分析.社会科学研究,2009a(2).

风笑天.独生子女父母的空巢期:何时开始?会有多长?.社会科学,2009b(1).

哈丁,希克斯普尔斯.新的工作价值观:理论与实践.刘洁,译.国际社会科学杂志,1996(3).

胡坚,莫燕.高校教师工作价值观与任务绩效关系的实证分析.科学学与科学技术管理,2004(12).

霍娜,李超平.工作价值观的研究进展与展望.心理科学进展,2009(4).

李秋洁,杨玉美.哈尔滨市二级及以上综合医院护士工作价值观调查分析.护理管理杂志,2008a(7).

李秋洁,杨玉美.护士工作价值观与离职倾向的调查研究.护理学杂志,2008b(14).

秦启文，姚景照，李根强．企业员工工作价值观与组织公民行为的关系研究．心理科学，2007（4）．

王志琳．医务人员工作价值观与工作满意度研究：以公立及民营医院为例．中国卫生事业管理，2010（3）．

杨玉美，李秋洁，赵术菊．护士工作价值观与工作满意度的调查研究．护理研究，2008（19）．

赵敏，何云霞．西方工作价值取向研究及对我国教师管理的启示．教育理论与实践，2010（22）．

DLUGLOS, WEIRMAIR. Management under differing value systems. New York：De Gruyter，1981.

SIMPSON. The sociology of work：where have the workers gone？．Social forces，1989，67（3）．

WRZESNIEWSKI, MCCAULEY, ROZIN, et al. Jobs, careers, and callings：people's relations to their work. Journal of research in personality，1997，31（1）．

WRZESNIEWSKI. Jobs, careers, and callings：work orientation and job transitions. The University of Michigan，1999.

## 第四节　研究评价与启示

### 一、研究评价

本研究的主要优点是选题比较好。从理论上看，由于当时国内关于职业社会学、工作社会学这方面的研究，特别是有关工作意义的经验研究相对缺乏，所以本研究结果可以为这一领域的理论研究提供当前中国社会新的经验材料。特别是通过对两代人工作意义认识的比较，可以为人们理解中国改革开放以来所发生的社会变迁及其影响提供系统的资料和证据，有较好的创新性。从实践上看，对于认识年青一代对工作意义的理解，引导

第 8 章　人生经历对人们认识的影响

和鼓励年青一代正确认识工作对于人生的价值，以及为解决青年的择业、就业和工作中的各种问题提供参考等方面都具有较大的意义。而我后来申请到的教育部重大攻关项目，也为这一研究的开展提供了可行性。

本研究的主要不足有两方面：一是研究的统计分析方法相对比较简单，主要采用了双变量分析。如果能够采用多变量分析的方法，同时控制多个相关变量的话，可能得出的结论会更有说服力。二是由于本研究主要聚焦于回答两代人对工作意义的认识"是什么"的问题，而不是从理论上去探讨两代人的认识"为什么"会存在差异，所以研究的理论性明显不足。虽然在论文的讨论部分进行了一定的探讨，但相比于从理论中提出问题展开的研究来说，理论探讨的深度就十分有限。

## 二、研究启示

1. 本研究问题的来源对于我们选择研究问题的启示

本项研究的问题发现看似有些"偶然性"，但实际上，它同样反映了研究者提出或选择研究问题的基本方式和过程，同时再次印证了我在几本社会研究方法教材中所说的研究问题的三种主要来源和选择途径，即现实社会生活、个人经历，以及相关文献。[①]

首先是要善于从身边的社会生活中发现研究的问题。我认为，大量的、值得研究的现象通常就发生在我们日常的社会生活中，就发生在我们的身边。关键是我们要有一双善于发现问题的眼睛。要学会从不同的角度去观察和思考我们早已熟悉的世界。特别是要善于从司空见惯的现象中，提出一些"是什么""为什么"的问题。用我在社会研究方法教材中的话说，就是"处处留心皆问题"。

其次是个人经历在发现问题过程中的作用。就这项研究来说，我如果是一个与司机同龄的年轻研究者，或许不会对他的选择和行为有这样的感慨和思考。但正因为我是一个出生于 20 世纪 50 年代并在 70 年代初通过

---

① 风笑天. 社会研究方法. 6 版. 北京：中国人民大学出版社，2022：第三章：选题与文献回顾：研究问题及其来源；风笑天. 现代社会调查方法. 6 版. 武汉：华中科技大学出版社，2021：第二章：选择调查课题：选题的途径和方法.

组织分配参加工作的年长研究者,就很容易从谈话中联想到自己当年参加工作的经历,联想到自己对工作的认识和行为,以及头脑中所具有的与年轻司机完全不同的看法和认识。这种与自身经历密切相关的、长期以来根深蒂固的、自认为理所当然的看法和认识与年轻司机的想法和行为形成了鲜明的对比,产生了强烈的反差。正是这种强烈的反差引起了我对工作意义问题的进一步思考,并"点燃"了我对这一问题的研究热情和探究欲望。

最后是文献的作用。要将自己在日常生活中遇到的现实问题变成一个值得研究的学术问题,离不开对相关学术文献特别是经典文献的阅读。正如前面介绍问题来源时所说,我在进行这项研究之前,对有关工作意义方面的研究一无所知(即使做了这项研究,依然还是知之甚少)。正是查找、阅读、分析与这一现象和自己的研究问题相关的文献,使我不仅了解到前人在这方面所做过的工作和相关的理论,同时也了解到前人研究所采用的方法以及所存在的局限。所有这些都帮助我一步步逐渐明确了自己的研究焦点、研究思路以及研究方法。

总之,可以说,这一研究问题的形成,实际上是上述三种因素共同作用的结果。对现实社会生活中相关现象的感知,加上个人特定生活经历的碰撞触发,再有目的地进行相关文献的查找和阅读,都为这一研究问题的最终形成做出了贡献。

2. 抽样设计如何一步步改进和完善

虽然各类社会研究方法教材中对抽样方法都有介绍,但其所面对的基本上都是一种理想的或一般的情景。而在现实社会生活中我们所要面对的总体和调查对象却又总是特定的和特殊的。特别是有时理论上的总体是存在的,但抽样时的现实总体却难以明确找到。这就需要研究者根据实际情况设计抽样方案,尽可能让最终抽取的样本符合或接近总体的特征,更好地代表或反映总体。或许,本项研究中的城市在职青年就是这样一个总体。我们可以将"城市在职青年"界定为"年龄在18~30岁,目前在城市有固定工作的人"。从理论上说,这种"城市在职青年"的总体是客观存在的。但是,当我要从这一总体中抽取一个实际调查的样本时,就遇到了很大的困难。因为这一总体没有明确的边界。我们该怎样来设计抽样方案呢？

读者在前面研究设计部分中，看到了本项研究对在职青年总体的抽样设计。可以认为，这是在现有条件下的一种相对恰当的抽样设计。但实际上，在进行本项研究之前，我曾对在职青年总体进行过三次不同的且相对不成熟的抽样设计。这里我将前三次抽样设计展示出来，以便于读者看到我在抽样设计方面的一步步改进。

第一次是在 2000 年，我当时意识到第一代独生子女即将成年，将面临"成家立业"的重要任务，所以就想对第一代独生子女进行抽样调查。但考虑到要与同龄的非独生子女进行对比，所以，我决定以城市在职青年为研究总体。为了抽取一个城市在职青年的样本，我首先在湖北省主观选择了四个不同类型的城市作为调查点，然后采取定额抽样的设计来抽取在职青年的样本。根据我对当时社会中主要行业、职业单位以及青年从业情况的了解，决定在每个城市中选择同样的九个不同行业的单位。这九个不同行业的单位分别为工业企业、政府机关、医院、中小学、商业、服务业、邮局通信、交通部门、建筑业。考虑到不同单位的规模不一样，合适的调查对象数量不同，所以规模小的单位（比如邮电通信等）可以抽取不止一个单位。我计划从每个行业的单位中抽取 15 名左右的青年，每个城市共抽取 150 名青年，四个城市共抽取 600 名青年。

从单位抽取在职青年的环节采取的是由调查单位按年龄和名额要求来提供调查对象的方式。这样的抽样就变成偶遇性质的，而非随机的。主要原因是很难获取单位中符合年龄要求的青年的名单。从理论上说，如果有这个名单，就可以十分方便地按照系统抽样或简单随机抽样等方法来抽取。但实际上，从每一个单位通常都弄不到这种名单。因此，调查对象的抽取没有严格按随机方式进行。正是由于行业单位的抽取以及单位中在职青年的抽取都是非随机抽样，无论单位大小，从中抽取的青年数目也是相等的，因此总的来说，这是一次不太成功的抽样设计。

第二次是在 2002 年，我再次对城市在职青年这一总体进行了研究。这次依然选择了 2000 年调查的湖北四个城市，但对上次的抽样方法进行了一些改进。在调查对象的选取上，我采取了近似分层定比的方法来确定调查样本的结构。我先查阅了《中国人口统计年鉴》《中国城市统计年鉴》《中国劳动统计年鉴》《湖北省统计年鉴》等统计资料，了解到那几年城镇各行业人员的分布情况，决定从比重最大的九种行业中抽取样本，并尽量使样本中各行业人员的数量分配大致接近统计资料中总体的比例分布。我所选择的九种行业以及每种行业抽取的单位数量、调查人数分配情况如表8-4所示。

表8-4 每个城市的抽样方案

| 行业 | 单位数目 | 人数（人） |
| --- | --- | --- |
| 制造业 | 2~3个工厂 | 42 |
| 批发和零售、贸易 | 2个商场 | 30 |
| 教育文化事业 | 2所学校（中小学各1所） | 20 |
| 机关和社会团体 | 1个政府单位或行政部门 | 12 |
| 交通运输行业 | 1个汽车公司 | 12 |
| 社会服务业 | 1个宾馆 | 12 |
| 建筑行业 | 1个建筑公司 | 12 |
| 卫生部门 | 1所医院 | 10 |
| 金融、邮电和通信业 | 1~2个营业所 | 10 |
| 合计 |  | 160 |

这一次抽样的主要变化是将九种职业的人数由原来的平均15人左右改变为粗略地按总体中各职业的比重抽取。尽管比例上不太严格，但其思路比起第一次来已经有了进步，同样条件下的代表性有所提高。

第三次是在2004年，我第三次研究了城市在职青年这一总体（即本书第4章的研究）。这一次由于申请到了国家社科基金课题，经费上有了支持，所以抽样方案比前两次有了比较大改变。这一次对城市的抽取采取了随机抽样的方法。城市样本的设计考虑到不同地区、不同类型、不同规模等因素。方法是先从东部、中部、西部所属省份的省会城市中简单随机抽取一个省会城市，然后在各自剩下的省份的大城市中简单随机抽取一个大城市，最后从第二次剩下的省份的中小城市中简单随机抽取一个中小城市。最终抽取到的12个城市就是本章前面研究设计部分表8-1中的城市。

同时，我在原来九种单位类型的基础上进行了补充和区分，共选取了企业、行政机关、教育、卫生、商业、服务业、交通、建筑、邮电、金融、大众传媒、公司、公检法、市政等15类单位，抽取方式也改进成利用电话黄页进行系统抽取。这也是一个小的进步。在每个抽到的单位中，都平均抽取10个对象。这样，每个城市共抽取150个对象，12个城市共抽取1 800个调查对象。最后在单位中抽取调查对象的方式依旧是在被调查单位的协助下进行的，没有做到完全随机。

总的来说，这一次的抽样设计在城市的代表性上得到了明显提高，在单位的抽取方式上也有所提高。但由于15种单位类型的确定依据不足，导致只能在每个单位中平均抽取10名青年，这一方式也不太妥当。

本项研究的抽样则是我第四次对城市在职青年总体进行抽样。从前面研究设计部分的介绍中可以看出，这次抽样设计除了保留了第三次抽样设计在城市抽取上的随机性特征外，在不同行业调查单位的抽取上有了更为科学的依据。不仅对单位类型的确定更为准确，每一类单位抽取的调查对象数目也完全按青年职业结构的比例来确定。这种改进使得这一次调查的抽样结果大大增加了样本对城市在职青年总体的代表性。唯一的不足是从单位抽取青年这一层面还没有完全达到随机性的要求。

从上述四次抽样设计的方式来看，可以看出我的一次次进步。虽然最终可能还不是最完美的方式，但我的确是在依据现实情况和自己的资源与条件的不断改进来不断提高样本对总体的代表性。我们从中也可以看到，在抽样设计过程中，研究者所要考虑的不仅仅是抽样的具体方法问题，还要考虑到抽样所面对的现实困难和实施抽样的可能性问题。研究者的任务就是要不断地克服困难，让样本更好地去代表所反映的总体。

# 第9章

# 找出社会现实中的两代父母

案例：城市两代父母生育意愿的变迁

## 第一节 问题哪里来？

### 一、选题背景

2013年底，我国在经历了长达三十多年实施"一对夫妇只生育一个孩子"的独生子女政策后，开启了第一次生育政策的调整，中央决定实施"一方是独生子女的夫妻可以生育两个孩子"的政策，即"单独二孩"生育政策。这是我国社会生活中一件影响深远的大事。短短两年后，2015年底，国家又开始实施覆盖范围更大的"全面二孩"生育政策，即所有夫妻都可以合法生育两个孩子。至此，在全国范围内实施了三十多年的"独生子女生育政策"彻底结束。

接连实施的两项二孩生育政策，是我国社会和人口发展领域的重大事件。它毫无疑问地会对未来几十年我国人口结构、老龄化趋势等等产生深远影响。显然，这是一个值得人口学、社会学以及其他相关学科研究者密

## 第9章　找出社会现实中的两代父母

切关注、积极探索的新领域。而对于我来说，两项二孩生育政策开始实施的影响可能更大。这是因为，在过去将近三十年中，我一直都在研究独生子女问题，特别是多次调查和研究独生子女的父母以及第一代独生子女本人的生育意愿问题。现在，"单独二孩""全面二孩"生育政策的实施，无疑会改变长期以来我国社会特别是城市社会青少年人口中所形成的以独生子女为主体的现象，同时也会带来一些新的现象和问题。因此，"单独二孩"生育政策刚一公布，我就很自然地联想到许多与独生子女、独生子女父母、独生子女家庭相关的问题。可以说，长期研究独生子女问题的经历，使我对"单独二孩"生育政策的实施特别敏感，这些正是形成与二孩生育政策相关研究问题的基础。

当我开始考虑国家社科基金课题的选题时，首先跳入我脑海的就是"单独二孩"生育政策调整的问题。在以往较长时间对独生子女进行研究的基础上，结合"单独二孩"生育政策实施所产生的高度敏感性，我很快就从人口社会学角度，以自选的"计划生育政策调整的社会影响研究"为题，围绕生育政策调整对人口生育及人口发展、对城乡家庭以及承担生育的年轻夫妇的影响以及对进一步生育政策改变所具有的意义等方面的内容，申报了当年的国家社科基金重点项目。[①]

显然，我所选择的这一题目具有很重要的现实意义和很好的创新性，所以当年5月我的这一自选项目顺利获得了批准（这也是国家社科基金批准的第一项关于生育政策调整的重点课题）；同年7月，国家社科基金重大招标项目指南中又列入了我拟定和推荐的选题，即"我国生育政策调整带来的新社会问题研究"。在南京大学社科处老师的鼓励下，我又进行了重大课题的申报，并在同其他申报单位的竞争中脱颖而出，也获得了批准。我在同一年中很少见地同时获批了国家社科基金重大项目和重点项目。由此，我和研究团队的成员一起又开启了长达6年的这两项课题的研究过程。

---

[①] 在课题申请书的基础上，我还发表了题为《"单独二孩"：生育政策调整的社会影响前瞻》的论文，详见《国家行政学院学报》2014年第5期。

虽然这两项课题研究所涉及的方面很多，但育龄人口的二孩生育意愿却始终是其中一个重要的研究方向。实际上，生育意愿也是我从研究独生子女问题以来一直关注的焦点之一。因为在关注人口发展及其相关问题时，除了要关注国家人口政策的变化外，还应该关注人们的生育意愿。因此在课题研究中，我围绕生育意愿这一焦点，发表了一系列的研究论文，分别探讨了二孩生育政策潜在生育人口的结构及其二孩生育意愿、城市一孩育龄人口的年龄结构与二孩生育意愿、城市一孩育龄人口的二孩生育抉择、影响育龄人口二孩生育意愿的因素、城市一孩育龄人口的二孩生育动机以及城市一孩育龄人口为什么不愿意生育二孩等等问题。①

在这一探讨的过程中，我也常常回想起自己二十多年前在北京大学做博士论文的研究时，对第一代独生子女父母生育意愿的相关研究。显然，时过境迁，当年我的调查对象已经成为今天社会中逐渐开始老去的一代人口。而在今天的中国社会中面对"单独二孩"生育政策的育龄人群，则已经变成了他们下一代即当年还是少年儿童的一代年轻父母。那么，这一代年轻父母的生育意愿是怎样的呢？他们愿意生两个孩子吗？他们为什么愿意或者不愿意生两个孩子？特别是，他们目前的生育意愿与他们父母当年的生育意愿之间有什么不同吗？换句话说，目前面临"单独二孩"生育政策的年青一代与正在走进人生老年阶段的上一代，在生育意愿上有什么差别吗？

对于这一问题，学术界普遍认为，长期以来中国人往往倾向于多生孩子。而经过三十多年的改革开放，随着中国社会的转型和变迁，当前的年

---

① 风笑天. 生育政策潜在人口的结构及其二孩生育意愿：对两项大规模调查结果的分析. 江苏行政学院学报, 2015（6）; 风笑天, 李芬. 再生一个？: 城市一孩育龄人群的年龄结构与生育意愿. 思想战线, 2016（1）; 风笑天. 生不生二孩？: 城市一孩育龄人群生育抉择及影响因素. 国家行政学院学报, 2016（1）; 风笑天. 城市两类育龄人群二孩生育意愿的影响因素研究. 东南大学学报（哲学社会科学版）, 2017（3）; 风笑天. 当代中国人的生育意愿：我们实际上知道多少？. 社会科学, 2017（8）; 风笑天. 从两个到一个：城市两代父母生育意愿的变迁. 南京大学学报, 2017（4）; 风笑天. 为什么不生二孩：对城市一孩育龄人群的调查与分析. 河北学刊, 2018（6）; 风笑天. 影响育龄人群二孩生育意愿的真相究竟是什么？. 探索与争鸣, 2018（10）; 风笑天. 给孩子一个伴：城市一孩育龄人群的二孩生育动机及其启示. 江苏行政学院学报, 2018（4）; 风笑天. 二孩生育中的从众行为：可能性及其影响. 社会科学研究, 2018（3）.

第 9 章 找出社会现实中的两代父母

青一代与他们的父辈在生育观念、生育意愿等各个方面都发生了变化。然而，虽然这种看法普遍存在，但却很少有经验研究提供科学的证据。尽管在不同的年代中，都有针对不同人群生育意愿的调查结果，但这些结果基本上都是在不同时点进行的横剖调查得到的。不仅在调查范围、调查对象等方面各不相同，而且在调查方法、测量指标等方面也都不太一样。因此，它们所反映的往往只是处于不同年代的特定育龄人群的生育意愿状况。我们虽然可以从中看出育龄人群的生育意愿随时间发展所发生的变化和发展趋势，但却无法准确揭示出具有人口学意义的两代人在生育意愿上的变化情况。正是这种缺陷，成为我研究两代父母生育意愿变迁问题的基本背景。

## 二、研究问题

基于上述研究背景，我在开展这两项国家社科基金课题研究的过程中，专门探讨了两代父母生育意愿的变迁问题，即作为两代人的育龄人口的生育意愿是否发生了变化，以及发生了怎样的变化。特别是，我将研究的对象聚焦于改革开放之初第一次面临"独生子女"生育政策的那一代父母（包括独生子女父母和非独生子女父母）与他们当时的子女也即现今的新一代父母。从研究的可行性方面考虑，我又进一步将问题缩小到仅仅对城市两代父母生育意愿变迁的研究上，即城市中的这两代父母的生育意愿是否发生了变化？发生了什么样的变化？这种发生在两代人身上的生育意愿变迁及其特征又揭示出什么样的文化内涵？它对我们的人口预测与人口政策制定又有着怎样的启示？这些就是我进行这一研究所要探讨和回答的问题。

## 第二节 研究如何做？

### 一、研究设计

从思路上来看，要回答本研究的问题，似乎并不复杂：不就是调查上

下两代父母的生育意愿，然后进行比较吗？不错，基本思路的确如此。但这种看起来并不复杂的论证思路，其实包含着许多的前提条件和许多的限制。其中最为关键的是两代父母的选取和调查。虽然眼前的这一代年轻父母容易确定，也容易调查，他们的父母也可以通过他们之间的关系来确定，却不可能回到他们父母年轻的时候进行调查，现在调查他们的话，得到的并不是他们年轻时候的生育意愿！

所以说，纯粹理想的研究设计（即不考虑现实条件和可行性的研究设计）有时并不难，但真正符合现实条件（即在现实条件下能够实施的设计）则往往很不容易。比如对于本研究来说，理想的设计就是在二十多年前，对城市育龄人群的一个样本进行生育意愿调查（父母代调查）；在二十多年后，对当时接受调查的那一批父母的子女在他们也成为父母的时候进行同样的生育意愿调查（子女代调查）。然后对这两次调查的结果进行比较分析。然而，由于时间和空间等条件的限制，这种研究设计在实际研究中很难实施，关键是需要在二十多年前就有预见性地先进行一次生育意愿调查。

我在研究设计中，首先想到自己 1988 年在北京大学所做的博士论文调查（即本书第 1 章所介绍的调查）。当时的调查对象正是第一代独生子女父母及其同龄的非独生子女父母。而且当年的调查问卷中，也正好有测量调查对象生育意愿的内容。因此，我可以把当年的调查结果作为本研究中对第一代独生子女父母及其同龄非独生子女父母（即上一辈父母）的调查结果；同时，根据当年调查对象是小学生父母这一特征，把当前（2016 年）的小学生父母作为 1988 年调查对象的子女辈进行调查。

这里有一个重要的问题：2016 年调查的小学生父母与 1988 年调查的小学生父母，在年龄上间隔有多大呢？即是不是正好属于两代人呢？这里探讨的两代父母，指的是"人口再生产"意义上的两代人。通过查阅资料发现，根据国家统计局 2011 年的统计，全国不同受教育程度妇女平均一孩生育年龄分别是小学及以下 24.0 岁、初中 24.7 岁、高中 26.9 岁、大专及以上 29.4 岁[①]，考虑到本研究的调查对象是城市中青年居民，其总体受教育程度会明显高于全国城乡全年龄段妇女的平均水平，再加上他们中高中以上文化程度的占了大部分，因此估计他们一孩生育的平均年龄应该在 27～29 岁之间。而 2016 年的调查与 1988 年的调查之间正好间隔 28 年，应该符合两代人的年龄（实际调查样本的统计结果表明，2016 年调查对象及其配偶的受教育程度分布为初中及以下占 22%、高中占 33%、大专及以上占 45%，按上述全国城乡女性生育一孩平均年龄计算，得到结果为 27.5 岁，与我们所确定的 28 岁非常接近）。

解决了确定"城市两代父母"的问题，剩下的就是设计 2016 年的调查了。为了保证前后两次调查在调查地点、调查方式、测量工具等方面的一致性，我完全根据 1988 年的调查设计来进行 2016 年的调查设计：调查地点依旧选择为湖北省的武汉市、黄石市、荆州市（即原来的沙市市）、仙桃市以及云梦县城；调查对象依旧为小学生父母；抽样方法依旧是多阶段的整群抽样；调查方式依旧为小学生将问卷带回家交给父母匿名自填，然后再由小学生带回交给老师；测量的变量和问卷中的问题也完全按 1988 年调查问卷来设计。

这项研究的统计分析十分简单，主要是依据上述测量生育意愿的五个指标对两次调查的结果进行频率统计和比较分析。同时，为了更好地认识和分析两代人生育意愿的异同及其可能的原因，我在统计分析中，除了进行两代父母总体的比较外，还将两代父母的样本都按现有子女数目进一步细分为"一孩父母"和"多孩父母"两类进行比较分析。

### 二、研究实施

设计好整个研究方案和 2016 年的调查方案后，我专门从南京到武汉，召集我在武汉市几所大学任教的五名学生（他们分别是华中科技大

---

[①] 国家卫生计生委计划生育基层指导司，中国人口与发展研究中心. 人口与计划生育常用数据手册：2012. 北京：中国人口出版社，2013：152.

学、中南财经政法大学、华中师范大学、中南民族大学的教授、副教授），请他们每人分别担任一个城市的调查负责人，按照我事先设计好的《调查指南》中的要求，带领他们的学生奔赴五个城市开展实地调查。与此同时，我也将调查经费分别划拨到他们所在的学校，以供他们开展调查使用。

调查问卷全部收回后，我安排南京大学的研究生进行问卷数据的录入和清理工作。然后我分别对1988年调查的数据和2016年调查的数据进行同样的统计分析，并将二者的结果进行对比，得出最终的研究结果。我将这项研究的成果写成论文，发表在《南京大学学报》2017年第4期上。

## 第三节 论文怎么写？

### 一、论文总体框架

这是一篇以描述为主的定量研究论文。在具体写作上主要依据定量研究论文的基本格式和规范。论文总体框架如表9-1所示。

表9-1 论文总体框架

| 主体结构 | 主要内容 |
| --- | --- |
| 1. 问题与背景 | 生育政策调整成为研究的主要背景<br>引出研究问题：两代人生育意愿是否发生变化 |
| 2. 文献回顾 | 归纳出现有生育意愿变迁研究的两种模式<br>指出现有两种模式存在的局限 |
| 3. 研究设计 | 指出回答研究问题的逻辑和前提条件<br>介绍具体的方法、两项调查情况和测量的问题 |
| 4. 结果与分析 | 按照测量的变量，分为五个部分逐一进行介绍 |
| 5. 总结与讨论 | 列出五条具体结果，并归纳出总的研究结论<br>从研究结果和结论出发，引出相关问题的讨论 |

# 第9章 找出社会现实中的两代父母

## 二、论文写作解析

### 从两个到一个
#### 城市两代父母生育意愿的变迁*
#### 风笑天

【论文的标题写法值得注意。本研究所得出的结论是,上一辈父母的生育意愿主要是生育两个孩子,而目前这一辈父母的生育意愿主要是生育一个孩子。因此在写论文标题时,为了突出研究结论,采用了双标题形式。"从两个到一个",是研究的结论,将其作为主标题,既醒目,又达到了突出研究结论的效果。后面的副标题则进一步指明了研究对象和研究主题。这种双标题的形式能较好地将研究主题、研究对象、研究结论揭示出来,读者可以学习使用。】

摘要:本文利用相隔28年的两个相似样本的社会调查结果,对城市两代父母的生育意愿进行了对比分析。研究结果表明,改革开放初期的那一代城市小学生父母与他们的下一代即当前的城市小学生父母之间,在生育意愿上已经发生了显著的变迁。从大部分希望生育两个孩子到大部分希望生育一个孩子,是这种变迁的突出特征。这种城市两代父母生育意愿的变迁,是改革开放以来的几十年中,整个中国社会的结构、社会的文化所发生的巨大变迁在育龄人口生育意愿上的一种反映,也是我国社会的生育观念、生育文化逐渐从传统向现代转变的一个缩影。

关键词:生育意愿 生育政策 社会变迁

---

\* 本文为国家社科基金重大项目"我国生育政策调整带来的新社会问题研究"(14ZDB150)和国家社科基金重点项目"计划生育政策调整的社会影响研究"(14ASH013)的阶段性成果;笔者感谢承担2016年实地调查的研究者,他们是华中科技大学社会学院郝玉章副教授、刘成斌教授,华中师范大学社会学院梅志罡副教授,中南财经政法大学公共管理学院乐章教授,中南民族大学社会学系张翼副教授。

## 一、问题与背景

在社会的发展变化过程中,各种社会构成要素都在发生着变化。作为社会最重要构成要素之一的人口要素同样如此。我国自20世纪70年代末实行"改革开放"政策以来,整个社会发生了翻天覆地的变化。几乎与国家的改革开放完全同步的是,1979年我国开始实行以"一对夫妇生育一个孩子"为主要内容的计划生育政策。这一史无前例的生育政策的实施,在有效地控制我国人口的整体规模、减缓我国人口增长速度的同时,也从观念层面指引着、影响着社会中育龄人口的生育观念和生育意愿,从制度层面约束着育龄人口的生育计划和生育行为。而同样作为一种客观的社会存在,人们的生育意愿虽然会受到生育政策的影响,但却不会因为刚性的生育政策的强力约束而自动改变或消失。它始终会以某种方式存在于社会大众的内心,存在于人们的日常生活中。这种育龄人口内心存在的生育意愿不仅会在整个社会的价值观念、社会心理等方面顽强地表现出来,还会实际影响着他们的生育决策和生育行为。

【从广阔的社会改革开放背景中,快速地聚焦到本研究的核心主题生育意愿上。然后下面的文字再从政策调整的背景中引出本文研究的中心问题。】

笔者曾经指出,一个社会的整体生育水平直接受到两个因素的影响:一是国家的生育政策,二是人们的生育意愿。① 2013年以来,随着我国政府相继实施"单独二孩""全面二孩"生育政策,改革开放之初开始实施的、以严格控制人口规模和人口增长速度为主要目标的"独生子女"生育政策在持续了三十多年后正式结束。这一政策的结束标志着我国社会在生育政策层面已经发生了极为重要的变化。那么,影响社会

---

① 风笑天. 城市青年的生育意愿:现状与比较分析. 江苏社会科学, 2004 (4).

整体生育水平的另一个因素——育龄人口的生育意愿,是否也同样发生了变化?发生了怎样的变化?特别是经过几十年的社会发展,在改革开放之初第一次面临"独生子女"生育政策的那一代父母(包括独生子女父母和非独生子女父母)与他们当时的子女即现在的新一代父母之间,在生育意愿上又有着什么样的异同?这种发生在两代人身上的生育意愿变迁及其特征揭示出什么样的文化内涵?它对我们的人口预测与人口政策制定又有着怎样的启示?本文的目标,正是利用两代人生育意愿调查的数据资料,对上述问题进行分析和探讨。

【在写作上,导言部分的结尾,最好像上面一样,明确指出本文希望探讨和回答的主要问题,以帮助读者了解研究目标。】

## 二、文献回顾

对 CNKI 文献的检索结果表明,国内现有的关于生育意愿的调查研究中,绝大部分是对不同时期育龄人群生育意愿状况和相关因素的截面调查结果。这些研究所描述和探讨的主要是一时一地育龄人群的生育意愿问题。真正涉及生育意愿变迁特别是不同世代生育意愿变迁的研究尚不足十项。在现有的这几项与生育意愿变迁相关的研究中,研究者通常采用以下两种方式之一来进行探讨:

【先概括地将相关文献的总的情况做一介绍,然后指出与本研究相关的研究数量及其方式,帮助读者了解这方面的基本情况。】

一种方式是对产生于不同时间点的多个调查结果按时间顺序进行对比分析,以此来描述和总结育龄人口生育意愿的变迁状况。这方面的代表性研究主要有笔者等人 2001 年对改革开放前 20 年(1979—1999)中我国城乡居民生育意愿发展变化趋势的描述性研究[1],2013 年侯佳伟等

---

[1] 风笑天,等. 二十年城乡居民生育意愿变迁研究. 市场与人口分析,2002(5).

人对 1980—2011 年 30 多年中所发表的 227 项生育意愿调查结果所进行的生育意愿变迁分析和研究①，以及张原等人利用"中国居民健康和营养调查"（CHNS）中 1991 年、1993 年、1997 年、2000 年、2004 年、2006 年、2009 年和 2011 年数据，对时间跨度为 20 年的 2 099 个样本所进行的生育意愿变迁及其决定因素的研究②，等等。这种研究方式的主要关注点，同时也是其最大的优点，在于能够很好地反映一个社会中人们的生育意愿随时代的发展而发生变化的趋势和变迁的过程。但是，这种方式对于回答在时间上属于两代人的研究对象所具有的生育意愿差别及其变迁问题，则存在一定的局限。虽然研究者可以从这些具体的研究中去寻找在时间上属于两代人的调查结果进行比较和研究，但一方面由于达到两代人时间跨度的调查结果相对较少，另一方面更由于这些不同的调查结果之间往往会在调查对象、调查地点、调查方法、调查样本构成等方面存在显著差别，因而它们很难构成真正意义上可以进行比较的两代人样本。

【对第一种研究方式的各项研究进行系统归纳和总结，特别是要指出它们对于回答本研究的问题来说所存在的不足。】

另一种方式是在同一时间点对不同年龄段的人群进行生育意愿调查，并对调查对象按年龄或出生时间划分为十年一代来进行比较分析，以此反映生育意愿的代际变迁。这方面的研究主要有李波平等人利用武汉城市圈 4 424 个育龄妇女抽样调查数据，对 60 年代、70 年代、80 年代三个不同世代出生的育龄妇女的生育意愿所进行的分析③，李建新等人利用江苏省"生育意愿和生育行为研究"调查数据，从意愿生育子女数、意愿子女性别、意愿生育年龄等三个维度，考察不同世代（"60 后"

---

① 侯佳伟，黄四林，辛自强，等．中国人口生育意愿变迁：1980—2011．中国社会科学，2014（4）．

② 张原，陈建奇．变迁中的生育意愿及其政策启示：中国家庭生育意愿决定因素实证研究：1991—2011．贵州财经大学学报，2015（3）．

③ 李波平，向华丽．不同代际育龄妇女生育意愿及影响因素研究：以武汉城市圈为例．人口与经济，2010（3）．

# 第 9 章　找出社会现实中的两代父母

"70 后""80 后")育龄妇女生育意愿和生育观念差异的研究①，等等。

这种研究方式的主要关注点往往是对属于不同年龄段的人们所具有的生育意愿进行比较，以此来反映生育意愿的变迁趋势和相关特征。但是，一方面，这种按十年一代划分出的"世代"并不是真正意义上的两代人；另一方面，也是更重要的就是这种研究通常都是在一个时间点上对不同年龄段的人所进行的横剖调查，因而其数据资料所反映的实际上只是出生于不同年代的人们（即"60 后""70 后""80 后"）在调查时点的生育意愿状况，而不是不同世代的人们分别在不同年代的生育意愿状况。尽管有个别研究，即仲长远对北京一个社区在年龄上相差 20～30 岁的两组对象进行的生育意愿调查可以对在年龄上属于两代人的样本和调查数据进行比较分析②，但这种调查数据所反映的，实际上也只是目前 50～60 岁的年长一代与目前 30 多岁的年青一代在当下的生育意愿，而不是目前 50～60 岁的年长一代在他们 30 多岁时的生育意愿与目前 30 多岁的年青一代的生育意愿。此外，特别需要指出的是，在这种方式的研究中，由于年长的那一代人通常早已超过了生育的生理年龄，因此，目前所调查的生育意愿对他们来说已经不具有转变为生育行为的实际意义，顶多只能成为此时他们对生育意愿问题的一种看法或观点了。

【同样指出第二种研究方式存在两方面不足。需要特别注意的是，这种不足主要是对于回答本研究问题来说的不足或局限，而不是前人研究自身的不足，因为前人的研究可能回答的是别的问题。】

上述文献回顾的结果表明，由于目前尚没有那种由在年龄上属于两代人的两组对象构成的样本，并且这两个样本又分别是在前后两个不同的时间（即在他们处于相同的年龄段时）接受了同样的生育意愿

---

① 李建新，骆为祥. 生育意愿的代际差异分析：以江苏为例. 中国农业大学学报（社会科学版），2009（3）.

② 仲长远. 当代城市青年生育意愿初探：对北京市石景山区模式口社区两代人生育意愿的对比调查. 青年研究，2001（7）.

调查的研究结果，因此可以说，目前尚没有一项真正意义上的两代人生育意愿的调查结果，也没有一项研究分析和回答了两代人生育意愿的异同和变迁问题。而努力弥补这一缺陷，正是本研究所具有的意义和价值的最好说明。

【最后指出由于不存在回答本研究问题的研究，因此进行本研究就具有较大的意义和价值。】

## 三、研究设计

【先介绍理想的研究设计是什么，并说明理想的研究设计所受到的限制。】

要有效地探讨和回答本文所关注的中心问题，最理想的研究设计是在二十多年前，对城市育龄人群的一个样本进行生育意愿调查（父母代调查），同时，在二十多年后，对当时接受调查的那一批父母所生育的子女在他们与其父母辈同样的年龄段进行同样的生育意愿调查（子女代调查），然后对两次调查的结果进行比较分析。然而，由于时间和空间等条件的限制，这种研究设计在实践中很难实施。这也正是目前两代人生育意愿变迁研究缺乏的主要原因。

【接着指出回答本研究问题的前提条件，即从逻辑上说明要回答本研究的问题，在研究设计上就需要满足三个前提条件。】

为了在现实条件下尽可能达到上述研究设计的效果，有三个关键的前提条件需要得到保证：一是要创造出在时间和空间属性上接近真正的"父母代"和"子女代"的两个样本。二是要保证对"父母代"的调查发生在他们已经是父母而"子女代"当时正好是子女的年代，对"子女代"的调查则要发生在"子女代"已成为父母的年代。三是要保证前后两次调查在调查地点、调查方式、测量工具等方面完全一致。

# 第9章　找出社会现实中的两代父母

【然后介绍自己的研究设计，说明是如何满足这三个前提条件的。这是保证本研究结果优于以往研究的关键。】

根据这三个关键的前提条件，笔者进行了如下的研究设计：

首先，以笔者1988年在湖北省五个城市对1 293位小学生父母进行的生育意愿调查作为本研究中的"父母代"调查。其次，在2016年，也即是"父母代"调查完成28年后（此时，当年6～13岁的小学生已经成为目前34～41岁的小学生父母）①，在完全相同的五个城市对小学生父母进行同样的生育意愿调查，将其作为本研究中的"子女代"调查。即以来自同一地域、前后相隔28年、同为小学生父母所构成的两个样本来达到第一个和第二个前提条件的要求。最后，按照与28年前"父母代"调查完全一样的抽样方式、测量问题和调查方法，对"子女代"进行调查，以此来达到第三个前提条件的要求。然后用这样获得的两代人生育意愿的调查资料来进行对比分析。下面，先对两代人调查的基本情况做一简要介绍。

（一）两代人调查介绍

1988年调查②的调查对象为城市在校小学生的父母。调查样本的抽取过程是：首先抽取城市。城市的抽取主要考虑了两个方面的因素：一是城市规模，尽可能包括特大城市、大城市、中等城市、小城市，以及县城；二是城市类型，尽可能兼顾到省会中心城市、重工业城市、轻工业城市、县级市，以及县城的镇（即当时严格实行"一对夫妇一个孩子"政策的行政区域）。综合上述两方面因素，最终抽取了省会中心城市

---

① 根据国家统计局2011年的统计，全国不同受教育程度妇女平均一孩生育年龄分别是小学及以下24.0岁、初中24.7岁、高中26.9岁、大专及以上29.4岁（国家卫生计生委计划生育基层指导司，中国人口与发展研究中心．人口与计划生育常用数据手册；2012．北京：中国人口出版社，2013：152）。考虑到本研究的调查对象是城市中青年居民，其总体受教育程度会明显高于全国城乡所有年龄段居民的平均水平，故取其一孩生育年龄为28岁（实际调查样本的统计结果表明，调查对象及其配偶的受教育程度分布为初中及以下占22%、高中占33%、大专及以上占45%，按上述生育一孩平均年龄计算，得到结果为27.5岁，与笔者所确定的28岁非常接近）。

② 为节省篇幅，对于1988年的调查，此处只做最基本的介绍。全面而详细的介绍可见：风笑天．独生子女：他们的家庭、教育和未来．北京：社会科学文献出版社，1992：253-268.

武汉市、重工业大城市黄石市、轻工业中等城市沙市市（现荆州市）、县级市仙桃市，以及云梦县城关镇五个调查点。

其次抽取小学生。方法是，先从每一个样本城市的全部城区中，按简单随机方式抽取3个城区①；在每个抽中的城区中，依据所有小学名单，采用简单随机抽样方式，抽取一所小学；在抽到的小学中，分别简单随机抽取一个低年级（即1～3年级）和一个高年级（即4～6年级）；3所小学总共抽取1～6年级各一个。在每个抽中的年级中，简单随机抽取一个整班（50名左右的学生）。这样，每个城市总共抽取到6个年级的6个班300名左右的学生，他们的父母就构成该城市小学生父母的样本。最终，在5个城市总共抽取小学生父母1 342名。调查采用自填问卷的方式进行，由笔者本人作为调查员完成。调查发出问卷1 342份，收回有效问卷1 293份，有效回收率为96.3%。

2016年的调查从调查对象的确定、调查城市的抽取一直到学校的抽取和小学生父母的抽取，所有方面都与1988年的调查完全相同。同样抽取武汉市、黄石市、荆州市、仙桃市，以及云梦县城关镇五个城市。调查对象的抽样方法同样是：先从每一个样本城市的全部城区中，按简单随机方式抽取3个城区；在每个抽中的城区中，依据所有小学名单，采用简单随机抽样方式，抽取一所小学；在抽到的小学中，分别简单随机抽取一个低年级（即1～3年级）和一个高年级（即4～6年级）；3所小学总共抽取1～6年级各一个。在每个抽中的年级中，简单随机抽取一个整班（50名左右的学生）。这样，每个城市总共抽取到6个年级的6个班300名左右的学生，他们的父母就构成该城市小学生父母的样本。②最终，在5个城市总共抽取小学生父母1 762名。③ 调查也是采用自填问

---

① 云梦县城关镇由于只有三所小学，故没有按上述方式抽样，而是直接抽取这三所小学。

② 云梦县城关镇由于现在只有实验小学和城关小学两所小学，故没有按上述方式抽样，而是直接抽取这两所小学。同时，城关小学的学生中一半左右是农村户籍的学生，不属于本研究的调查对象，而这些学生的父母基本上都在外出打工，问卷也无法收回。因此，从发出的420份调查问卷中扣除了这一部分共100人。

③ 其中仙桃市在二、四、六年级多抽取了一部分学生，为保证各城市样本结构的一致性，在最终的数据和样本中，分别从这三个年级中各随机删除了34份问卷和数据结果。

卷的方式进行,具体实施由 5 所大学社会学专业的教师组织研究生或高年级本科生作为调查员完成。调查发出问卷 1 762 份,收回有效问卷 1 528 份,有效回收率为 86.7%。

下面表 1 是两次调查获得的两代小学生父母样本基本情况比较。

表 1　两次小学生父母调查中样本基本情况的比较　　　　%

| | | 1988 年调查（父母代） | 2016 年调查（子女代） |
|---|---|---|---|
| 父母双方年龄 | | | |
| | 均值 | 37.3 | 36.9 |
| | 标准差 | 3.8 | 4.3 |
| | (n) | (1 221) | (1 493) |
| 现有子女数目 | | | |
| | 一个 | 56.9 | 66.4 |
| | 两个 | 34.0 | 31.4 |
| | 三个及以上 | 9.1 | 2.2 |
| | (n) | (1 293) | (1 507) |
| 父母双方受教育年限之和 | | | |
| | 均值 | 20.0 | 26.1 |
| | 标准差 | 5.1 | 5.3 |
| | (n) | (1 239) | (1 505) |
| 父母双方职业类型 | | | |
| | 企业工人 | 45.0 | 15.3 |
| | 干部及行政人员 | 21.9 | 16.4 |
| | 科教文卫人员 | 12.7 | 14.3 |
| | 商贸服务业人员 | 12.7 | 27.7 |
| | 个体经营者 | 2.5 | 20.9 |
| | 其他职业 | 5.2 | 5.3 |
| | (n) | (2 488) | (2 597) |

注：父母双方职业类型，1988 年调查中列出的职业共 12 类，2016 年调查中共 15 类，此处为合并后的结果。

表 1 的结果表明，两代小学生父母的平均年龄几乎没有什么差别，两次调查样本的均值都在 37 岁左右，标准差也相差不大，说明他们在

年龄上是同一类人。这一结果首先保证了前后两次调查的样本在调查对象的年龄上具有很好的相似性。同时，两代父母现有子女数目的比例分布也比较相似，大部分家庭中只有一个孩子。主要的差别在于"父母代"家庭中一孩家庭的比例比"子女代"家庭低约10%，而三个及以上孩子的比例明显多于"子女代"家庭。这也比较好地反映出两代家庭在子女数量上的客观状况。表1结果还表明，我国社会近几十年来所发生的巨大变迁，在两代小学生父母身上留下了明显的印记。他们的受教育程度发生了明显的变化：目前这一代父母的受教育年限平均比上一代父母人均提高了三年。这是一个很大的变化，它很好地反映出1999年我国高等教育扩招后，"子女代"父母受教育程度普遍提高的现实。而变化更大的是两代父母的职业：三十年前的城市小学生父母中，企业工人是占绝对多数的职业类型，其他各类职业的比重都不太大。三十年后的这一代父母中，一方面是企业工人的比例急剧下降，另一方面则是个体经营者与商业、贸易、服务业人员比例的大幅上升。这显然是市场经济改革以来我国社会的职业结构中，第二产业劳动人口比例下降、第三产业劳动人口比例大大提升的客观反映。

【上面列出两次调查的样本特征对照表，加上对表中统计结果的分析和说明，是非常重要的。这样做的主要目的是表明：本研究的两个样本符合"父母代"与"子女代"的要求，是探讨和回答本研究问题的很好的样本。】

(二) 变量测量

生育意愿通常包括数量、性别和时间三个维度①，其中最重要的是数量。因此，本研究也主要围绕期望生育的子女数量进行探讨。与现有大部分生育意愿调查仅采用"理想子女数"或者"假设条件下的意愿生育子女数"一项指标来测量期望子女数量的做法有着明显不同的是，本研究采用了多个不同的指标，力图从几个不同的角度对期望生育的子女

---

① 顾宝昌. 论生育与生育观：数量、时间与性别. 人口研究, 1992 (6).

## 第9章 找出社会现实中的两代父母

数量进行测量,以便能了解到更真实、更详细、更全面的信息。本研究的这几项指标是:

第一,对现有子女数量是否满意。"一般来说,如果对现有子女数感到满意,则可以在一定程度上说,其生育意愿得到了满足。而如果对现有孩子数感到不满意,则可以较肯定地认为,其生育意愿未得到满足。"[1] 按照这一逻辑,当人们符合可以生育两个孩子的新的生育政策时,那些目前只生育了一个孩子且生育意愿尚未满足者,更可能去生育第二个孩子。因此,这一指标在一定程度上可以从反面来反映人们的生育意愿。

第二,理想子女数,即英文文献中的"ideal number of children"。问卷中所用的具体问题是"你认为(或依你的看法)幸福美满的家庭最好有几个孩子"。这是最常见的生育意愿测量指标。这一问题表面上询问的是人们对"幸福美满的家庭"与孩子数目之间关系的看法,实质上是一种间接的生育意愿测量。其逻辑依据是,人们心目中幸福美满家庭的孩子数目,往往就是他们所希望生育的孩子数目。

第三,对代表"生一个"和"生两个"的两种看法所持的态度。问卷中,将两种生育意愿的看法列出,询问调查对象对这两种看法的赞同程度。由于这两种看法分别代表着"生一个"和"生两个"的生育意愿,故从调查对象的态度中,我们也可以间接地测量到他们自己实际的生育意愿。

第四,只生育一孩的原因。对那些只有一个孩子的父母询问这一问题,以此来侧面了解他们的生育意愿是否得到了满足。一般来说,父母自愿只生一个孩子的,其生育意愿往往是得到了满足的;而如果是由于政策的规定,或由于其他条件的限制而只生了一个孩子的,则其生育意愿往往并未得到满足。

第五,二孩生育意愿。对那些只有一个孩子的父母询问"你是否想再生育一个孩子(或生育第二个孩子)"。此问题比一般的生育意愿测量更为具体,指向性也更为明确,更接近生育打算,相当于英文文

---

[1] 风笑天. 独生子女父母的生育意愿. 人口研究,1991 (5).

献中的"fertility intention"。由于1988年时这一问题不具有现实性,因此在问题中加上了相应的"假设"条件句,即"假定国家改变生育政策,可以生两个"。

【既明确指出本研究的测量指标比现有的大部分调查所用的指标更多,同时也详细解释每一个指标的含义和效用,以体现本研究的测量相对来说更全面,也更具综合性。这样就为研究结果的说服力奠定了良好的基础。】

## 四、结果与分析

【结果部分就是要根据生育意愿概念的五个不同测量指标,分别展现具体调查的结果,并对结果的含义进行解释和说明。在具体写法上,一般是在给出统计表格的同时,先总结出表格中的整体性结果,并对结果的含义进行解释或说明,然后再进一步对表格中的重要细节进行说明。】

(一) 两代父母对现有子女数目的满意状况比较(详见下列表2)

由于两个样本中的对象在接受调查时,有的只有一个孩子(即独生子女父母),有的有两个甚至更多的孩子(即非独生子女父母),而父母现有的孩子数目与他们的生育意愿有着密切的联系,因此,为了更好地认识和分析两代人生育意愿的异同及其可能的原因,笔者在统计分析中,除了进行两代父母总体的比较外,还将两代父母的样本都按现有子女数目进一步细分为"一孩父母"和"多孩父母"两类进行比较分析。

表2 两代父母对现有子女数目的满意状况比较 %

| 对现有孩子数目是否满意? | 1988年调查(父母代) | | | 2016年调查(子女代) | | |
|---|---|---|---|---|---|---|
| | 一孩父母 | 多孩父母 | 合计 | 一孩父母 | 多孩父母 | 合计 |
| 满意 | 48.7 | 90.0 | 66.5 | 60.2 | 61.2 | 60.5 |
| 不满意 | 51.3 | 10.0 | 33.5 | 39.8 | 38.8 | 39.5 |
| (n) | (714) | (539) | (1 253) | (992) | (498) | (1 490) |

# 第9章 找出社会现实中的两代父母

表2中两项合计栏的结果表明，虽然时间上相隔了将近三十年，但两代小学生父母对现有子女数目的满意状况总体上相差并不大（大约6%）。那么，这一结果是否能够说明两代父母在"对现有子女数目的满意状况"上没有大的变化呢？笔者认为，现在还不能下这样的结论。对于这种总体上相差不大的状况，需要进行更深入的分析。

【先比较表中两次调查的结果，同时提醒读者，对于这一结果不能过早下结论，因为可能有其他相关因素导致这一结果。】

仔细比较两代父母内部不同类别之间的统计结果，不难看出，虽然两代父母总体上对现有子女数目的满意状况差别不大，但实际上，二者内部不同类别之间的情况却是很不一样的。1988年的调查中，多孩父母对现有子女数目的满意状况，与那些由于政策原因只生育了一个孩子的父母（即独生子女父母）之间有着非常明显的差别：多孩父母对现有子女数目满意的比例高出一孩父母40%以上。这也是造成父母代总体结果中满意比例比2016年总体结果高出约6%的主要原因。但2016年的调查中，两类父母之间的这种差别却消失了，二者满意的比例均在60%左右。这是一个很大的变化。

【引导读者分析表中的细节，得出一个新的结果。紧接着就这一新的结果进一步提出"为什么"的问题，并对这一问题进行解答。需要注意的是，由于这种针对结果的解答是一种"事后"的解答，并没有经过经验研究的验证，所以在写作时，表述上要用"可能""或许"这样的字眼，以说明作者所做出的解答只是一种尝试性的解答，现实是否如此还不一定。】

为什么会发生这样一种变化？这一变化说明了什么？笔者分析，这一变化的出现，可能与两个时代的父母所面临的生育政策有显著的不同有关。对于上一代父母来说，他们现有的子女数目在一定程度上是当时"独生子女"生育政策的一种客观结果。而他们对子女数的满意状况，则是对这种客观结果的一种主观反映。它向我们揭示出，上一代父母中，因为政策限制而只能生育一个孩子的独生子女父母，一半以上有不满意的情绪，说明他们当时的生育意愿尚未得到满足；而当时已经生育了两个（及以上）孩子的父母，可以说已经"逃脱"了"独生子女"生育政策的限制，其生育意愿基本上得到了满足，因而其满意比例高达90%。这一正一反两种结果都反映出一个现实：上一代父母中，大部分人希望生育两个孩子，而不是一个孩子。

当这一代父母2016年接受调查时，"全面二孩"生育政策已经开始实施，所有一孩父母都可以合法地生育他们的第二个孩子。此时，两类父母所面临的政策环境一样了。40%左右的独生子女父母回答对现有子女数目不满意，这在很大的程度上意味着他们依旧具有希望生育两个孩子的生育意愿。但这一比例比上一代独生子女父母的比例下降了10%以上，说明这一代独生子女父母中，希望生育两个孩子的比例有所下降。此外，那些已经生育了两个（及以上）孩子的父母中，同样有接近40%的人对现有子女数目不满意，这一结果一方面与父母代中仅有10%的结果形成明显对照，另一方面其内涵也值得进一步探讨：是后悔多生了孩子，还是希望生育更多的孩子，抑或二者兼而有之？为探索这一问题，笔者对这些不满意者的理想子女数、意愿生育子女数以及二孩生育意愿（就你个人的心愿来说，你想生第二个孩子吗？）进行了统计。结果表明：这部分父母中，理想子女数为一孩和三孩及以上的各占5%；意愿生育子女数为一孩和三孩及以上的分别占7%和5%；而二孩生育意愿中不想生二孩的则占70%。这些结果或许可以在一定程度上说明这些已经生育了两个及以上孩子的父母中，的确有一部分觉得两个还不够，但或许更多的是觉得只生一个孩子就够了。

如果将表2中"一孩父母"不满意的比例以及"多孩父母"满意的比例均看作具有生育两个孩子的生育意愿的比例，那么，我们可以通过下列计算得出两代父母中，具有希望生育两个孩子这种生育意愿的比例分别为：

父母代：$(714 \times 51.3\% + 539 \times 90\%) / 1\,253 = (366 + 485) / 1\,253 = 67.9\%$

子女代：$(992 \times 39.8\% + 498 \times 61.2\%) / 1\ 490 = (395 + 305) / 1\ 490 = 47.0\%$

这一结果再一次说明，父母代中大部分人（接近70%）具有生育两个孩子的生育意愿，而相比之下，子女代父母中具有这一生育意愿的比例不到一半，两代父母之间相差约20%。

（二）两代父母"理想子女数"测量结果的比较（详见下列表3）

表3　两代父母具有的"理想子女数"比较　　　　　　　　%

| 理想子女数 | 1988年调查（父母代） | | | 2016年调查（子女代） | | |
| --- | --- | --- | --- | --- | --- | --- |
| | 一孩父母 | 多孩父母 | 合计 | 一孩父母 | 多孩父母 | 合计 |
| 一个 | 27.6 | 9.3 | 19.7 | 20.1 | 3.2 | 14.3 |
| 两个 | 69.2 | 86.5 | 76.7 | 78.3 | 92.4 | 83.0 |
| 其他 | 3.2 | 4.2 | 3.6 | 1.7 | 4.4 | 2.6 |
| 合计 | (731) | (547) | (1 278) | (981) | (497) | (1 478) |

注：其他项包括零个和三个及以上，后表5同。

【同样是先比较大的方面的结果并进行解释，再比较小的方面的结果并进行解释。】

表3中父母代和子女代两栏合计的结果首先表明，总体上两代父母"理想子女数"的分布结构大体相同，即都有80%左右为两个孩子，15%~20%为一个孩子，多孩和无孩的比例都非常低。这一结果说明，如果以"理想子女数"来衡量，两代父母总体上都倾向于生育两个孩子，并且两代父母之间的差别并不大。用变迁的语言来描述，则可以说两代父母的生育意愿改变不大（甚至还可以说略有向传统意愿回归）。这一结论显然与前面表2的结论有所差别。实际情况究竟如何？笔者将在论文后面的结论与讨论部分对此进行详细分析。

其次，与表2中不同世代内部两类父母之间的结果分布互不一样（父母代内部两类之间结果差别大、子女代内部两类之间结果差别小）有所不同的是，表3中不同世代内部两类父母之间的结果，在不同回答的比例分布上十分相似（即父母代两类之间的比例分布与子女代两类之间的比例分布十分相似)。这种相似的比例分布中的一个重要特点是，一孩父母"理想子女数"为一孩的比例明显高于多孩父母。其含义是，如果说二十多年前父母一代中人们给出"理想子女数"为一个孩子的回答，还可能是出于响应政府号召或受制于政策压力的话，那么，目前按政策可以生育二孩的这一代独生子女父母中，的确是有些人只想生育一个孩子了。

（三）两代父母对两种生育意愿典型看法的态度比较（详见下列表4）

表4　两代父母对两种生育意愿典型看法的态度比较　　　　%

| 典型看法 | | 1988年调查（父母代） | | | 2016年调查（子女代） | | |
|---|---|---|---|---|---|---|---|
| | | 一孩父母 | 多孩父母 | 合计 | 一孩父母 | 多孩父母 | 合计 |
| 1. 不管从哪方面说，一个孩子已经足够了 | 同意 | 49.6 | 53.3 | 53.1 | 52.7 | 48.4 | 51.4 |
| | 不同意 | 50.4 | 46.7 | 48.9 | 47.3 | 51.6 | 48.6 |
| 合计（n） | | (672) | (471) | (1 143) | (968) | (438) | (1 406) |
| 2. 从多方面考虑，一个家庭有两个孩子才是最理想的 | 同意 | 82.8 | 88.4 | 85.2 | 54.4 | 54.5 | 54.4 |
| | 不同意 | 17.2 | 11.6 | 14.8 | 45.6 | 45.5 | 45.6 |
| 合计（n） | | (685) | (522) | (1 207) | (971) | (451) | (1 422) |

表4中父母代与子女代两栏合计的结果首先表明，两代父母总体上对生一孩的态度是相同的，赞成的和不赞成的比例都接近一半，赞成的比例略多一点点。但对于生两个孩子，二者的态度则明显不同。父母代赞成的比例显著地高于子女代赞成的比例（二者相差约30%）。

表4两项调查中两类对象比较的结果还表明，无论是对生一个孩子的态度，还是对生两个孩子的态度，两次调查中的两类父母都是相近的。即上一代一孩父母与多孩父母之间不存在明显的差别，这一代一孩父母与多孩父母之间也不存在明显的差别。这是两代父母之间的共同点。但是，在上一代父母中，他们对于生一个与生两个的态度之间差别很大（同样相差约30%）；而这一代父母中，两类父母对于两种不同态度之间的差别则几乎消失了（仅相差2%～7%）。这一结果说明，在上

第 9 章　找出社会现实中的两代父母

一代父母中，生育二孩的需求很大；而在这一代父母中，生育二孩的需求已经明显下降，无论是已经生育了两个及以上孩子的非独生子女父母，还是目前只生育了一个孩子的独生子女父母，他们对于生育二孩的态度基本相同，即都有40%以上的人不同意"二孩最理想"的看法。

如果将表4中不同意"一孩已足够"的看法与同意"二孩最理想"的看法均作为有生育两个孩子的意愿的话，那么，我们同样可以通过下列计算得出两代父母中，具有希望生育两个孩子这种生育意愿的比例分别为：

父母代：$(1\,143 \times 48.9\% + 1\,207 \times 85.2\%)/2\,350 = (559 + 1\,028)/2\,350 = 67.5\%$

子女代：$(1\,406 \times 48.6\% + 1\,422 \times 54.4\%)/2\,828 = (683 + 774)/2\,828 = 51.5\%$

这一结果再次揭示出，生育两个孩子，是上一代父母最为集中的生育意愿体现（其比例同样接近70%）。而在这一代父母中，对生育两个孩子的态度和看法，已经与上一代父母有了很大的不同，其比例只有一半左右。

（四）两代独生子女父母只生育一个孩子的原因比较（详见下列表5）

表5　两代独生子女父母只生育一孩的原因比较　　　　　　　　%

| 只生一个孩子的主要原因 | 1988年调查（父母代）独生子女父母 | 2016年调查（子女代）独生子女父母 |
| --- | --- | --- |
| 国家政策规定只能生一个 | 75.0 | 32.2 |
| 我们结婚时就计划只生一个 | 13.6 | 21.0 |
| 工作学习忙，时间精力有限 | 5.9 | 19.8 |
| 家庭经济紧张，养不起 | 3.1 | 16.2 |
| 生理原因（如身体不好等） | 1.9 | 3.7 |
| 双方老人不能帮我们带孩子 | — | 6.6 |
| 其他 | 0.6 | 0.5 |
| (n) | (699) | (884) |

注：只生一个孩子的主要原因中，2016年调查中"计划过两年再生""正在怀孕过程中"两项回答者略去未计入；"孩子多了不利于培养成才"一项并入"我们结婚时就计划只生一个"统计。

表5的结果表明，总体上两代独生子女父母中只生育一个孩子的原因有着显著的不同。"父母代"独生子女父母中，绝大部分人（75%）只生育一个孩子的主要原因是国家计划生育政策的限制。真正主动选择只生育一孩的不到15%，其他相关因素影响的比例也只占10%。而"子女代"独生子女父母的情况则大不相同。由于国家计划生育政策的限制而没能生育二孩的只占1/3；主动选择只生育一孩的比例提高到20%以上；同时，考虑其他相关因素而主动放弃生育二孩的比例大幅度增加，从上一代父母的10%左右跃增到接近50%。笔者认为，如果"独生子女父母"主要是由于政策限制而只生了一个孩子，则其具有生育二孩或多孩意愿的可能性更大。而如果是出于其他原因，特别是主动不要第二个孩子的，则说明其生育意愿倾向于生育一孩的可能性更大。因此，表5的这一结果同样说明，父母代的"独生子女父母"大部分倾向于生育二孩，而子女代的"独生子女父母"则在各种客观现实因素的影响下，大部分倾向于只生育一个孩子。

（五）两代独生子女父母的"二孩生育意愿"测量结果比较（详见下列表6）

表6　两代独生子女父母具有的二孩生育意愿比较　　　　　%

| 二孩生育意愿 | 1988年调查（父母代）独生子女父母 | 2016年调查（子女代）独生子女父母 |
| --- | --- | --- |
| 想再生一个（想生二孩） | 33.7 | 34.8 |
| 如果不超过40岁（年轻一点）就再生一个 | 29.1 | 24.1 |
| 就算不限制也不想再生（不想生二孩） | 37.2 | 41.2 |
| (n) | (707) | (955) |

注：括号中为2016年调查问卷中的答案表述。

表6的结果表明，两代独生子女父母的二孩生育意愿总体分布十分一致，只在具体百分比上有很小的差别。这是否说明两代独生子女父母的二孩生育意愿并没有发生变迁呢？笔者认为目前还不能下这样的结论。这里的关键是，两代父母对第二项答案"如果不超过40岁（年轻一点）

就再生一个"的理解实际上是不同的。换句话说，两代父母中选择第二项答案的人的实际状况和他们的再生育意愿其实是不同的。

【先根据统计结果提出疑问，实际上是引导读者深入分析背后的因素，以得到更加符合现实的结果。】

我们知道，育龄人群的年龄，特别是育龄女性的年龄，是影响和制约生育意愿和生育行为的一个重要因素。这也是笔者在调查问卷中设立第二项答案的逻辑依据。虽然年龄因素对两代父母来说具有同样的影响，但是，我们不能忽视的是，两代独生子女父母在回答想不想生育二孩的问题时，他们所面临的生育政策是不同的：上一代独生子女父母是在当时不能生育二孩的前提下来回答这一问题的（问卷中是假设国家放开二孩生育）。正是由于对国家会不会放开以及什么时候会放开二孩生育的不可知，他们并不清楚到政策真正放开时自己的年龄会是多大。因而，当时他们选择这一答案，实际反映的是一种"想生二孩"的意愿。而对于这一代独生子女父母来说，他们在回答想不想生二孩的问题时，国家政策已经明确，所有父母都可以生育二孩。而且当时回答者对自己的实际年龄也是已知的。因此，此时再选择"年轻一点就再生一个"这种答案的人，或许一部分是那些本来想生育二孩，但觉得自己年龄已经偏大或实际上也有些偏大的人，而另一部分则可能是那些实际年龄并不偏大（比如年龄小于35岁），只是拿年龄当作借口而实际不想再生一个的人。

根据这一分析，笔者对两次调查的结果进行了校正。把1988年调查结果中回答"如果不超过40岁就再生一个"一项的比例，按妻子实际年龄小于40岁和大于等于40岁进行分解，分别计入"想生二孩"和"不想生二孩"两类中，最终得到"想生二孩"的比例为61.4%，"不想生二孩"的比例为38.6%。同理，把2016年调查结果中回答"年轻一点就再生一个"的人，按妻子年龄大于等于35岁和小于35岁进行分解[1]，分别计入"想生二孩"和"不想生二孩"两类中，

---

[1] 如果同样按40岁为界进行分解，则子代中"想生二孩"的比例会更低，"不想生二孩"的比例会更高。

最终得到"想生二孩"的比例为 40.8%，"不想生二孩"的比例为 59.2%。校正后的结果详见下列表 7：

表 7　两代独生子女父母具有的二孩生育意愿比较　　　　　　　　　%

| 二孩生育意愿 | 1988 年调查（父母代）独生子女父母 | 2016 年调查（子女代）独生子女父母 |
| --- | --- | --- |
| 想再生一个（想生二孩） | 61.4 | 40.8 |
| 就算不限制也不想再生（不想生二孩） | 38.6 | 59.2 |
| ($n$) | (707) | (955) |

再对两项调查的结果进行比较，可以看出，年龄相差近三十岁的两代独生子女父母，实际的生育意愿的确发生了明显的变化，想生和不想生两个孩子的比例，由父母代分别占 60% 与 40% 变为子女代分别占 40% 与 60%，两代人之间的这两项占比正好颠倒了过来。这一结果同样与前述的父母代中大部分人倾向于生两个，子女代中大部分人倾向于生一个的结果相一致。

### 五、总结与讨论

【首先简明扼要地将研究得到的上述具体结果陈述一遍，以帮助读者再次得到一种整体的印象。】

本文利用对同样地点抽取的、在时间上相隔 28 年的两个相似样本的调查结果，对城市两代小学生父母的生育意愿进行了对比分析。结果表明：

（1）两代父母对现有子女数目的满意状况总体上差别不大，但二者内部不同类别之间的情况却很不一样。父母代中，多孩父母对现有子女数目满意的比例，高出一孩父母 40% 以上。但子女代中，两类父母之间的差别却消失了。统计计算的结果表明，父母代中接近 70% 的人希望生育两个孩子，而子女代中生育两个孩子的意愿则不到 50%。

（2）总体上两代父母"理想子女数"的分布结构大体相同，都有 80% 左右为两个孩子，15%～20% 为一个孩子，多孩和无孩的比例都非常低。这一结果说明，如果以"理想子女数"来衡量，两代父母都倾向于生育两个孩子，并且两代父母之间的差别不大。显然，这一结果与前述结果有所差别，需要进一步讨论。

（3）对两种生育意愿典型看法的测量表明，两代父母总体上对生一孩的态度是相同的，赞成的和不赞成的比例都接近一半。但对于生两个孩子，二者的态度则是不同的。父母代赞成的比例显著地高于子女代的比例（二者相差约30%）。统计计算的结果同样表明，上一代父母中生育二孩的需求很大（接近70%），而这一代父母中二孩的生育需求已经明显下降（只占一半左右）。

（4）两代独生子女父母只生育一个孩子的原因有着显著的不同。父母代中，绝大部分人是因为国家计划生育政策的限制。真正主动选择只生一孩的不到15%，其他相关因素影响的比例也只占10%。而子女代中，只有1/3的人是由于计划生育政策的限制，超过20%的人是主动选择只生一个孩子，考虑其他相关因素主动放弃生育二孩的比例则大幅度增加到接近50%。这一结果也反映出父母代中大部分倾向于生二孩、子女代中小部分倾向于生二孩的现实。

（5）对两代独生子女父母二孩生育意愿的测量结果表明，父母代中想生和不想生二孩的比例，分别占60%与40%；而到了子女代，这两种意愿的比例则分别为40%与60%。即两代人之间是否愿意生育二孩的比例正好颠倒了过来，这是一个相当显著的变化。

【然后将这些具体结果进行综合，得出研究结论。研究结论的写法依然是先整体，再部分，即先说明"发生了变迁"，再说明体现这种变迁"特征和趋势"的具体比例。】

综合上述五个指标的比较分析结果，可以得到下列结论：改革开放初期的那一代小学生父母与他们的下一代即当前的小学生父母之间，在生育意愿上已经发生了显著的变迁。这种变迁的突出特征和趋势是：生育两个孩子是上一代父母最为集中的生育意愿（其比例在70%左右），而新的一代父母在生育意愿上，虽然希望生育两个孩子的依然占有相当的比例（大约为40%），但是，希望只生育一个孩子的则相对更多（接近60%）。这种从上一代父母70%左右希望生育两个孩子到这一代父母接近60%只希望生育一个孩子的变迁，是改革开放以来的几十年中整个中国社会的结构、社会的文化所发生的巨大变迁在育龄人口生育意愿上的一种反映，也是社会的生育观念、生育文化逐渐从传统向现代转变的一个缩影。

从上述结果和结论出发，还有以下几个问题值得进一步探讨。

【论文的讨论部分十分重要，读者需要特别注意。在论文讨论部分探讨的问题通常是那些由研究结果引申出的、与研究主题密切相关但在本研究中尚未进行探讨的问题。它们常常更能体现出研究者对这一研究主题的深度思考，也常常能为后续的研究提供一定的思路和启示。】

首先是两代父母之间在生育意愿上的明显变迁何以发生的问题。即新一代父母的生育意愿为什么会与上一代父母有明显的不同？特别是为什么在两代人总体中的大部分人都认为"幸福美满的家庭有两个孩子最理想"、父母一代大部分人实际也希望生育两个孩子的情况下，新一代父母中大部分人的实际生育意愿却只是一个孩子？这种变迁的深层内涵又是什么？可以说，探讨和揭示两代父母的生育意愿从"生两个"到"生一个"这一变迁背后所蕴含的观念变迁、文化变迁、社会变迁，是一项重要的任务。

笔者认为，这首先要从我国社会的历史变迁给两代父母带来的不同人生经历进行分析。上一代父母所经历的是20世纪五六十年代中国社会那种以计划经济为标志、生产力相对低下、物质生活相对贫乏、社会价值取向相对单一的社会现实和社会生活。他们的生育观念和生育意愿也是在整个社会的生育观念、生育文化从五六十年代那种生育多个孩子向70年代生育两三个孩子转变的过程中，在70年代末突然面临"一对夫妇只生育一个孩子"的生育政策后逐渐形成的。特别是70年代初期以来以"一个不少、两个正好、三个多了"，以及"晚、稀、少"等为主要内容的计划生育政策的宣传和影响，使得70年代末80年代初期时，

## 第9章 找出社会现实中的两代父母

城市一代父母在生育子女数量的意愿上，大部分人倾向于生育两个孩子，而且其生育观念与生育意愿也高度一致。所以，无论是上述指标中的哪一个，所测得的结果基本一致（当然，不同类型的城市中，这种生两个孩子的倾向所占的比例会有所不同，小城市和镇的父母中或许还有一定比例希望生育三个及以上孩子）。

而出生在改革开放后的新一代父母所经历的，则是一种与上一代父母完全不同的社会现实和社会生活。市场经济的发展、生产力水平的提高、社会物质生活的丰富、社会价值取向的多元化，构成了他们所面临的生存环境。他们对于生育问题也具有与上一代父母完全不同的人生体验。特别是在2016年接受调查时，新的"全面二孩"生育政策已经在"单独二孩"生育政策实施两年后快速开始实施，构成了他们所面临的特定的生育政策环境，也形成了他们目前所面对的一种与其父母一代完全不同的生育文化氛围。正是在这些因素的共同影响下，一些在上一代父母那里并没有成为影响其生育两个孩子意愿的因素或问题，比如经济状况、时间精力、祖辈支持等等，以及一些在上一代父母那里并不被看重的因素，比如家庭生活质量、子女教育质量等等，都开始成为子女一代的父母们对生育第二个孩子产生动摇、犹豫直至放弃的重要原因。

此外，新一代父母大部分转变为倾向于生育一个孩子的另一个原因，可能是生育观念惯性作用的影响。应该看到，经过了三十多年的政策宣传和普遍实践，无形之中，社会所营造的生育文化氛围渐渐发生了改变，新的一代人所具有的生育观念也在这种生育文化氛围的影响下悄悄发生了改变。而这种生育观念一旦形成，往往会具有一定的惯性（就像从多生到少生的变化过程中同样有惯性一样）。所以，尽管现在政策已经发生了改变，可以生育两个孩子了，但由于长期以来只生一个孩子的生育观念惯性作用的影响，新一代父母依旧大部分倾向于只生育一个孩子。

总之，两代父母生育意愿发生变迁的主要原因，是改革开放三十多年中我国社会结构、社会经济、社会文化、社会价值观念所发生的变迁。而只有把两代父母的生育意愿变迁放到三十多年我国社会的巨大变迁中，我们才能理解这种从生两个到生一个的变迁何以会发生。这正如米尔斯所言，"无论是个人生活还是社会历史，不同时了解这二者，就不能了解二者之一"①。本研究结果揭示出，虽然城市还是当年的城市，但父母却已不再是当年的父母。正是两代父母不同的生活经历，使他们形成了不同的生育观念和生育意愿。这也是整个社会的变迁在他们身上留下的一种烙印。

【这里研究者先从研究结果中引申出新的问题，即为什么两代父母的生育意愿会有所不同，然后对这一新的问题给予一定的回答。需要注意的是，这里对提出的新问题所给出的回答，通常只是基于该研究结果所做出的初步解释，同样是一种尚未经过经验研究验证的解释，或者说只是一种尝试性的回答。这种解释能否成立、这种回答是否正确，还需要后续的研究来证实。】

其次是本研究的结论对于人口预测和人口政策制定来说所具有的实践意义问题。本研究结果的一个重要启示是：当我们面对的育龄人口已经由当年大部分希望生两个孩子的父母一代转变为大部分只希望生育一个孩子的年青一代时，我们对育龄人口生育意愿变化趋势的判断、对将来生育水平的预期以及在这些判断和预期基础上进行的生育政策制定等等，就不能以传统的、经验的甚至是有些想当然的"人人都希望生两个孩子"的方式来考虑，而应该实事求是地面对现实，特别是要清醒地认识到在这种不同世代的育龄人口身上所发生的巨大变迁及其影响。

对此，可以列举笔者自身的一个例子来说明。笔者在二十多年前根据 1988 年的调查曾得出结论："生育两个孩子而不是一个孩子，是绝大部分（75%以上）独生子女父母的生育意愿"，"如果政策改变，允许生两个孩子，则较年轻的独生子女母亲中，将会有相当的一部分人继续生第二胎，其比例将随着母亲年龄的降低而接近甚至超过 75%"②。这

---

① 米尔斯. 社会学想象力//米尔斯，帕森斯. 社会学与社会组织. 何维凌，黄晓京，译. 杭州：浙江人民出版社，1986：4.
② 风笑天. 独生子女父母的生育意愿. 人口研究，1991（5）.

第 9 章　找出社会现实中的两代父母

一结论对于父母代的独生子女父母来说或许是正确的。然而，当研究结论所述说的对象变为子女代的父母时，结论的正确性就将受到质疑，即从上一代父母调查中所得到的这一结论并不一定适用于他们的下一代。2016年调查结果表明，目前的独生子女父母的生育意愿与其父母一代相比已经发生了巨大的变化，尽管他们中依旧会有一部分人去生育第二个孩子，但这一部分人的比例却是无法达到和接近75%了。因为他们中有超过一半（甚至可能接近60%）的人已经从期望和追求生育两个孩子转变为只生育一个孩子了。

【这是将研究结果应用于当前社会现实所提出的问题。文中结合自己的例子和以前的结论进行说明，更能让读者明白其中的原因。】

再者是不同生育意愿测量指标的效度和测量结果的偏差问题。

不同的测量指标能够反映生育意愿的不同侧面，不同的指标也具有不同的测量效度。虽然多个指标的测量相对于一个指标的测量来说，具有更加全面综合的特点，但是如果多个指标的测量结果互不一致，就存在着辨别、判断和挑选的问题，即要从各种测量结果中分辨出哪些反映了现象的本质特征，哪些存在较大偏差，从而对各种测量结果进行正确的取舍。

本研究表2至表7的结果表明，不同生育意愿测量指标所得结果互不一样。比如，按理想子女数的结果，两代人基本上无差别，都是70%~80%想生二孩。但是，按对目前子女数是否满意的结果，则两代人希望生二孩的比例相差约20%。按对两个典型看法的评价结果，两代人希望生二孩的比例的差别为16%。按现有一孩的原因，两代人相差约43%。按二孩生育意愿的结果，则两代人相差约20%。面对两代人之间的这些不同的测量结果和差别，我们需要进行判断和辨别，即要辨别哪一种指标和测量结果相对可靠，哪一种指标的偏差相对较大。

笔者分析认为，由于"理想子女数"主要测量的是人们对于生育问题的观念和看法，而不是人们对于自身生育目标和生育行为的想法和愿望，因而，对于反映人们的生育意愿来说，其效度相对较低，是偏差较大同时区分度较小的一种指标。虽然"人们心目中幸福美满家庭的孩子数目，往往就是他们所希望生育的孩子数目"这一逻辑或许并没有错，但如果忽视了在生育问题面前，人们除了受生育政策的制约以外，还会受到众多社会现实因素的影响这一客观事实，那么，这一逻辑也将不成立。对于"现有一孩的原因"的测量，一方面由于其在内涵上与生育意愿有一定的差别，另一方面由于这一指标的关注点并不在于"生几个孩子的意愿"，而是在于"没生多个孩子的原因"，因而其测量效度也不高，只能在相对有限的程度上间接反映人们的生育意愿。所以，上述两项指标的偏差相对较大。而相对来说，对现有子女数目的满意状况、对两个典型看法的评价以及二孩生育意愿等三项指标的内涵更加接近生育意愿的本意，测量效度相对较高，是相对可靠的测量指标。因此，本研究结论所依据的也正是这三项指标的测量结果。而事实上，这三项测量的结果也十分一致。

【对几种测量指标进行的探讨，可以更好地支持依据可靠指标所得到的研究结论的正确性。】

最后需要说明的是，由于育龄人群的生育意愿，特别是在当前"全面二孩"生育政策背景条件下一孩父母的二孩生育意愿，不仅与夫妻双方的年龄有关，或许还与现有一孩的年龄有关，因此，从这方面来审视，本研究所选取的两代父母样本都集中在小学生父母，没有涉及0~6岁幼儿的父母以及13~15岁初中生的父母。这种对调查对象的选择状况有可能会对研究的结果和结论产生一定影响，值得注意。同时，表2结果中，有接近40%的二孩父母表示对生育现状不满意。本文对这一结果的分析和解释也还缺乏足够的说服力，这同样值得今后的研究进一步探讨。

【最后依然要客观地指出本研究所存在的局限性，特别是对研究者未能很好解释的研究结果作出提示。这样做不仅体现出研究者实事求是

第 9 章　找出社会现实中的两代父母

的态度，同时也为后续研究者提供了明确的方向。实际上，在后来与我的学生的探讨中，我也得到了一种新的、可能的解释，即二孩父母的这种对"生育现状"的不满意，或许并不是对所生子女数量不满意，而是对所生子女性别构成（性别单一）不满意。比如：那些生了两个女孩的父母不满意，是因为他们还想要个男孩；而生了两个男孩的父母不满意，则是因为他们还希望有个女孩。我想，如果我在调查前的探索性工作中，多访谈几个孩子家长的话，或许到对这一结果进行分析时就可以做出这样的解释了。】

## 第四节　研究评价与启示

### 一、研究评价

这项研究最大的长处，是在研究设计上有一定创新。研究者较好地利用了自己原有的研究结果，通过对同样地点的同样对象采用同样的研究方式和方法，开展与原来的研究完全相同的新的研究，建立起符合逻辑要求且切实可行的研究框架，较好地实现了研究目标。

其次，为了更准确地了解育龄人口真实的生育意愿，研究者较好地设计了几种不同的生育意愿测量方式，并实事求是地、综合地分析不同指标的测量结果。这种多指标、多角度、综合性的测量和分析，比起仅采用单一指标的研究结果来说，更科学地呈现了育龄人口最可能的生育意愿状况。

当然，由于受 1988 年调查样本结构的制约（为了与其进行比较），这项研究在研究对象的选择上还存在一定的局限。这一研究中，无论是上一代父母（1988 年的调查对象）还是这一代父母（2016 年的调查对象），都只局限在特定的年龄段（小学生的父母），而缺少相对更年轻的（幼儿园孩子的父母）以及更年长的（初中生的父母）。因为父母的年龄，特别是母亲的年龄是一个与生育意愿密切相关的变量,所以,这一缺陷可能会影响研究结果的准确性。

## 二、研究启示

一是选题方面的启示。我们进行社会研究,一方面要关注与国家、社会的发展密切相关的重大现实问题,但另一方面又要注意从中选择一个小的焦点切入。众所周知,人口问题一直是我国长期以来发展过程中的一项重大的问题(直到今天,国家在2020年进行的第七次全国人口普查以及最近提出和实施的"三孩"生育政策,都是这一问题重要性的证据)。而人口学、社会学的知识则告诉我们,与一个国家的人口发展及变化直接相关的三个最根本的方面是人口的出生、人口的死亡以及人口的迁移。对于人口出生的问题来说,育龄人口的生育意愿则是最为关键的因素。因为在一个国家的人口生产、人口发展、人口政策制定等方面,人们的生育意愿都具有十分重要的地位。因而它也一直是国家、社会以及学术界关注的焦点问题之一。而科学地、准确地了解人们的生育意愿,也成为学术界和政府部门的一项重要任务。

因此,本章的选题从根本上说,就是紧密联系我国人口发展、人口出生问题这一大的社会现实,与此同时,又很好地将关注的焦点集中到了育龄人口的生育意愿问题上。因为人口问题是一个很大的问题,内容涉及社会的经济、资源、文化、制度等众多方面,十分复杂,一项具体的社会研究不可能涵盖所有方面的内容,所以,作为研究者,不能仅仅看到问题的重要性,还要学会选择一个可以切实进行探讨的小的焦点问题进行研究。这是值得研究者特别注意和借鉴的。

二是从事社会研究要有延续性和累积性,尽量避免"东一榔头西一棒""打一枪换一个地方"的临时观点和短视做法。只有这样研究才会一步步地深入下去,我们才能对某个方面的问题有一个相对全面的认识和了解。实际上,我第一次涉及生育意愿问题的研究,是1987年在北京大学读博士做毕业论文研究的时候。从那时开始,直到目前,三十多年中只要有机会就一直关注和进行这方面的相关研究。从读博士阶段研究第一代独

## 第9章 找出社会现实中的两代父母

生子女父母的生育意愿①到后来研究第一代独生子女自身的生育意愿②，从对影响人们生育意愿因素的探讨③到对生育意愿测量方法、调查对象的探讨④，从不同的方面进行了研究，发表了若干篇相关的论文。因此，在本书最后两章中我对城市两代父母的生育意愿以及对"假设的"和"现实的"生育意愿的差别所进行的探讨，实际上是我长期以来研究生育意愿问题的继续。这两项研究的结果也成为我最近刚刚入选"国家哲学社会科学成果文库"的生育意愿研究专著⑤中十分重要的两章。可以说，正是经过多年持续不断的研究，生育意愿问题逐渐成为我的一个重要的研究领域。对于从事社会研究的年轻学者来说，也可以从我的这一经历中得到一些启发。

三是在具体的研究设计方面，既要从研究目标的角度进行考虑，又要从研究可行性方面进行考虑。对于我的这一研究问题，有读者可能会问：我如果没有1988年的调查，那么还能探讨这一问题吗？如果没有1988年的调查，那又该怎样进行研究设计呢？这的确是两个好的问题！我觉得，如果没有1988年做过的生育意愿调查数据和结果，但又想去探讨这种两代人生育意愿比较和变迁的问题，我们还是可以进行的。我们可以查找其他研究者在以前某个时期对某类育龄人口进行生育意愿调查研究所发表的调查结果，将其作为上一代人的生育意愿结果，然后在与这一类育龄人口相隔一代人的某个时间点，去做一个同样的生育意愿调查，即在调查地点、调查对象、调查方式、抽样方法、测量指标等方面尽量与前人的研究保持相同或一致。这样的设计同样可以达到对两代人的生育意愿状况进行比较的目的。

---

① 风笑天. 独生子女父母的生育意愿. 人口研究，1991（5）.
② 风笑天. 城市青年的生育意愿：现状与比较分析. 江苏社会科学，2004（4）；风笑天. 第一代独生子女的生育意愿：我们目前知道多少？. 湖南师范大学社会科学学报，2009（6）.
③ 风笑天. 影响育龄人群二孩生育意愿的真相究竟是什么？. 探索与争鸣，2018（10）.
④ 风笑天. 当代中国人的生育意愿：我们实际上知道多少？. 社会科学，2017（8）；风笑天，等. 应该调查谁？：生育意愿调查中调查对象的选择及其影响. 人文杂志，2016（9）.
⑤ 风笑天. 生育政策调整中的生育意愿研究. 北京：科学出版社，2022.

# 第 10 章

# "假设"与"现实"之间的距离

案例:"假设的"与"现实的"二孩生育意愿

## 第一节 问题哪里来?

### 一、选题背景

本项研究的大的背景与前面第 9 章的完全相同,即随着 2013 年"单独二孩"政策的实施,育龄人口的生育意愿问题再一次成为全社会和学术界关注的热点问题。2014 年一年中,我接连申请到与生育政策调整相关的国家社科基金重大项目和重点项目,也开始了新的一轮对与育龄人口生育意愿,特别是二孩生育意愿相关的问题的研究和探讨。上一章介绍了我选择城市两代父母生育意愿变迁问题进行研究的相关背景,这里则主要介绍与我选择本研究问题相关的其他背景。

实际上,导致我这项研究产生的最直接也是最主要的背景,就是 2015 年底国家提出实施"全面二孩"政策。实事求是地说,在 2013 年底,当国家提出开始实施"单独二孩"生育政策时,包括我在内的许多研

## 第10章 "假设"与"现实"之间的距离

究者都不会想到在短短两年后,国家就迅速出台了覆盖面更广、影响范围也更广的"全面二孩"生育政策。正是"全面二孩"政策的实施,使得对"双非"夫妇(即夫妻双方都不是独生子女)的二孩生育意愿的调查和研究成为当务之急。而当时学术界这方面的研究基本上都还没有开展。所以,"全面二孩"政策的突然实施,可以说是这项研究形成的最主要背景。

在这样一个大的背景下,我又是如何想到本研究的问题的呢?的确,同样的社会背景,同样的社会事件,却可能会对不同的学者产生不同的影响,不同的学者也会形成不同的研究问题。对于我来说,"全面二孩"政策的突然实施是一种十分特殊的影响——因为我2014年申请到的国家社科基金重大项目和重点项目,都是以"单独二孩"政策的实施为背景的,针对的都是"单独二孩"政策下的生育问题。并且,我在2015年已经对全国12个城市的育龄人群进行了与"单独二孩"政策相关的生育意愿抽样调查,当时所探讨的都是与"单独二孩"政策相关、与"单独"夫妇相关的生育意愿问题。而"全面二孩"这一新的生育政策的突然实施,一下子打乱了我原来的研究计划和研究内容。此时我不能仅仅研究与"单独二孩"政策相关的"单独"一孩育龄人群的生育意愿问题了,而必须在新的形势下面对"全面二孩"生育政策及其相关的问题。为了能及时反映新的形势和新的政策下"双非"夫妇的二孩生育意愿,我马上又补充设计了一项新的调查,即2016年在湖北省五城市进行的"小学生家长调查"。在这一调查中,我将"双非"夫妇的二孩生育意愿作为一项重要的内容。这可以说是本研究的进一步的背景和原因。

刚开始进行2016年调查的设计时,我的主要目标之一是了解在"全面二孩"政策实施以后,"双非"夫妇的二孩生育意愿问题。显然,这只是一个对现状进行了解和描述的问题,即相对简单地回答"是什么"的问题。但在思考这方面的问题时,"全面二孩"政策突然实施的刺激却不时地在我脑海中呈现。这也促使我开始思考另一个问题:在"单独二孩"政策实施期间,"双非"夫妇不能合法生育两个孩子。那个时候也有许多研究者(包括我在内)希望了解"双非"夫妇的二孩生育意愿,但是由于政策规定他们只能生育一个,所以那时的调查通常只能通过询问"理想子女数"或者"假设条件下的意愿生育子女数"来进行测量。而当"全面二孩"政策实施后,他们可以合法地生育两个孩子了。此时再对他们进行二孩生育意愿调查的话,就可以直接询问"你们想生育两个孩子吗?"或者"你们打算生育第二个孩子吗?"这样的问题了。这种提问方式的变化让我马上想到了另一个问题:采用"全面二孩"政策实施之前的测量方法所得到的结果,与采用政策实施之后的测量方法所得到的结果,会是一样的吗?二者之间会有差别吗?会有什么样的差别呢?

实际上,在"单独二孩"政策实施时,我也曾做过类似的研究。① 但是,当时的研究结果还不能回答现在的问题。因为一方面,当时的研究对象只是"单独二孩"政策所影响的人群,即第一代独生子女;而现在要研究的是"全面二孩"政策所影响的人群,即与第一代独生子女同龄的非独生子女。这是生长于不同家庭环境中的两类育龄人群。另一方面,当时的研究采取的是二次分析的方法,即使用的是别人的调查数据。而由于别人的调查数据在测量变量的设置上有所不同,因此不能很好地对政策实施前的测量结果与政策实施后的测量结果进行比较分析和相关讨论。最后我只能在当时的研究结果中提出"两项调查结果之间的差异提示我们,应该反思我们的生育意愿测量方法"的呼吁。我在决定开展 2016 年补充调查时,又想起上一篇论文的结尾讨论中我自己的呼吁,于是就决定在这次调查中,专门设计和开展有关生育意愿测量方法的研究和探讨。

## 二、研究问题

正是依据上面的背景和相关的思考,我形成了当时的这项研究所包含的两个方面的问题。

首先是研究的中心问题,即:城市"双非"一孩育龄夫妇在政策实施前的二孩生育意愿与在政策实施后的二孩生育意愿之间有没有差别?有多

---

① 风笑天. 生育政策潜在人口的结构及其二孩生育意愿: 对两项大规模调查结果的分析. 江苏行政学院学报, 2015 (6).

第 10 章 "假设"与"现实"之间的距离

大的差别？在政策实施前调查他们的生育意愿时，通常采用的是假设性的提问；在政策实施后调查他们的生育意愿时，则可以直接地、现实地提问。因此，本研究的中心问题也可以说是：城市"双非"一孩育龄夫妇在假设条件下的二孩生育意愿与在现实条件下的二孩生育意愿之间有没有差别？有多大差别？

其次是我所关注的方法问题，即从生育意愿概念测量的角度，提出进一步的问题：在不同政策背景条件下，对同一人群分别采用"理想子女数""意愿生育子女数""二孩生育意愿"等不同测量指标和提问方式，所得到的结果是否会有所不同？又会有什么不同？特别是这些指标在"假设的"条件下以及在"现实的"条件下使用时，又会发生什么样的变化？弄清楚这些问题，不仅可以帮助我们提高对现有大量生育意愿调查结果客观效度的认识，同时也可以为今后更准确地调查和了解育龄人群的生育意愿提供参考。

## 第二节 研究如何做？

### 一、研究设计

我当时的研究思路是：先从逻辑上厘清，要回答本研究的中心问题，即同一类人群的生育意愿在政策实施前后是否发生了变化，必须具备什么样的前提条件；然后再去设法满足这些前提条件。我认为，要回答本研究的问题，必须满足这样几个前提条件：首先要对同一人群进行前后两次调查，即在政策实施前和政策实施后要分别进行一次调查，且调查的对象是同一群人；其次要保证前后两次调查的方式、方法以及所用的测量工具完全相同；最后要保证前后两次调查之间除了"全面二孩"生育政策这一个与人们的生育意愿直接相关的因素以外，没有出现其他影响人们生育意愿的重要因素。因此，为了尽可能保证这一点，前后两次调查之间相隔的时间不能太长。

根据这几个前提条件来看,理想的设计是在"全面二孩"政策实施之前,从育龄人口总体中抽取一个随机样本进行一次生育意愿调查;然后,在政策实施之后,再次对这一样本中的对象进行第二次生育意愿调查。两次调查的方式、方法、工具等完全相同,且间隔时间不长。但遗憾的是,在现实社会中,研究者或许可以做到满足第二个和第三个前提条件的要求,而最为困难的,实际上也是研究者无法满足的是第一个前提条件,即国家"全面二孩"生育政策实施与否以及什么时候实施等,是不可能由研究者来决定和控制的事件。由于这一关键的前提条件无法满足,因此,理想的研究设计这条路走不通。我只能采取其他方式来进行替代。

为此,我先去进行了相关文献回顾的工作,除了想了解学术界目前是否有这方面的研究结果外,也想看看前人的相关研究是采取什么样的替换方式进行设计的。文献回顾的结果显示,目前学术界还没有能很好地回答本研究问题的研究成果。而与本研究相关的研究也仅有三项。

第一项研究是张晓青等人 2015 年在山东省城乡对育龄夫妇二孩生育意愿及其影响因素的调查研究。在这一研究中,作者对"单独"与"双非"一孩育龄家庭的生育意愿及其影响因素进行了比较分析。[①] 其采用的方法是在"单独二孩"政策实施后对两类人群在同一时间点进行同一次调查,而不是在政策前后分别进行两次调查。由于这一研究的结果实际上反映的是"单独二孩"政策实施后,享有二孩生育权利的"单独"一孩夫妇与不享有二孩生育权利的"双非"一孩夫妇之间的生育意愿的差别,而不是同一类群体在"原先没有生育二孩的权利"与"后来有生育二孩的权利"之间的差别,因而不仅其研究方法不能借鉴,其研究结论也无法回答本研究所关注的问题。

第二项研究是钟晓华 2016 年 3—4 月对广东省 1 017 户城市"双非"夫妇再生育意愿的调查。作者采取回顾性提问的方法,收集到政策实施前

---

① 张晓青,黄彩虹,张强,等. "单独二孩"与"全面二孩"政策家庭生育意愿比较及启示. 人口研究,2016(1).

## 第10章 "假设"与"现实"之间的距离

后两个时间点的资料，研究了"全面二孩"政策公布前后"双非"夫妇的生育意愿及影响因素。① 其研究结果虽然对本研究的问题给出了回答，即"全面二孩"政策对城市"双非"家庭的生育意愿产生显著正向影响，但一方面这一研究的抽样方式以及样本结构存在不足，另一方面该研究用来测量二孩生育意愿的两个问题都是双重含义问题。对于现实中那些在二孩生育意愿上不一致的夫妇（即一方想生，另一方不想生）的情况没有考虑，也无法测量。此外，其在统计分析中将"暂时不想生"归为"完全不想生"的做法，也明显不妥。这些因素自然会影响到研究结果和结论的正确性。而更为重要的不足是其所采用的回顾性方法的可靠性问题，因为在政策实施之前实际去调查育龄人群的生育意愿，与在政策实施之后让他们去回忆和回答他们在政策实施之前的生育意愿，这两种方式所得到的结果之间很可能会存在差别（既存在回忆的可能性和准确性问题，也存在回答的客观性和可靠性问题）。

第三项研究是我自己在"单独二孩"政策实施后所进行的一项研究。当时我采取的方式是，用政策实施前一些研究者进行的生育意愿调查结果与政策实施后另一些研究者进行的生育意愿调查结果进行对比。② 当时，我看到国家卫计委（现为国家卫生健康委员会）中国人口与发展研究中心在《人口研究》上发表了一项于2013年进行的全国育龄人口生育意愿的调查结果。这是在"单独二孩"政策实施前在全国范围进行的一项大规模的生育意愿调查。③ 不久后，我又在2014年下半年的《人口研究》上看到了湖北省卫计委在"单独二孩"政策实施后对湖北省育龄人群进行的二孩生育意愿的调查结果。④ 我想到这两项调查正好一个在"单独二孩"政策实施之前，另一个在这一政策实施之后，于是我就设法要到了这两项调

---

① 钟晓华. "全面二孩"政策实施效果的评价与优化策略：基于城市"双非"夫妇再生育意愿的调查. 中国行政管理，2016（7）.

② 风笑天. 生育政策潜在人口的结构及其二孩生育意愿：对两项大规模调查结果的分析. 江苏行政学院学报，2015（6）.

③ 庄亚儿，姜玉，王志理，等. 当前我国城乡居民的生育意愿：基于2013年全国生育意愿调查. 人口研究，2014（3）.

④ 石智雷，杨云彦. 符合"单独二孩"政策家庭的生育意愿与生育行为. 人口研究，2014（5）.

查的原始数据，用这两项调查的结果进行了比较分析，探讨了"假设的"生育意愿与"现实的"生育意愿之间的差别问题。研究结论对回答本研究的问题有很好的参考作用。

当然，这一研究也存在一个明显的不足：研究所针对的对象只是符合"单独二孩"政策的潜在育龄人群，完全没有涉及"全面二孩"政策的潜在育龄人群。而大量研究结果表明，符合"单独二孩"政策的"单独"一孩育龄人群与符合"全面二孩"政策的"双非"一孩育龄人群在年龄上有非常显著的差别。而不同的年龄段不仅意味着不同的人生经历、不同的生活背景、不同的社会观念等等，同时还与生育意愿、生育行为密切相关。因此，那些在"单独二孩"政策潜在育龄人群身上成立的结论，在"全面二孩"政策潜在育龄人群身上是否同样成立，依然是个未知数。

尽管这一研究的结论不能完全回答本研究的问题，但研究所采用的那种用对同一总体的两组对象、在政策实施前后两个时间点分别进行调查所得到的生育意愿结果，作为政策实施前和政策实施后的生育意愿比较对象的方法，却给了我很大的启示。我想，如果我能找到一项在"全面二孩"政策之前做的针对"双非"一孩育龄人群的生育意愿调查，那么，我再针对同一类人群做一项政策实施后的生育意愿调查，不就可以达到本研究目标的要求了吗？由此，我想到了2015年我在全国12个城市所做的调查。虽然那个调查的目标主要是了解"单独"一孩育龄夫妇的二孩生育意愿，但调查的样本中，既包括当时符合"单独二孩"生育政策的"单独""双独"一孩育龄夫妇，也包括与"单独""双独"一孩育龄夫妇同龄，但当时不符合"单独二孩"政策的"双非"一孩育龄夫妇。于是，我觉得可以用2015年的调查作为"全面二孩"政策实施前的调查，2016年我再对同样的城市、同样的育龄人群进行一次包含相同生育意愿内容的补充调查作为"全面二孩"政策实施后的调查，然后将两项调查的结果进行比较即可。由于这两项调查在时间上正好一个在"全面二孩"政策实施之前半年进行，另一个在"全面二孩"政策实施之后半年进行，很好地突出了本研究探讨"双非"一孩育龄人群的二孩生育意愿在政策实施前后的变化这一

## 第 10 章　"假设"与"现实"之间的距离

目标。这真是太好了！

考虑完这些思路后，我就开始设计在 2016 年下半年，即"全面二孩"政策正式实施半年后，进行一项育龄人群二孩生育意愿的调查。这就是上一章中所介绍的 2016 年湖北省五城市调查。这一调查的核心内容之一是育龄夫妇的二孩生育意愿。调查对象依然是城市一孩育龄人群，包括"双独"夫妇、"单独"夫妇，以及"双非"夫妇。且调查的样本抽取，依旧采用的是多阶段整群抽样的方式，以保证所抽取到的调查对象，较好地保持现实社会中"双独一孩夫妇""单独一孩夫妇""双非一孩夫妇"的自然比例。同时，我又考虑到回答本研究第二个问题的需要，在研究设计中专门增加了针对生育意愿不同测量指标的内容。

然而，一方面由于调查经费、人力、时间条件的限制，另一方面也考虑到上一章中要与 1988 年调查结果进行比较的研究目标，我 2016 年的调查并没有在 2015 年调查的 12 个城市中进行，而是选择在与 1988 年调查相同的湖北省 5 个城市进行。这是本项研究在研究设计中所做出的一种妥协。这种妥协显然会对研究结果和结论的准确性以及推广范围产生一定影响。关于这一点，我会在后面的"研究评价与启示"一节中进行一些讨论。

虽然我确定了采用 2015 年调查与 2016 年调查作为政策前后两次调查的研究思路，并对 2016 年调查进行了研究设计，但是，两次调查在调查地点、调查对象上的明显差别不能视而不见。2015 年调查地点中包含直辖市，2016 年调查中没有直辖市；2015 年调查对象中包含幼儿园儿童的父母、小学生的父母、初中生的父母，而 2016 年调查中只包含小学生的父母。因此，为了便于比较，必须使两次调查的城市类型、调查对象构成尽可能相同。于是，我又设计了对 2015 年调查数据进行删减处理的方案：一方面，要删去 2015 年调查中 3 个直辖市的数据（因为 2016 年湖北省五城市调查中没有属于直辖市的城市），只采用与湖北城市类型相同的其他 9 个城市的数据；另一方面，要删去 2015 年调查中幼儿园儿童父母和初中生父母的数据（因为 2016 年湖北省五城市的调查对象中没有包含幼儿园儿童的父母和初中生的父母），只采用小学生父母的调查数据。这样的处理可以使得两次调查在调查城市的类型上以及在调查对象上都完全相同，能更好地进行对比，尽量减少样本差别带来的影响。

这项研究的统计分析非常简单，主要是依据上述测量生育意愿的四个指标对两次调查的结果进行频率统计和比较分析。

### 二、研究实施

完成了研究设计后，这项研究的实施环节就主要包括两个方面的工作了。一个方面是精心组织 2016 年湖北省五城市小学生父母的抽样调查；另一个方面就是对 2015 年全国十二城市少年儿童父母调查的数据进行适当处理，以适应本研究的需要。

正如上一章中所介绍的，我对于 2016 年湖北省五城市调查的地点选取，主要是依据本书第 1 章中 1988 年调查的考虑和具体选择方式进行的。调查对象限定为小学生的父母，样本的抽取方式也与 1988 年调查的抽样方式相同。之所以如此，主要是为了满足对上一章所列研究问题与 1988 年湖北省五城市调查的结果进行对比的需要。至于具体的抽样方法、调查的方法，以及调查队伍的组织、调查的实际过程等等内容，我在上一章中已有详细的介绍，这里就不再重复了。

同时，按照上述研究设计，我在进行统计分析之前，先对 2015 年全国十二城市调查的数据进行了筛选。一方面，删去了 3 个直辖市的全部数据，仅采用了与湖北省城市类型相同的 9 个城市的数据；另一方面，删去了样本中幼儿园儿童父母和初中生父母的数据，仅采用了小学生父母的调查结果。这样的处理使得两次调查在城市类型和调查对象上完全相同。

当 2016 年调查资料和 2015 年数据资料都处理好了以后，我就利用统计软件在计算机上进行了统计分析的工作。在揭示"双非"一孩育龄夫妇在"全面二孩"政策实施前和实施后生育意愿的差别（即在"假设条件下"的生育意愿与在"现实条件下"的生育意愿的差别）、"单独"一孩育龄夫妇与"双非"一孩育龄夫妇生育意愿之间的差别的同时，还考察和分析了四种不同指标的测量效果及其变化，并在综合上述两方面结果的基础上得出"全面二孩"政策实施后育龄人群二孩生育意愿的实际

第10章 "假设"与"现实"之间的距离

比例，较好地回答了研究一开始提出的几个方面的问题。最后，当我正准备将这项研究的结果写成论文时，就收到了《新疆师范大学学报（哲学社会科学版）》的约稿信，于是答应论文写完后就交给他们。最终该文发表在该刊2018年第1期上。

## 第三节 论文怎么写？

### 一、论文总体框架

作为一篇以描述为主的定量研究论文，其总体框架依然采用常见的结构，即分为"问题与背景"（背景与问题）、"文献回顾"、"研究设计"、"结果与分析"、"总结与讨论"（结论与讨论）五个大的部分。论文总体框架如表10-1所示。

表10-1 论文总体框架

| 主体结构 | 主要内容 |
| --- | --- |
| 1. 问题与背景 | 生育政策的实施对调查育龄人口生育意愿具有影响<br>提出研究问题：政策实施前后人们的生育意愿是否不同 |
| 2. 文献回顾 | 总体上概述生育意愿研究的状况<br>详细解析三项相关研究的内容以及不足 |
| 3. 研究设计 | 回答研究问题的几个前提条件<br>理想的研究设计及其不现实性<br>不同的替代研究设计的优点与局限<br>本研究的样本设计<br>主要概念的测量设计 |
| 4. 结果与分析 | 两项调查"对现有子女数目的满意状况"结果的比较<br>两项调查"理想子女数"结果的比较<br>两项调查"意愿生育子女数"结果的比较<br>两项调查"二孩生育意愿"结果的比较 |
| 5. 总结与讨论 | 总结上述四个方面得到的结果并得出研究结论<br>讨论与研究结论相关的三个问题 |

## 二、论文写作解析

### 二孩生育意愿
#### 从"假设"到"现实"有多远*
风笑天

【如果用一般的陈述句,那么本文的标题可以表述为:"全面二孩"政策实施前后"双非"育龄夫妇二孩生育意愿的差别研究。本文采用双标题的形式:主标题的"二孩生育意愿",表示的是研究所关注的主题,明确且突出;副标题则将政策实施前调查生育意愿那种"假设的"特征,与政策实施后调查的那种现实特征凸显出来,并采用从"假设"到"现实"有多远的提问形式,来表示对二者之间的比较。这种形式不仅比上述陈述句更为简洁,而且形象生动。特别是这种疑问句的形式更能吸引读者的注意力,具有较好的效果。】

摘要:本文利用"全面二孩"生育政策实施前后两次大规模抽样调查所得的数据,对城市"双非"一孩育龄人群在"全面二孩"生育政策实施前后的二孩生育意愿进行了对比分析。研究结果表明:政策实施前后,城市"双非"一孩育龄人群"对现有子女数目的满意状况"以及"理想子女数"均没有明显差别,前者为40%,后者为80%,说明政策变化对这两个指标的影响不大;而"意愿生育子女数"和"二孩生育意愿"两项指标在政策实施前后产生了明显的差别,说明具有现实性的测量指标对政策变化相对敏感,导致"假设"与"现实"之间存在着距离。综合分析表明,目前城市"双非"一孩育龄人群中,会生育第二个孩子的比例为40%左右。

关键词:生育意愿 理想子女数 意愿生育子女数 生育政策

---

\* 本文为国家社科基金重大项目"我国生育政策调整带来的新社会问题研究"(14ZDB150)和国家社科基金重点项目"计划生育政策调整的社会影响研究"(14ASH013)的阶段性成果。笔者感谢承担 2016 年湖北省五城市实地调查的研究者,他们是:华中科技大学社会学院郝玉章教授、刘成斌副教授,华中师范大学社会学院梅志罡副教授,中南财经政法大学公共管理学院乐章教授,中南民族大学社会学系张翼副教授。

# 第 10 章　"假设"与"现实"之间的距离

【摘要的内容主要介绍两个方面：一是这项研究做了什么；二是研究得到了什么。语言尽量简单明确。关键词不能直接写成论文标题中的几个概念，而是要概括和提示出本文最主要的内容。】

## 一、背景与问题

生育意愿对于预测人们的生育行为以及社会的生育水平有着重要的参考价值。然而，在我国近几十年的社会现实中，刚性的生育政策的客观存在，一直是研究者在调查和研究育龄人群生育意愿的过程中既无法回避，同时又必须认真考虑的一个因素。无论是从 1979 年开始实施的以严格控制人口增长速度为目标的"一对夫妇一个孩子"的生育政策，还是从 2013 年开始实施的"单独二孩"政策，以及 2015 年开始实施的"全面二孩"政策，它们在影响育龄人群生育意愿的同时，也给研究者调查、了解和研究人们的生育意愿带来重要影响。

【简要地介绍生育意愿的意义以及研究生育意愿所面临的社会现实。然后很自然地引出本研究所关注的主要问题。】

在这一大的背景下，一个值得探讨的问题是：随着生育政策的调整和改变，人们的生育意愿会发生变化吗？换句话说，在对处于不同生育政策下的同一类人群进行生育意愿调查时，其调查结果之间会不会有所不同？特别是，在"全面二孩"政策实施后，"双非"一孩育龄人群的生育意愿究竟如何？他们中想生育二孩的比例究竟有多大？在这一政策实施前调查城市"双非"一孩育龄人群的二孩生育意愿，与在政策实施后调查他们的二孩生育意愿，二者的结果之间会不会存在明显的差异？或者说，从在假设条件下调查得到的二孩生育意愿，到在现实条件下调查得到的二孩生育意愿，二者之间的距离究竟有多远？另外，从测量方法的角度，我们还可以提出进一步的问题：对同一人群在不同背景条件下分别采用"理想子女数""意愿生育子女数""二孩生育意愿"等不同测量方式，其结果又会有什么不同？弄清楚这些问题，不仅可以帮助我们提高对现有大量生育意愿调查结果客观效度的认识，同时也可以为今后更准确地调查和了解育龄人群的生育意愿提供参考。而利用两项大规模抽样调查所得资料对上述问题进行探讨，正是本研究的主要目标。

## 二、文献回顾

2013年底"单独二孩"政策实施以来，国内学术界虽然已经发表了一大批育龄人群生育意愿现状及其影响因素的调查研究成果，但是，一方面，现有的生育意愿调查，大部分针对的对象只是符合"单独二孩"政策的"单独"一孩育龄家庭，较少涉及在育龄人群中比例更大、对中国人口发展影响也更大、与"全面二孩"政策最为相关的"双非"一孩育龄家庭，另一方面，现有的二孩生育意愿调查大部分是包含城乡两部分育龄人群在内的，单独探讨在经济、文化、心理等方面与农村育龄人群有着巨大差别的城市育龄人群的生育意愿的研究相对较少。笔者对CNKI上的相关文献进行了查阅，结果表明，从研究的主题和内容上看，现有研究中仅有三篇论文的内容涉及本研究所关注的上述问题。

【然后分别介绍每一项相关研究及其结果。同时，一定要指出每一项研究对于回答本研究的问题来说所存在的不足或局限，特别是在研究对象、研究方法上所存在的不足。】

张晓青等人2015年在山东省城乡对育龄夫妇二孩生育意愿及其影响因素进行了抽样调查，并对"单独"与"双非"一孩育龄家庭的生育意愿及其影响因素进行了比较分析。作者得到了在"单独"一孩育龄家庭中，明确表示希望生育二孩的比例为60%以上，而在"双非"一孩育龄家庭中，明确表示希望生育二孩的比例则不足40%等结论。[①] 尽管其研究结果对于比较两类政策目标人群的生育意愿差别及其影响因素具

---

① 张晓青，黄彩虹，张强，等．"单独二孩"与"全面二孩"政策家庭生育意愿比较及启示．人口研究，2016（1）．

## 第 10 章 "假设"与"现实"之间的距离

有一定的参考价值,但对于回答本研究的问题来说,却存在以下两方面的局限:

一是由于"单独"一孩夫妇与"双非"一孩夫妇在年龄上差别较大,"双非"一孩育龄女性高年龄的比例显著高于"单独""双独"一孩育龄女性高年龄的比例(比如,笔者的研究表明,城市"双独""单独""双非"三类不同的育龄夫妇中,"双独一孩夫妇的妻子年龄相对最为年轻,单独一孩夫妇的妻子次之,双非一孩夫妇的妻子年龄相对最年长","若以 35 岁为界,则小于 35 岁的妻子在双独一孩夫妇中比例高达 73%,在单独一孩夫妇中,这一比例为 50% 多一点,而在双非一孩夫妇中,这一比例则连 30% 都不到。相反地,大于 35 岁的妻子的比例分布,在三类不同的育龄夫妇中则正好颠倒了过来"[①]),因此,造成两类育龄人群二孩生育意愿差别的主要原因很可能是不同(年龄)育龄人群的影响,而不是政策变迁的影响。

二是二者之间的差别所体现的,更可能是在同一项生育政策面前,"享有权利者"与"不享有权利者"之间的差别,而不是同一类群体在"原先没有生育二孩的权利"与"后来有生育二孩的权利"之间的差别。也即是说,造成上述两类政策家庭二孩生育意愿存在显著差别的原因,除了作者指出的"两类家庭育龄人口在年龄上存在明显的差异"外,是否还与两类育龄人口面对同一种生育政策时的身份不同(即符合政策的状况不同)有关系?即该差别是否由"单独"一孩家庭当时生育二孩是"现实的",而"双非"一孩家庭当时生育二孩只能是一种"假设的"情景的原因造成?由于作者在该研究中所关注的,主要是两类不同的育龄人群在同一时间点(同一种政策下)的生育意愿状况及其影响因素,因而其研究结论无法回答同一人群在两种不同政策背景下生育意愿的异同问题。

与本研究的目标比较接近的一项研究是钟晓华对"单独二孩"与"全

---

① 风笑天,李芬. 再生一个?:城市一孩育龄人群的年龄结构与生育意愿. 思想战线,2016(1).

面二孩"政策家庭生育意愿的比较研究。作者利用2016年3—4月对广东省1 017户城市"双非"夫妇再生育意愿的调查数据，研究了"全面二孩"政策公布前后影响"双非"夫妇生育意愿的因素，得出了受访者的性别、受教育程度、家庭收入、妻子年龄、妻子工作强度和地区因素等对其二孩生育意愿有显著影响的结论。作者采取回顾性提问的方法，收集到政策实施前后两个时间点的资料，以此验证了"全面二孩"政策对城市"双非"家庭的生育意愿产生显著正向影响的假设。其研究结论具有一定的启发意义。但是，该研究的局限也值得注意。其主要局限来自以下三个方面：

一是由于该研究的样本抽取采用的是配额抽样和方便抽样这两种非随机抽样的方法，因此样本对总体的代表性存在先天不足。同时，其每一个城市平均抽取不到70人的样本量也显得相对过小。样本在这两方面的缺陷无疑会影响到研究结论的适用性和可靠性。

二是该研究用来测量二孩生育意愿的两个问题，即"您和您的配偶是否有生育第二个孩子的意愿？"和"请您回忆，在一年之前，您和您的配偶是否有生育第二个孩子的意愿？"[①] 都属于双重含义问题（即在一个问题中同时询问了两个不同的问题）。其提问方式默认了所有的育龄夫妇相互之间在二孩生育意愿上都是一致的，对于现实中那些夫妇之间在二孩生育意愿上不一致（即一方想生，另一方不想生）的情况并没有考虑，也无法测量。因而，其调查测量得到的数据存在一定的不足。

三是其统计分析中将"暂时不想生"归为"完全不想生"的做法，也会影响到研究结果和结论的正确性。因为"暂时不想生"与"完全不想生"并不是程度上的差别，而是本质上的差别。在调查对象中，一部分人年龄相对较轻，他们或许正在抚育第一个幼年的孩子，或许每天忙于照料这个0~3岁的孩子已经十分够呛了，的的确确顾不上考虑生第二个孩子的问题。所以，他们可能会回答"暂时不想生"。但等他们度过

---

[①] 钟晓华．"全面二孩"政策实施效果的评价与优化策略：基于城市"双非"夫妇再生育意愿的调查．中国行政管理，2016（7）．

第 10 章 "假设"与"现实"之间的距离

了生养幼儿的"三年自然灾害",即当他们的第一个孩子稍大一些,他们中肯定还会有一部分人希望生育,也会去生育第二个孩子的。因此,作者的这种处理方式可能会降低样本中希望生二孩的夫妇的比例,从而影响到对研究假设的验证效果,以及其所得出的"再生育意愿不强"的结论的正确性。比较合适的处理方式是将回答"暂时不想生"的这一部分人按回答"肯定生"和"肯定不生"两部分对象的比例进行分割。那样的话,其结果可能会更接近实际的状况。

【实际上,关于该项研究的另一种可能影响更大的局限,即回顾性提问方法的问题,也应该在这里进行讨论。】

与本研究目标最为接近的研究是笔者利用 2013 年全国城乡育龄人群生育意愿调查与 2014 年湖北城乡育龄人群生育意愿调查的结果,对"单独二孩"政策实施前后一孩育龄人群生育意愿的"假设"结果与"现实"结果之间差别的探讨。笔者的研究结果表明,2013 年时,全国调查中湖北"单独一孩"育龄夫妇"想生二孩"与"不想生二孩"的比例分别为 55.7% 与 44.3%;而 2014 年当"单独二孩"政策实施后湖北省卫计委进行调查时,"想生二孩"的比例与"不想生二孩"的比例则分别为 26.6% 与 73.4%。"尽管我们不能排除这两个湖北省样本并不相等,以及全国调查中湖北省子样本规模较小等因素对二者结果之间的差别所造成的影响,但这种显著的差别仍然提示我们:在政策实施前进行的生育意愿调查,有可能高估人们的生育意愿。实际上,同样是国家卫计委对全国进行的同类调查,其结果也支持了这一结论。国家卫计委 2014 年初开展的专项调查显示,在符合政策的目标人群中,39.6% 有再生育打算。[1] 这一调查结果也说明,2013 年政策实施前调查所得到的近 60% 的人'想生二孩'的比例有些偏高。"[2]

---

[1] 2015 年 7 月 10 日国家卫生计生委例行新闻发布会文字实录. (2015-07-10). http://www.nhfpc.gov.cn/xcs/s3574/201507/43685ecd0edb4b71b260306af9b7e924.shtml.

[2] 风笑天. 生育政策潜在人口的结构及其二孩生育意愿:对两项大规模调查结果的分析. 江苏行政学院学报,2015 (6).

笔者的这一研究及其结论对回答本研究的问题有很好的参考作用，但也存在一个明显的不足，这就是：笔者当时所针对的对象只是符合"单独二孩"政策的潜在育龄人群，完全没有涉及"全面二孩"政策的潜在育龄人群。既然现有的大量研究结果表明，符合"单独二孩"政策的潜在育龄人群（即"单独"一孩育龄夫妇）与符合"全面二孩"政策的潜在育龄人群（即"双非"一孩育龄夫妇）在年龄上有非常显著的差别，而不同的年龄段又意味着不同的人生经历、不同的生活背景、不同的社会观念等等，那么，现有的（包括笔者上述研究在内的）那些在"单独二孩"政策潜在育龄人群身上成立的结论，在"全面二孩"政策潜在育龄人群身上是否同样成立，目前依然是个未知数。

【最后总结得出，现有相关研究对于本研究所关注的问题不能提供明确的答案。这也是对本研究值得做的一种说明。】

综合来看，文献回顾的结果表明，现有的二孩生育意愿研究大多没有对在年龄结构上存在显著不同的"单独""双独"一孩育龄人群与"双非"一孩育龄人群进行必要的区分。现有一些调查的结果虽然为我们提供了一孩育龄人群二孩生育意愿的一些基本资料，使我们对"单独""双独"一孩育龄人群与"双非"一孩育龄人群在生育意愿方面的现状和异同有了一定的认识和了解，但是，对于城市"双非"一孩育龄人群在生育政策调整前后的二孩生育意愿是否相同，或者说这部分育龄人群"在假设条件下"的二孩生育意愿，与其"在现实条件下"的二孩生育意愿之间有没有差别，如果有差别，二者之间的"距离"又有多远，特别是目前城市"双非"一孩育龄人群中希望生育第二个孩子的比例究竟有多大等问题，答案却依然不清楚。而这一状况也正是对本研究所具有的意义和重要性的一个很好的说明。

## 三、研究设计

【先从逻辑上指出回答本研究问题必须满足的前提条件。】

第10章 "假设"与"现实"之间的距离

要很好地回答随着生育政策的改变，同一类人群的生育意愿是否发生了变化，或者说新的政策的实施对一孩育龄人群的生育意愿有什么影响的问题，必须具备几个重要的前提：一是在政策改变前和改变后所调查的两组对象完全相同，即要对同一群人进行前后两次调查；二是前后两次调查所用的测量工具和调查方式相同；三是前后两次调查之间除了"新的生育政策"这一个与人们的生育意愿相关的因素以外，没有出现其他影响人们的生育意愿的重要因素，为了尽可能保证这一点，前后两次调查之间相隔的时间不能太长。

【接着指出要在满足上述前提条件的情况下完成研究目标，最为理想的研究设计是什么，以及为什么这种理想方式不适用。】

根据上述前提条件的限定，理想的研究设计是进行标准的实验研究，即选取两组完全相同的对象，在一组对象中实施新的生育政策（实验组），在另一组对象中不实施这一政策（对照组）。在政策公布之前对两个组的对象进行第一次生育意愿调查（前测），然后在政策公布之后，对他们进行第二次生育意愿调查（后测）。通过比较两组对象前后两次生育意愿调查的结果，就可以看出新的政策的实施（自变量）对研究对象生育意愿（因变量）所产生的影响。遗憾的是，要在现实社会中进行如此严格的实验研究，除了在保证两组相同样本和进行两次同样内容的重复调查上有着实际操作的困难外，更关键的困难在于国家生育政策实施与否是一个不可能由研究者控制的事件。因此，研究者只能采取其他方式来进行替代。

【在理想方式不适用的情况下，进一步指出两种替代的方式。同时客观地说明两种方式各自的优点和局限。】

从目前情况看，主要有两种方式可选择。一种是对同一组对象在同一时间点询问前后两个时间点的生育意愿，分别作为前测和后测。比如，在政策实施后，对一组调查对象进行调查，同时询问他们在政策实施前和政策实施后两个时间点的生育意愿。前述钟晓华的研究采用的就是这种方法。这种方法的好处是满足了"同一组调查对象"的要求。但其主要的问题是：一方面，调查对象在政策实施前是否存在有关二孩生育的意愿（即是否考虑过生育二孩的问题）并不能确定；另一方面，调查对象现在被问到这一问题时所做的回答，与政策实施前被问到这一问题时的回答是否相同，即调查对象能否对自己一年前的二孩生育意愿进行客观准确的说明，也不能确定。

另一种方式是分别在政策实施前和政策实施后两个不同的时间点，对属于同一个总体的两个相似样本进行同样的调查，以此作为前测和后测，然后对测量结果进行比较分析。即在政策实施前，对某一总体的一个样本进行一次调查（前测）；在政策实施后，又对同一总体的另一个样本进行同样的调查（后测）。然后比较两次调查的结果。这一策略因为在测量的时间点上分别处于政策实施前和后，因而相对来说能够更客观地反映政策实施的影响，能够更好地比较政策实施前后人们生育意愿所发生的变化。但这种做法所存在的主要问题和风险是，两个样本之间可能存在较大的差别。如果差别较大，那么比较的结果即便有差别，也可能只是样本的不同造成的，而非政策的影响造成的。因而，采用这种方法的关键在于保证两个样本的相似性。

【然后说明本项研究所采用的方式，以及这种方式可能的局限和风险，并指出避免风险的办法，从而自然地导入对两项调查的介绍。】

笔者 2015 年曾在全国 12 个城市围绕"单独二孩"政策对一孩育龄人群进行过生育意愿调查。调查对象中既包括当时符合生育政策的"单独""双独"一孩育龄人群，也包括当时不符合生育政策的"双非"一孩育龄人群。而 2015 年底国家公布"全面二孩"政策后，笔者又于 2016 年在湖北省 5 个城市对同一类育龄人群进行过同样内容的调查。因此，在本文中，笔者采用了后一种设计策略：利用在国家公布"全面二孩"政策之前，以及在该政策公布之后，对同一总体中尽可能相同的两组对象进行的同样内容的两次调查来获得资料，进行比较分析。而为

第 10 章 "假设"与"现实"之间的距离

了避免这种方式的可能局限和风险,必须尽可能保证两个样本的相似性。下面简要介绍两次调查的基本情况,同时对两个样本的结构和分布情况进行比较,以便了解可能的差别。

(一)本研究的两项调查和两个样本

2015 年调查[①]的调查对象为"目前城市中在上幼儿园、小学及初中的儿童的父母"。根据这种界定,预计儿童的年龄为 3~15 岁,其父母主体的年龄大致为 24~49 岁。调查样本的抽取采用多阶段随机抽样的方法,按照"城市—城区—学校—年级—班级"的步骤进行。城市样本采用按地区(东部、中部、西部)和城市类型(直辖市、省会城市、大中城市、县级市)两个维度进行随机抽取,以尽可能涵盖不同经济发展水平、不同人口规模、不同社会文化的城市类型。所抽取的 12 个调查城市名单详见表 1。

表 1 调查城市类型及名称

|  | 东部地区 | 中部地区 | 西部地区 |
| --- | --- | --- | --- |
| 直辖市 | 上海市 | 北京市 | 重庆市 |
| 省会城市 | 江苏南京市 | 吉林长春市 | 甘肃兰州市 |
| 大中城市 | 福建厦门市 | 河南新乡市 | 广西桂林市 |
| 县级市 | 广东四会市 | 湖北汉川市 | 四川简阳市 |

调查对象的抽样方法是:先从每一个样本城市的全部城区中,按简单随机方式抽取 3 个城区。在每个被抽中的城区中,依据所有学校、幼儿园名单,采用简单随机抽样方式,抽取小学、初中和幼儿园各 1 所。然后在抽到的 3 所小学中[②],分别简单随机抽取 1 个低年级(即 1~3 年级)、1 个高年级(即 4~6 年级)。3 所小学总共抽取 1~6 年级各 1 个。在每个被抽中的年级中,简单随机抽取 1 个班(50 名左右的学生)。这样,总共抽取到 6 个年级的 6 个班共 300 名左右的学生,他们的父母就构成了小学生父母的样本。最终,在 12 个城市总共抽取幼儿父母、小学

---

[①] 有关 2015 年调查的详细介绍可参见下列资料:风笑天,李芬. 再生一个?:城市一孩育龄人群的年龄结构与生育意愿. 思想战线,2016(1).

[②] 幼儿园、初中抽取方式此处介绍省略。

生父母和初中生父母 8 687 名。调查采用自填问卷的方式进行，具体实施由 12 所大学社会学及相关专业的教师组织研究生或高年级本科生作为调查员完成。调查发出问卷 8 687 份，收回有效问卷 7 778 份，有效回收率为 89.5%。

【因为 2015 年调查的详细情况已经在发表过的论文中有所介绍，这里就可以只介绍最为关键的内容。在遇到这种情况时，写作要注意，不能一句话带过，即不能只说"笔者于 2015 年进行了 12 个城市儿童父母的调查"；但也不要把已经在其他发表了的论文中介绍过的详细内容一字不差地重写一遍。通常的做法是简要介绍最为关键的内容。】

2016 年调查的城市集中在我国中部的湖北省，本次调查分别抽取了省会城市武汉、大城市黄石、中等城市荆州、小城市仙桃，以及云梦县城。调查对象全部为小学生父母。调查对象的抽样方法同样是：先从每一个样本城市的全部城区中，按简单随机方式抽取 3 个城区。在每个被抽中的城区中，依据所有小学名单，采用简单随机抽样方式，抽取 1 所小学。在被抽到的 3 所小学中，采用和 2015 年调查完全一样的方式，分别简单随机抽取 1 个低年级（即 1~3 年级）和 1 个高年级（即 4~6 年级）。3 所小学总共抽取 1~6 年级各 1 个。在每个被抽中的年级中，简单随机抽取 1 个班（50 名左右的学生）。这样，每个城市总共抽取到 6 个年级的 6 个班共 300 名左右的学生，他们的父母就构成该城市小学生父母的样本。[①] 最终，在 5 个城市总共抽取小学生父母 1 762 名。[②] 调查也是采用自填问卷的方式进行，具体实施由 5 所大学社会学专业的教师组织研究生或高年级本科生作为调查员完成。调查发出问卷 1 762 份，收回有效问卷 1 528 份，有效回收率为 86.7%。

---

① 云梦县城关镇由于只有实验小学和城关小学两所小学，故没有按上述方式抽样，而是直接抽取这两所小学。由于城关小学的学生中一半左右是农村户籍的学生，不属于本研究的调查对象，而这些学生的父母基本上都在外打工，问卷也无法收回。因此，从发出的 420 份调查问卷中扣除了这一部分共 100 人。

② 其中，仙桃市在 2、4、6 年级多抽取了一部分学生。为保证各城市样本结构的一致性，在最终的数据和样本中，从这 3 个年级中各随机删除了 34 份问卷和数据结果。

# 第 10 章 "假设"与"现实"之间的距离

显然,上述两个调查的原始样本在构成对象上有较大的差别。为了更好地对"全面二孩"政策人群进行比较,同时尽可能保证用于比较的两个样本具有高度相似性,我们先从 2015 年 12 个城市的调查数据中,去掉了 3 个直辖市的数据(因为 2016 年调查的湖北城市中没有直辖市);接着去掉了 2015 年调查中幼儿园孩子的父母以及初中生父母的数据,仅保留小学生父母的数据(因为 2016 年调查对象只有小学生父母);最后再分别从两个样本中都抽出"双非"一孩育龄人群(即夫妻双方都不是独生子女、目前只生育了一个孩子、妻子年龄在 23~49 岁的育龄人群)。这样,最终用于比较分析的两个样本都是本研究所主要关注的"双非"一孩育龄的小学生父母。两个样本的规模分别为 1 382 人和 582 人。表 2 就是这两个样本基本特征的比较。

表 2　两个调查样本的基本特征比较

| 样本特征 | | 2015 年九城市调查 | 2016 年五城市调查 |
| --- | --- | --- | --- |
| 调查对象性别 | 男 | 34.7% | 33.3% |
| | 女 | 65.3% | 66.7% |
| 调查对象城乡背景 | 城市 | 49.3% | 51.1% |
| | 农村 | 50.7% | 48.9% |
| 夫妇中女方年龄 | 均值 | 36.3 岁 | 35.4 岁 |
| | 标准差 | 3.8 岁 | 4.1 岁 |
| 现有一孩的年龄 | 均值 | 9.6 岁 | 9.1 岁 |
| | 标准差 | 0.5 岁 | 1.7 岁 |
| 夫妻收入之和 | 均值 | 9 487.5 元 | 9 419.1 元 |
| | 标准差 | 7 104.9 元 | 6 388.5 元 |
| 夫妻受教育年限之和 | 均值 | 26.9 年 | 26.2 年 |
| | 标准差 | 5.2 年 | 5.2 年 |

从表 2 中不难看出,两个样本在上述各种基本特征上的结构比例和均值等等都非常接近。因此,可以在一定程度上将二者看作同一样本进行比较。

【此处将两个样本基本特征的统计和比较列出来是十分重要的一环。这实际上是向读者展示两个样本所得出的调查结果可以进行比较的依据。因为对处理后的两个调查样本的特征的比较分析显示,无论是调查对象的父母身份、城乡背景，还是母亲的年龄结构、夫妻文化程度，甚至平均收入，都非常接近，都不存在统计上的显著差异。也就是说，研究设计中的这种处理，使得这两部分对象尽可能相同或相似，从而使这两项调查的结果具有更高的可比性。许多研究者往往在论文中说自己的样本有代表性，而不展示证据，说服力就不够。如果我在这里也只写一句"这两次调查的样本非常相似"，而不展示具体证据的话，那么也是没有说服力的。】

(二) 变量测量

【这一部分内容主要是为了回应本研究的第二个研究目标，同时也是对本研究测量方法的详细说明。】

对于二孩生育意愿的概念，笔者采用了四种不同的指标，力图从多个不同的角度进行更全面的测量，同时也便于从方法上比较不同测量指标在政策影响下的效果。这四种指标是：对现有子女数目的满意状况、理想子女数、意愿生育子女数，以及二孩生育意愿。

首先，从对现有子女数目是否满意的角度进行了解。虽然这种测量只是一种感受上、态度上的测量，但"一般来说，如果对现有子女数目感到满意，则可以在一定程度上说，其生育意愿得到了满足。而如果对现有子女数目感到不满意，则可以较肯定地认为，其生育意愿未得到满足"①。按照一般的逻辑，当符合新的生育政策时，那些生育意愿未满足者，更可能去生育第二个孩子。因此，这一指标可以从反面来测量人们的二孩生育意愿。

其次，从"理想子女数"的角度进行了解。问卷中所用的具体问题是"你认为（或依你的看法）幸福美满的家庭最好有几个孩子"。其主要测量的是人们对理想子女数目的看法，即英文文献中的"ideal number of children"。这是一种相对间接的二孩生育意愿测量。其逻辑依据是，如果人们的理想子女数目是两个，则他们更可能去生育第二个孩子。

---

① 风笑天. 独生子女父母的生育意愿. 人口研究, 1991 (5).

# 第10章 "假设"与"现实"之间的距离

再次,从一般的"意愿生育子女数"来进行了解,即询问"你希望生几个孩子"。一般情况下,这是最直接、最有效的生育意愿测量方式,相当于英文中的"fertility desire";只不过在政策实施前的调查问题中,加上了"假设"条件句"如果没有计划生育政策的限制"。显然,那些回答希望生育两个孩子的人,更有可能去生育第二个孩子。

最后,围绕二孩政策的现实,直接用"二孩生育意愿"来了解,即询问"你是否想生育第二个孩子"。此问题比一般的生育意愿测量更为具体,指向性也更为明确,更接近生育打算,相当于英文文献中的"fertility intention"。当然,政策实施前的问题中也同样加上了相应的"假设"条件句"如果国家开始实行'全面二孩'生育政策"。这一指标应该是最需要重视的测量指标。

## 四、结果与分析

【结果与分析部分就按照研究设计部分所介绍的四种测量指标,逐一展示统计结果并进行分析解读。】

首先来看看"全面二孩"政策实施前后两个"双非"一孩育龄样本的调查对象对现有子女数目满意状况的统计(见表3)。

表3 "全面二孩"政策实施前后两项调查中对现有子女数目满意状况的统计

| 对现有子女数目是否满意? | 2015年全国九城市调查 | | 2016年湖北省五城市调查 | |
| --- | --- | --- | --- | --- |
| | 人数 | % | 人数 | % |
| 非常满意 | 321 | 23.5 | 122 | 21.0 |
| 比较满意 | 483 | 35.3 | 217 | 37.4 |
| 不太满意 | 450 | 32.9 | 163 | 28.1 |
| 很不满意 | 114 | 8.3 | 78 | 13.4 |
| 合计 | 1 368 | 100.0 | 580 | 99.9 |

【在写法上,一般是先概括表中总的结果,即两次调查比例分布十分相似,然后指出具体结果是什么,最后对这一结果的含义进行解读。】

表 3 的结果表明，两次调查的比例分布十分相似，特别是，如果将"非常满意"和"比较满意"合并为"满意"，将"不太满意"和"很不满意"合并为"不满意"两类后，两次调查"满意"的比例都是约 60%（58.8% 与 58.4%），"不满意"的比例都是约 40%（41.2% 与 41.5%），即政策实施前后两项调查的结果几乎一样。这说明人们心底里对自身生育现状的满意状况不会受政策变化的影响。这一结果给我们的另一点提示是：如果按"对现有子女数目感到不满意，则可以较肯定地认为，其生育意愿未得到满足"的思路来分析，那么这一结果是否意味着城市"双非"一孩育龄人群中具有生育两个孩子这种生育意愿的比例（即想生二孩的比例）也会在 40% 左右？

其次，来比较一下"全面二孩"政策实施前后两个样本的调查对象的理想子女数的统计结果（见表 4）。

表 4 "全面二孩"政策实施前后两个样本的理想子女数比较

| 理想子女数 | 2015 年全国九城市调查 | | 2016 年湖北省五城市调查 | |
| --- | --- | --- | --- | --- |
| | 人数 | % | 人数 | % |
| 一个 | 192 | 14.5 | 104 | 18.0 |
| 两个 | 1 113 | 83.8 | 465 | 80.6 |
| 其他[a] | 23 | 1.7 | 8 | 1.4 |
| 合计 | 1 328 | 100.0 | 577 | 100.0 |

[a] 包括零个和三个及以上，后表 5 同。

【同样是先概括总的结果，并与上一结果进行比较，最后对这一结果的含义进行解读。】

表 4 的结果与表 3 的结果既有相同之处，也有不同的地方。政策实施前后两次调查结果的比例分布状况基本相同，这是表 4 与表 3 相同的地方，说明用理想子女数来测量时，政策的影响也不大。而具体到生育二孩的意愿时，表 4 的结果与表 3 的结果之间差别明显：理想子女数为两个孩子的比例在表 4 的两项调查中都高达 80% 以上，似乎是表 3 的结果的两倍（如果把表 3 的结果中对现状不满意视为想生育二孩的话）。

第 10 章 "假设"与"现实"之间的距离

这一结果一方面再一次与现有的大量采用"理想子女数"的调查结果"表现一致"（即想生育两个孩子的百分比在80%左右）；另一方面也再一次提示我们，应该审慎地看待不同生育意愿测量指标所具有的效度。本文后面将对此进行一些讨论。

再次，我们比较一下"全面二孩"政策实施前后两个样本的调查对象所具有的意愿生育子女数（见表5）。

表5 "全面二孩"政策实施前后两个样本所具有的意愿生育子女数

| 你希望生几个孩子?[a] | 2015年全国九城市调查 | | 2016年湖北省五城市调查 | |
| --- | --- | --- | --- | --- |
| | 人数 | % | 人数 | % |
| 一个 | 259 | 19.3 | 212 | 37.3 |
| 两个 | 1038 | 77.3 | 352 | 61.9 |
| 其他 | 46 | 3.4 | 5 | 0.9 |
| 合计 | 1343 | 100.0 | 569 | 100.1 |

[a] 根据调查时不同的政策背景，问卷中所加的条件句有所不同。2015年的条件句为"如果没有计划生育政策的限制"，2016年的条件句为"综合考虑你们各方面的实际情况"。

【在概括总的结果并与上面两项结果进行比较的基础上，着重指出二者之间的差异之处，最后对这种差异的含义进行解读。】

表5的结果表明，与现有大量生育意愿调查的结果相一致的是，两次调查中一孩育龄人群的意愿生育子女数基本上集中在一个和两个，希望生育其他数量孩子的比例非常小。但是，与前面表3、表4的结果中政策实施前后两次调查结果的分布基本相同的情形有所不同的是，政策实施前后两次调查得到的意愿生育子女数的分布比例出现了明显差别：政策实施前，希望生一个和希望生两个的比例接近20%比80%（这一比例与表4的比例相似）；而政策实施后，二者的比例则变为接近40%比60%。即政策实施前表示希望生两个的比例明显高于政策实施后的比例，而政策实施前表示希望生一个的比例则明显低于政策实施后的比例。这是一个耐人寻味的结果。它至少提示我们，当用"意愿生育子女数"来测量人们的生育意愿时，"假设的情景"与"现实的情景"之间存在距离（大约有20%的差距）。当人们不符合生育政策时，二孩生育

意愿会比较高（接近理想子女数），而当他们真正符合生育政策、可以生二孩时，二孩生育意愿则明显降低。但此时的比例还是高于前面表3的结果中对生育现状不满意的比例。

最后，我们再来看看"全面二孩"政策实施前后两个样本的调查对象所具有的二孩生育意愿统计（见表6）。

表6 "全面二孩"政策实施前后两个样本所具有的二孩生育意愿统计

| 二孩生育意愿 | 2015年全国九城市调查 | | 2016年湖北省五城市调查 | |
|---|---|---|---|---|
| | 人数 | % | 人数 | % |
| 想再生一个（想生二孩）[a] | 256 | 26.0 | 190 | 34.2 |
| 如果不超过40岁（年轻一点）就再生一个 | 259 | 26.3 | 145 | 26.1 |
| 就算不限制也不想再生（不想生二孩） | 470 | 47.7 | 220 | 39.6 |
| 合计 | 1 325[b] | 100.0 | 555 | 99.9 |

[a] 括号中为2016年调查问卷中的答案表述。
[b] 将340位回答"说不好""不确定"的人数按其他三类的比例计入。

【在概括总的结果并与上面一项结果进行比较的同时，不回避与上一结果之间的差别。对这一个看似有点奇怪的结果进行解读，提出造成这一结果的可能原因，并根据这一分析对实际数据进行修正。然后对重新得到的结果进行新的解读和说明。】

表6的结果表明，政策实施前后调查一孩育龄人群的二孩生育意愿，其结果同样出现了差别。这一结果与表5的情形一致。但是，与表5中那种政策实施前希望生育两个孩子的意愿相对较高（77.3%）、政策实施后这一意愿相对降低（61.9%）不同的是，当直接询问一孩育龄人群的二孩生育意愿时，政策实施后想生二孩的比例不是比政策实施前的比例有所降低，而是略有提高，不想生二孩的比例则略有降低。

如何理解这两个结果的不一致呢？笔者认为，关键在于政策实施前后一孩育龄人群对第二个答案（不超过40岁或年轻一点就再生一个）的理解实际上是不同的。换句话说，两次调查中选择第二个答案的人的实际状况和再生育意愿其实是不同的。政策实施前，这一回答可以说是

第 10 章 "假设"与"现实"之间的距离

一种假设条件下的选择，因为当时回答者并不知道什么时候政策会调整，也不清楚到政策调整时自己的年龄会是多少。因而，此时选择这一答案的人中，或许主要是想生二孩者；而当政策实施后，回答者自己的年龄是已知的，此时再选择"年轻一点就再生一个"答案的人，或许主要就是那些事实上觉得自己年龄偏大、不准备再生一个的人了。

所以，笔者根据这一分析，对调查结果进行了校正：把2015年调查结果中选择"不超过40岁就再生一个"一项的比例按妻子实际年龄小于40岁和大于等于40岁进行分解，再分别计入想生二孩和不想生二孩两类中，最终得到想生二孩的比例为47.6%，不想生二孩的比例为52.4%；同理，把2016年调查结果中回答"年轻一点就再生一个"的人按妻子年龄小于35岁和大于等于35岁进行分解①，分别计入想生二孩和不想生二孩两类中，最终得到想生二孩的比例为41.6%，不想生二孩的比例为58.4%。再对两项调查的结果进行比较，可以看出，政策实施前后想生育二孩的比例依然是实施前相对较高，实施后相对较低；同时，二者之间的差别相比意愿生育子女数之间的差别要小。可以说，随着二孩生育意愿测量指标的现实性越来越强，调查结果也逐渐在向实际的二孩生育意愿回归和靠拢，想生二孩的比例与对生育现状不满意的比例也越来越接近。这一结果意味着，40%左右或许是我们应该相信的城市"双非"一孩育龄人群的二孩生育意愿比例。

## 五、结论与讨论

【结论部分的写法是先将前面"结果与分析"部分得到的结果简要地列出，然后根据这些结果总结出研究的最终结论。】

---

① 如果严格按上述分析的理解，那么2016年调查中所有选择这一答案的人都应被视作不想生二孩，但考虑到其中一部分年龄较轻的人有可能在最近的几年内还会选择生育二孩，故将年龄小于35岁者按想生育二孩统计。这样考虑所可能形成的偏差是会提高生育二孩的比例，即实际想生育二孩的比例会在34%~42%之间，特此说明。

本文利用"全面二孩"生育政策实施前后两次大规模抽样调查所得的数据，对城市"双非"一孩育龄人群在"全面二孩"生育政策实施前后的二孩生育意愿进行了对比分析。研究结果表明：

（1）无论是政策实施前，还是政策实施后，城市"双非"一孩育龄人群中，都有40％左右的人对现有子女数目不满意。

（2）当用理想子女数来测量人们的生育意愿时，一方面得到的二孩生育意愿高达80％，这与现有大多数同类调查的结果相似。另一方面，政策实施前后得到的理想子女数的结果基本一致，说明政策变化对这一指标的影响也不大。

（3）当用意愿生育子女数来测量时，政策实施前后的结果之间产生了明显的差别，政策实施前希望生一个的比例明显低于政策实施后的同一比例，而希望生两个的比例则明显高于政策实施后的同一比例。这一结果提示我们，当用意愿生育子女数来测量人们的生育意愿时，"假设的情景"与"现实的情景"之间存在距离。

（4）当直接测量二孩生育意愿时，政策实施前后的调查结果同样出现了差别。想生育二孩的比例依然是政策实施前相对较高，政策实施后相对较低。同时，二者之间的差别相比意愿生育子女数之间的差别要小。这揭示出，随着测量指标的现实性越来越强，调查结果也逐渐向实际的生育意愿回归和靠拢，研究得到的想生二孩的比例大约在40％左右，与样本中对现有子女数目不满意的比例非常接近。

（5）总的来看，政策实施前具有"假设"性质的生育意愿调查结果，与政策实施后具有"现实"特征的生育意愿调查结果之间的距离，会随着测量指标的不同而有所不同："对现有子女数目的满意状况"以及"理想子女数"这两项指标由于具有较强的主观看法、态度和认知的色彩，因而对于政策的变动并不敏感，即在政策实施前后的测量结果之间不存在差别。而更加接近生育意愿内涵的"意愿生育子女数"，以及接近生育计划内涵的"二孩生育意愿"，则由于其所具有的现实性特征，而对政策的变动相对敏感，即政策实施前的测量结果与政策实施后的测量结果之间会产生明显差别。这是本研究最重要的一个发现。

# 第 10 章 "假设"与"现实"之间的距离

从本研究的上述结论出发，笔者认为以下几个问题值得进一步探讨。

首先是目前城市"双非"一孩育龄人口的二孩生育意愿现状究竟如何的问题。这是关系到正确认识"全面二孩"生育政策实施效果和预测全国人口出生状况的重要一环。本研究从四个不同的角度，对这一问题进行了测量和分析，研究所得到的"全面二孩"生育政策实施前后四种指标、总共八个测量结果中，出现了40%、50%、60%、80%[①]这四种反映城市"双非"一孩育龄人群二孩生育意愿的结果（即前述表3～表6中的40%、40%、80%、80%、80%、60%、50%、40%）。那么，哪种结果相对接近现实呢？笔者前述的分析表明，40%是其中最为可靠的。这也即是说，目前城市"双非"一孩育龄人群中，大约有40%的人会生育第二个孩子。

【虽然本研究的主要目标是探讨"全面二孩"政策实施前后"双非"一孩育龄人群的二孩生育意愿有无差别，以及不同测量方式的前后变化，但是，将这些研究结果综合起来，得出目前城市"双非"一孩育龄人群中有多大比例的人会生育第二个孩子，无疑是本研究的另一个重要的结果。】

其次是四种不同的测量指标的效度问题。从前面对四种指标、八个测量结果的含义及其各自可靠性的分析中，我们不难看出，"理想子女数"相对来说是四个指标中效度最差的生育意愿测量指标。它离人们实际的生育意愿距离最远，因而不是用来测量人们生育意愿的好的指标。"对现有子女数目的满意状况"虽然不是对生育意愿的直接测量，但其作为反面的测量结果或许更加接近人们内心所具有的那种希望再次生育的意愿，因而是测量生育意愿的一个十分重要的参考指标。"意愿生育子女数"和"二孩生育意愿"都具有很好的测量生育意愿的表面效度，同时二者都对政策实施与否十分敏感，因而在政策实施前和实施后，它们的测量结果会有所不同。或者说，二者在"假设"与"现实"之间都

---

[①] 为便于讨论，均取近似值，特此说明。

会存在一定距离。相比较而言，"二孩生育意愿"的测量由于更接近生育计划，因而其偏差相对较小，更加接近人们实际的生育行为。这也是笔者得出上述二孩生育比例大约为40%的主要依据。

【这是完全从方法角度，对本研究结果的进一步探讨。】

再次是"全面二孩"生育政策实施的影响或效果问题。本研究的结果表明，对于属于观念、感觉、态度性质的测量指标，比如本研究中的"对现有子女数目的满意状况""理想子女数"等，政策实施的影响效果不明显，或者说它们对政策实施不敏感；而就"意愿生育子女数""二孩生育意愿"这类相对现实的测量指标来说，它们对政策实施十分敏感，即政策实施前后的结果会有所不同。且一般来说，政策实施前的测量结果往往普遍高于而不是低于政策实施后的测量结果，这也是本研究的另一个重要发现。这一结果一方面与笔者针对"单独二孩"政策效果所得出的"政策实施前一孩育龄人群二孩生育意愿较高、政策实施后二孩生育意愿较低"的结论相一致；另一方面又揭示出一定的差别，即"全面二孩"政策实施前后二者之间的距离，比"单独二孩"政策实施前后二者之间的距离要相对更小。它对于我们正确认识和评价"全面二孩"政策实施后，城市"双非"一孩育龄人群二孩生育意愿的状况和趋势，具有较高的参考价值。

【这一探讨则是基于研究的结果，从政策实施的影响的角度，对不同测量指标进行了深入分析，并指出这一分析结果对于正确认识"全面二孩"政策的实施效果所具有的意义。】

最后需要说明的是，由于本研究所依据的两项调查在地域分布上相差较大，因而用于分析和比较的两个样本在某些方面可能存在与结果相关的偏差。本文根据二者比较的结果所得到的结论也会依二者之间这种差别的大小而出现相应的误差。这是读者在看待本研究结论时应特别注意的一点。如果2016年的调查能够重复2015年调查的12个城市，那么研究结论的可靠性显然会更高。

第10章 "假设"与"现实"之间的距离

【最后实事求是地指出本研究所存在的局限性，并提示出相对更好的研究方式。】

## 第四节 研究评价与启示

### 一、研究评价

首先，本项研究在选题上一方面较好地结合了当时"全面二孩"政策刚刚实施的现实背景，另一方面则紧紧聚焦于社会和学术界普遍关注的生育意愿主题，以及从研究方法角度探讨生育意愿测量的问题。因此，选题的意义一方面体现为有助于及时地了解新的政策下"双非"一孩父母的二孩生育意愿，以便为政府和实际工作部门提供有价值的参考；另一方面则体现为可以从理论上提高对生育意愿测量方法、生育意愿调查结果客观效度的认识，从而为今后在实践中更准确地调查和了解育龄人群的生育意愿提供参考。

其次，本项研究在研究设计上充分利用了"全面二孩"政策实施前研究者自己所开展的全国十二城市生育意愿调查的资料，并通过恰当的设计和开展新的调查，顺利地建立起回答研究问题的合理的、可行的且相对有效的路径。在研究者现有资源和条件的前提下，获得了较好的研究效果。

研究的主要不足则是在2016年调查城市的选择上没有采用同样的全国12个城市，而是仅仅将调查地点局限在湖北省5个城市。这种处理方式导致两次调查的地点和范围相差较大。虽然这是为了兼顾上一章要与1988年湖北省调查进行比较的研究目标，并且研究者的研究经费、人力、时间有限，但这样一来还是对本项研究的结果形成了一定的影响。

### 二、研究启示

1. 社会设计的理想与现实

本研究最直接的路径，或者说最理想、最科学的方式是对一个随机抽取的全国城市"双非"一孩育龄夫妇的样本,分别在"全面二孩"政策实施之前和实施之后,进行两次同样方式、同样内容的二孩生育意愿调查,然后比较两次调查的结果,即可得到关于研究问题的答案。但很遗憾,这条路径走不通。因为国家什么时候公布和实施"全面二孩"政策,是一个不可能由研究者来控制的事件。这就是研究者所面对的现实。研究设计中许多最科学、最理想的方案,往往不具有现实性和可行性。理想的路走不通,怎么办?我们只能寻找其他的路径,采取其他方式来进行替代。这就是研究设计要做的工作。

本研究中所提到的前人的几种研究设计,就是当理想的道路走不通时,不同的研究者所找出的其他路径。这些不同的路径的思路不同,具有的优点不同,存在的局限也不同。因此,在这里再次回顾一下这几种思路和设计,可以启发我们在社会研究中面临理想与现实冲突时如何寻找替换路径。

一位研究者采取对两类不同的一孩育龄夫妇,在"单独二孩"政策实施后做一次调查的方式。实际上是用样本中不符合政策、不能生育两个孩子的"双非"一孩育龄夫妇的二孩生育意愿代表政策前的意愿,而用符合政策、可以生育两个孩子的"单独"一孩育龄夫妇的二孩生育意愿代表政策后的意愿来对二者进行比较。这种研究设计反映的实际上是在同一项生育政策面前,一部分"享有权利者"与另一部分"不享有权利者"之间的差别;更准确地说,是不享有权利者的"假设的意愿",与享有权利者的"现实的意愿"之间的差别,而不是同一类群体在"原先没有权利"时的意愿,与在"后来有权利"时的意愿之间的差别。所以,这一设计思路不能用来回答本研究的问题。

另一位研究者采取的是对同一类育龄夫妇,在政策实施后进行一次调查,并用其现在的意愿与其"回忆"的以前的意愿进行比较的方式。这一设计虽然满足了"同一组调查对象"的要求,但这种回忆的方式所存在的主要问题是:调查对象在政策实施前实际被问到这一问题时的回答,与现在让他们"回忆"的以前对这一问题的回答,二者之间是否相同无法确定。所以,这种方法虽然简便,但质量难以保证。

第 10 章 "假设"与"现实"之间的距离

还有一组研究者的研究与我的研究几乎是同时发表的，所以当时我没有看到这一研究，也没能对这篇相关文献进行评述。但因为它与本项研究同样十分相关，因此在这里再补充探讨一下。这项研究探讨的是"单独二孩"政策实施前后"单独"一孩育龄夫妇的二孩生育意愿的变化问题。他们采取的研究思路是对政策前调查的样本在政策实施后进行电话追踪调查，然后将两次调查的结果进行对比。这应该说是一种很好的研究设计。它满足了理想设计的各种要求，即对同一批人、在政策实施前后分别进行一次调查。虽然研究者有很好的调查条件和资源（国家卫计委的课题，由其下属的中国人口与发展研究中心负责进行），但其追踪调查也只采用了电话调查的方式而不是进行当面访问。这样一来，这一设计中也存在一定的问题。因为从他们的论文中可以看到，他们电话追踪调查的应答率不足25%，即不到总样本的1/4；而过低的应答率有可能造成样本的系统性偏差。[1] 同时，正如研究者所言："受电话调查方式的影响，调查对象在回答相关问题的时候可能存在随意性，其数据精确性有待进一步验证。"[2]

这三组研究者的思路各不相同，后者比前两者更好一些。它们有一个共同点，即都是采用收集第一手资料的方法。但是，假如你连做调查的经费都没有，无法开展调查去收集第一手资料，那怎么办呢？此时就可以像下面要说的这位研究者那样，采用收集二手调查数据的研究思路，即利用别人做的调查数据来达到自己的研究目标。这位研究者发现，2013 年，国家卫计委曾做了一个全国范围的生育意愿调查，其目的是为"单独二孩"政策的实施进行摸底。到 2013 年底，中央就提出了实施"单独二孩"政策。政策出来半年后，湖北省卫计委很快就在全省做了一个生育意愿调查。这两个调查正好一个在"单独二孩"政策实施之前，一个在政策实施之后，相隔时间非常短，不到一年。因此，这位研究者就想方设法分别弄到了这两个调查的原始数据，根据数据进行了分析，得出了结论。[3] 当

---

[1] 风笑天. 现代社会调查方法. 6 版. 武汉：华中科技大学出版社，2021：146-148.
[2] 姜玉，庄亚儿. 生育政策调整对生育意愿影响研究：基于 2015 年追踪调查数据的发现. 西北人口，2017（3）.
[3] 风笑天. 生育政策潜在人口的结构及其二孩生育意愿：对两项大规模调查结果的分析. 江苏行政学院学报，2015（6）.

然，这一研究也存在不足：一方面，它回答的是"单独"一孩育龄夫妇在"单独二孩"政策实施前后的二孩生育意愿变化情况，而不是本研究希望回答的"双非"一孩育龄夫妇在"全面二孩"政策实施前后的二孩生育意愿变化情况。因为"双非"一孩育龄夫妇的社会特征特别是年龄特征与"单独"一孩育龄夫妇有很大的差别，所以这一研究结果也不能回答本研究的问题。另一方面，这两项调查的地点有很大差别，一个是全国范围的调查，一个只是湖北省的调查。调查总体的差别也会影响到调查结果的可比性。

再看看本研究的设计。它是在经费、时间等资源和条件有限的前提下，既针对了"全面二孩"政策，又针对了城市"双非"一孩育龄夫妇，研究的这个目标达到了。同时，两项调查一个是在"全面二孩"政策实施前，一个是在政策实施后，这一条件也满足了。而且由于两次调查间隔的时间非常短，基本上是在政策前后半年时间内，这样就把其他因素的影响降到了最低程度。所以，这一设计对于回答研究问题来说几个条件都满足了。但是，这一设计还是有一个局限性，即两次调查的范围不同：2015年调查的是全国12个城市，2016年调查的是湖北的5个城市。虽然这是由经费不足造成的，但这还是会影响到两次调查结果的比较。

事实上，如果有足够的资源和条件，即有足够的经费、人力、时间，那么这一研究还可以有两种做得更好的研究设计。一种设计是在2016年，完全按照2015年的调查方案，抽取同样的12个城市、抽取同样的3类调查对象进行调查。这样，两次调查的数据的可比性就会更高，就会更加接近理想的设计。而另一种完全达到理想设计要求的做法，则是把2015年12个城市所调查的7 000多个家长全部保留着，到2016年时再去对这些人全部做一遍调查，即2016年的调查中所调查的对象全部是2015年的调查对象。也就是说，2016年调查是2015年调查的"追踪调查"。由于这样得到的结果，才是真正的"同一组人"在政策实施前和政策实施后的二孩生育意愿状况，它们的比较结果才是对研究问题的最标准回答，所以这是最理想的研究设计。但是要进行这样的追踪调查所要付出的代价——无论是人力、物力还是时间，都将是非常大的。正是由于这个代价太大了，一般的研究者做不到，非常困难，因而现有的上述几种实际的研究设计，无一不是在有限的资源和客观条件的限制下，研究者在理想的、科学的设计与现实的、可行的设计之间进行权衡和妥协的结果。

综上所述，对于做好一项具体的社会研究来说，进行科学的、合理的研究设计是最为关键的一环。因为在社会研究中，将研究问题、研究方法、研究过程、研究结果联系在一起的正是研究者的研究设计。特别是由于研究方法是固定的，而研究问题则是变化的，现实条件也是变化的，因此，知道在什么样的情况下应该选择什么样的方法，才是真正学会了方法。而能够在现实条件下合理地选择那条能最大限度地接近回答研究问题的正确路径，既需要研究者具有研究设计的综合能力，同时也是做出好的研究的最根本保证。

2. 研究设计中的妥协与补救

对于本研究的目标来说，理想的设计十分明确。但由于政策实施不由研究者决定，所以，理想的设计只能是一种理想，而不是现实。作为研究者，只能进行一定的妥协，并在力所能及的范围内寻找其他路径和进行补救。上述各种不同设计就是这种妥协和补救的具体表现。

此外，在这一研究中，还有一个补救的细节也可以给我们一点启示。就是当我们依据现实条件和其他研究目标（即要与1988年调查对比），决定了2016年的调查范围只能限定在湖北省的5个城市、调查对象只能限定为小学生父母时，这就意味着若要以此调查作为与2015年对全国12个城市一孩育龄夫妇的调查进行对比的调查的话，无疑会存在较大的风险。因为二者之间在调查范围、调查城市、调查对象上的差别将会极大地影响到对调查结果的比较和研究的结论，所以，研究者要通过研究设计，尽可能对这种缺陷进行补救，千万不能马虎地直接用两个原始样本所得的数据进行统计和比较。我正是考虑到这一点，在对2015年全国十二城市调查结果与2016年湖北省五城市调查结果进行比较和分析之前，先对两个调查的样本特征进行了仔细的分析；并通过合理地删除2015年调查中的部分城市和部分对象，使得两次调查的样本结构达到一致。实际统计分析的结果也表明，两次调查样本中的研究对象在各种基本背景特征上都没有显著差别,从而为进行两次调查结果的比较奠定了比较好的基础。

3. 研究之间的延续性问题

在任何一个研究领域中,都会有多种多样的研究问题。而我们所进行的每一项具体的社会研究,都只可能探讨其中十分有限的研究问题。因此,需要注意的是,社会研究者对各种社会现象、社会问题的研究通常都不可能是通过一项研究或者一次研究就可以完成的,往往需要进行多项不同的研究,或者进行多次研究才能逐步完成。我的这项研究实际上也可以说是自己前一项研究的继续,是对前一项研究中发出的呼吁的积极回应和具体实践。

实际上我在"单独二孩"政策刚刚实施时,就注意到政策前后"假设的"生育意愿与"现实的"生育意愿的差别问题,并利用他人的两项调查资料进行过初步探讨。在那项研究中,我得出了"政策实施前进行的生育意愿调查,有可能高估人们的生育意愿"的结论。[①] 但是,一方面当时我所做的那项研究的主要关注点是"单独一孩育龄人口有什么样的二孩生育意愿",换句话说,我当时主要关注的是符合"单独二孩"政策的独生子女一孩育龄夫妇有什么样的二孩生育意愿,特别是他们中有多大比例的人愿意生育二孩。因为那时是"单独二孩"政策实施初期,弄清政策涉及人群的二孩生育意愿的具体比例,相对来说是更为迫切、更为重要的问题。而育龄人群在政策实施前后生育意愿的差别问题相对来说就成了当时比较次要的问题。所以,当时我虽然意识到了这种"假设的"生育意愿可能与"现实的"生育意愿有差别,但却没有专门进行探讨。于是在论文的最后讨论中,我提出了"两项调查结果之间的差异提示我们,应该反思我们的生育意愿测量方法"的呼吁。

而我所进行的这项研究,除了回答有关"双非"一孩育龄夫妇的二孩生育意愿如何的问题外,可以说就是为了回应前一项研究的呼吁,专门探讨和回答前一项研究所没能回答的生育意愿测量方法问题。这项研究中我

---

① 风笑天. 生育政策潜在人口的结构及其二孩生育意愿:对两项大规模调查结果的分析. 江苏行政学院学报,2015(6).

对生育意愿四种不同的测量指标的测量效果的专门探讨，不仅仅很好地帮助我更准确地分析和判断了当前"双非"一孩育龄夫妇所实际具有的二孩生育意愿的比例，更重要的是，为今后研究者和政府相关部门更准确地调查和了解育龄人群的生育意愿提供了方法上的重要参考。总之，正是上述这样的前后相互关联的研究，使得我们在生育意愿研究领域中的发现和新的认识得到了进一步的增加。

## 附录 1

# 英克尔斯"现代人研究"的方法论启示

风笑天

摘要：本文以英克尔斯等人的著名研究"从传统人到现代人"作为实例，从研究设计、概念测量、数据分析、结果陈述等不同方面，系统解读和分析了这一研究中所体现的科学精神。文章指出：以逻辑性、严密性、现实性以及实事求是为主要特征的科学精神，是经验性社会研究的立命之本。

认识并努力加强这种科学精神，对提高我们的社会研究质量和水平具有十分重要的意义。

关键词：科学精神　社会研究　英克尔斯　人的现代性

在探索和认识我们所生存的社会世界的过程中，研究者越来越多地采用经验研究的方法来考察人们的社会行为，考察由这种行为所构成的各种社会现象，考察在这些行为和现象背后起作用的社会规律；研究者也越来越多地用经验研究的结果去回答社会现实所提出的各种疑问，为制定各种与社会发展、社会规划、社会控制相关的公共政策提供依据。可以说，无论是在社会学还是在其他各门社会科学中，经验研究已越来越成为人们认识社会世界的重要工具和途径。

值得注意的是，随着经验性社会研究及其成果的增加，与这种研究和

## 附录1 英克尔斯"现代人研究"的方法论启示

成果密切相关的方法问题和方法偏差也在增加。每一个投身于具体经验研究的人，都会对这种研究过程中所存在的大量疑惑、困难和艰辛有所体会。现有社会研究中所表现出的种种方法问题，比如在研究对象抽取上的各种偏误，在概念测量方面的简单化处置，在研究设计上的现实偏离，在资料分析上的逻辑矛盾、主观臆断和片面牵强等等，都会不同程度地断送研究者的宏伟目标和满腔热情。因此，对社会研究，或者在更广泛的意义上，对所有社会科学研究的科学性的高度重视和正确认识，是从事这种研究的研究者必须首先注意的问题。要不断提高社会研究的质量，提高我们运用经验研究方法的能力，提高研究结果与社会规律之间的相符程度，就需要不断反思和检讨我们的研究过程和研究方法，不断学习和总结科学探索过程中的成功经验和程序规范。

作为探索社会世界的一种方式，社会研究同样遵循着科学的基本规范和要求。特别是，各种社会研究都不可避免地带有具体的、个别的和特殊的印记，它们与其所要达到的目标之间，常常存在着相当的距离。那么，在探索和发现社会世界的各种特征及规律的过程中，我们靠什么来获得客观的、准确的及符合现实的研究结果？我们又靠什么来保证这些研究结果在从具体走向抽象、从个别走向一般、从特殊走向普遍的过程中，不会被曲解、被神化、被夸大或被缩小？探讨并回答这些问题，是笔者解读英克尔斯著名的"现代人研究"的主要动机。

英克尔斯是世界著名的社会学家，他与同事在20世纪60年代进行的"现代人研究"① 成就斐然，成为其学术思想和研究方法的集中体现。他们合著的《从传统人到现代人》一书也广为人知，并获得过"哈德里·坎特里尔"学术奖。他们在这一研究中所编制的"现代性量表"，早已成为现代人研究领域中的经典工具，被世界各国学者普遍使用。其研究所得出的"工厂是培养现代性的学校"的著名论断更是广为传播，影响巨大。然

---

① 1962年至1964年，英克尔斯及其合作者在世界范围内选择了6个发展中国家，开展了一场大规模的社会调查。他们采用问卷调查的方式，访问了6 000人，在每个国家访问的人数为1 000。所调查的对象包括农民、产业工人、在城市中从事传统职业的人等等。这些人代表了不同种族、阶层、宗教、地区、居住区以及其他重要的社会类别。通过这一调查收集到的资料，是英克尔斯"现代人研究"的主要依据。（殷陆君. 人的现代化. 成都：四川人民出版社，1985：10-11.）

而，他们在获得这一重要结论的过程中所付出的种种艰辛以及在证明这一结论的过程中所做出的种种努力，却往往被人们忽视。可以说，英克尔斯等人在"现代人研究"中所获得的结论可能是相对简短的，但他们用来得出这一结论，特别是用来证明这一结论正确性的过程却是十分漫长的。

作为一项以经验事实为基础的具体社会研究，英克尔斯等人的研究方法和研究策略值得特别关注。正如该书的译者在后记中所说："毫无疑问，本书的结论本身是值得注意的，但是更为重要的是其研究方法。"[1] 在《从传统人到现代人》一书中，英克尔斯不仅专门花了几章的篇幅来讨论该研究所用的方法，而且在对结果的分析中，几乎通篇都贯穿着对方法的讨论。这种讨论在很多方面都超过了专门的研究方法教科书的实例分析。在某种意义上，我们甚至可以认为，与其说这是一部讨论人的现代性的著作，还不如说它是一部探讨社会研究方法的著作。现在的问题是：作者为什么要这样做？从作者的这种做法中我们又能得到什么样的启示呢？

## 一、研究设计：构筑通向研究目标的桥梁

经验的社会学研究，或者更广泛意义上的社会研究，在其达到研究目标的过程中，往往会不可避免地遇到理论与实践、理想与现实的矛盾。英克尔斯的"现代人研究"同样如此。其研究的主要目标在于发现工厂工作作为一种现代化的影响因素，对于那些以前生活经历主要局限于农业以及与传统乡村有关的事物的人产生的效果。或者更确切地说，其研究希望"解释人们从具有传统的人格转变为具有现代人格的过程"[2]，特别是探索和回答工厂工作的经历在这种转变过程中所具有的作用问题。

英克尔斯等人的基本理论是：人们是通过他们的特殊生活经历而变成现代人的。这一理论还特别强调人的工作经历对其成为现代人的作用。"我们首先强调工厂是培养现代性的学校。我们也认为，城市生活以及同

---

[1] 英克尔斯，史密斯. 从传统人到现代人：六个发展中国家中的个人变化. 顾昕，译. 北京：中国人民大学出版社，1992：509.

[2] 同[1]5.

## 附录 1　英克尔斯"现代人研究"的方法论启示

大众传播媒介的接触会产生可以同工厂相提并论的影响。"[1] 同时,"我们没有忽视教育,更早的研究表明教育是个人现代性的一个有力的预报器"[2]。即工厂工作经历、大众传播媒介、城市生活和学校教育使人具有现代性,使传统人变为现代人。

概括地说,他所要论证的命题如下图所示:

```
              工厂工作    大众传播
               经历       媒介      城市生活   学校教育
传统人 ─────────────────────────────────────── 现代人
```

在社会科学中,提出一种理论假设或许不是特别困难。然而,要用经验的事实和材料来验证这一理论假设,却不是一件容易的事情。因为,理论假设只是一种"理想的事物",而研究却是一种"现实的事物"。研究设计的任务就是要变理想的为现实的,变理论的为实践的。

对于英克尔斯的研究目标来说,仅从逻辑上看,要回答这一问题,最好的方法是进行一项实验研究:选择两组相同的对象,其中一组进入工厂工作(实验组),另一组不进入工厂工作(对照组);在不同的时间点上,即在实验组对象进入工厂之前和进入工厂之后,对他们进行两次测量,然后比较两个组在两次测量中所得到的结果。用通过测量和比较所得到的差异来说明工厂工作对人的现代化过程的影响。用图简略表示即是:

```
                     时间点1          实验刺激          时间点2
实验组(进入工厂组):进入工厂前的测量 ── 工厂工作经历 ── 在工厂工作几年后的测量
对照组(未进工厂组):与实验组相同的测量 ─────────────→ 与实验组相同的测量
```

当然,为了控制其他因素的影响,研究者最好寻找设在乡村地区的新建工厂,然后进入这些工厂所在的乡村,调查和测量那些尚未进入工厂的人们。几年之后,研究者再一次来到这些乡村,分别调查和测量那些第一次曾接受了研究,并在工厂中已工作了几年的人,以及那些第一次曾接受了研究,但现在仍然在乡村从事非工业生产的人。通过比较两部分人在前

---

[1] 英克尔斯,史密斯. 从传统人到现代人:六个发展中国家中的个人变化. 顾昕,译. 北京:中国人民大学出版社,1992:7.

[2] 同①.

后两次调查和测量中所得结果，便可知道工厂工作的经历对于人们的现代化发展的影响状况。"如果在第一次测验和第二次测验之间，那些在工厂工作的人变得更加现代，那么我们就可以断言，正是工厂的经历使他们如此。当然如果我们发现那些仍然继续从事更传统的工作的人在两次测验之间没有变得更加现代，那么我们就可以更坚信这一结论的正确性。"①

然而，英克尔斯在研究中并没有采用上述具有纵贯特征的实验方式，而是采用了具有横切特征的调查方式。其主要原因是："这种单纯的自然实验可能很具有吸引力，但是它没有为我们的研究设计提供一个实际的基础。"② 即这种实验的方式只是一种"理想的"而非"现实的"方式。在实际生活中，实施上述研究的现实条件很难达到，在操作上有许多客观的障碍，比如工厂的性质、数量，研究者几年后重返原调查地点进行第二次测量所需要的人力、经费等等，都使得这一理论上十分完美、十分合适的研究设计在实践中变得几乎一钱不值。这就是社会研究者经常遇到的现实。在这种现实面前，英克尔斯开始设计达到研究目标的其他途径。

首先，他试图用不同的对象组别来替代不同时间点的测量。即比较两类人，"他们在所有其他的特征方面大致是相似的"，只是其中一类比另一类"有更多的工厂经历"③。这种设计用图来表示即是：

```
                                          实验刺激      同时测量
实验组（进入工厂组）：同样的一类人 —— 工厂工作经历 —— 测量
对照组（未进工厂组）：同样的一类人                     测量
```

由于两部分人在其他所有的特征——性别、年龄、教育、宗教、文化等等——上都是相似的，只有工作经历不同，因此，他们在测量结果上所存在的任何差别都只能归因于是否有工厂工作的经历。"我们没有对同一个人在进入工厂之前和在工厂工作一段时间之后进行比较，相反，我们是比较两个人，他们在其他的特征方面大致是相似的，只是其中一个比另一

---

① 英克尔斯，史密斯. 从传统人到现代人：六个发展中国家中的个人变化. 顾昕, 译. 北京：中国人民大学出版社，1992：47.

② 同①.

③ 同①48.

## 附录 1  英克尔斯"现代人研究"的方法论启示

个有更多的工厂经历。"① 但问题是："我们怎么能够确定那些观察到的差异是因为工厂工作的影响而产生，而不是因为在招募农民为工业劳动力时已经根据他们的心理特征而使他们有所差异呢？"② 也就是说，怎样才能排除"心理素质决定了一个人是否离开农业领域进入工业领域"的观点对结论的影响呢？

为了应对这一挑战，英克尔斯设置了两条保卫线。一是抽取了一个由刚刚进入工厂的农民所组成的样本，其作用是与那些身处乡村的农民进行比较；如果二者在现代性上没有差别，那么"心理因素决定论"就难以成立。二是即使新工人比留在乡村的农民更加现代，我们也可以通过比较新工人与有一定工厂工作经历的有经验的工人的现代性来说明工厂工作经历的作用。

尽管这三组对象的抽取及其相互之间的比较似乎已经满足了回答研究问题的需要，但是，英克尔斯丝毫没有放松对其他可能存在的缺陷的警惕性。在现实社会中，工厂是与城市联系在一起的，在进入工厂成为工人的同时，人们也成了城市人。因此，一个明显的疑问是：城市生活是否同样具有使人们现代化的作用呢？如果是，我们又怎么能够确定是工厂而非城市是现代化的学校呢？

这对研究者的目标又是一个严峻的考验和挑战。为了回应这一挑战，英克尔斯又抽取了第四个样本——城市中的非工业工人。这些人具有与工厂工人同样的城市生活背景，却缺乏工厂工作经历。这样，若比较发现工厂工人比农民更加现代，而城市非工业工人却并不如此，就可以认为，正是工厂工作经历而不是单独的城市生活经历使得个人向更加现代的方面转变。实际上，第四个样本所起到的是一种控制变量的作用——控制城市生活对研究假设的影响。

类似这种为了回答研究问题所进行的研究设计，在正确的逻辑推理的引导下贯穿于整个"现代人研究"的始终。比如，要确立工厂工作经历的

---

① 英克尔斯，史密斯. 从传统人到现代人：六个发展中国家中的个人变化. 顾昕，译. 北京：中国人民大学出版社，1992：48.

② 同①49.

作用，除了要排除城市经历的影响外，还必须排除与现代性相关的大众传播媒介、学校教育等因素的影响。英克尔斯为此又采取了配对、部分相关分析等多种方法来对这些因素进行控制。

与上述研究设计有关的一个重要问题是研究中的样本问题。对于定量研究来说，人们往往比较关注样本对总体的代表性，以及与这种代表性相联系的研究结果的概括性。我们注意到，英克尔斯在其研究中并没有去寻找有代表性的样本，而是去"寻找非常适合于目标的配额样本"[①]。是不是这样做就不科学了呢？这里应该对有关抽样问题的某种认识偏误略做解释。不同的抽样方式具有不同的特点，服务于不同的目的。对于描述总体结构状况和变量分布状况的研究来说，样本对总体的代表性是至关重要的，它决定着我们从样本中所得到的各种结果在总体中所具有的普遍性程度。而对于检验理论、考察关系、解释原因的研究来说，样本对总体的代表性就退到了相对不太重要的位置，此时重要的则是样本的构成与研究的目标、研究的假设、因果关系之间的关联程度。换句话说，以检验理论、解释原因为目标的研究通常不需要对总体有代表性的样本，因为它的目的不是描述总体的分布，而是直接针对所要检验的变量间关系的假设。当然，如果同时还希望描述总体，或者希望所研究的关系在总体中也存在、所验证的假设在总体中也成立，自然也需要对总体有代表性的样本。

方法为目的服务，从现实出发设计和选择适合研究目标的方法，是英克尔斯的"现代人研究"给我们的第一个启示。它告诉我们：无论是实验方法还是调查方法，无论是随机抽样还是非随机抽样，衡量和决定取舍的标准都不完全是这些方法自身的优劣，而是它们与研究目标和客观现实之间的适合性。有了这种适合性，我们才能使研究从理想的变为现实的，从理论的变为实践的。

---

① 英克尔斯，史密斯. 从传统人到现代人：六个发展中国家中的个人变化. 顾昕，译. 北京：中国人民大学出版社，1992：63.

## 二、概念测量：将思想的工具变为研究的工具

作为一种对社会世界的经验探索，社会研究会遇到比其他科学更多的障碍和关卡。其中最经常发生的问题是：研究者无法在实践上进行和完成理论上所需要的、所表示出的各种过程和操作。这是因为，研究者在理论上所使用的主要是思想的工具，其中，最基础的就是被称作理论大厦砖石的"概念"。而研究者在经验研究中所能够处理的，则必须是可以测量、易于操作的具体现象和行为。从理论的天空到经验的大地，概念的测量或概念的操作化过程就成为研究者无法回避的关键一环。笔者曾将这种变抽象概念为具体事物的操作化过程称作经验研究的"瓶颈"[①]。之所以称之为瓶颈，是想说明其困难性及重要性。在英克尔斯的"现代人研究"中，这一"瓶颈"就是对"现代人"概念或者说是对"人的现代性"概念的操作化和测量。

"人的现代性"是英克尔斯这一研究中最核心的概念。同时，它也是其主要思想和研究结论的概念基础。英克尔斯指出，要探讨和回答是什么社会力量促使传统的人转变为现代的人，以及这种转变的具体过程如何这样的问题，必须首先确定哪种人是现代人，以及凭什么标志来判断他们是现代人。

无论是作为一种心智素质，还是作为一个抽象概念，"现代性"都是一个内涵极为丰富、内容极为复杂的概念。正如英克尔斯所说，人的现代性，"是很多素质的综合体或复杂结合物，而不是一种单一的特质"[②]，它会"以各种各样的形式，在各种各样的背景中表现出来"[③]。因此，像众多社会研究者经常面临的问题一样，英克尔斯等人也面临着如何将有知识、受过高等教育的学者所感兴趣的，且存在于学者们头脑中的抽象的学术概念，转化为那些"非常单纯的"、只受过很少教育甚至没受过教育的

---

[①] 风笑天．社会学研究方法．北京：中国人民大学出版社，2001：102.

[②] 英克尔斯，史密斯．从传统人到现代人：六个发展中国家中的个人变化．顾昕，译．北京：中国人民大学出版社，1992：21.

[③] 同②.

普通人日常生活中十分具体的现象和经常接触的事物的问题。为了能够有效地从经验的层次上收集资料，回答研究的问题，研究者必须将思想的工具转变为研究的工具。因而，英克尔斯开始了从抽象概念到具体测量指标的漫长跋涉。

第一步，是确定概念的维度（dimention）。研究者从三种基本的但却不同的角度（即分析的角度、主题的角度、行为的角度）出发，对人的现代性的各种要素进行了分析。"这些角度在提醒我们注意我们的确在测量主题方面发挥了实实在在的作用。"[1] 研究者最终挑选出 24 个要素构成概念定义的明确的维度。这些维度成为其最终用来测量人的现代性的量表的 24 个大的主题。

第二步，研究者详细分析了他们提出这 24 个维度或主题的理由，同时列举了用来测量这些主题的具体指标。比如，对作为人的现代性定义第一要素的"乐于接受新经验"这一主题，研究者认为，"传统人不太愿意接受新的观念、新的感觉和新的行动方式"[2]，而作为现代人基本特征的"乐于接受新经验可以以不同的形式并在不同的情境中表现出来"[3]，如"愿意服用新药物或接受新的卫生方法，使用新种子或一种不同的肥料，愿意结识新的不同类型的人，或者转向一种不熟悉的消息来源"[4] 等等。

第三步，研究者又朝着编制在研究中实际运用的具体的现代性量表的目标努力。现代性量表是英克尔斯"现代人研究"的主要工具，研究者花了整整 3 章的篇幅讨论这一量表的建构过程、方法、具体内容及其质量。从由理论派生出的核心态度量表 OM-1，到一种扩大的态度量表 OM-2，又从最大的综合现代性量表 OM-3，到"净化的"量表 OM-500 和"平衡的"量表 OM-519，研究者不厌其烦地详细描述建构过程中的每一个技术细节，认真说明对量表的每一种改进或对主题的每一种取舍的理由。

---

[1] 英克尔斯，史密斯. 从传统人到现代人：六个发展中国家中的个人变化. 顾昕，译. 北京：中国人民大学出版社，1992：22.

[2] 同[1]25.

[3] 同[1]25.

[4] 同[1]25.

# 附录1  英克尔斯"现代人研究"的方法论启示

这样,当研究者带着读者走完了他们为测量人的现代性、为编制最终量表而走过的全部路程,来到他们关于"我们很成功地编制了一组测量一般个人现代性的量表。它们使我们很方便地根据这一量表以 0 到 100 的分数表示每一个人的现代性。这些量表考虑到一个人的态度、价值和行为,包括了我们和其他人的理论所确认的与现代人定义有关的全部问题、论题和主题"[①] 的结论之处时,读者也成了研究者,他们与研究者对这一问题的认识达到了完全的一致。这正是研究者所期望的。

有了对概念的操作化指标和精心编制的现代性量表,并没有解决概念测量过程中的全部问题。因为社会研究中的测量总是发生在社会中的具体个人身上。他们尤其要保证根据现代性量表设计的调查问卷以及组成问卷的每一个具体问题在六个不同的国家,以及在六个甚至更多的附加的文化亚群体中,都具有同等意义。

为了做到这一点,研究者面临一系列挑战。"我们的问题最初是用英文写成的。当我们从这种文化移到另一种文化,从一种语言环境移到另一种语言环境时,这就产生了难以克服的翻译问题。不可避免的问题是:我们怎样可以保证当我们走遍这六个国家时向那些人说着同样的事情呢?"[②] 研究者采取了多种不同的办法来迎接这些挑战:(1)"把我们的问题限于我们认为在任何地方对任何人均有意义的情境与关系"[③]。(2)与当地工作人员长期讨论,以使得双方"对于基本观念及其在问题上的具体体现有这种共同的理解"[④]。(3)"让不同的第三方把这些问卷重新译成英文"[⑤],"它不仅有助于找出简单的误译,指明那些不能用当地语言加以准确表达的概念,而且有助于显示出当地工作人员在哪些情形下未能清楚地理解英文中的原始概念或者不正确地解释了问题背后的目的"[⑥]。

---

① 英克尔斯,史密斯.从传统人到现代人:六个发展中国家中的个人变化.顾昕,译.北京:中国人民大学出版社,1992:131.
② 同①78.
③ 同①80.
④ 同①80.
⑤ 同①81.
⑥ 同①81.

除了解释和说明上述问题，英克尔斯还进一步对现代性量表的质量进行了衡量和评价。首先是对量表区分度的衡量。如果一份量表对各种各样的人进行测量，所得到的都是同样的结果，那么它就不具有很好的区分度。现代性量表的区分度如何呢？"在一个从 0 到 100 的最大范围的限制之内，我们样本中的人们得到的分数是从最低的 6 分到最高的 91 分。"[1] 这一结果说明，现代性量表的区分度很高。它是一个很灵敏的测量工具，在衡量和判别不同个人的现代性方面，有很强的"工作"能力。与此同时，英克尔斯又对量表的效度进行了检验。由于"并不存在一种简单的被普遍接受的外部标准可供我们用于证明一个人是否现代"[2]，因而常用的证实量表有效性的"效标效度"方法在这里无法采用。研究者只能求助于更为复杂的"建构效度"方法。而在采用这种方法时，由于它所借助的理论正是研究者试图证明的理论，因而研究者就冒着一定的风险。"如果我们发现具有现代化经历较多的人未能在综合现代性量表上得到较高的分数，就会面临一种两难的境地"[3]：要么理论是正确的，量表是无效的；要么量表是有效的，而我们的理论是错误的。当然，"如果这些综合现代性量表的分数能指明哪些具有现代化经历的人们较具现代性，我们就会取得双重的胜利"[4]。通过在六个国家的实际测量和比较，研究者最终能够理直气壮地写道："在所有六个国家中，都存在有力的证据，证明综合现代性量表能有效地确证，我们根据其客观的社会特征预期是现代人的，实际上的确也是现代人。"[5]

为了将思想的工具转变为研究的工具，英克尔斯历尽艰辛，在著作中花费整整 3 章，用长达 80 多页的篇幅去描述。所花功夫之深，态度之认真，描述之详细，均体现出研究者严谨的科学态度和实事求是的科学精神。其实，"工欲善其事，必先利其器"，在社会研究中，又何尝不是如此

---

[1] 英克尔斯，史密斯. 从传统人到现代人：六个发展中国家中的个人变化. 顾昕，译. 北京：中国人民大学出版社，1992：179.

[2] 同[1]180.

[3] 同[1]180.

[4] 同[1]181.

[5] 同[1]183.

呢？当英克尔斯把"人的现代性"最终变成一份在六个国家都通用，同时又十分有效地将不同个人的现代性程度用 0 到 100 分表示出来时，他探索研究目标的工作就具有了现实的基础。

### 三、数据分析：替别人向自己提问

在定量的社会研究中，研究结论的得出以及结论的可靠性在很大程度上依赖于其数据分析的质量。在通常情况下，研究者往往只将注意力集中在自己的数据和分析上，并且在陈述和论证自己的结果和结论时，也常常是直接地将分析的步骤、过程、结果一一展示出来，以此来向读者报告并征服读者。但在解读英克尔斯的"现代人研究"时，笔者发现，研究者在对数据进行分析和说明的过程中，却经常采用一种独特的，以"自己向自己提问""替别人质疑自己的研究结果"为特征的方式。

比如，通过经验考察大众传播媒介与现代性之间的关系，研究者已经从数据分析中得到了一个十分明确的结论："对迄今为止已经看到的证据加以考虑之后，我们做出结论：作为个人现代化的指标，大众传播媒介与学校和工厂一起站在前列。"[①] 但研究者马上又从他人的角度向自己指出了存在偏误的可能性："然而，这一结论会受到挑战。理由是：观察到的零阶系数可能是传播媒介与其他变量（例如教育、居住在城市以及职业）之间关系的一种人为结果。……看起来是由接触大众传播媒介所产生的效果，实际上很可能是由这些相关的变量产生的。"[②] 这是一个严重的问题。如果不对这一可能性进行验证和排除，那么前面结论的确实性和可靠性都将不复存在。正是这个从他人角度提出的疑问，将研究资料的分析引向更加深入的过程。研究者又采取两种不同的分析方法，在进一步控制其他相关变量影响的情况下，重新考察了大众传播媒介与个人现代性之间的关系。结果，部分相关分析再次表明：在使人们更加现代的问题上，大众传播媒介是一个重要而且独立的因素。而配对程序检验的结果则又一次确

---

[①] 英克尔斯，史密斯. 从传统人到现代人：六个发展中国家中的个人变化. 顾昕，译. 北京：中国人民大学出版社，1992：218.

[②] 同①218-219.

认:"大众传播媒介在形成个人的现代性方面是一个真正独立的力量。"[1] 看到这里,我们还能对其结论的可靠性产生怀疑吗?

同样,在得出工人与农民之间在现代性上存在显著差异的结论后,英克尔斯并没有立即宣称他们的理论获得了证明,而是自找麻烦似的提出了新的质疑和挑战。"虽然工人与农民之间的差别是惊人的,但是我们还不能宣称这已经提供了决定性的证明,说工厂工作是使人现代化的,直至我们能够应付三项挑战。"[2] 这三项挑战是:(1) 或许这些乡村出身的工人之所以比现在仍然留在乡村的农民更加现代,并不是因为他们从工厂里习得了现代性,而是相反,因为他们本来就比那些农民现代,所以他们才选择进了工厂。(2) 之所以工厂的工人比农民更加现代,是因为那些传统的人先后离开了工厂,使得留下来的人都是那些具有很强现代性的。(3) 工人比农民现代,并不是工厂工作经历的影响,而是由于他们比农民更多地接触大众传播媒介,或是更多地参与城市生活等其他因素所致。

十分明显,如果研究者不进一步对这三项挑战给出令人满意的及合情合理的答复,他前面所得出的结论就会马上失去意义。也正是他自己所提出的这三项挑战,迫使他在更深入的层面上展开资料和数据的分析。

首先,对于挑战一,也叫作差异性选择的观点,研究者从三个方面给予了回应:一是通过配对的方法,控制了受教育程度、年龄、宗教等这样一些对人们选择进入工厂有影响的早期社会化变量,或者说先消除掉这些变量的影响,再来比较他们的现代性得分;二是对从乡村到城市的迁移进行专门分析,结果也不能证实自我选择现象起较大的作用;三是通过对进厂工作后现代性是否年复一年地增加来直接验证工厂工作经历的效果。统计分析的结果清楚地表明:"人们进入工厂工作之后年复一年地习得现代性,这似乎是显然的。"[3] 同时,研究者还通过分析在乡村工作的农民并没有表现出其现代性随时间增长而增强的事实,来进一步说明在工厂工作

---

[1] 英克尔斯,史密斯.从传统人到现代人:六个发展中国家中的个人变化.顾昕,译.北京:中国人民大学出版社,1992:220.

[2] 同[1]242.

[3] 同[1]244.

## 附录1 英克尔斯"现代人研究"的方法论启示

时间越长的人现代性特征越强这一事实并不是年龄增长和逐渐成熟的结果。

其次,对于挑战二,也叫作差异性保留的观点,研究者从工人与工厂经理两个方面给予了回应。从工人方面来看,调查显示,如果一个人自愿离开工厂,那么他通常是有高超技能并雄心勃勃、愿意冒险建立自己的小企业的人,这种人更有可能是比较现代的人,而非传统的人。从工厂经理方面来看,如果经理不断进行这种差异性淘汰,那么必定会在不同工龄的人中进行。然而,调查结果显示,筛选一般发生在新人被雇用后的前几个星期,工人工作一年后就不会因为进一步的筛选而遭淘汰。同时,被解雇的人通常会受雇于另一个工厂。如果是现代性低的人被淘汰,那么那些在几个工厂中工作过的人在现代性量表上的得分应该比较低。可事实正好相反,他们的现代性得分相对更高一些。

最后,对于挑战三,研究者采取了控制变量的方法,同时控制了学校教育和大众传播媒介的影响后,工厂工作经历与综合现代性之间的相关性在 0.001 以上的水平上仍然是显著的。另外,为了排除城市生活的影响,研究者选择了7组"居住在乡村里的工厂工人"[1],他们有工厂经历而没有城市生活经历。"如果城市生活能够解释大部分以前所观察到的工人的现代性,那么居住在城市的工人应该比居住在乡村的工人更加现代。但是,无论是在印度还是在孟加拉国,测验的结果都不是如此。住在乡村里的工厂工人和同一工厂中住在城市里的工人是同样现代的。"[2] 正是经过了对上述三种挑战的有理有据的回应,研究者才明确地宣称:"工厂是一个有效的现代性学校。"[3]"我们可以断定我们已经证明工厂工作本身是促使人现代化的一个重要因素。"[4]

在已经得到的结论后面,又展开如此详细和复杂的分析过程,这是英克尔斯"现代人研究"给我们的另一种启示。它体现出的是一种严谨的科

---

[1] 英克尔斯,史密斯. 从传统人到现代人:六个发展中国家中的个人变化. 顾昕,译. 北京:中国人民大学出版社,1992:251.
[2] 同①252.
[3] 同①253.
[4] 同①253.

学精神。正是这种站在读者和他人立场上、自己对自己的质疑方式，使读者跟随着研究者的思路，一步一步地走向令人信服的结论。而那种无论是有意还是无意地回避或忽视对结论构成挑战的各种细节和疑问的做法，往往会受到读者的更多质疑。

**四、结果陈述：我们实际上得到了什么**

经验研究科学性的要求之一是在研究报告中详细地、如实地介绍和陈述研究者在探索研究目标的过程中所运用的方法，包括所遭遇的困难、障碍和挑战。这是读者接受研究结论的前提和基础。英克尔斯在"现代人研究"中，一方面详细探讨了研究过程中涉及的各种问题：从概念的定义、测量，到调查国家的确定；从调查样本的选择，到同被调查工厂的经理和工会领导人的接触；从对访谈过程的质量控制，到应对为了确保同一份问卷在不同文化中具有同一含义而面临的翻译问题等等。正是这种看起来似乎有些琐碎、啰唆的讨论，让我们切实感受到一种严谨的、求实的、负责的科学态度和科学精神。它使读者成为研究过程的实际参与者，成为研究结论来龙去脉的见证人。另一方面，在对结果的陈述中，研究者非常明确地将结论和局限性同时列出，将实际得到的和并没有得到的严格区分开。

首先是对研究过程中所面临的各种挑战，以及由这些挑战所引起的对研究结论的各种疑问，研究者不是靠强硬地提出自己的观点来回答，而是心平气和地通过让读者详细了解自己的研究程序和研究方法、了解"自己是如何做的"来回答。

比如，由于"现代人研究"中的受访者大多数没有经历过这样的访谈，因此，访谈过程造成的偏差是一个需要正视和说明的问题。研究者必须保证，他们"在访谈中所采取的有助于确定情景与态度的方法，不会以某种误导的方式，诱使人们造成回答的偏差"①。英克尔斯没有武断地指出其研究方法和程序质量如何好，而是详细地描述了访谈的过程，特别是

---

① 英克尔斯，史密斯. 从传统人到现代人：六个发展中国家中的个人变化. 顾昕，译. 北京：中国人民大学出版社，1992：83.

## 附录1 英克尔斯"现代人研究"的方法论启示

他们的操作方法:除了向受访者说明研究的目标、保密要求外,"还尽一切努力保证访谈的进行近乎完全保密"①。"在每家工厂,我们都有一间私用房间。在那种不得不坐在凳子上公开进行访谈的地方,我们尽量注意附近(至少在耳目可及的地方)没有人徘徊和窥视。当这些条件在工厂里不能得到满足时,我们便把受访者带到我们研究项目的总办公室中。"② 访谈员都受过训练与指导,不会把任何观点强加给受访者,也不会引导受访者,更不会评判受访者回答的内容、使用的语言和表达的观念。英克尔斯还列举了在5 600次访谈中,只有不到30次半途而废等等。当他将访谈过程的所有细节描述完毕后,才写下了最后这句话:"我们的程序显然既没有把现代性较少的人排除在外,也没有把现代性较多的人保留进来。"③ 显然,并不是这句话,而是他的那些描述让我们相信,他所得到的是真实无偏的资料。

同样,为了说明受访者对问卷的理解不存在问题,也不致引起回答偏差,英克尔斯详细地描述了他们的做法:"我们在研究的一开始就采纳了一项严格的规定:不经常使用同意-不同意的格式,当然也不经常使用其他措辞一成不变的回答。"④"除了变化问题的类型和形式以及提供平衡的选择之外,我们也设法通过问卷的组织来抵消回答趋向的影响。"⑤"在问题的安排上没有任何东西可以给出一种提示,告诉人们某个答案可能比其他任何答案都好。"⑥ 此外,"我们做了一项特殊的测验,以考察对我们问卷的理解状况。我们称这种技术为'随机侦察'"⑦,"在使用这一技术的200个问题中,有87%被评估为理解得'好'或'很好'"⑧。"它不仅表明我们成功地提出了可理解的问题,而且还正确无误地表明,除少数情况之

---

① 英克尔斯,史密斯.从传统人到现代人:六个发展中国家中的个人变化.顾昕,译.北京:中国人民大学出版社,1992:83.
② 同①.
③ 同①86.
④ 同①87.
⑤ 同①87.
⑥ 同①88.
⑦ 同①90.
⑧ 同①90.

外，我们的受访者不仅理解我们问的是什么，而且理解并能够解释和证实他们答的是什么。"① 英克尔斯用好几页纸的篇幅详细解释和描述上述各种做法，特别是"随机侦察"方法的运用及其结果，也只是为了得到最后的这两句话。而当读者心服口服地接受了这两句话时，他们还会怀疑研究者所用资料的质量吗？

其次是在陈述研究结果或结论时，毫无保留地陈述其研究方法的局限性，以及研究本身所存在的局限性。以经验性作为基本特征之一的社会学不能不面对经验性研究的功能和局限性问题。这一问题至少涉及三个方面：一是经验研究有没有局限性？即我们是否承认任何经验研究都存在局限性？二是如何看待和如何从思想上认识经验研究的局限性？三是在实际研究报告中如何对待这种局限性？

从理论上，人们往往会承认这种局限性的存在，在思想上也会十分清楚地意识到这种局限性，特别是对于旁观者和评论者而言。但是，当研究者自己进行经验研究时，特别是当研究者在总结通过自己的经验研究所得到的结论时，往往又会自觉不自觉地忽视这种局限性，忘掉这种局限性，有的甚至完全意识不到这种局限性，在研究报告中自然也就避而不谈这种局限性了。让我们看看英克尔斯是如何看待和对待"现代人研究"中的局限性的。

在"家庭与学校背景"一章中，研究者通过细致的分析，得到了这样的结论："一旦其他因素，尤其是后期的生活经历受到控制之后，在一个有优良气氛的家庭环境中获得的好处，作为一种塑造现代人的一贯因素，失去了其重要性的一大部分。"② 紧接着这一结论的，是对其局限性的详细讨论。英克尔斯提醒读者："我们的结论就是在这些局限性的范围内加以应用的。第一，我们并不是断言，父亲的教育在任何情况下对于形成较大的个人现代性均无持久的好处，我们的结论只限于我们搜集的那一种类

---

① 英克尔斯,史密斯. 从传统人到现代人：六个发展中国家中的个人变化. 顾昕,译. 北京：中国人民大学出版社,1992：90.
② 同①354.

附录1 英克尔斯"现代人研究"的方法论启示

型样本。"[1]

在研究的总结部分，英克尔斯一方面如实地报告了其研究中所采用的自变量组产生的复相关系数范围，指出它们"解释了综合现代性分数中32%到62%的变化"[2]。另一方面，他又明确指出"还有许多变化尚待解释"[3]，"这些尚待解释的变化，一部分无疑是由于测量错误，因为无论是综合现代性量表还是自变量或解释性变量的测量都远不是完美可靠的。但必定还有一些我们没有加以测量的因素，它们很可能发挥了实际的作用"[4]。将英克尔斯的这段话转换成另一种说法，实际上是在告诫读者：本研究无论是在对研究变量的测量上，还是在影响因素的选取上，都存在着明显的缺陷；或者更直接地说，本研究的结果具有十分明显的局限性和相对性。

又比如，在"好不容易"否定了有关家庭和学校对人们现代性的早期影响的"竞争理论"后，研究者并没有沾沾自喜，而是非常实事求是地检讨自己的研究结论的局限性。"我们犹豫是否把这些结果看成是早期经历的相对不具重要性的明确证据。"[5]"首先，我们认为，在选择确定哪些特殊问题为教育儿童的现代方法上，我们有些武断。……其次，我们承认，在某一事件发生后20年或更长时间之后回忆时，一个人对当时家庭或学校的社会心理的记忆是否可靠，是颇有问题的。"[6] 正是这种细致入微的，对自己研究中的任何一点可疑之处都不放过，对研究结论的任何一点局限性都说得清清楚楚的做法，使得英克尔斯的"现代人研究"具有更高的可信度和科学性。

对于"人的现代化过程是持续的和终身的，还是存在某个高峰，达到

---

[1] 英克尔斯，史密斯. 从传统人到现代人：六个发展中国家中的个人变化. 顾昕，译. 北京：中国人民大学出版社，1992：354.
[2] 同[1]439.
[3] 同[1]439.
[4] 同[1]439-440.
[5] 同[1]350.
[6] 同[1]350-351.

这一高峰之后，就不再继续变得现代了"① 的问题，英克尔斯的结论是："在工厂中至少12年的一段时间内（在样本中这是我们最高的工作年数），工人们在工厂中就业每多一年，就变得更加现代。"② 但是，他同时也明确指出："我们不能确定变得日益现代是终身的过程，因为我们的样本截至35岁。"③ 同样，对于失去与现代化机构的接触后，人们是否会转向更传统这类问题，研究者更是坦陈："我们不能根据任何实质的经验证据来回答这些问题。"④ 短短两句话明确告诉我们：从研究的资料中只能得出什么结论，得不出什么结论，研究者心里一定要十分清楚；在表述研究结果和结论时，更要清楚、明确，不能任意夸大研究的作用，也不能超出研究的限制条件得出结论。表面上看来，一项研究具有的上述局限性越多，研究者对局限性表述得越详细，研究结论的意义和价值似乎会越小；但实际上，能不能如实地指出研究自身的局限性，恰好是经验研究所得结论有无意义、有无价值的一种更客观、更科学的衡量标准。

对研究中所使用的方法，特别是对方法的局限性，也应有一个正确的认识。因为"每一种分析方法都有其内在的局限性"⑤。英克尔斯在探讨影响个人现代性的各种社会相关因素时，首先坦陈了他们所面临的问题、考验和挑战："我们面临着一系列的关联性，例如城市生活和工厂经历的关联，父母的背景和他自己受教育状况的关联，一个种族群体的文化遗产和这种遗产导致这个人从事一种特殊职业之间的关联，等等。"⑥ 为了解决这些问题和挑战，英克尔斯采用了两种主要的方法。一种是"配对技术"。即挑选两组人，他们在众多的特征上不存在显著的统计差异，而只在研究者希望评价其单独影响的那个变量上不同。这样，研究者就可以逐一地对他所感兴趣的变量进行配对和分析，同时又避免了上述各种关联的

---

① 英克尔斯, 史密斯. 从传统人到现代人：六个发展中国家中的个人变化. 顾昕, 译. 北京：中国人民大学出版社, 1992：446.

② 同①.

③ 同①447.

④ 同①447.

⑤ 同①189.

⑥ 同①188.

影响。但是，英克尔斯马上指出，他们所使用的"这种配对的方法亦有其缺点。第一，由于配对程序的条件严格，我们只能得到很少的个案。因而，由配对群体所产生的统计结果的可信度经常是不确定的。……而且，配对的必要条件有时致使选出来许多组的人，在其同伴整体中相当没有代表性"①。这无疑是研究者所面临的另一个问题和挑战。为了解决这一问题，研究者又采用了另一种方法，即"部分相关技术"。这种定量的统计分析技术能够使研究者在同时控制其他相关变量影响的情况下，集中考察他所关心的两个因果变量。看起来问题完满地解决了。但是，英克尔斯同时指出，这种方法也有其局限性，"它是一种相对盲目的技术。它依赖于一套复杂的统计假设，一旦获得了结果，便难以精确确定在这一结果背后究竟是什么"②。

英克尔斯为什么要将自己所用的方法的局限性一一明确地指出来？这是其实事求是的科学精神的另一种体现。只有对研究方法的内在局限性有了十分清楚的认识，研究者才能在探讨问题和推断结论时保持清醒的头脑。只有明白了各种方法的功能和不足，明白了各种方法能做什么和不能做什么，在推断结论时才能充满信心，才能恰如其分。

对研究结果的报告或陈述并不属于研究方法和技术的范畴，但它却是一项研究所不可缺少的。

### 五、科学精神：社会研究的立命之本

研究是什么？研究是一个认真地提出问题，并以系统的方法寻找问题答案的过程。研究是一种被称作科学的活动。在从事这种活动中，需要一种科学的精神。无论研究者所研究的具体问题是什么，也无论他采用哪种具体的研究方法，都必须坚持科学的精神。换言之，虽然科学探讨的具体方式有多种，但它们共同的因素只有一个：科学的精神。

坦陈研究中所面临的种种挑战、阻碍和困难，同时以积极的、实事求

---

① 英克尔斯，史密斯. 从传统人到现代人：六个发展中国家中的个人变化. 顾昕，译. 北京：中国人民大学出版社，1992：189.

② 同①189-190.

是的态度去解决和处理这些挑战、阻碍和困难；在陈述中不仅说明"要达到目标我们必须做什么"，同时还详细说明"为达到目标我们实际上是如何做的"以及"这样做的实际效果如何"；在研究中，客观地、实事求是地看待研究结果，清楚地认识到并如实报告研究结果是在一定程度上、一定范围内、一定前提下成立的，具有相对性……英克尔斯在整个"现代人研究"中，在字里行间，为社会研究中科学精神的关键内容以及如何坚持这种科学精神做出了明确具体的注解。这启示我们：科学并不一定意味着定量，也不一定意味着精确，而是意味着逻辑，意味着严密，意味着实事求是。逻辑性、严密性、现实性和实事求是，是英克尔斯这一研究所体现的科学精神中最关键、最核心、最本质的内容。这种科学精神是一切社会研究的立命之本。

首先，作为一种科学的探究活动，社会研究不能偏离一切科学都必须遵守的逻辑性要求。推理必须符合逻辑，思维必须符合逻辑，论证必须符合逻辑，正是逻辑性为社会研究的科学性提供了一种基础的规范和准则。其次，作为一种科学的探究活动，社会研究必须有很强的系统性和严密性。设计必须严密，不能存在程序上的漏洞；操作必须严密，不能出现大的偏差；分析必须严密，论述不能似是而非。再次，作为一种经验的探索，社会研究必须在其跋涉的每一道关口都获得现实条件所要求的"通行证"。社会研究的设计和实施，必须符合客观条件的限制和许可，必须能够把研究者为回答研究问题所勾画的蓝图变为现实的行动。最后，社会研究是一种由社会中的具体个人从事和进行的活动，而研究者实事求是的态度将是社会研究具有科学性的最重要的道德保证。

在研究和探索的过程中，我们自然会遇到各种各样的问题、挑战和考验。科学的精神要求我们，首先，应该明确说明自己所面临的问题、挑战和考验是什么；其次，要明确说明我们是如何解决这些问题、如何应对这些挑战和考验的。实际上，任何一项社会研究都会在不同程度上遭遇现实条件的限制和冲击，研究者往往也会在这种遭遇和冲击的影响下无奈地放弃或偏离原有的目标。这里最重要的原则是：清楚地认识到自己所做出的让步和妥协，如实地说明这种让步和妥协所带来的后果，在这种让步和妥

## 附录 1　英克尔斯"现代人研究"的方法论启示

协的前提下总结自己的研究发现。在这一过程中，要非常重视和详细陈述研究的方法。因为方法是研究者走向目标所借助的船和桥，是研究者解剖现象、发现规律时所用的工具，是研究者得出研究结论的逻辑过程。强调对研究方法的专门介绍，"不是教条，不是框框，也不是'洋八股'，而是科学研究论文的必备条件，是其结论成立的前提和依据，也是研究者科学精神和科学态度的一种体现。它既可以在一定程度上约束研究者的研究行为，同时也可以使读者和同行切实地了解作者所得研究结论的正确性、普遍性和适用性"[①]。正因为如此，我们才会看到：在《从传统人到现代人》一书的四大部分中，有两大部分专门讨论研究方法，超过了全书篇幅的40%。同时，我们还应该认识到，方法是为目的服务的，只有从现实出发设计和选择适合研究目标的方法，才能帮助我们从理想到现实，从理论到实践，才能使我们最终走向研究的目标。这种方法与研究的关系在英克尔斯的"现代人研究"中同样得到了完美的说明。

一本优秀的理论著作，会使人们感受到大师深邃的目光和思想的光芒；而一本优秀的经验研究著作，则会使人们感受到严密的逻辑、精巧的设计以及让人心服口服的事实和力量。解析著名社会学家的经典研究，可以帮助我们在自己的研究实践中树立起一种科学的理念——社会研究是一种科学的探究活动，科学性是其必须遵循的最高原则，科学精神是社会研究的立命之本。这种科学的理念，是每个研究者都必须具备的基本素质，它会为我们的具体研究提供一种明确的思想指南。如果从事科学研究的人在理念上都没有一种科学精神，那么何谈在实践中坚持科学精神？解读英克尔斯的这部经典的社会研究著作，认真挖掘其中所体现的科学精神，无疑会对我国社会研究水平的进一步提高带来实质性的影响和帮助。如果我们不仅理解了英克尔斯关于人的现代化的研究结论，同时也受到其研究中所体现的科学精神的启发和熏陶，那么我们所得到的就会远远超过一项具体研究结论本身。

回首英克尔斯的"现代人研究"带领我们所走过的漫长道路，我们的

---

① 风笑天. 结果呈现与方法运用：141 项调查研究的解析. 社会学研究，2003（2）.

脑海中留下了深刻的感受和启示：在研究者探索社会现象的过程中，处处存在着陷阱；在研究者了解社会世界的过程中，处处充斥着障碍；针对各种陷阱和障碍，一批又一批的研究者发展出种种科学的方法去克服，去跨越；而伴随着这些方法的，又是一些新的陷阱和新的障碍……社会研究可以说就是这样一个"道高一尺，魔高一丈"，困难与方法不断较量、不断斗争的过程。这里可以套用马克思的一句名言：在社会研究的道路上，没有平坦的大路可走，没有简单的事情可做；只有那些在不断探索、不断识破陷阱、不断跨越障碍的过程中不畏劳苦的人，才有希望看到社会世界的本来面目。这正是英克尔斯"现代人研究"给我们的最宝贵的启示。

附录 2

# 《江村经济》教我们如何做研究

重读费孝通先生《江村经济》一书的几点启示

风笑天

2016年是著名人类学家费孝通先生第一次"江村调查"80周年。在费孝通先生一生众多的著述当中,基于江村调查资料写成的《江村经济》一书,无疑是具有特别重要意义的一本。这种意义不仅仅在于它是费孝通先生在英国伦敦政治经济学院完成的博士学位论文,更主要的则在于它是"人类学实地调查和理论工作发展中的一个里程碑"(马林诺斯基,1986:1)。马林诺斯基高度评价这一研究的贡献,指出它不仅从人类学研究中常见的"小小的微不足道的部落"跨越到"世界上一个最伟大的国家",而且是"一个土生土长的人在本乡人民中间进行工作的成果"(马林诺斯基,1986:1)。

正因为如此,学术界对《江村经济》的研究很多,学者们从不同方面对这本著作及其研究结论进行了广泛的探讨。这种探讨除了涉及中国的农村、农业、农民相关方面外,还涉及其他一些方面的主题。比如,有学者在思考"《江村经济》一书是否已经提出了对中国社会变迁机制的独特理解"(甘阳,1994)的问题。也有学者专门从研究方法的角度对费孝通先生这本久负盛名的著作进行过探讨和总结。比如,韩国学者全京秀和崔海洋就曾以《江村经济》为例，探讨了费孝通先生的人类学研究方法。他认为，费孝通先生在三个方面对田野调查研究的方法论做出了贡献："第一，《江村经济》为中国人类学研究的本土化提供了范本。第二，《江村经济》为中国农村社区研究提供了方法论。费先生通过对'江村'的研究，为当时的知识界提供了参与式研究方法。第三，与以往人类学界主要以无文字的社会为调查对象来撰写民族志不同，费先生通过对以中国农村为背景的'江村'的田野调查，开创了人类学对有文字记录的社区进行研究的先河。"（全京秀，崔海洋，2013）

《江村经济》一书来源于1936年费孝通先生进行的"江村调查"。1938年，他以通过江村调查所得到的资料完成了自己的博士论文，顺利通过答辩。第二年，其博士论文以"中国农民的生活"为题在英国出版。直到1986年，也就是在他第一次进行江村调查五十年后，这本以"江村经济"为主标题，而以原标题"中国农民的生活"为副标题的中译本才在国内出版。那时，笔者还是北京大学社会学系的一名在读硕士研究生，当时就买到和学习了费孝通先生的《江村经济》这本著作，从中得到了不少启发。三十年后，当笔者重读此书时，一些以前没有注意到的很小的细节却给了笔者新的启示。因此，在本文中，笔者不准备就与《江村经济》一书主题内容相关的农村问题、农业问题、农民问题或者更高层次的中国社会变迁机制问题等展开探讨，也不想仅仅从费孝通先生在《江村经济》一书中所采用的人类学具体研究方法方面进行探讨，而想结合笔者重读此书时所获得的几点新的感受和认识，从更一般的"如何选择研究问题""如何像人类学家那样做研究"以及"如何指导学生做研究"等方面谈谈《江村经济》一书给我们的启示，以此来与广大同行进行交流。

《江村经济》一书共由六个部分组成：除了费孝通先生的博士论文《江村经济》（中国农民的生活）这一主体内容外，还包括马林诺斯基的序、费孝通先生为出版此书所写的"著者前言"、其1957年第二次访问江村后所撰写的"重访江村"、其1981年赴英国接受赫胥黎纪念奖章前第三次访问江村后所撰写的"三访江村"，以及由澳大利亚悉尼大学人类学教授葛迪思博士根据其1956年江村调查所撰写、1963年出版的《共产党领导下的农民生活》的中译本等部分。笔者的几点新认识、体会和启示就来自这几篇文字。

## 一、研究问题从哪里来？

研究问题是一项研究的起点。选择一个恰当的研究问题是研究者最重要的任务之一。而"研究问题从哪里来？"则往往是困扰许多社会研究者特别是年轻研究者的一个现实问题。重读《江村经济》一书给笔者的第一点启示，正与这一问题有关。先让我们来看看费孝通先生所完成的这项著名的研究，其研究问题是从哪里来的。

费老在该书中文版的著者前言中写道："这本书的写成可以说是并非出于著者有意栽培的结果，而是由于一连串的客观的偶然因素促成的。"（费孝通，1986：1）从《江村经济》一书的介绍中可以看到，费孝通先生所说的这种客观的、偶然的因素主要有以下几个：

一是费老出国留学前，偕新婚妻子王同惠女士在广西大瑶山进行调查时发生意外，导致"妻亡我伤"；二是他在养伤期间，接到姐姐让他到江苏吴江县（今苏州市吴江区）开弦弓村参观访问的邀请，于是回到家乡边养伤边访问；三是在开弦弓村参观访问时，他受到农民的"生丝精制运销合作社"的吸引，于是对该村进行了一个多月的调查；四是在远赴英伦的海船上两个多星期闲着无事，于是将调查资料整理成篇；五是负责指导他选题的弗思老师让他将原来准备作为博士论文的"花篮瑶的社会组织"的题目，改为根据江村调查的资料撰写的"江村经济"的题目。

费老的这一段叙述告诉我们的似乎是：如果没有费老出国前的云南调查——妻亡己伤，如果没有其姐姐的邀请——到江村养伤访问，甚至如果没有海上两个多星期的闲暇时光，以及弗思老师的建议，或许真的就没有今天的《江村经济》。

然而，各种偶然的事件往往只是促成一件事情发生的外部因素。虽然促使费老完成《江村经济》一书的每一个偶然事件今天我们都不可能去复制，但从这些偶然事件中去寻找有意义、有价值、有启发的因素，去发现可以学习、可以借鉴、可以运用的原理和方法，则是我们今天重读该书的

价值所在。

笔者从上述这些偶然因素中所得到的启示是：要随时注意观察身边的社会现实，要对社会现象，特别是对自己不熟悉、不了解的新的社会现象保持高度的好奇心，并从这种好奇心出发，多多进行观察，提出各种疑问。有了这种好奇心，有了这种观察，就能够从各种偶然现象中提出认识客观规律、接近客观规律的问题，从各种表面现象中提出直达本质、揭示本质的问题。

应该说，一次家人建议的普通访问，目的只是让即将出国的费老在家乡边养伤边看看。但在 20 世纪 30 年代的江南农村中所建立起来的农民合作社，则无疑是当时社会中的一个新生事物。正是为这一新生事物所吸引，费老开始了一个多月并非事先计划好的调查。这可以说就是《江村经济》这本名著得以成功的最初的动因和基础。如果费老没有对新生事物的好奇心，就不会"被这个合作社吸引"，也就不会有后来的"在该村进行了一个多月的调查"。总之，如果费老没有受到"当时社会新生事物的启迪而产生的自发行动"，就不会有后来的《江村经济》。

费老这种善于观察、询问，善于发现问题的好奇心，在具体研究中也随处可见。比如，费老在 1957 年重访江村时，他们乘的船一靠岸，乡亲们就热情地围上来打招呼，许多孩子也纷纷挤过来。这时，费老"突然觉得奇怪，在这时候，这些孩子怎么会都在河边看热闹？今天怎么不上学？他们都冲着我笑，有的拉了个鬼脸说：'我们不上学，割羊草。'旁边一个老年人补充了一句：'哪里有钱念书，吃饭要紧。'虽则就是这几句话，我们被粮食两字吸引住了"（费孝通，1986：221）。从孩子看热闹，想到为什么不上学；从割羊草，到无钱上学，再到吃饭要紧，最终到这些现象背后的粮食问题。费老就是这样善于观察、善于发现、善于提问。这样的例子在费老的书中还有很多。正是这种不经意间的细小发现，引出了费老重访江村所写的两篇文字的重要内容。这种对身边的现象特别是新的现象保持好奇心，并善于从身边现象、从日常生活中发现问题、提出问题的方式，是值得我们好好学习和借鉴的。

尽管现在的社会发展了，时代也改变了，但社会生活中的新生事物却

## 附录2 《江村经济》教我们如何做研究

总是会不断地涌现出来。每个时代的社会中也都有大量的为社会研究者所不曾遇到、不太了解的社会现象和新的事物。而这些值得社会研究者去探索、去分析、去解释的现象和事物都存在于我们的身边，存在于我们日常的社会生活中，都可以形成一个个有价值的研究问题。这里的关键是，我们要有一双善于发现、善于观察的眼睛，和一颗努力探索、寻求理解的好奇心。

再来看看书中澳大利亚学者葛迪思的研究。他同样研究了江村，但作为一个外国人，他并不具备费老选择这一研究问题时的各种客观条件。他的研究问题从哪里来？作为一位人类学家，他认识到，费老的《江村经济》"作为知识界中的一个里程碑，它的地位只有当它被用作进一步调查研究的起点时才能充分体现出来"（葛迪思，1986：268）。这也即是说，费老的江村调查，只是提供了人类社会生活的一个实例。这种"有关具体地区的一些资料很快会过时，它们只能提供关于变迁的可能性和原因方面的一些推测。因为每一具体地区的资料只能描述某一个时期的情况。然而，如果后来，同一个作者或其他作者，在过去研究的基础上能继续以同样的精确性对同一个社会进行描述，情况就会大不相同。从对不同阶段的比较就能得出关于社会过程的有效的成果，其价值也就会超过各个孤立的研究"（葛迪思，1986：268）。

正是在这种认识的指导下，葛迪思一直琢磨着这样的问题：自从费孝通博士"写了《中国农民的生活》以后，又发生了什么呢？""那里的人民后来怎么样了？是不是在废墟上又建起了一个新的农村？"（葛迪思，1986：269，272）。而当他在1956年正好有机会访问中国时，他一到达北京，便提出了访问开弦弓村的要求。这样就有了后来他对江村的访问，就有了他所发表的文章《共产党领导下的农民生活》。

葛迪思的例子给我们的启示是：通过对以往的研究进行追踪研究，特别是对经典研究进行追踪研究，可以对同一个社会、同一个社区在时间上的变化进行调查和比较，这种调查和比较有助于更好地把握社会变迁的过程，更好地了解社会变迁对社会中人们个体经历的影响。而从选择研究问题的角度看，这也是一种提出研究问题的特定视角和重要途径。

## 二、向人类学者学习做研究

费老的《江村经济》一书中，几篇文章的作者（费老、澳大利亚学者葛迪思）以及文章中所涉及的一些学者（如费老的老师马林诺斯基等人）都是人类学家。读着这些文章，笔者不禁被字里行间所流露出来的人类学者独有的一种研究精神感动。这种精神让笔者深深体会到，我们这些研究社会现象的学者，在如何做社会研究这方面，应该向人类学家们好好学习。

费老第一次进行江村调查时（包括先前进行花篮瑶社会组织的调查时），只是一名硕士毕业生。他在江村的实地调查，时间也不太长，只有"一个多月"，并且还不是事先计划好的。所有这些因素在现在看来，似乎都不能构成其完成一项著名研究的基础和条件。那么，究竟有哪些条件可以看成是费老这项研究得以成功的因素呢？

费老的老师马林诺斯基教授在为《江村经济》所写的序言中，曾引用了著名科学家、历史学家和世界知名的东方学专家罗斯爵士评价费老这一著作的一段话："据我所知，没有其他作品能够如此深入地理解并以第一手材料描述中国乡村社区的全部生活。"（马林诺斯基，1986：5）可以说，正是这种"深入地理解""第一手材料描述"以及"全部生活"，成为《江村经济》的突出特点，也是这一研究得以成功的重要条件。

深入实地，和研究对象共同生活相当长的一段时间，通过亲身的观察、询问、体验、感受，详细收集反映社会现象和人们行为的各方面信息资料，并在对资料进行细致分析的基础上，得出对社会生活和人们行为的深刻理解。这是人类学研究的基本方式和主要途径，也是人类学者开展研究的最主要特征。正是依靠这种方式，费老在江村一个多月的时间里，走访观察，分析思考，深入地了解在 1936 年那段时期中，江村农民的全部生活：从家到户、从户到村、从婚姻到生育、从财产到继承，从生产劳作到日常生活，从农业、蚕丝业到贸易和信贷……费老的研究几乎对江村农民生活的方方面面、里里外外都逐一进行了描述和分析。而他所收集的大量第一手资料，也成为支撑《江村经济》这本近十七万字的名著的经验证

附录2 《江村经济》教我们如何做研究

据。在这些资料中,既有江村地理状况、家庭规模、职业类型,以及人们日常衣食住行等相对客观、相对外在的资料,也有江村社会中的婚嫁规范、亲属关系,以及宗教巫术等相对内在、相对复杂的资料。而要详细地从一个个具体的个人、一户户具体的家庭那里收集这些纵横交错,却可以系统、全面描述人们社会生活和社区状况的资料,研究者必须全力以赴,付出最大的努力。

与此类似的,还有那位叫葛迪思的外国学者,他的研究同样让笔者感动和吃惊。他对江村只是进行了短短几天的调查访问,竟然也用收集到的资料写出了近十万字的论文!

看看他的行程,就知道要做到这一点是多么不容易:5月12日早上7点20分从南京出发,上午11点30分到达苏州,下午4点30分到达震泽镇,下午5点30分左右到达江村。5月16日早晨,"我离开了这个村庄"。这样实际算下来,葛迪思在江村的时间其实连四天都不到。用他自己的话说,"从任何一个社区调查来说,这段时间短得简直可笑"(葛迪思,1986:274)。但就是在这短短的三天半时间中,一个外国人,第一次在一个不熟悉的国度,对一种不熟悉的文化和社会生活进行调查,就收集到了能够写出近十万字的研究专刊(即《共产党领导下的农民生活》)的材料,就得出了一些有一定依据的结论。他靠的是什么?他是如何做的?从中我们又能学习到什么呢?笔者认为,至少以下几点是我们可以学习的:

一是对这一问题长期关注。"数年来,我教人类学这门课,一直使用《中国农民的生活》这本书。我经常在想,那里的人民后来怎么样了?是不是在废墟上又建起了一个新的农村?"(葛迪思,1986:272)正是这种长期的关注,以及对费老经典研究中各种问题的经常的思考,形成了他能在十分不利的条件下完成这一研究的扎实的基础。换句话说,如果没有这种长期的关注和经常的思考,他在江村的短短几天,可能就如一般游客一样,除了偶然碰到的现象,什么印象也不会留下,更不用说写出近十万字的研究报告了。

二是提前做好充分准备。作为人类学研究者,葛迪思博士当然知道前期研究计划和相关准备的重要性。因此,他明确地将费孝通先生的《江村经济》一书作为其研究工作的基础，用他的话说，"我有费孝通的书作为我工作的基础，它为我的调查工作提供了一个极好的提纲"（葛迪思，1986：274）。客观地说，正是因为有了费孝通先生之前的经典研究作为基础，葛迪思博士在江村的实地调查工作才有了明确的方向和具体的指南。

三是深入实地。这是前面提到的人类学研究方式中最本质也最值得重视的方面。而要深入实地，一个基本的要求就是住到研究对象所生活的场景中。对于不远万里从澳大利亚来到中国江村进行调查的葛迪思博士来说，同样如此。我们可以试想一下，葛迪思访问江村是在1956年，那时的中国刚解放没几年时间，整个国家社会经济发展水平还很低，而农村的生活条件、卫生条件等等自然就更差。可葛迪思作为"第一个到这个村子来访问的欧洲人"，也就住在村里农业合作社的社部。他之所以这样做，是因为他不是一般的游客，而是来做人类学调查的研究者。

四是全身心投入工作。这是笔者最受感动的地方。虽然访问的时间非常有限，但葛迪思特别看重这次难得的调查机会。因此，在"全部白天的时间和大多数晚间，我都不停地做调查工作"（葛迪思，1986：274）。并且，为了收集到所需要的材料，还经常"未经通报就出现在这里、那里和任何适合我的地方"（葛迪思，1986：273）。只有依靠这种对研究的高度专注和全身心的投入，才有可能完成在一般情况下难以完成的调查工作。

五是有几个当地助手的帮助。客观地说，研究者作为被研究社区中突然到来的"他者"或"陌生人"，往往不会很快为研究对象所接受，在短短几天的调查中就更难做到这一点。因此，对于实地调查者来说，能有当地助手的帮助是非常重要的。葛迪思博士正是由于得到了南京、苏州等地相关人员的帮助，他的调查才能顺利开展。特别是"他们给我的最重要的帮助是与村领导干部合作，对该村的户口进行了一次普查"（葛迪思，1986：274）。正是这一普查的结果，为他的研究报告中一些有关江村人口性别比、家庭户结构等方面的对比研究提供了可能。

《江村经济》一书中的这些例子，向我们展示出人类学家做研究的点滴精神，同时也启示我们应该从人类学家那里学些什么。不可否认，人类学特有的深入实地，开展访问、观察等具体方法当然是应该学也可以学的，但笔者认为更为重要的，则是要学习他们对探究社会世界奥秘的那种执着和专注，那种坚韧和献身！尽管不同学科的研究主题、研究对象通常要求社会研究者面对不同的社会情景，经历不同的探索过程，但有一种东西则始终是共同的，这就是研究者所应具备的科学精神——求真、求实。无论是深入实地，面对活生生的、具有不同文化背景的人和事，还是面对一大堆调查问卷和计算机运算结果中的各种数字，这种探索的精神始终是一样的。

### 三、导师如何指导学生做研究

重读费老的《江村经济》一书，笔者还深深地感悟到导师在培养学生中的巨大作用，同时也对如何当好研究生的导师、如何指导好研究生有了一些新的认识。虽然说费老的《江村经济》研究的完成，以及这一研究所取得的巨大成就，是由众多的因素促成的，但是，笔者认为，费老的几位老师的重要指导却是其中十分关键的因素。

首先是费老的硕士生导师史禄国教授。当费老从清华大学研究院硕士毕业，并"由该校社会学及人类学系推荐，取得该校公费留学资格"，准备出国留学时，史禄国教授主张他"在出国前应到少数民族地区实地调查一年"。笔者在这里强调史禄国教授的指导作用，并不是说由于史禄国教授让费老去少数民族地区做田野调查，才有了后来费老的妻亡己伤，才有了后来的养伤访问和江村调查，而是说导师让他在出国前进行实地调查对其留学具有特殊意义。

为什么在出国前要进行实地调查，而且是为期一年的调查？这里或许有传统人类学主要研究的是相对原始的他民族文化，而费老又是学习人类学的汉族学生等学科方面的原因。但笔者认为，更重要的是，这实际上是导师强调了接触实际社会生活、了解现实社会对年轻的社会研究者所具有的基础性作用。史禄国教授的这种指导和要求，看重的不单单是收集相关少数民族生活资料的重要性，实际上他是希望费孝通先生对自己的研究对象有一种基本的感性认识，有一种对社会现实的基本了解，以及有一种对实地调查过程的亲身体验。在史禄国教授看来，年轻的研究生如果不做一些中国社会的实地调查，不深入地接触一些具体的社会现实，不积累一定的社会体验，对社会生活感受空空地去国外学习，将来的学习效果就会差很多。当然，他的这种要求或许在一定程度上也包含着希望费孝通先生直接带着中国的现实问题去学习和研究的某种期待。这种要求和期待在今天看来同样具有重要意义。

其次是费老到达伦敦政治经济学院后的指导老师弗思博士。这位负责指导他选择论文题目的弗思博士可以说是费老进行《江村经济》研究的关键人物。到达伦敦政治经济学院后，虽然费老已经打算以"花篮瑶社会组织"作为底子来撰写博士论文，但是，当弗思博士听费老谈到他在江村的实地调查，特别是看了费老已经整理出来的调查材料时，便独具学术眼光地让费老选择"江村经济"这个题目，去撰写《江村经济》这篇论文，而不是按费老自己原来的准备，去写"花篮瑶调查"的题目。可以说，如果没有弗思博士的关键指导，费老或许就会以"花篮瑶调查"的资料完成其博士论文。虽然也许同样会有成就，但享誉海内外的《江村经济》一书或许就会是另一番前景和结果了。

从弗思博士的指导中，笔者深受启发。对于研究生来说，导师最重要的作用是什么？或许并不是教会学生理解以前不明白的理论知识，也不是教会学生掌握以前不会使用的方法，而是给学生指明正确的研究方向。特别是对于博士研究生来说，一篇博士论文的研究方向，在最现实的层面，是在一定程度上决定了博士论文研究的学术高度；而在更长远的层面，则是直接影响到博士生今后的学术生涯及其发展。在这方面，笔者有很深的体会。

笔者 1987 年至 1990 年在北京大学社会学系攻读博士学位。回想三年的博士学习生涯，笔者的指导老师袁方先生并没有给笔者上过一节课，也没有给笔者开列必读的书目。三年中导师给笔者最重要的指导是两方面：一是给笔者定出了博士论文的研究方向——研究中国的独生子女问题；二是通过多次给笔者布置参与编写教材、著作，参与实际社会研究项目等工作任务，给了笔者诸多的实践学习和锻炼机会。正是他当时给笔者指定的博士论文方向，不仅仅使笔者结合我国社会现实开展了研究，顺利地完成

## 附录 2 《江村经济》教我们如何做研究

了论文，通过了毕业答辩，更重要的是笔者以这一研究为开端，长期坚持开展研究，这一方向遂成为笔者三十多年来学术成果最多、持续时间最长的两个主要研究领域之一。

最后是《江村经济》这篇论文的实际指导老师马林诺斯基教授。他不仅同样敏锐地决定并直接指导费老撰写《江村经济》这篇研究论文，同时还在他主持的有名的"今天的人类学"讨论班上让费老宣读、讨论、修改甚至重写论文中的主要章节。马林诺斯基教授这种让学生在讨论班上宣读、讨论其论文的做法，其意义远不止于提高学生所撰写的具体论文水平本身，而在于其对学生的学术成长及发展所具有的重要影响和指导意义。在这方面，笔者也从自己类似的经历中得到过锻炼，有着深深的感受。

那是在 1988 年前后，笔者当时是北京大学社会学系的在读博士生，正在进行自己的博士论文研究和撰写博士论文。一天，笔者接到北京大学人口研究所曾毅教授的电话，他邀请笔者到该所主办的"马寅初人口学论坛"上就自己的博士论文研究做一次报告。报告那天，台下坐着教授、副教授以及从国外回来的博士等。短短一个多小时的报告，特别是老师们的提问和评论，使笔者受到了非常强烈的学术熏陶和锻炼，对笔者后来的学术研究起到了非常积极的促进作用。更早的一个例子是，笔者 1986 年在北京大学读社会学硕士时，对社会研究方法问题非常感兴趣。当时发表的一批论文也基本上是有关研究方法的。系主任袁方教授看到笔者撰写的一篇关于问卷调查方法的论文后，不仅打印出来作为系里的参考资料，还派笔者作为北京大学的代表，带着论文到天津参加"全国第一届社会调查方法学术讨论会"。作为一名二年级的硕士研究生，笔者不仅参加了全国的学术研讨会，还在大会上做了调查方法的专题发言，并与众多前辈、学者进行了广泛的交流。这种经历使笔者开阔了视野，增强了学术信心，也对问卷调查方法当时在国内运用的状况有了更深入的认识。正是从那以后，笔者萌发了撰写一本关于设计调查问卷的著作的念头。在两年后的读博期间，笔者顺利完成了这本著作的撰写，该书于 1990 年出版，成为笔者的第一本著作。

从上述几方面可以看到，导师对学生的作用，既体现在对选择研究问题的指导上，也体现在对学生提出深入实地、接触现实的要求上，还体现在创造机会让学生在学术交流中得到锻炼和提高上。所有这些方面的启示无疑都可以成为我们今天指导学生做好研究的一种很好的参考。

## 参考文献

甘阳.《江村经济》再认识.读书，1994（10）.

全京秀，崔海洋.费孝通人类学研究方法探讨：精读《江村经济》.广西民族大学学报（哲学社会科学版），2013（4）.

费孝通.江村经济：中国农民的生活.南京：江苏人民出版社，1986.

马林诺斯基.序//费孝通.江村经济：中国农民的生活.南京：江苏人民出版社，1986.

葛迪思.共产党领导下的农民生活//费孝通.江村经济：中国农民的生活.南京：江苏人民出版社，1986.

# 附录 3

# "他者"眼中的独生子女

## 《唯一的希望：在中国独生子女政策下成年》的方法启示与观点探讨*

风笑天

**摘要**：本文对《唯一的希望：在中国独生子女政策下成年》这一主要面向西方世界介绍在中国的独生子女政策以及社会变迁的背景下，大连市一批独生子女青少年的成长过程和日常生活状况的人类学著作进行分析和观点探讨。笔者认为，这一著作对社会学研究者如何进入田野、如何接近研究对象、如何进行自我介绍、如何进行参与观察和深度访谈都具有方法启示。同时，其在研究中所体现的深入的田野调查过程、求实的研究态度、科学的研究精神也值得社会学研究者学习。但是，该研究在用"他者"视角看待中国独生子女青少年的成长过程时，认为"创造一代颇有雄心的受过良好教育的儿童"是中国实施独生子女政策的初衷，这种观点是不全面、不正确的，同时存在"第一世界"和"第三世界"的概念歧义和混淆等问题。

---

\* ［收稿日期］2021-01-18。［基金项目］国家社会科学基金重大项目（14ZDB150）。

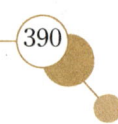

关键词：独生子女　定性研究　定量研究　田野调查　社会学研究方法

独生子女是在中国改革开放的背景中成长起来的一代特殊人口，中国的独生子女人口及相关现象不仅受到国内学术界的高度重视，也吸引了众多国外学者的研究兴趣。国外学者针对中国的独生子女及相关现象发表了许多有价值的成果。本文主要对美籍华裔人类学者冯文教授撰写的著作——《唯一的希望：在中国独生子女政策下成年》展开分析和探讨。

1997—2002年，正在哈佛大学人类学系攻读博士学位的冯文教授先后三次来到中国，在北方城市大连展开了其博士学位论文研究的田野调查。从1998年8月到2000年5月，作者在大连市整整生活了22个月。她不仅成功地作为免费开展英语教学的"义务教师"进入大连市三所中等学校，接触到众多中学生，还深入访问了许多学生的父母和家庭。在多次交往和交谈后，她和许多学生、学生父母及其家庭成员建立了相互信任的关系，成为无话不谈的朋友。扎实的田野调查及其亲身感受到的20年前的中国社会与独生子女青少年成长之间的紧密关系，增加了其对在中国独生子女政策下成年的青少年的理解和认识。

《唯一的希望：在中国独生子女政策下成年》是一本旨在"考察世界上首次由国家指令导致的生育转型之后果的民族志研究"[1]2，作者的研究目标是"考察几近普遍的独生子女身份对于青少年的主体性、体验、渴盼有何影响"[1]3，特别是"探讨独生子女在一个过去历代习惯于大家庭模式的社会中成长是怎样的情形"[1]5。全书由导论、结语和五章主体内容组成。导论主要介绍了研究对象、方法和所依据的"现代化文化模型"；第一章详细描述了八个独生子女的个案；其余四章分别从身负厚望、竞争压力、家长投资和被惯坏了四个方面分析独生子女青少年的成长过程及其面临的相关问题；结语部分提出了对上述研究主题的思考，并留下了作者未能回答的疑问。

这本书吸引笔者的原因主要有两方面：一是作者所研究的对象——中国的独生子女，正是笔者从1987年在北京大学攻读博士学位以来一直关注的；二是该书作者是一位人类学者，其著作很好地展示了典型的定性研究者是如何采用定性方法来开展研究的，笔者虽然长期从事定量研究，但对定性研究方法也颇感兴趣，这是一个很好的学习机会。此外，该书作者是一位美国华裔学者，且自身也是独生子女，这种特定身份和背景使其研究兼具"局外人"和"局内人"两种角度，既可以以一种"他者"的眼光看待中国的独生子女政策，又能够以"独生子女"的特定经历和身份进行分析和研究。

## 一、研究方法的启示

从研究方法上看，《唯一的希望：在中国独生子女政策下成年》这本书很有价值，无论是对规范方法的创新运用，还是在研究中体现的深入细致的研究态度和严谨的科学精神，都带给研究者很大启发。

（一）"外国人"如何成为中国正规学校的"教师"

作为人类学者，开展田野调查是最重要的基本功，也是开展研究的基本方法。而以合适的方式进入田野、采用合适的角色进入研究对象的生活环境，则是顺利开展研究的前提。无论是在选择田野中自己扮演的角色、进入田野的方式方面，还是在如何接近研究对象方面，该书都给社会学和人类学研究者以很好的启示。

首先是研究者对自己在田野中所具有的公开身份或扮演角色的选择。该书的主要研究对象是中国城市中的普通中学生及其父母，研究方法则是人类学者经常采用的参与观察和无结构访谈。而要对中国城市中学生进行参与观察和深入访谈，研究者必须有适合开展研究的某种公开身份或角色。该书作者的真正身份是"一位美籍华裔在读博士研究生"，而在田野调查中，她所选择的公开身份和扮演角色则是"一位来自美国的，既说着地道中文又说着熟练英语的、年轻的、提供免费英语教学及辅导的教师"。特别是对"提供免费英语教学及辅导的教师"这一角色的定位，正是为了方便接触和观察研究对象，这是其顺利开展田野调查的需要，可以说是该研究的一大亮点。

其次是研究者对进入田野的方式的选择。作者的研究地点是中国北方城市大连，其要进入的田野首先是这个城市的中等学校。那里有大量的、普通的、需要接触和观察的独生子女青少年。然而，在中国正规的教育体系中，一个外籍的、不以在中国找正式工作为目的的在读研究生，是不太可能进入普通中等学校、获得中学教师这一身份和角色的。为了进入正规中学这块"田野"，获得"教师"这一特定身份和角色，冯文教授做出了大胆的决定，也付出了很多努力，最终顺利进入正规中学，获得"义务英语教师"的角色。在书中，作者展示了进入田野的两种方式，既体现出其创造性，也很好地诠释了实地研究者进入田野的两种途径：一是通过正式的、官方的途径；二是通过非正式的、私人的途径。

从正式的、官方的途径看，作者决定直接以哈佛大学教务处的身份证明文件向相关学校管理人员进行自我介绍，并说明意图，在经过学校对其英语流利程度进行的专门"验证"后，学校认可了其身份，同意其作为英语教师义务给学生教授英语会话。这种独特的进入角色方式，使其成为两所正规中学的"义务英语教师"。从非正式的、私人的途径看，作者还充分利用熟人关系，帮助自己进入角色。例如，作者的一个朋友曾经是一所大学的老师，而这位大学老师教过的一些学生正好是大连市一所职业中专的老师，通过这种"熟人—熟人"的路径，她顺利进入这所职业中专。

（二）"外人"如何成为研究对象的"自家人"

顺利进入田野是开展实地研究的前提，得到研究对象和"当地人"的信任，则是实地研究获得成功的关键。"在一定意义上，研究者能否取得研究对象的信任，能否与研究对象建立起友善的关系，决定着他的实地研究的前途和命运。"[2]339如果说顺利进入三所中等学校，给作者提供了一个对中学生进行调查和现场观察的机会的话，进入到研究对象的家中进行深入访问，当面询问学生父母一些有关个人或家庭的情况，甚至问及其婚姻经历、收入财产等敏感问题或个人隐私，则需要研究对象对研究者足够信任，即把研究者当"自己人"。而能否做到这一点，也是对以参与观察和深度访谈为主要方法的人类学者以及其他采用实地研究方法的定性研究者的最大考验。

该书作者以其特有方式，不仅让研究对象及其父母家人了解到她的身份背景，而且逐渐让他们了解了其为人和研究目的。在向每一位初次见面

## 附录3 "他者"眼中的独生子女

的研究对象进行自我介绍时,她总是以符合中国文化模型的自述生命历程方式,"把自己的个人背景融入了大连市区与我同龄的人通常使用的叙述方式,将自己呈现为一个成功地走了一条被大家广泛认可的精彩求学之路而实现向上流动的循规蹈矩之人"[1]8。这种设定和叙述,不仅仅拉近了研究者与研究对象之间的心理距离,更激发了研究对象希望更多地接触研究者,以更多地了解研究者的成长经验和经历,获得更多帮助和指导的动机和需求。

除了以免费的英语教学获得正规中学的教师角色外,作者还通过免费家庭英语辅导的方式进入了更多学生的家庭。在田野调查的大部分时间里,她住的并不是酒店旅馆,而是所辅导的一个初中生家里。她不仅和自己研究的中学生关系融洽,也和她所访问的学生家长成了好朋友,相互之间从初次见面到逐渐熟识,再到相互信任,最后做到了无话不谈。一个最能说明其在成为研究对象"自己人"方面获得成功的细节是:有的家长有时甚至让她和自己一家人"一起吃平时常吃的配菜简单的米饭和剩菜剩饭"[1]59,这足以说明在研究对象眼里,作者已经不再是一个"外人",而是"自家人"了。一旦相处到这种程度,他们之间的交谈、问答就不会再遮遮掩掩,相反更加真实自然,这或许就是实地研究者在田野调查中所期望达到的"最高境界"。

在接近研究对象和进行参与观察等方面,作者同样做出了很好的示范。例如,在一次与研究无关的普通购物中,作者看到店主是一位40多岁的女性,马上想到"以她的年龄应当有个十几岁的孩子"(十几岁的孩子正是作者的研究对象),"于是我开始了和她长时间的攀谈,在此过程中说出了我的背景"[1]37-38。果然,这位店主正有一个让其伤脑筋的、正在上初三的女儿,也非常希望作者能够给她的女儿当家教。这样,作者不仅仅顺利获得了一个新的研究对象,更重要的是获得了进入这个研究对象家中进行实地访谈和参与观察的便利条件,而这个中学生更是成了作者在书中第一章列举的八个个案中的第一个。不仅如此,该书作者还像当年威廉·怀特先生为研究意大利贫民区的青年帮伙而参与他们的各种活动那样,参与了这个初三女生与其闺蜜、各自的男朋友的一些群体活动,如在家里唱歌，去商场、餐厅、游戏厅等等，俨然成了这个小群体中的一员。这既反映出作者深得几位青少年的信任，也为她实地观察、访谈、收集研究对象的相关资料提供了极为宝贵的机会和场景。

（三）定性研究者如何运用定量方法

该书的研究方法中，除了人类学家经常使用的参与观察和深入访谈，还包括定量研究者常用的问卷调查法。为了更广泛地了解中国城市独生子女青少年的整体状况，作者对其参与其中开展实地观察的三所中学几乎所有班级的 2 489 名学生开展了一次问卷调查，最终回收了 2 273 名学生的问卷，回收率达 91%。实际上，这种调查是对三所中学学生的一次普遍调查。尽管作者只对问卷调查得到的数据进行了最基本的统计分析，如百分比分析、交互分析、均值的差异性检验等等，但这些基本的定量分析结果不仅为了解这三所中学的学生整体状况提供了很好的帮助，还可以从整体上印证作者在田野中所观察或访谈到的某些现象的真实情况以及一些因素相互之间的关系，这显然比仅仅列举单独个案或实例更有说服力。这种做法给习惯于使用定性研究方法的学者带来启示：在定性研究过程中，通过对研究对象的整体进行问卷调查，可以给定性研究的结果和结论某种有益补充。定量调查所获得的数据资料一方面可以帮助研究者更好地描述和概括研究对象的整体特征及其分布状况，另一方面可以有力地印证或检验从访谈、观察以及定性分析中得出的关于不同现象的各种结论。

虽然是一位人类学者，但该书作者依然注意到了定性研究方法的局限性，并努力使用定量方法进行弥补：一方面采用人类学者普遍采用的参与观察法对大连市独生子女的个人生活进行细致观察和描写，采用人类学者典型的民族志方法去理解青少年"个体的能动性、情绪和文化模型"；另一方面采用定量的问卷调查方法和现有统计数据分析方法，"来描述大连市独生子女家庭普遍的人口模式"。正是通过这种定性与定量相结合的研究方法，作者能够"在捕捉细节性的个人体验和主动性的同时不会忽略对之构成形塑和约束作用的模式"[1]25-26。

同时，作者还对两种方法进行了相互印证，使研究结果更加接近社会现实。"我的问卷调查结果提供了有关我的研究对象的社会经济与人口学特征的概括性描述。这一描绘是我对参与观察的结果进行现状核实的依据",而"民族志调查也是我核实问卷调查发现的真实性的工具"[1]29。众所周知,通过问卷调查很难了解到人们经济收入的实际状况,该书的问卷调查也不例外。但通过深入的实地访问,作者了解到问卷调查往往"会低估人们的收入,因为被调查者不愿意报告非法、非正式或未纳税的收入(诸如贿赂、礼物、补贴、公司利润)。人们仅仅在跟我很熟以后才告诉我这类收入的情况,而哪怕是我最熟的人也可能会隐瞒部分收入"[1]36。正是因为作者不偏不倚地采用了两套不同的工具和方法,所以才能够更好地去除两种方法所收集的信息和资料中存在的偏差。对于访谈中研究对象含糊不清、似是而非的回答,可以通过问卷调查的结果得到明确的区分并剔除;同样,对于问卷调查中由于各种敏感因素导致的可能有偏的回答和结果(如对类似于"收入"这样的问题),也可以从访谈中清楚地看出其所导致的各种偏差。

(四)为什么是这 8 个青少年？——典型个案的选择及启示

个案研究是定性研究者最常用的方法之一。该书熟练应用了个案研究方法。在第一章,作者就展示了 8 个具有不同特征的独生子女的故事,希望用这 8 个故事"展示个人如何以复杂多样且变动不居的方式来应对生活境况和文化模型"[1]35。虽然其所运用的个案研究方法并不新奇,但作者从最初结识的 107 个个案,到与其中关系最好、保持长期联系的 31 个个案,直到最终被该书用独立一章进行专门描述的 8 个个案,这种筛选个案的方式,特别是其最终选取 8 个个案的标准却依旧可以带来启示。

这 8 个学生是作者在认识的大连青少年中,按照"优等生""差等生""穷家庭""富家庭"四个范畴所选取的"表现最突出的学生,其他人的社会经济地位和学习成绩水平介于本章所述的这些极端个案之间"[1]35。即作者用"社会经济地位"和"学习成绩水平"建立了一个十字交叉的坐标系,而选取的 8 名学生分别是处于这个坐标系所构成的田字格四个顶点的人,其他青少年则全部处于四个方格之中。此外,作者还始终考虑到青少年的性别因素,因而在每个顶点的两名学生中,都分别选取一名男生和一名女生。其建立的个案选择标准及选择结果如图 1 所示。

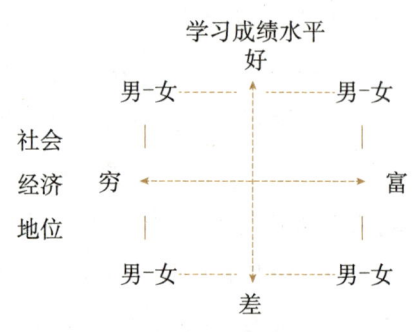

```
                    学习成绩水平
                        好
            男-女 ┄┄┄┄┄┼┄┄┄┄┄ 男-女
                        │
   社会              │
   经济      穷 ←┄┄┄┄┄┼┄┄┄┄┄→ 富
   地位              │
                        │
            男-女 ┄┄┄┄┄┼┄┄┄┄┄ 男-女
                        差
```

**图1　个案选择及结果示意**

这种选择个案的方式看起来十分简单，其思路却很有启发意义，即个案研究中选择个案的标准问题值得思考和研究。一般来说，每一具体个案都具有典型性和独特性。典型性揭示的是某一类现象的共性，独特性则体现的是这一特定个案的个性[3]787。那么，研究者在选择个案时，应该选择具有典型性的个案，还是具有独特性的个案？该书作者的实践表明，个案选择标准要依据研究者的研究目标来确定。实际上，图1纵横两个坐标轴的端点之间是一种逐渐变化的状态，即无论是学习成绩水平，还是社会经济地位，都是一个有着不同程度的、逐渐变化的连续变量，而不是一种简单的二分变量。在两个坐标轴所构成的田字格的四个顶点之内，存在着大量非极端的个案，作者倾向于选择处于四个顶点的极端个案，而不是选择"代表性"更大的典型性个案。其之所以这么做，是因为这种反差更大的极端个案能更好地凸显出社会经济地位、学习成绩水平以及性别这三个变量对独生子女青少年的"主体性、体验、渴盼"的影响，且能够在与研究对象相关的社会现象上具有更清楚的解释力。

（五）用深入的田野工作勾勒出生动的研究对象和真实的生活场景

人类学家不是作家，但是真正深入田野工作的人类学家却可以使其描述达到小说所具有的真实感和表现力，同时可以大大增强研究自身的说服力。该书作者用一整章篇幅所描述的8个个案，不仅深入刻画了8个境况迥异的中学生，还描绘出养育、教育他们的一代父母——其中有开店的、下岗后摆摊的、扫大街的，有工厂的普通工人、公司的经理、工程师，也有个体餐馆的老板，他们都是当今中国城市社会中的普通人。而书中所展

## 附录3 "他者"眼中的独生子女

示的,不仅有中学生从青春年少时的懵懵懂懂到最终逐渐成熟、逐渐懂事、开始发奋的喜怒哀乐,也有其父母为了养育他们成人、期盼子女成才和成长所经历的含辛茹苦和牵肠挂肚;不仅有中学生与同学、朋友之间以及与父母之间的真挚情感,还有与这些普通青少年及其父母家人紧密相关的中国社会生活的各个不同侧面。这种人类学独有的、看似平淡却深入细致的"白描",很好地勾勒出改革开放时代下中国城市社会中的众生相,不仅让读者读起来身临其境,也为作者后面的分析和结论奠定了充实的、鲜活的基础。

同时,书中的描述中不仅有叙述和对话,还有旁白和解释,特别是书中谈及的种种独生子女与父母之间情感上的依恋、父母对子女无条件的付出与爱、子女对寸草难报三春晖的怅然,让同是独生子女的译者[①]和拥有独生子女的笔者均感同身受。所有这一切,都让笔者看到了一个来自异国他乡的"他者"是如何通过深入细致的田野工作,融入研究对象的生活世界,达到对研究对象从了解到熟悉、从感知到理解的程度的。作者对8个个案平实的描述所折射出的田野工作的深入性,以及全书字里行间流露出的认真的研究态度,值得我们仔细琢磨、虚心学习、积极借鉴。

最后,从该书的一个小细节中,同样可以窥见作者认真细致的研究精神。在附录中,作者按照学术惯例,将书中所引用和提及的91位研究对象的基本情况进行了简略介绍,对人物化名按照姓名的字母顺序来排列。但这91个化名却丝毫没有"化名"感,其不仅包括日常生活中常见的、熟悉的、大众化的姓氏和名字,如张勇、李健、韩雪、赵华、李梅、王斌、陈军、周静、刘洋、杨丽华、唐海荣、张雅蓓,也包含许多生僻的、小众的姓氏和名字,如荀金、航雨、艮天、梅晶、刘机峰、徐柯阳、江凤来、彭逢春等等。这种让"假名字"成为"真人物"的做法,让读者对书中的每一位人物都有一种"似曾相识"的感觉,为全书的叙述和分析增加了很强的真实感。总之,对细节的注重不仅很好地遵循了研究的伦理,而且有效地增强了研究资料的可信度,也增加了研究结论的说服力。

---

[①] 该书译者常姝与作者同为哈佛大学人类学博士。

### （六）客观坦诚、实事求是的科学探究精神

在研究中，作者十分客观地分析和看待自己的研究样本，如实地说明研究对象的各种结构及其局限。书中不仅详细报告了所研究的三所中学的性质及其在大连市中学体系中所处的位置，还分析了其进行问卷调查的三所中学的学生样本对大连市中学生群体所具有的代表性。同时，作者还对根据性别、学习成绩、社会经济地位三大因素挑选出来的 8 个重点个案进行了客观、详细的说明："我并不是要说这些青少年是所有具有同样性别、学习成绩水平、社会经济背景的中国青年人的代表。我承认还有好多其他故事未被讲述，在此我讲出的这些故事只是为了列举上述因素如何塑造个体的主体性、体验、机遇。"[1]37 此外，作者还专门对其进行参与观察、深度访谈的民族志样本进行了说明："正如我的问卷调查样本一样，我的民族志样本也未包括金字塔中最顶尖的精英和最底端的弱势群体。"[1]27 这种坦诚的说明体现了一种实事求是的科学精神，让读者认识到其研究结果和研究结论的适用范围，避免对其研究结果和结论片面地甚至错误地理解和应用。

不仅如此，作者还非常清楚地认识到其研究结果和结论的特定性，并在书中明确坦陈："我对于我认识的大连人的体验和主体性的描述绝不能代表中国社会生活的整体状况。我在此处所讲的故事甚至也不能代表任何个体的主体性的全貌。它们仅仅呈现了我在田野调查特定时刻看到的生活片段。"[1]30 这种严谨的、负责任的说明并没有使其研究结果的价值和意义因此减小。相反，比起那些不留余地、十分绝对化的研究结论，以及那些自认为了不起的、完美无缺的观点来说，这种研究结果更令人相信，也更值得敬佩。

## 二、值得探讨的几个问题

尽管笔者从冯文教授的著作中学到了许多做研究的态度和进行研究的方法，也看到了许多与以往研究相同或相似的结论；但是，笔者还是对该书中的一些研究结论和观点持有不同的意见和看法，特提出来加以探讨。

(一)中国实施独生子女政策的初衷究竟是什么?

笔者最大的疑问是有关中国实行独生子女政策的目的或目标的问题,这实际上也涉及对独生子女政策的意义评价。中国政府为什么要在刚刚实行改革开放的20世纪70年代末80年代初开始在全国城乡实施史无前例的独生子女政策?应该说,这是一个在中国社会和学术界都已经十分清楚的问题,其主要目的就是控制全国人口数量的过快增长。但在《唯一的希望:在中国独生子女政策下成年》一书中,这一点却成为一个疑问,因为作者的观点与此大不相同。

在该书的开头、中间和结尾,作者四次对中国实施独生子女政策的目的进行了反复的、含义完全相同的说明:"中国独生子女政策的初衷是为了创造一代颇有雄心的受过良好教育的儿童,把国家带入第一世界的领先地位"[1]3;"中国领导人为了制造出具备第一世界消费模式和教育模式的一代人而出台了独生子女政策"[1]32;"中国领导人颁布了独生子女政策,以求产生出新一代具有第一世界卫生、消费和教育水平的公民"[1]164;"中国官员制定独生子女政策的初衷,是要创造出一批具有资源和雄心的'高素质'人才,增强中国在资本主义世界体系中的竞争力"[1]192。简言之,作者的观点非常明确,即中国政府制定独生子女生育政策,是为了创造出一代特殊的儿童、公民或人才。笔者认为,上述观点是不正确的,值得提出来讨论。

而冯文教授之所以错误地理解了中国实施独生子女政策的主要目的,或许与其对20世纪70年代末的中国社会背景了解不够有关。中国在20世纪70年代末提出独生子女政策的主要目的显然不是如作者所说的创造一代高素质的新的儿童。对新中国成立以来中国的社会、政治、经济以及人口的发展状况、变化特征和存在问题有一定了解的人,都不会否认20世纪70年代末我国开始实施独生子女政策是为了控制越来越庞大的人口规模以及过快的人口增长速度,而产生一代绝无仅有的独生子女人口,无疑是这一政策的必然结果,却并非其目的。这一点,无论是从官方正式的文件,还是从学术界发表的论文、著作中,都不难找到明确的答案。例如,作为官方实施独生子女政策的正式文件之一,中共中央1980年《关于控制我国人口增长问题致全体共产党员、共青团员的公开信》中就明确指出:"为了争取在本世纪末把我国人口总数控制在十二亿以内,国务院已经向全国人民发出号召,提倡一对夫妇只生育一个孩子。"[4] 显然,降低人口增长的过快速度、控制全国总人口的数量,才是我国政府实施独生子女政策的主要目的。

或许由于作者主要关注独生子女青少年"在独生子女政策下成长"的个体经历及其主观感受和认知,相对忽略了造成和影响这种个体经历及其感受和认知的社会宏观结构变迁因素,因此错误地将中国实施独生子女政策的目的放在了产生一代特殊人口上,对于这种不正确的理解是应该明确指出和进行纠正的。因为从更深的意义上看,一旦对独生子女政策的主要目的及其产生背景缺乏正确的认识,就难免在理解和解释与独生子女有关的具体现象上产生偏差、形成误解。

(二)"第一世界"和"第三世界"概念的含义问题

该书作者在有关中国独生子女生育政策目的的论述、第五章的标题①,以及全书多处论述中都涉及了两个重要的概念,即"第一世界"和"第三世界"。尽管作者明确指出,"我使用'第一世界'一词来指我所认识的大连城区的人们所渴望获得的声望、财富、中心区域地位,用'第三世界'一词来指被这些人视为中国属性的贫困和边缘区域地位",同时进一步说明,"'第一世界''第三世界'更多指的是生活条件而非特定的地理区域或政治实体"[1]23,但是,当在中国社会的语境中来看待这两个概念时,可能会产生一定的歧义。同时,作者在书中的多处论述中也存在与此界定不相符的情况,甚至自相矛盾。对此,也需要提出来稍做讨论。

在中国社会的现实语境中,有关"三个世界"的划分,特别是"第一世界"和"第三世界"的具体含义,显然与该书作者的上述界定有明显的差别。特别是在某种程度上,中国语境中的"第一世界""第三世界"可以说正好是作者所要避免的"特定的地理区域或政治实体"。因此,要在中国的现实语境中,将"第一世界"和"第三世界"仅仅看成是"富"的

---

① 书中第五章的标题是:"'惯坏了':第三世界中的第一世界青年"[1]164。

生活条件和"穷"的生活条件,实际上是比较难做到的,也是特别容易产生歧义的。

事实上,作者在后面的论述中也违背了其前述的界定,其所说的"第一世界"的含义也更为接近"特定的地理区域或政治实体"。例如,"在第一世界,低生育率在近几代人里一直很常见。1970年,当中国的总和生育率达到每名妇女生6个孩子时,加拿大、日本、美国和大多数欧洲国家的总和生育率接近于每名妇女生2个孩子"[1]164-165,"他们对于本国的'落后'与第一世界的现代化之间的差距感到失望"[1]86,"大多数第一世界国家为了控制非法移民,严格限制发给中国人,尤其是较为贫困或受教育程度较低的人的签证"[1]87,"青少年们渴望拥有他们在媒体上——包括反映第一世界优质生活水平的电影、娱乐节目、新闻报道——看到的第一世界的奢华生活方式"[1]92,等等,便是如此。在笔者看来,作者书中的"第一世界"更准确的含义,同时也是更好的表述方式应该是"西方发达国家";而"第三世界"的确切含义,则主要是经济上欠发达的"发展中国家"。如果按这样的理解来进行界定,或许能更准确地反映作者的思想,也不致在中国社会的语境中造成某种混淆和歧义。

(三)"一代新人":究竟只是独生子女,还是整个"80后""90后"?

该书的研究对象是中国城市中的第一批独生子女青少年,其关注的焦点是中国社会当时的各种政治、经济、人口因素如何使得其所依据的现代化文化模型在大连市的青少年及其父母的生活中发挥显著影响。但是,在阅读此书的过程中,笔者想到了另外一个与此相关的重要问题:该书所描述的独生子女青少年在成长过程中的各种"主体性、体验、渴盼",以及这些独生子女青少年所表现出的追求所谓"第一世界"消费方式、生活方式、文化模式以及"精英地位"等特征,究竟是只有这些独生子女青少年如此,还是整个中国的"80后""90后"青少年都是如此?尽管笔者无意苛求该研究对这一问题进行探讨或做出回答,但是我们在阅读该书展现的各种结果、接受该研究的各种结论时,头脑中不应该缺少对这一问题的思考和提问。

之所以会想到这一问题,是因为该项研究中大量观察、访谈的对象基本上是独生子女青少年。在其书后附录中列出的 91 位曾在书中"被引用或提及"的研究对象中，除去 1 位没有提及身份、7 位是中年人，剩余 83 位对象里，有 80 位是独生子女青少年，仅有 3 位是 20 多岁的非独生子女。可以说，研究者在研究中主要关注的是独生子女青少年，其所观察、访谈、接触、了解的主要是独生子女青少年，而书中所描述和分析的也绝大多数是独生子女青少年，并没有把目光和注意力放在与这些独生子女青少年生长在同一个时代、生活于同一座城市、学习于同一所学校，即具有相同社会及文化背景的同龄非独生子女青少年身上，因此很难回答其在书中所描述的、体现在这些独生子女青少年身上的各种特点、行为、态度、意识、认知及表现，是否也同样出现在那些生活在相同社会文化背景中的、与独生子女同龄的非独生子女青少年身上。正是因为缺少了这种自然的"对照组"的参照，所以很难从作者所描述的各种现象中区分出究竟哪些特征是独生子女青少年所独有的，哪些特征是与他们同龄的非独生子女青少年共同具有的。或者用作者的话说，成为"一代新人"的，究竟只是独生子女青少年，还是包含与他们同龄的非独生子女在内的整个"80 后""90 后"？

### 三、总结与进一步思考

总的来看，作为一本主要面向西方世界介绍在中国的独生子女政策以及社会变迁的背景下，大连市一批独生子女青少年的成长过程和日常生活状况的人类学著作，《唯一的希望：在中国独生子女政策下成年》利用深入细致的田野调查得到了丰富的一手资料，通过"他者"的眼光，对研究对象的"主体性、体验、渴盼"进行了很好的分析和论述，得出了一些具有很好的参考价值的结论。

该书认为，现代化文化模型内在组成部分的生育转型，导致独生子女父母们把孩子看成他们"唯一的希望"，从而将家庭的大部分经济投入到孩子的教育和消费中；而处于教育分层体系中的独生子女青少年也面临着巨大的竞争压力，他们"被外界施压，被推动着在通往第一世界精英职业的狭窄道路上勉力前行，但当他们在这种压力下崩溃的时候，又总会被批评为'无法适应环境'"[1]193；同时，低生育率和人口老龄化的背景，也对独生子女家庭的亲子关系及其家庭养老等文化模型带来了显著影响。值得一提的是，面对父母、家庭以及媒介中关于独生子女"被惯坏了"的认识，作者并没有为田野调查中从家长、老师等上一辈人口中得到的这种看法所迷惑，而是以西方发达国家（书中的"第一世界"）中的青少年作为参照，从私人空间、食物、家务、社会关系、个人成就等方面进行客观分析，正确地认识到他们"只是与父母相比显得太受宠溺，但与全世界的第一世界青年相比却并不过分"[1]167。即所谓独生子女被惯坏，只是上一代人基于其"第三世界"生活经历和生活状况对独生子女这种"第一世界"的一代人做出的评价。这一研究结论和观点，与包括笔者在内的众多国内学者以往以同龄非独生子女作为参照所得出的结论基本相同或相似。可以说，其研究结果在帮助社会全面认识独生子女及其成长方面，增加了一份新的经验材料和证据。

此外，该书的研究结果和观点也集中地体现在书名上。"唯一的希望"实际上有两种解读：一种是独生子女是其父母和家庭的"唯一的希望"。无论是书中对8个个案的详细描写，还是后续几章中对不同主题的深入探讨，都让读者明显地看到，无论这些独生子女青少年的学习成绩、性格如何，其父母们都无一例外地将自己所有的希望寄托在这个唯一的孩子身上。可以说，这是作者用"唯一的希望"作为书名的最基本、最明显也最容易理解的含义。但笔者从阅读中还体会到，作者用"唯一的希望"作为书名似乎还包含着另一种含义，即独生子女青少年是中国政府通过独生子女政策来创造一代"具备第一世界消费模式和教育模式""受过良好教育""有明确意识成为第一世界公民和享用第一世界生活方式的高素质人才"的"唯一的希望"。对于作者所用书名的第一种含义，笔者深有同感，十分认同；而对于第二种含义，笔者则有不同看法，并认为在这一点上，作者所具有的"他者的眼光"，没有能够真正理解和说明中国的独生子女政策所具有的意义。

同时，阅读《唯一的希望：在中国独生子女政策下成年》这本著作，还引起了笔者关于社会研究者应该如何做研究的思考。该书虽然不是一本专门探讨和讲解社会研究方法的著作，但从书中对其研究过程、研究方法的详细介绍和仔细说明中，读者仍然能够得到和方法教科书一样的学习收获。无论是从研究者如何进入田野、如何接近研究对象、如何进行自我介绍、如何进行参与观察和深度访谈的讲解中，还是从研究者如何选择和研究个案、如何在定性研究中运用定量方法、如何收集和分析资料的陈述中，读者都能获得许多有益的启示。而其研究过程中所体现出来的科学的探究精神，也值得读者特别是从事社会研究的研究生和缺乏实地研究经验的研究者认真学习。

所有的社会研究都要探索和回答社会现实提出的某个问题，这是社会研究的基本出发点，而一项具体的研究则是对于特定的研究问题，通过运用各种具体的研究方法，收集和分析资料，最终得出研究的结果，从而完成一次具体的探索和寻找答案的过程。这种"研究过程"或者说"做研究的方法"，在一般的方法教科书以及大学方法课的课堂上，无不提及。但是，一个十分关键的问题在于，研究者是如何"践行"这一过程的？凡是认真做过一次具体社会研究的学者，都会对认真"践行"这一过程中的种种困难和个中艰辛深有体会，而冯文教授的这本著作，恰恰是在如何"践行"这一过程上给了社会学研究者最重要的启迪。为此，我们应该认真思考：所谓社会研究，究竟是一件什么样的事情？作为社会研究者，又应该怎样去"做"一项具体的社会研究？

笔者认为，所谓社会研究，简单来说就是一种面对真实的社会生活，设法收集特定社会成员的行为、态度、特征等方面的资料，以探索并给出有关社会现实状况、特征、性质以及人们的社会行为规律等方面问题之答案的活动。而对于做好这样一件事情来说，有三个前提条件，也可以说是三个层次的要求：首先，研究者要熟悉和了解社会研究的一般过程，并掌握各种具体的研究方法。这是做好一项社会研究的基本前提条件。其次，在具备第一个条件的同时，研究者还需要根据具体研究所面对的社会现实情形和客观困难，正确选择合适的研究路径，灵活运用各种研究方法。这一点显然比仅仅掌握各种研究方法的要求更高。最后，在既熟悉研究过程，又了解各种具体方法，也具备根据实际情况正确选择路径、灵活运用方法的能力的同时，研究者还需要脚踏实地地、一丝不苟地、实事求是地去认真"做"这项研究。这是三个条件中最重要的一个，也是最难做到的一个。回想起来，笔者之所以会对该书中的研究方法、研究过程以及该研究方法和研究过程所体现的研究态度和研究精神"情有独钟"、深有感触，除了受笔者个人学术兴趣的影响外，更多的是被该书作者在这项研究中所展现的认真"做"研究的行为、态度和精神打动。这种认真"做"研究的态度和精神，或许正是《唯一的希望：在中国独生子女政策下成年》一书带给我们的最重要的启示。

## 参考文献

[1] 冯文. 唯一的希望：在中国独生子女政策下成年. 常姝，译. 南京：江苏人民出版社，2018.

[2] 风笑天. 社会研究方法. 5版. 北京：中国人民大学出版社，2018.

[3] 王宁. 代表性还是典型性？：个案的属性与个案研究方法的逻辑基础. 社会学研究，2002（5）.

[4] 中共中央《关于控制我国人口增长问题致全体共产党员、共青团员的公开信》//王振川. 中国改革开放新时期年鉴：1980年. 北京：中国民主法制出版社，2015.

图书在版编目（CIP）数据

看实例，学方法：从研究选题到论文写作/风笑天
著. --北京：中国人民大学出版社，2023.5
（社会科学研究方法系列丛书）
ISBN 978-7-300-31587-4

Ⅰ.①看… Ⅱ.①风… Ⅲ.①论文-写作 Ⅳ.
①H152.3

中国国家版本馆 CIP 数据核字（2023）第 055845 号

社会科学研究方法系列丛书
看实例，学方法：从研究选题到论文写作
风笑天 著
Kan Shili, Xue Fangfa：Cong Yanjiu Xuanti dao Lunwen Xiezuo

| | | | | | |
|---|---|---|---|---|---|
| 出版发行 | 中国人民大学出版社 | | | | |
| 社　　址 | 北京中关村大街 31 号 | | 邮政编码 | 100080 | |
| 电　　话 | 010-62511242（总编室） | | 010-62511770（质管部） | | |
| | 010-82501766（邮购部） | | 010-62514148（门市部） | | |
| | 010-62515195（发行公司） | | 010-62515275（盗版举报） | | |
| 网　　址 | http://www.crup.com.cn | | | | |
| 经　　销 | 新华书店 | | | | |
| 印　　刷 | 天津中印联印务有限公司 | | | | |
| 规　　格 | 720 mm×1000 mm　1/16 | | 版　次 | 2023 年 5 月第 1 版 | |
| 印　　张 | 26 插页 1 | | 印　次 | 2023 年 5 月第 1 次印刷 | |
| 字　　数 | 382 000 | | 定　价 | 89.00 元 | |

版权所有　　侵权必究　　印装差错　　负责调换